징기스칸은 살아있다

징기스칸은 살아있다

개정판 1쇄 1998년 7월 4일

지은이 신현덕
펴낸이 한승오
펴낸곳 도서출판 강
출판등록 1995년 8월 24일(제10-1196호)
주소 (121-240) 서울시 마포구 연남동 256-6 2층
전화 3141-0195(편집) 3141-8041(영업)
팩시밀리 3141-0196

값 7 ,000원

ISBN 89-8218-008-7 03910

* 이 책은 한국프레스센터의 '언론인 연구 · 저술 지원' 을 받았습니다.

징기스칸은 살아있다

신현덕 지음

강

책 머리에

나는 몽골에서 우리의 조상들을 만났다. 고비 지방에서 만난 볼 파인 노인의 얼굴은 60년대 우리 할아버지들의 모습과 너무나 흡사했다. 나담 축제를 즐기고 손님을 환대하며 지식인을 존경하는 몽골인들의 삶 위로는 문무를 숭상하던 우리 조상들의 모습이 겹쳐졌다.

용감하고 패기에 찬 몽골족은 베링해를 건넜고 알프스도 넘었다. 영하 40도의 혹한과 고산지대 등 자연의 불리함이 세계 제패의 걸림돌이 될 수는 없었다. 60년대부터 우리 민족은 무섭게 세계로 뻗어나갔다. 한국인이 일하는 세계 곳곳의 현장에는 지금도 해가 지지 않는다. 그 힘의 근원을 우리 몸 속에 흐르는, 야성과 지성을 갖춘 몽골의 피에서 찾는 학자들도 있다. 그만큼 한국과 몽골은 가깝다.

1995년 7월 7일, 나는 심사위원 21명 중 19명이 참석하여 열린 몽골 국립사회과학원에서의 논문심사에서 만장일치로 박사학위를 받았다. 한국인 최초로 몽골에서 박사학위를 받던 날, 몽골 신문들은 "젊은 한국인 몽골에서 박사학위 취득"이라고 1면에 실었고, 방송은 주요 뉴스로 보도했다. 공산주의 체제라는 어려움에도 불구하고 한국인 1호 박사가 되었던 것이다. 그것도 우리 나라에서는 한참 늦은, 마흔을 넘긴 나이에 젊은이라고 불리면서.

지금도 몽골에 체류했던 사람들끼리 모이면 생필품이 부족했던 몽골 생활을 이야기하곤 한다. "고생 많았다"고 서로 얼버무리지만 정말 힘든 생활이었다. 몽골은 서울에서 꼬박 이틀이 걸리던 가깝고도

(실제 거리) 먼(여행 소요 시간) 나라였다. 몽골에서는 나 혼자 견디면 그만이었다. 하지만 나를 그곳에 보내놓고 서울에서 가슴 졸이던 가족과 주위 분들의 마음 고생은 참으로 심했을 것이다. 몽골에 처음 도착했을 때는 전화 통화가 어려워 소식을 전할 길조차 없었다.

이 자리를 빌려 나의 수학을 허락한 세계일보사와 학비를 지원한 서울언론재단, 저술을 지원해준 프레스센터에 새삼 감사드린다.

나는 독일에서 분단 극복 과정과 선진 자본주의를 공부했다. 몽골에서는 정통 공산주의를 경험했다. 환희에 찬 독일 통일과 몽골의 자유화를 목격했고, 그와 동시에 자본주의의 병폐도 보았다. 몽골에서 공부하는 동안 남북 통일에 대해서도 많은 생각을 했다. 통일은 어떻게 이루어져야 하는지, 그리고 그에 따라 우리 민족의 앞날은 어떤 방향으로 펼쳐질 것인지를 머릿속에 그려보곤 했다. 통일은 결코 그냥 주어지지는 않을 것이다. 통일은 우리가 만들어가야 하는 것이라고 나는 확신한다.

아마도 몽골에 체류하며 가졌던 이러저러한 생각들이 이 책을 낳게 했을 것이다. 앞으로 시간이 허락된다면 몽골 속에 감춰진 우리 조상들의 뿌리를 더 깊이 찾아보고 싶다.

1996년 9월 도봉산 자락에서

지은이

차례

1. 몽골로 가는 길

몽골로 가는 길

서울에서 몽골까지의 거리는 얼마나 될까. 많은 사람들이 몽골은 아시아 저쪽의 먼 곳에 있는 것으로 막연히 생각하고 있지만 서울에서 각국 수도의 거리를 재본다면, 몽골은 일본 중국 대만 다음으로 가깝다. 직항편으로는 김포공항에서 세 시간 정도면 닿을 수 있는 이웃 나라이다.

이웃사촌이 멀리 있는 친척보다 더 낫다는 말도 있긴 하지만 그간 몽골은 심정적으로 우리에게서 너무 멀리 있었다. 1990년까지는 외교 관계도 없었으니 더더욱 멀게만 느껴졌다. 외교 관계 수립 이후에도 상당 기간 직항편이 없어 두 나라를 오가려면 여간 불편한 것이 아니었다.

1994년 말 서울과 울란바토르 사이에 직항편이 개설되었다. 몽골 국영항공사 미아트(MIAT)가 정기성 전세기를 이 항로에 취항시켜 꼬박 이틀이 소요되던 거리가 단 몇 시간의 비행거리로 단축되자 두 나라는 급속히 가까워졌다. 장사꾼들이 먼저 서울로 몰려오고 정부 사절과 경제 협력단이 교환됐다. 이 비행기는 대한항공이 오치르바트 몽골 대통령이 한국을 방문했을 때 몽골에 무상으로 기증한 것이었다. 대한항공이 기증한 보잉 727기는 비록 중고이긴 해도 현재 몽골이 가지고 있는 가장 좋은 제트기이다. 이 비행기가 서울로 날아가던 날 필자는 KBS 제1라디오 「지구촌 오늘」 프로에 나가 "말을 타고 우리 조상들이 울며불며 끌려가던 초원길 위로 새 항로가 열렸습니다. 오늘 한몽간에 새로운 역사의 길도 열렸습니다"라고 리포트했다. 그후 몽골은 대한항공으로부터 보잉기 두 대를 더 구입, 국제선에 취항시켰다. 몽골 항공 발전에 대한항공이 일조한 것이다. 1996년 4월 30일에

몽골 국내선 여객기가 흙바닥으로 된 공항 활주로에 착륙하며 먼지를 일으키고 있다.

한국과 몽골을 연결하는 미아트(MIAT)항공. 대한항공이 기증한 보잉 727기에서 내리는 승객들 손에 선물꾸러미가 잔뜩 들려 있다.

는 대한항공의 정기성 전세기가 서울—울란바토르 노선에 취항, 또다른 변화가 시작되었다.

처음 몽골에 들어간 1993년을 되돌아보면 지금 생각해도 한심하기 짝이 없다. 당시에는 서울에서 직항편이 없어 우선 항공편을 어떻게 할 것인지부터가 고민이었다. 몽골과 이어지는 국제 항공편은 러시아의 모스크바, 이르쿠츠크, 울란우데, 중국의 북경과 호호호트뿐이었다. 이 가운데 서울과 손쉽게 이어질 수 있는 도시는 모스크바와 북경이었다. 서울에서 바이칼 호수 옆의 이르쿠츠크와 이어지는 항공편이 신설되기는 했지만 부정기편이라 믿을 수 없었다. 남는 것은 북경과 모스크바인데 모스크바를 경유하여 몽골로 가는 것은 서울에서 부산을 가는 데 일본 후쿠오카를 갔다가 부산으로 가는 것만큼이나 비

효율적이고 멀리 돌아가는 방법이었다. 최선책이 북경을 경유하여 몽골로 가는 것인데 북경까지는 직항편이 없어 서울—천진—북경 코스를 선택할 수밖에 없었다. 아시아나를 이용하여 천진까지 가고 그곳에서 북경까지는 육상 교통을 이용해야만 했다. 몽골은 어떤 방법을 써도 하루 만에 도착하기 어려워 중간에서 꼭 하루를 묵어야 했다. 이러니 몽골은 먼 곳으로 인식될 수밖에 없었다.

비행기편뿐만이 아니었다. 일반인들이 비자 받기도 무척이나 어려웠다. 몽골 비자를 받고 난 뒤 중국 통과 비자를 받아야 하는데 이게 만만치가 않았다. 우선 대부분의 한국인들은 몽골에서 보내온 몽골어로 된 초청장의 내용을 알 수 없었다. 그저 초청장이려니 하고 서울 주재 몽골대사관에 제출하지만 대사관 직원들이 설명이나 안내도 없이 비자 발급이 어렵다고 말하면 난감해 할 수밖에 없었다.

당시 대사관 직원들은 "본국 정부에서 연락이 없어 비자 발급이 불가능하다"는 말을 하곤 했다. 여행자들은 그러나 몽골 정부가 발급한 공식 초청장인데 비자 발급이 안된다는 대사관 직원들의 말을 이해할 수 없었다. 해외 여행을 아무리 많이 한 사람이라도 사정은 마찬가지였다. 영사 담당관의 말은 "비자 발급은 대사관 고유의 업무이며 몽골 국익에 도움이 되지 않는 사람에게 비자 발급을 거절하는 것은 당연한 일이 아니냐"는 것이었다.

이렇게 되면 몽골에 가려던 사람은 마음이 조급해질 수밖에 없었다. 여행사를 찾아가거나 몽골에서 초청장을 보내준 사람에게 다시 연락해보지만 "이해할 수 없다"는 대답만을 들을 뿐이었다. 몽골 정부의 초청장 발급 기관은 "초청장만 있으면 다른 서류는 필요없다"는 말을 계속하면서 오히려 묻는 사람을 이상하게 생각했다. 이때부터 비상식적(?)인 일들이 총동원되어야 했다. 그렇게 며칠간 속을 태우다보면 슬며시 비자가 발급되곤 했다. 몽골에 가는 사람들은 다들 이렇게 한 번씩 홍역을 치르고 나서야 비자를 발급받았다. 이 비자를 근거로 중국 통과 비자를 받는 것은 별 문제가 없었다.

그런데 천진(天津)에 내려서가 문제였다. 몽골 현지로부터 생필품이 부족하다는 말을 들은 여행자들은 초과 운임을 지불하고서라도 가능한 한 많은 짐을 가지고 천진 공항에 내린다. 마중 나온 사람이 있으면 쉽지만 혼자일 때는 택시 정류장까지 짐을 옮기고 나면 온몸이 땀에 흠뻑 젖었다. 다음은 택시비 흥정. 운전사는 북경까지 무조건 백 달러(중국돈 9백 원 내외)를 요구했다. 엄청난 바가지였다. 짐 때문에 지친 여행객들은 중국이라는 거대한 나라에 질려 대부분 승락하곤 했다. 보통 4백 원 내외면 갈 수 있는데 한국인을 봉으로 생각했던 중국 운전사들은 우선 턱도 없이 비싸게 불러 적당한 가격(실제로는 엄청난 바가지 요금)에서 흥정을 멈췄다.

1993년 여름 몽골을 향해 떠난 나는 천진공항에 도착했다. 당시 서울에서 중국과 이어지는 항로는 천진과 상해 두 곳뿐이었는데, 아시아나가 천진에 취항하고 있었다. 천진에 내릴 때 가방만 네 개였다. 총 중량이 100kg을 넘었다. 가방은 생필품으로 가득 차 있었다. 사전, 노트, 담요, 냄비, 전화기, 라디오, 전깃줄, 김, 멸치, 소시지, 김치, 고추장 등 한 살림이었다. 중국 세관원이 짐을 풀어보자고 했다. 아마 보따리 장사꾼으로 생각했던 것 같다. 중국에 거주하는 많은 한국 동포들이 보따리 장사꾼으로 서울을 드나들기 시작한 때였다. 옷도 허름하게 입었고 가방도 큰 것을 네 개나 들고 있었으니 영락없이 보따리 장사꾼처럼 보였을 것이다. 나는 여권과 비자를 보여주면서 '통과 여객'이라고 주장했다. 짐을 풀어 보여줄 수 없다는 뜻이었다. 화도 나고 시간도 느긋한지라 버티기로 했다. 세관원이 가방을 열라고 성화를 부리기 시작했다. 시간을 끌자 세관원 세 명이 달려들어 "통과 여객의 짐도 검색할 권리가 있다"면서 가방을 열라고 다시 재촉했다. 나는 "너의 나라에 체류하거나 물건을 팔러온 장사치가 아니다"라고 고집을 부렸다. 내가 계속 완강하게 거부하자 세관원들은 "짐 속에 중국 반입이 금지된 라디오 카세트가 있는 것 같다"면서 다시 한 번 가방을 열라고 나를 윽박질렀다. "라디오, 카세트 테이프 레코더, 카세트 테이프는 있지만 당신이 지적한 라디오 카세트는 무엇인지 모르겠다"고 나는 말했다. 세관원들은 그러나 줄곧 "라디오 카세트"라고 반복했다. "정확한 영어를 말하라"고 놀려도 얼굴빛 하나 바꾸지 않고 끈질기게 달라붙었다. 세관원들은 "강제로 열 수도 있다"고 겁을 주었다. "라디오 카세트란 없다"면서 "당신의 잘못을 나에게 떠넘기지 말라"고 쏘아줬다. "만약 법에 저촉되는 사항이 있다면 어떤 불이익도 감수하겠다. 그렇다면 당신은 앞으로 발생하는 모든 비용을 부담하라"고 말하자 그제서야 슬그머니 꼬리를 내렸다. 돈에는 약한 것이 중국인들의 속성이 아니던가. 천진에 내린 뒤 정확하게 세 시간 동안의 실랑이였다.

나는 속으로 이를 갈면서 대한민국 정부당국자들을 욕했다. 외교란 항상 상대적인데 왜 중국에게 그렇게 굽힐 수밖에 없었는지 치미는 화를 참을 수 없었다. 나는 그 화풀이를 중국 세관원들에게 해댔다. 우리는 김포공항을 내주었으면서도 북경으로 바로 들어가지 못하고 북경에서 100km 이상 떨어진 천진에 내려야 하는 꼴이라니. 조선 사신들이 북경에 가는 것과 무엇이 달라졌는가 싶은 마음에 절로 울분이 치솟았다. 남북이 분단된 상황에서 중국은 북한과 단교하지 않았는데 우리는 대만과 단교함으로써 의리까지 저버린 민족이 되지 않았는가. 한 북경 언론인은 대한민국 정부가 북한과 대만 카드를 끝까지 고집

했더라면 상황이 달라졌을 것이라고 말했는데 외교력의 부재가 새삼 실감나는 대목이었다.

북경에서 하루를 묵은 뒤 다음날 북경공항으로 나가면 다시 한번 짐 때문에 실랑이를 벌여야 했다. 보안 검사를 위해 일반인들의 출입이 통제된 곳에서 X레이 투시기를 통과해야만 했다. 말썽은 이때 생겨났다. 보안 검사대에서는 정작 보안 검색은 뒷전이었다. 포장이 조금만 허술해도 임의로 묶고는 백 원 가량의 돈을 내라고 했다. "왜 묶었느냐 못 내겠다"고 옥신각신하지만 언제나 당하는 것은 여행객이었다. 비행기 시각에 쫓겨 울며 겨자 먹기로 돈을 지불하고 비행사 카운터로 가보면 우리나라 국내선 카운터보다도 더 작은 곳에 승객들이 몰려들어 아수라장이었다. 먼저 체크인하려고 기웃거리는 사람들이 어찌나 많은지 줄을 서 있으면서도 불안했다. 결과는 실패로 끝났지만 이런 시설과 국민 수준으로 2천년 올림픽을 치르려 시도했던가 생각하니 어이가 없었다.

그러나 이때까지의 생각은 그나마 고상한 것이라는 걸 곧 알게 된다. 울란바토르로 가는 비행기 카운터에는 짐을 산더미처럼 가지고 차례를 기다리는 사람들이 늘어서 있다. 다들 생필품을 체력이 허용하는 한 많이 짊어지고 들어가기 때문이기도 하지만 정작은 중국을 왕래하는 몽골 보따리 장수들 때문이었다. 보따리 장수들은 가방을 대여섯 개, 많으면 열다섯 개 이상도 실어 날랐다. 이들 때문에 가끔 일반 승객들의 짐이 같은 비행기편으로 운송되지 못하고 이삼 일 늦게 도착하는 일이 종종 있었다. 그래서 같은 비행기편으로 수하물을 보내기 위해서는 먼저 탑승 수속을 하는 것이 최고였다. 그러니 먼저 탑승 수속을 하려고들 안달이었다. 창구 앞에서는 수단과 방법을 가리지 않았다.

허용된 중량 20kg을 초과하는 짐은 1kg당 2달러씩의 추가 운임을 지불해야 했다. 식료품일 때는 배보다 배꼽이 더 큰 경우가 허다했다. 그래도 몽골까지 가져가는 편이 훨씬 나았다. 몽골 시장에는 있는 것보다 없는 것이 더 많았다. 그만큼 어려운 환경이었다. 이렇게 이틀간 고생을 하다보면 몽골은 까마득히 먼 나라로 느껴질 수밖에 없었다.

고비 사막에 야생하는 영양들. 고비 사막은 천연 기념물들의 낙원이다.

바람의 고향

몽골은 아시아 대륙 중앙에 위치한, 육지 속에 고립된 나라다. 면적 156만km^2, 인구 231만 명(95년말 통계)으로 한반도보다 일곱 배 이상 큰 국가다. 수도 울란바토르는 1994년으로 355주년을 넘어섰지만 아직도 반 이상의 사람들이 13세기 생활 양식을 고집하며 천막집 '겔'에 살고 있다. 해발 1,500m 부근에 자리잡은 울란바토르는 보고드 산과 톨 강 연안에 동서로 길게 늘어서 있다.

몽골의 서북쪽에는 알타이 산맥이 동남쪽으로 뻗어 있고 만년설 덮인 뭉흐 하이드항 산은 4,362m로 몽골에서 가장 높다. 몽골 남쪽에는 유명한 고비 사막이 있다. 모래와 돌로 덮인 곳곳에 특유의 사막 식물들이 자라고 있다.

동부 지역은 거대한 초원인데 몽골인들은 이곳에서 유목 생활을 해왔다. 이곳에 농사를 짓지 않는 것은 땅이 비옥하지 않아서가 아니라, 종교와 유목 생활의 영향 때문이다. 몽골에서 보리나 밀 농사를 짓는다고 생각하면 몽골의 농업 경제적 잠재력은 엄청나다. 현재의 몽골 영토만 보아도 서북부의 약 3분의 1이 삼림 지대로서 어마어마한 삼림 자원을 보유하고 있고 석탄을 비롯한 지하 자원이 개발의 손길을 기다리고 있다.

몽골은 지형적인 관계로 기후 변화가 무쌍하고 겨울이면 살인적인 한파가 몰아닥친다. 겨울은 9월 15일에서 다음해 5월 15일까지로 생각하면 거의 틀림없다. 국가에서는 이 기간중 각 가정에 난방을 공급한다. 1월과 2월에는 그야말로 살을 에는 듯한 독한 추위가 엄습한다. 우리나라에서 겨울철 일기 예보를 듣다보면 자주 등장하는 것이 "고비 사막과 바이칼 호수 부근에서 발생한 찬 고기압의 영향으로 전국이 영하권에 들고 있다"는 말이다. 바로 그대로다. 몽골은 남쪽의 고비 사막과 북쪽 국경 부근 러시아 땅 바이칼 호수 사이에 자리잡고 있다. 그러니 겨울이 얼마나 추운가를 쉽게 상상할 수 있다. 9월 초순에 첫눈이 내린 뒤 수은주가 영하로 내려가기 시작하면 울란바토르는 영하 35도, 북쪽 일부 지방은 영하 50도를 기록하기도 한다. 겨울이면 모든 사람들이 털가죽이나 두꺼운 천으로 만든 모자를 필수적으로 착용한다. 영하 20도 이하로 내려갔을 때 모자를 쓰지 않으면 머리가 아파 아무 일도 할 수 없게 된다. 봄도 늦다. 5월말에도 눈이 오고 여름에는 우박이 내린다.

몽골인들은 추위를 이기기 위한 한 방편으로 술을 즐겨 마신다. 잘 알려진 몽골 명산품 징기스 칸 보드카는 주정 40도이며 일반 맥주도 우리나라 것보다 세 배 이상 독해 11~12도다.

1994년 5월 25일 8㎝의 적설량을 기록한 울란바토르.
몽골에는 5월에도 눈이 내린다.

국교(國敎)는 라마불교로 현재 120개의 라마 사원이 몽골 전역에 세워져 있다. 몽골 서쪽 바얀 올기 지방에 다섯 개, 울란바토르 근교 날라이 구역에 한 개 등 모두 여섯 개의 회교 사원도 있다. 최근에는 기독교의 교세가 빠른 속도로 확장되고 있으며 한국, 미국, 독일, 영국 등지에서 온 선교사들이 선교 활동을 하고 있다.

요즘 몽골에는 한국 상품의 붐이 일고 있다. 울란바토르 시내 모든 상점에는 '초코 파이', '오예스' 등 한국 과자류와 술, 옷 등의 수입이 끊이지 않고 있다. 1993년 가을부터 몽골로 수출되기 시작한 초코파이는 없어서 못 파는 실정이고 최근에는 옷, 구두, 장신구, 화장품 등이 인기를 더해가고 있다. 여기에다 기아의 세피아·스포티지, 현대의 버스·엑센트·엑셀, 대우의 티코·로얄 살롱 등도 몽골인들에게서 인기를 얻고 있다. 특히 현대 엑셀은 한 신문사가 조사한 외제차의 가격·고장률·연료 효율 등 10여 개 항목의 경쟁력 비교에서 단연 우위를 차지, 몽골 경제 수준에 가장 적합한 차량으로 선정되었다.

한국 상품만을 판매하는 전문점도 등장, 몽골인들의 구매욕을 돋우고 있다. 그러나 몽골의 전반적인 구매력은 아직도 낮은 편이다. 몽골 경제는 계속 마이너스 성장을 하고 있다. 특히 국민총생산의 30% 가량을 무상 지원하던 구소련의 원조가 끊어진 이후 몽골 경제는 깊은 침체 국면에 빠져 있다. 장사꾼들은 이런 상황을 호기로 판단, 우리나라에서 질이 형편없는 물건을 구입해다 팔고 있다. 그런데도 이윤은 원가의 두세 배다. 몽골인들은 이윤이 100% 이하일 때는 이윤이 없다고 말할 정도다. 몽골 자체에서 생산되는 물건은 거의 없다. 모두 수입해 쓴다. "국가 경제가 회복 불가능할 정도로 피폐해졌다"고 전문가들이 경고하고 있는 상태다.

물건 가진 사람이 왕이며 소비자는 안중에 없다. 품질이 나쁘다고 불평하는 사람들에게 주인이 "재수 없으니 얼른 가라"고 큰소리를 치는 판이다. 있는 것보다 없는 것이 더 많고 필요한 물건이 가게에 나왔을 때 사지 않으면 그 다음에는 언제 구입할 수 있을지 알 수 없다.

하와이 동서문화센터 부원장인 조이제(趙利濟) 박사는 '두만강 개발계획과 동북아 지역경제 회의'에 대한 몽골의 견해를 알아보기 위해 1994년 6월 13일부터 17일까지 몽골을 방문한 적이 있다. 그후 『월간조선』과의 인터뷰에서 조박사는 경제적인 이유 이전에 혈통의 고향으로서 몽골과의 유대를 공고히 할 필요가 있음을 강조했다.

"몽골은 우리 혈통, 정신, 역사의 고향입니다. 몽골반점을 가진 몽골 인종은 몽골에서 퉁그스족, 여진족, 한민족 그리고 일본 민족으로 이어집니다. 21세기를 내다보면서 몽골과의 유대를 다져둘 필요가 있습니다. 몽골은 같은 몽골 인종의 나라인 한국을 '사돈의 나라, 친척의 나라'라고 하면서 친근감을 표시하고 있습니다."

13세기에 이미 대제국을 건설, 국제화를 해본 경험이 있는 몽골로부터 우리가 배울 것은 적지 않다. 몽골은 구소련과 중국이라는 강국 사이에 위치해 숙명적으로 두 나라를 상대하면서 터득한 지혜를 많이 갖고 있다. 두 나라의 강점과 약점을 잘 알고 있어 한국의 외교에도 많은 도움을 줄 수 있을 것이다.

세계의 중심에 서서

몽골인들은 자신들이 세계의 중심에 위치하여 세계를 움직인다는, 그래서 지구상에 인류가 존재하는 한 몽골이 중심일 수밖에 없다는 세계관을 갖고 있다. 5대양 6대주가 있지만 세계의 가운데에 위치하여 지구상에서 가장 중요한 땅인 유라시아가 인류의 이동과 발전을 주도해왔으며, 바로 그 유라시아 대륙 중앙에서 그들 몽골족이 기상을 펼쳐왔다는 것이다.

몽골은 20세기 들어서 유라시아의 중심부에서는 유일하게 독립을 유지했던 나라다. 사학자에 따라 의견은 분분하지만 구소련과 중국도 몽골족을 품안에 넣는 걸 고려하지 않았다. 세상에서 자기 중심적으로만 사는 사람들을 좋아할 민족과 국가는 하나도 없다. 몽골인들은 늘 자기 중심적이다. 모든 것이 개인의 힘과 판단으로 이루어진다. 개인의 힘은 전체보다 앞선다. 개개인의 정신적인 능력이나 육체적인 힘이 몽골족의 재산이다.

몽골의 현재 인구는 231만 명이지만 땅은 156만km^2에 이를 정도로 엄청나다. 그들에게는 왜 이렇게 넓은 땅이 필요했을까. 사학자들은 이렇게 된 이유를 몽골족의 이동 풍습 때문이라고 말한다. 하지만 울란바토르에서 만난 젊은 사학도 간볼트는 이를 어항 속의 물고기와 야생의 물고기를 대비시켜 설명했다.

사람들은 아름다운 물고기를 거실의 어항에 넣어 기른다. 어항 속에서 헤엄치는 물고기를 보면서 평화롭고 한가하게 살아간다고 좋아한다. 그리고 물고기가 배가 고프든 고프지 않든 간에 일정한 시간에 먹이를 넣어주며 즐긴다. 하지만 이 물고기가 조금 커져서 어항의 물을 밖으로 튕겨내기 시작하면 상황이 달라진다. 밤새 튕겨낸 물이 거실 바닥을 적시면 그 고기는 사람들에 의해 곧 어항 속에서 사라진다. 그러면 다시 어항 속은 조용해지고 사람들은 그걸 보면서 좋아하고 즐긴다.

이와는 반대로 강이나 바다에서 사는 물고기들은 늘 약동적이다. 언제 낚시나 그물에 걸려들지 모르지만 넓은 물속을 자유롭게 헤엄쳐 다닌다. 먹이도 주인이 넣어주는 것이 아니라 스스로가 찾아 먹어야 한다. 그들에게는 먹이가 늘 있는 것이 아니라서 안전한 먹이 확보를 위해서는 넓은 물속 공간이 필요하다. 때로는 그곳의 먹이를 다 먹지 못하는 한이 있더라도 생존을 위해서는 예비 공간을 확보해야 한다는 것이다. 먹이를 쌓아놓지 않는 대신 공간을 장악한다는 것이다. 그리고 만약 이 공간에 다른 물고기가 나타나면 죽기살기로 싸움을 벌인다. 시도 때도 없이 밀려오는 큰 물고기와의 투쟁도 불사해야 한다. 이기면 공간을 확보하고 지면 죽음이 있을 뿐이다. 텃세를 하는 셈이지만 목숨을 건 심각한 상황이다. 공간 확보의 실패는 곧 죽음이라는 인식이 되어 있어 영역을 지키는 데는 결사적이다. 이런 판에 다른 물고기가 감히 넘어다볼 리가 없다.

몽골인들은 강이나 바다에서 거친 환경을 극복하고 살아가는 물고기와 같은 처지였다는 것이다. 반면 농경민족은 어항 속 물고기처럼 아무 걱정 없이 살 수 있었다는 것이다. 몽골인들은 토지가 비옥한 것도 아니고 다른 주요 생산품이 있었던 것도 아니어서 늘 생존을 걱정하면서 살아왔다. 생산성이 낮은 만큼 땅을 넓게 차지할 수밖에 없었다. 다른 나라들의 입장에서는 몽골 땅을 차지해서 얻는 것보다 그 땅을 차지하기 위해 들어가는 투자가 너무 많아, 자기들을 귀찮게만 하지 않으면 몽골을 건드리지 않았다. 공연히 건드렸다가 팔, 다리 어느 것 하나를 떼어주어야 할지도 모르는 모험이 싫었던 것이다. 그럼에도 불구하고 유라시아를 지배하기 위해서는 몽골 땅을 거쳐야 했기 때문에 심심하면 한번씩 건드려는 보았다. 자기들의 깃발을 꽂아보았자 별무신통이었지만 그곳을 빼놓고는 유라시아를 제패했다는 충만감을 맛볼 수 없었기 때문이었다.

간볼트는 유목민족 1인당 필요한 공간은 아마 사방 1~1.5km²의 넓이일 것이라고 추산했다. 목축일 경우에는 훨씬 더 좁은 공간도 가능하지만 유목일 경우에는 다르다. 또 거친 기후도 넓은 공간을 확보하도록 만들었다. 여름이면 영상 30도를 웃돌고 겨울이면 영하 50도까지 수은주가 내려간다. 연교차가 80도 이상이면 생활에 적합하지 않다는 것이 지리학자들의 일반적인 주장이다. 간볼트는 "한 서양 학자가 몽골을 두고 '신이 버린 땅'이라고 했지만 우리는 스스로 신과 함께 산다"고 얘기했다.

산업화가 이루어지면서 몽골인들의 '몽골 중심 세계관'은 오류처럼 보였다. 더욱이 증기기관의 발달로 해상 이동이 쉬워지자 고단한 비단길보다 안전하고 많은 짐을 운송할 수 있는 바닷길이 선호되었다. 그러던 것이 최근 항공 산업의 발달로 또다른 상황이 벌어졌다. 유럽과 아시아를 잇는 지름길이 옛날 비단길 위로 열리기 시작한 것이다.

몽골 영공을 통과해 유럽으로 가는 비행사가 6개나 되고 여기에 우리 나라도 가세했다. 대한항공은 1991년 몽골을 통과하여 유럽 등 제3국으로 가는 항로를 개설하고 매년 영공 통과비로 70만 달러를 지불하기로 몽골 국영 미아트(MIAT) 항공사와 계약을 체결했다. 몽골의 국가체제가 바뀌면서 현재는 항공사가 아닌 몽골 항공국과 다시 계약을 체결, 몽골 영공을 통과하고 있다. 서울에서 몽골을 거쳐 유럽으로 운항하면 1~3시간 가량의 비행 시간을 단축할 수 있어 엄청난 경제적 효과를 가져왔다.

그러나 비행기는 화물을 대량으로 실어나를 수 없다는 단점이 있다. 그래서 다시 거론되는 것이 유럽과 아시아를 잇는 철도망과 고속도로망의 구축이다. 동서 무역을 위해 옛 비단길과 비슷한 교역망의 필요성이 높아지고 있는 것이다. 그러니 때가 되면 몽골의 중요성이 부각되리란 것이 몽골인들의 계산이고, 이런 면에서 그들은 느긋하다.

택시가 없는 나라

"몽골에는 택시가 없다"는 말을 자주 듣게 된다. 울란바토르 시내 어디를 둘러봐도 택시를 발견할 수가 없다. 어느 나라를 가도 제일 처음 눈에 띄는 것이 택시들인데 울란바토르의 관문인 보얀트 오하 국제공항에 내리면 아무리 찾아봐도 택시가 보이지 않는다. 울란바토르에 굴러다니는 모든 차가 택시여서 특별히 택시라고 표시한 차가 없기 때문이다.

울란바토르에서 보이는 자동차의 번호판은 흰색과 검은색 두 가지다. 흰색은 개인용이고 검은색은 정부 관공서와 회사에 소속된 차들이다. 이중에서 흰색 번호판 차들은 모두가 택시 영업을 할 수 있다. 그렇다고 우리나라처럼 모든 차들이 미터기를 부착해 요금을 계산하는 것은 아니다. 요금은 거리 미터기에 나타난 숫자를 운전사가 얘기해준다. 이런 운전사는 그나마 선량한 편이고 많은 운전사들은 승객이 묻지 않으면 '네가 알아서 하라'는 식으로 차만 몰고 간다. 도착지점에 차를 세우고 달려온 거리만큼만 돈을 지불한다. 1km에 130트그르그(1996년 9월 2일부터 200트그르그로 인상). 요금 시비가 종종 일어나기도 하지만 몽골인들끼리는 전혀 말썽없이 운영이 된다.

문제는 외국인이다. 몽골 사람들은 백인들에 대해서는 외국인이라는 생각들을 하지만 한국인이나 일본인은 외국인이라기보다는 '봉'이라고 여긴다. 노류장화에게 주는 화대도 차이가 난다고 한다. "한국인과 일본인은 100달러, 중국인은 50~70달러, 백인은 30~50달러가 공정가격"이라고 했다. 한국인과 일본인은 건드리면 돈이 나오는 것으로 안다는 것이다. 운전사들과 시비가 붙을라치면 동양인들은 언어가 잘 안 통해 얼마 안되는 돈을 주고 시비를 피하자는 생각이 앞서는데, 이런 사정을 이용하는 것이다.

그러나 모든 운전사들이 다 그렇지는 않다. 젊은이들은 오히려 깨끗한 편이다. 외국인에게 바가지를 씌우는 사람들은 주로 나이 든 운전사들이다. 그리고 밤에는 운전사들이 강도를 당할까 겁을 내 옆자리에 조수처럼 사람을 태우고 영업을 하는데, 이런 차들이 자주 말썽을 일으킨다.

몽골에 수입되는 차들은 중고차가 90% 이상이다. 새 차는 눈을 씻고 찾아야 할 만큼 드물다. 독일과 헝가리에서 들어온 중고차들은 메르세데스 벤츠 또는 BMW 등 고급차들이다. '썩어도 준치' 라고 이런 차들은 택시 영업을 하지 않는다. 택시 영업은 구소련의 라다를 비롯한 동구에서 생산된 차들이 도맡아 한다.

길거리 어디에서나 손을 들면 서는 차들은 외모부터가 엉망이다. 폐차장에서나 찾아볼 수 있는 엉성한 차들이 거리에 굴러다닌다. 용케

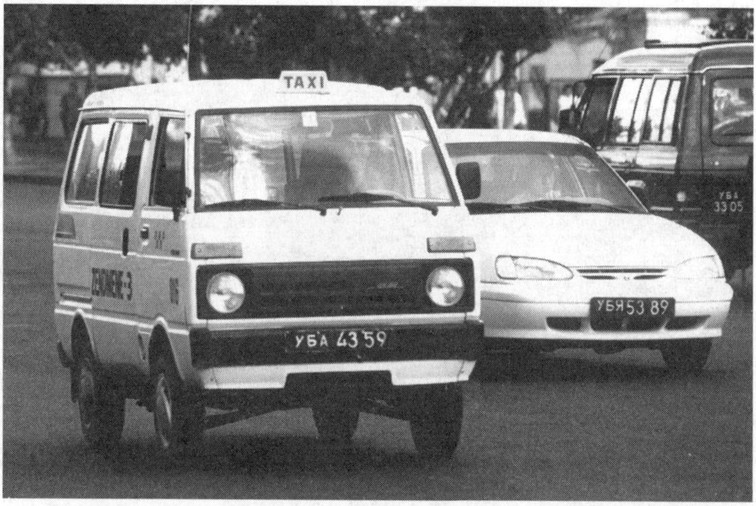

택시가 없는 몽골에 최초로 등장한 택시. 중국제 승합차를 들여와 영업하고 있다.

굴러다닌다고 생각되는 차들이고 보니 타고 가다 중간에서 시동이 꺼지거나 고장나는 일이 비일비재다. 그래도 몽골인들은 불평하지 않는다. 운전사들이 내려서 2,3분간 손을 보면 다시 시동이 걸린다.

차 속에 물통, 기름통, 연장 따위가 실려 있는 것은 애교로 봐줄 만하다. 그러나 시장을 보고 오는 도중 영업을 하는 차에는 막 잡은 양이 통째로 실려 있기도 한다. 뻘겋게 가죽을 벗긴 양이 앞자리에 실려 있는 것을 보면 기겁을 하기 일쑤다. 그러나 승객들이 택시를 골라타는 것이 아니라 택시가 승객을 선택하기 때문에 불평은 사치스러운 투정에 불과하다.

재미있는 것은 개인용 차들만 택시 영업을 하는 게 아니라는 것이다. 검은색 번호판의 관공서 차나 회사 차들도 몰래몰래 택시 영업을 한다. 수입은 몽땅 운전사들이 챙긴다고 한다. 심지어 병원의 앰뷸런

차를 고치고 있는 몽골 운전사들.
그들은 폐차장에나 가야 할 차를 고쳐 몰고 다닌다.

스도 영업에 끼여든다. 한국 대사관이 자리한 칼 마르크스 거리 10번지 주변에는 병원들이 많다. 대사관에서 모임을 마치고 밤거리에 나와 차를 잡고 있노라면 앰뷸런스가 슬며시 다가와 멈춰서곤 한다.

요즘 몽골에서는 운전 면허를 취득하려는 사람들이 늘고 있다. 운전교습 차량이 따로 있는 것이 아니라 아무 차에나 교습차량이라고 딱지를 붙인 뒤 차 앞뒤에 빨간 깃발을 매달고 다니면 그만이다. 운전 면허를 받으려는 사람들의 목적은 택시 운전사가 되는 것이다. 대학생들에게 졸업한 뒤 무엇을 하겠느냐고 물어보면 30% 이상이 택시 운전을 하고 싶다고 할 만큼 택시 운전사는 몽골의 인기 직업이다. 수입도 많고 자유롭게 일할 수 있으며 불황이 없다는 게 이유다. 보통 노무자들이 6천에서 1만5천 트그르그의 월급을 받는 데 비해 운전사들의 수입은 2만에서 10만 트그르그까지 천차만별이다. 만일 영어를 조금만 할 수 있으면 금상첨화다. 영어를 할 줄 아는 운전사의 취직자리는 언제나 보장돼 있을 만큼 구인난이다.

일반인들은 시내 버스를 이용한다. 울란바토르 시내 버스는 서민들의 운송 수단이다. 사람은 말할 것도 없고 살아 있는 양이나 염소도 탄다. 밀가루 포대, 음료수 상자 등도 가득 실린다. 요금은 50트그르그(1996년 9월 2일부터 100트그르그로 인상). 전기버스와 일반버스 두 가지가 있지만 출퇴근 시간에는 발디딜 틈이 없을 만큼 늘 만원이다. 이때 꼭 끼여드는 것이 소매치기다. 돈이 있어 보이는 외국인이나 옷을 조금 깨끗이 입은 사람은 소매치기들의 좋은 표적이다. 가방마다 면도날로 그어져 있기 일쑤다.

버스들도 낡기는 마찬가지다. 바닥에 구멍이 뚫려 있어 노면이 보이는 경우가 허다하고 유리가 깨진 곳에 철판을 대고 땜질을 해 장갑차가 굴러가는 듯한 인상을 준다. 더 재미있는 것은 버스 문이 세 개인데 차장은 한 명뿐이라는 사실이다. 승객들에게 요금을 받아야 하지만 받아도 그만, 안 받아도 그만이다. 사람들이 많을 때는 자기 근처에 있는 사람들에게서만 요금을 받을 수밖에 없는 형편이다. 사회주의 시절의 행태가 그대로 남아서인지 차장에게선 돈을 받겠다는 의지가 보이지 않는다. 가끔 버스를 세우고 경찰이 버스표를 검사해 무임 승차자를 연행해 간다. 벌금은 요금의 백배인 5천 트그르그. 50트그르그를 아끼려고 차장을 피해 다니던 여자들이 잡혀가기도 한다.

특별히 주차장을 만들어놓은 곳은 정부청사 세네 곳뿐이다. 차고가 달려 있는 집은 극소수이며 차고를 이용할 경우 한 달에 백 달러 정도의 사용료를 지불해야만 한다. 차고에는 난방 시설이 되어 있어 혹한기에도 별탈이 없다. 특이하게도 컨테이너를 차고로 사용하는 운전사들이 많다. 손쉽게 이동이 가능하며 도난과 파손 등을 예방할 수 있어서다. 우리 나라에서 몽골로 보내는 컨테이너에는 두 가지 요금 체계가 적용된다. 하나는 회수하는 비용이 포함된 것이며 다른 하나는 컨테이너를 포기하는 비용이 포함된 것이다. 컨테이너를 사려는 몽골인들이 많아 수명이 거의 다된 헌 컨테이너를 약 400달러의 웃돈을 받고 판매하기 때문이다.

처음 몽골에 갔을 때 서울로 편지를 발송하면 평균 두 달 반이 걸렸다. 특급우편이 있지만 500g에 80달러로 비싼 편이다. 서울까지 전화를 하려면 우체국에 가서 신청, 돈을 지불하고 집에 와서 기다려야 했다. 최근에는 300달러의 보증금을 예치시켜두면 국제전화를 사용할 수 있도록 허락해주는데, 요금은 1분당 5달러로 서울보다 훨씬 비싸다.

어쩌다 서울에 가는 인편이 있으면 백여 통의 편지가 모인다. 안면과는 상관없다. 서울에 가는 사람은 우체부 역할을 해야만 했던 것이다. 1993년 몽골에 처음 도착한 뒤, 집과 친구, 회사 등 10여 명에게 연락처를 알리기 위해 우체국에서 편지를 발송했다. 우편 요금은 우리나라보다 훨씬 싼 35트그르그(당시 한화 약 75원)이었다. 그 우편물들이 서울에 도착하는 데 두 달 반이 걸렸다. 그것도 집과 친구에게 부친 것 해서 두 통만이 도착했을 뿐이었다.

이처럼 몽골의 우편 서비스는 형편없다. 이렇게 늦고 분실되는 것이 많다보니 만나는 한국인마다 편지 보낼 것이 있으면 언제 누가 서울 가는데 보내라는 것이 인사말처럼 되어 있었다. 울란바토르에 체류중인 교민들은 모두 한국 우표를 20~30장씩 가지고 있다. 서울에 들어가는 사람들에게 폐를 끼치지 않기 위해서다. 서울에 가는 사람에게 편지를 주고 우표까지 사서 붙이라면 염치가 없기 때문이다. 그저 서울에 가서 잊지 말고 우체통에다 넣어만 달라는 부탁이다. 그러나 이것도 여의치 못할 때가 종종 있다. 웃지 못할 어이없는 일도 일어나곤 했다.

1994년 『월간 조선』으로부터 몽골을 소개해달라는 원고 청탁을 받았다. 6월 초까지 보내달라는 강인선 기자의 부탁을 받고 서울에 가는 H씨에게 『월간 조선』에 전해달라고 원고를 맡겼다. H씨는 "걱정 말라"며 "조선일보사까지 찾아가 전해주겠다"고 약속을 했다. H씨가 서울에 도착한 3일 후 『월간 조선』에서 전화가 왔다. 원고가 도착하지 않았다는 것이다. 마감 시간을 넘긴 때였다. 나중에 알고보니 H씨가 가지고 있다가 깜박 잊고 전해주지 않았다는 것이다.

지금도 몽골에는 우편 배달부가 없다. 편지는 우체국에 사서함을 개설한 직장이나 단체 등에서만 받아볼 수 있다. 개인들도 사서함을 개설해 우편물을 주고받기도 하지만 활성화되어 있지는 않다. 직장이 없는 일반인들은 친구나 친척의 직장 주소로 편지를 보내게 해 친구나 친지를 통해 편지를 주고받는다. 외국인들에게는 아파트 관리 사무실에서 우편물을 찾아다주고 한 통당 25트그르그를 받는다.

우편물을 발송할 때 우표 값을 지불하면 되는데 몽골에서는 우편물을 찾을 때도 수수료를 받는다. 그렇지 않으면 우체국에서 우편물이 와 있다고 전화를 해서 찾아가게 한다. 이때도 수수료는 마찬가지로 지불해야만 한다.

주인보다 객이 많은 텔레비전

몽골 언론들은 아직까지도 민주화 과도기를 벗어나지 못하고 있다. 텔레비전은 저녁 여섯시 삼십분부터 열한시까지 방송되며 라디오는 전파 송신보다 유선 라디오에 치중하고 있다. 라디오 수신기 구입비가 비싸 집집마다 유선 라디오를 가설, 정부의 정책이나 각종 공지 사항을 청취한다.

텔레비전은 뉴스와 하루 3, 4회의 자체 제작 프로그램을 제외한 모든 프로그램이 외국에서 제작된 것들이다. 주로 러시아에서 들여와 더빙을 해 그대로 방송한다. 더빙은 우리 나라처럼 성우가 여러 명 동원되는 것이 아니라 변사식으로 단 한 사람이 내용을 전달한다. 한번은 「바람과 함께 사라지다」가 1, 2부로 나뉘어 방송되었는데 성우는 한 사람뿐이었다.

텔레비전 채널은 셋이다. 몽골 텔레비전과 러시아 텔레비전 그리고 미국 · 영국 · 독일 · 프랑스의 주요 프로그램을 중계하는 채널 등이다. 하지만 최근에는 위성방송 수신용 접시 안테나를 설치, 홍콩의 스타 TV와 일본의 NHK를 수신하는 시청자도 꽤 늘고 있다. 이렇게 되다보니 몽골이 세계 각국의 전파매체 각축장이 되고 말았다.

1995년 4월부터는 채널 6번으로

몽골과 외부 세계를 이어주는
몽골 체신부의 위성 안테나.

일본 NHK의 프로그램이 방송되었다. 몽골어 더빙이나 자막 없이 일본어 그대로 방송되었다. 단지 프로그램 중간중간에 영어 자막이 들어갈 뿐이었다. 몽골인들의 안방이 일본 텔레비전의 가시청권 안으로 들어간 것이다. 이미 홍콩의 스타 TV를 중계하는 채널 4번에서 미국·프랑스·독일의 프로그램이 원어 그대로 방송되고 있고, 러시아 TV 프로그램도 두 개가 방송되고 있는 상황이므로 울란바토르에는 이제 전체적으로 모두 다섯 개의 외국어 채널이 운영되고 있는 셈이다. 결과적으로 울란바토르 TV에는 주인인 몽골어 채널(한 개)보다 객(客)이 훨씬 더 많은 상황이 빚어지고 있지만 국민들은 별다른 반응을 보이지 않고 있다. 다만 일부 학자들과 아카데미 회원들만이 몽골 문화가 외래 문화에 침략당하고 있다면서 프로그램의 송출 중단을 요구하고 있을 뿐이다.

한편 신문은 1990년 민주화 이후 복간된 공산당 기관지 『아르딘 에르흐』, 정부 기관지 『몽골 자스긴 가자르 메데』 『울란바토르 신문』 등이 일간이나 격일간 등으로 발행되고 있다. 일간지는 일요일과 월요일에는 발행되지 않는다.

1995년부터 신문의 자유 경쟁이 시작되면서 신문 사업에도 발전의 계기가 마련되었다. 『아르딘 에르흐』지는 1994년의 신사옥 이전에 이어 한국의 『동아일보』로부터 윤전기를 기증받아 사진 제판을 이용한 제작 시스템을 가동하고 있다. 1994년 이전까지는 몽골 신문에 사진이나 광고 그림 등이 실리지 않았다. 연판으로 제작되어 시꺼먼 지면이 나오기 일쑤였다. 신문 발행일도 들쭉날쭉 엉망이었다. 신문 용지는 전량을 중국과 러시아로부터 수입해 쓰는데, 공급이 원할하지 못했다. 1993년까지만 해도 용지가 없으면 2, 3일씩 신문 발행이 중단되기도 했다. 그러나 몽골인들은 이런 신문이라도 있는 것을 감사하

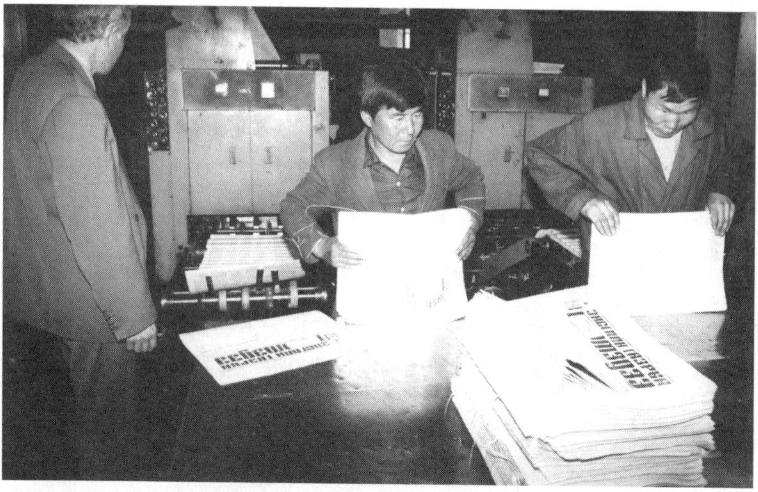

몽골 공산당 기관지 『아르딘 에르흐』지.
한국의 신문사가 기증한 최신 인쇄기로 인쇄된다.

게 여긴다. 읽을 것이 귀한 몽골에서는 신문이 큰 선물이다. 시골로 여행갈 때 지난 신문이라도 가져다주면 환영받는다.

우리 공보처의 해외공보관에서 발행한 러시아어판 『서울』이라는 홍보잡지가 몽골인들에게 인기를 끌었다. 선명한 사진, 새로운 풍물 등이 몽골인들에게는 신기하게만 여겨졌던 것이다. 사실 몽골인들은 정식 외교 관계를 수립하기 전까지 서울에 대해 제대로 된 정보를 접할 길이 없었다. 물론 지금은 사정이 많이 달라졌지만 아직도 서울을 방문하고 돌아온 몽골인들이 입에서 입으로 전하는 소식에 더 많이 의존한다.

1988년 서울 올림픽 이전만 해도, 한국에는 거지가 득실거리고 뿔 달린 괴물들이 권력을 잡고 있다고 학교에서 가르쳤다는 것이다. 북한으로부터 왜곡된 선전 자료물을 받았던 탓이다. 그런데 이런 그릇된 정보는 최근의 언론에서도 종종 나타나 실소를 금치 못하게 한다.

다음은 필자가 1995년 KBS 라디오 방송에 나가 소개한 이야기다.

몽골 최대의 발행부수를 가진『아르딘 에르흐』지가 지난 주말호에서 6·25 때 한국이 북한을 침략했다는 왜곡된 기사를 실어 물의를 빚고 있습니다.『아르딘 에르흐』지는 몽골 국립 역사문서보관소의 자료를 인용해, 몽골에서 197명의 한국 고아가 양육되었다는 기사를 19일자 3면 하단에 가로 20cm 세로 12cm 크기의 박스 기사로 보도했습니다. 이 신문은 이승만 강도 일당이 1950년 전쟁을 일으켜 수십만 명의 북한 어린이가 고아가 되었으며 몽골 정부가 그 중 197명을 데려와 7년간 양육했다고 자료를 인용하고 있습니다. 그리고 이 고아들은 울란바토르 전쟁 승전탑 부근에 있는 건물에서 양육되었으며 153명이 학교에 다녔다고 덧붙였습니다. 또 나이가 든 55명은 공장 등지에서 몽골인들과 함께 일을 했으며 10명의 교사와 80여 명의 몽골 사람들이 그들을 돌봤다고 말했습니다. 이들은 1959년 5월 27일 기차편으로 북한으로 돌아갔다고 했습니다.

이처럼 이 신문은 대한민국이 북한으로부터 침략받았다는 명백한 사실을 가린 채 왜곡된 자료를 인용하며 북침이라는 허위 사실을 강조한 것입니다.『아르딘 에르흐』지는 몽골 인민혁명당 즉 공산당 기관지였는데, 최근에는 의회가 운영하고 있습니다. 최근 관계가 소홀해진 북한을 의식하여 의도적으로 이런 기사를 실은 것이 아닌가 하는 의혹을 낳고 있습니다.

이와 관련해 몽골 주재 한국대사관은 아무런 대응책도 세우지 않아 교민들로부터 비난을 샀습니다. 대사관의 한 관계자는 대사관 내에 몽골 신문을 읽을 수 있는 사람이 없어 몽골인들이 번역, 압축한 기사를 읽고 있다며, 이 신문을 이틀이 지난 오늘 오후 늦게서야 봐 대응

울란바토르 시내의 신문 가판대. 음란 신문이 대부분이다.

책을 마련할 수 없었다고 말했습니다. 그는 기사 게재 배경을 확인한 뒤 『아르딘 에르흐』지측에 엄중 항의하고 정정보도를 요구하겠다고 했습니다.

이 기사와 관련, 1959년 고아들을 인솔하여 북한에 갔던 몽골 아카데미의 호를러 박사는 김일성을 만나 환대를 받았다고 말했다. 호를러 박사는 나이가 많은 아이들은 몽골어를 곧잘 했는데 귀국 후 한 사람도 연락이 없다며 서운해 했다. 한국인 모두가 이처럼 은혜도 모르는 사람들 아니냐는 투로 말해 나는 가슴이 답답했다. 그는 평양에서 김일성과 함께 찍은 사진 등 네 장의 사진을 간직하고 있었다. 그 후 그는 몽골을 방문한 김일성을 만난 적이 있었는데 김일성은 그의 얼굴을 기억하지 못했다고 덧붙였다.

이밖에도 『일츠 토브초』 등의 주간지가 5~6종류 있으나 모두 유명무실한 상황이다.

이런 틈바구니에서 청소년들의 정서를 해치는 음란물들이 쏟아져나와 학부모들의 근심을 가중시켜 논란이 되고 있다. 제목조차도 낯간지러운 『뜨거운 이불(하롱 흔질)』『센세이션』 등 4~5종이 주간, 격주간으로 발행되어 날개 돋친 듯 팔리고 있다. 1994년 당시 일반 신문들이 20트그르그인 데 반해 이런 음란물들은 50~70트그르그로 비싼 편인데도 변두리에서는 없어서 못 팔 정도로 인기가 높다. 극장과 최근 붐이 일고 있는 비디오 테이프도 성인용과 청소년용이 구분되어 있지 않다. 한 교육전문가는 "청소년들이 외국의 음란물을 수용할 태세가 갖춰져 있지 않은 상황에서 외국의 음란물이 봇물처럼 밀려오고 있다"며 걱정이 태산 같았다.

성(姓)을 잃어버린 사람들

몽골인들을 만나면 우선 호칭 문제로 고민하게 된다. 몽골인들에게는 성(姓)이 없기 때문이다. 그러니 '미스터 누구'라고 부를 수도 없고 그렇다고 그 사람의 이름을 대뜸 불러대는 것도 뭔가 어색하다. 우리는 할아버지가 김씨면 아버지도 김씨, 아들도 손자도 김씨인데 몽골인들에게는 우리처럼 김, 이, 박이라고 부르는 성씨가 없고 이름만 있을 뿐이다. 아무렴 어떠랴 하고 막무가내로 불러댈 수도 있지만 우선은 부르는 내가 불편하다. 또 금방 소개받은 사람의 이름을 기억하는 것도 어려워 만나자마자 당황하게 된다.

몽골인들에게도 성이 있었다. 그러나 공산혁명 이후 구소련의 배후 조종을 받던 당시의 몽골 정부가 1925년부터 성 제도를 폐지했다. 구소련은 이 세상에서 가장 용감한 민족인 몽골족의 기상을 꺾어놓기 위해 여러 가지 수단을 획책했다. 구소련은 몽골 영토의 일부인 브리야트 지방을 자국령에 귀속시키고 내몽고가 중국에 넘어가는 것을 지켜보고만 있었다. 그리고 몽골족의 근거지를 가급적 나쁜 땅으로 한정시켰고, 몽골족의 가족적인 단합을 분쇄하기 위해 성을 없애버렸다. 몽골족의 가족적인 단합은 세계에서 가장 넓은 땅을 지배했던 그들의 역사가 증명해주는 것이다.

몽골족들은 말을 이용한 전술로 유라시아 대륙을 제패한 민족이다. 그들은 유럽으로 전진하면서 반항하는 민족은 모조리 참수하는 잔혹함을 보여주었다. 이 과정에서 몽골 병사를 한 명이라도 잃게 되면 그 전쟁에 참가했던 상대편 병사들은 모두가 죽음을 면치 못했다. 이는 적의 저항을 사전에 봉쇄하기 위한 '공포 작전'이었다.

몽골족의 용맹성과 진취성은 유럽인들에게도 공포의 대상이었다.

유럽인들은 지금도 몽골족 하면 잔인함을 떠올린다. 헝가리를 포함한 독일 남부 지방에서는 아이들이 울면 부모가 '훈'이 온다고 겁을 준다. 우리나라에서 호랑이 온다고 겁주는 것과 마찬가지다. 훈이란 흉노족이라는 일부 주장이 있지만, 이는 몽골말로 사람이란 뜻이며 유럽인들은 지금도 몽골족을 그렇게 부른다. 몽골족은 유럽인들에게는 정말로 호랑이보다 더 무서운 존재였던 것이다.

몽골 병사들은 상하 구별과 지역 차별이 없는 한 가족이었다. 그래서 전쟁도 가족을 위한 전쟁이었다. 이런 가족적인 분위기를 깨뜨리는 데 가장 효과적인 방법이 성을 없애는 것이었다. 구소련은 몽골인의 성을 없애면서 아버지의 이름을 성 대신 쓰도록 하는 편법을 가르쳤다. 예를 들어 김철수가 아들을 낳아 이름을 영수라 지으면 김영수가 아니라 '철수의 영수'라고 부르게 했다. 영수의 아들 경식은 '영수의 경식'이 되는 것이다.

1990년 몽골이 개방되고 나서 서양 사람들이 하나 둘 찾아오기 시작했다. 한번은 서양 사람이 몽골인 가정에 초대받아 갔다. 이 가족은 3대가 같은 천막집 겔에 살고 있었다. 서양인은 몽골인이 성이라고 가르쳐준 대로 미스터를 붙여서 그를 부르곤 했다. 그런데 그때마다 그 친구의 아버지가 왜 부르느냐고 나서는 통해 당황했다고 한다. 그 몽골인이 자기의 이름을 '철수의 영수'라고 소개했다면 서양식으로 미스터 철수라고 불렀을테고 그때마다 진짜 철수인 아버지가 대답했기 때문이다.

직함과 함께 부를 때도 성을 사용하는 것이 아니라 이름을 사용해야 한다. 폰차긴(성) 자스라이(이름) 총리의 경우 '폰차긴 총리'라고 부르면 몽골인들은 그런 총리가 없다고 말한다. 우리는 총리가 강씨면 '강 총리'라고 부르면 되지만 몽골인들에게는 성이라고 말하는 폰차긴이 그 사람을 지칭하지 않는다. 만약 폰차긴 총리라고 부르면 또 다른 사람을 일컫는 것이 된다. 이때는 이름을 써서 '자스라이 총리'라고 해야 한다. 이런 판이니 몽골에는 미스터라는 칭호를 붙일 사람이 한 사람도 없는 셈이다.

농담처럼 주고받는 말이지만 "몽골에는 신사가 한 사람도 없다"는 말을 자주 한다. 현실에는 맞지 않는 말이지만 성이 없어서 빚어지는 촌극임이 틀림없다. 이러니 사촌간에도 성이 달라진다. 만약 앞에서 말한 영수에게 동생이 있어 이름을 영석이라 하고 그의 아들을 경복이라 한다면, 그는 '영석의 경복'이 된다. 경복이와 경식이는 사촌간이지만 성처럼 쓰이는 아버지의 이름이 달라 서로가 가족이라는 느낌이 희박해질 수밖에 없었다. 이렇게 3대가 지나면 남남이 될 수밖에 없어 가문이란 존재하지 않는 것처럼 보인다. 혈연끼리의 단합이 불가능하게 되는 것이다.

몽골인들의 신분증에는 그 사람이 어느 종족이라고 표기되어 있지만 별다른 의미를 찾을 수 없다. 가족이라는 개념, 즉 혈연이 이 세상의 가장 기본적인 단위인데 그 단위의 핵심이 깨어지자 몽골은 사회나 지역의 구심력이 약화되었고 개인의 우수성만이 강조되는 힘 없는 집단으로 변하고 말았다. 용기와 야성으로 패기만만하던 몽골인들이 이제는 남의 신세를 지는 상황이 되었다.

우리 나라에서는 어른들이 집안이 번성한다는 의미로 "한 마당에 8촌 난다"는 말을 한다. 몽골에서는 이 말이 전혀 통하지 않는다. 6촌간에도 서로 잘 모른다. 6촌은 친척이라기보다 남보다 더 잘 아는 사이쯤으로 전락해버렸다. 그 결과 몽골에서는 근친혼이 성행해왔고, 특히 사람 구경하기조차 힘든 시골에서는 사촌간만 아니면 결혼이 가능했던 시절도 있었다. 구소련의 엄청난 몽골족 개조 음모 아래 근친혼으로 태어난 아이들은 열성 유전인자가 강해져 몽골인들 특유의 용기와 기상을 점차 잃어왔던 것이다.

울란바토르 시내를 걷다보면 키도 크고 얼굴도 예쁜 아가씨들을 자주 만날 수 있다. 이들에게 고향이 어디냐고 물으면 거의가 울란바토르라고 대답한다. 1대를 거슬러 올라가 부모의 고향을 물어보면 몽골의 동서 또는 남북의 끝인 경우가 대부분이다. 북쪽의 흡스골 아이막의 아버지와 남쪽의 고비 아이막 출신 어머니 사이에서 태어났다는 식이다. 이처럼 2,000~3,000km 떨어진 먼 곳의 집안 출신끼리 만나 결혼한 부부 사이에서 태어난 후세들은 외모가 건장하고 늠름해 보인다. 다시 말한다면 멀리 떨어진 집안끼리 만났을 경우 조상대에서 피가 섞였을 확률이 그만큼 줄어들어 근친 유전자를 가질 기회가 없는 것이다. 이런 경우 머리도 영리하고 신체도 준수하며 얼굴도 예쁜 편이다.

몽골 정부는 근친혼의 폐해를 다룬 국민 계도용 영화「블랭 노름」을 제작, 텔레비전으로 방영하고 각급 학교에서도 상영했다. 영화는 대재앙이 닥쳐 인류가 멸망하기 직전의 이야기이다. 지구상에는 아버지와 두 딸만 겨우 살아남았는데, 그들 세 사람은 삶의 보금자리를 재건하고 농토도 개간한다. 그때 역시 목숨을 건진 한 청년이 나타난다. 큰딸이 이 청년과 사랑에 빠지자, 작은딸이 질투하여 청년을 죽여버린다. 그 뒤 아버지는 종족 보전을 위해 큰딸과 관계를 가져 아이를 낳는다. 그러나 그 아이는 인간 구실을 할 수 없는 몽골리즘(몽고증 환자)의 전형이었다. 몽골 정부는 이 영화로 근친혼의 위험성을 경고하는 한편, 건전한 가족을 구성하도록 유도하고 있다.

정확한 통계는 밝혀져 있지 않지만 몽골에는 정신질환자가 의외로 많다. 이를 증명이라도 하듯 1992년 말 현재 몽골 병원의 총병상

24,225개 중 정신 및 신경계 질환자 병상 수가 1,465개를 차지한다. 그리고 현재 몽골에서는 가벼운 증세까지 포함하면 전체 인구의 10%, 성인 인구의 20%가 알콜중독 증세를 보이고 있다. 물론 이 자료의 신빙성에 대해서는 의심이 가지만, 어려서부터 술을 먹기 시작하는 몽골인의 대다수가 약간의 알콜중독 증세를 가지고 있는 것은 사실이다. 알콜중독의 원인 중 하나가 열성 유전인자의 발현에 의한 것임을 배제할 수 없다는 학설이 타당해 보이기도 한다.

몽골은 알콜과의 전쟁을 선언, 범국민적인 금주운동을 펼치고 있다. 오치르바트 몽골 대통령은 1994년 12월 19일 전국민을 대상으로 금주령을 선포, 새로운 국민 윤리강령을 실천해나가겠다고 발표했다. 그는 최근 몽골 국민 상당수가 알콜중독에 걸려 있다고 말하고 이로 인한 산업 및 경제 전반에 걸친 피해가 상상을 초월한다고 밝혔다. 정확한 알콜중독자 숫자와 경제적인 피해액은 밝히지 않았지만, 알콜중독이 몽골의 국익과 경제발전에 심각한 장애요소가 되고 있다고 경고한 것이다. 그는 또 알콜중독자로 인해 사회적인 윤리와 가정의 안정이 파괴되고 있다고 지적하고 각 사회단체와 학교, 직장 등이 중심이 되어 알콜중독 문제를 슬기롭게 해결해나가자고 호소했다. 몽골 의회는 대통령의 금주령이 발표되고 난 뒤 주세인상 법안을 의결, 공포했다. 새로 공포된 주세법에 따르면 알콜 농도 25% 이상의 주류에는 리터당 3,000<u>트그르그</u>, 우리 나라 돈으로 약 6,000원의 세금이 부과되며, 맥주는 리터당 현행 180<u>트그르그</u>에서 1,500<u>트그르그</u>의 고액 관세가 매겨지게 되었다.

최근 들어서는 십대들의 알콜중독이 늘고 있어 폭력과 폭행 등 각종 범죄가 증가, 문제의 심각성을 더하고 있다. 그러나 어려서부터, 우리나라에 '마유주'로 소개된, 알콜 농도 7~8도의 아이락을 술이 아닌 음식으로 먹으며 자란 몽골인들이 금주 전쟁을 과연 어떻게 받아들일지 귀추가 주목된다.

몽골 국립도서관장 세르제는 이와 같은 폐해를 막기 위해 성 제도의 부활을 강력하게 주장하고 있다. 그는 몽골의 18개 도(아이막)와 3개 특별시에서 1,400여 개의 성씨를 찾아냈다. 그는 지방별로 성씨를 정착시켜야 한다는 글과 함께 성씨를 소개한 책자를 발간해 집안별로 성씨를 선택하라고 말했다. 일부 지식인들이 옛 조상들의 성씨를 찾아내 부활시키고 있기는 하나 대다수 국민들은 자식의 이름조차도 별다른 의미를 두지 않고 아무렇게나 짓고 있어 성씨 정착은 별 진전을 이루지 못하고 있다.

일부 나이 많은 노인이 있는 집안에서는 조상들의 성씨를 그대로 사용하고 있다. 특히 시골에 사는 노인일수록 성씨에 대한 애착이 강하다. 성씨를 사용하고 있는 집안은 혁명 이전 양반 가문인 경우가 대부분으로, 당시 학식 많고 지체 높은 사람들은 소련의 몽골 지배를 탐탁지 않게 여겨 소련의 성씨 제도 파괴에 반발, 조상 대대로 사용하던 성씨를 공산당의 억압 아래서도 몰래몰래 지켜왔다. 그러나 현재 상류층 사람들은 자진해서 성씨를 파괴하고 본래 조상들의 뿌리를 잊으려 했던 사람들이라고 흡스골 아이막에서 만난 한 노인이 들려줬다.

몽골에는 별 희한한 이름도 다 있다. 예를 들어 '사람 아님'(훈 비시), '아무도 아님'(헨치 비시), '개자식'(너회 자브 : 개가 구한 자식이라는 뜻), '돼지자식'(가하이 자브), '이름 없음'(네르 구이), '저것 아님'(테르 비시) 하는 식이다. 몽골인들은 이름으로 출생의 비밀을 나타내기도 한다. 이름 끝에 '-마'가 들어가면 아버지의 이름을 물려받아 성으로 사용한 것이 아니라 어머니의 이름을 따왔다는 표시다. 이런 경우는 많지 않은데, 한국 외국어대 강사 유원수 씨는 극소수의 몽골인들만 어머니의 이름을 자기 성으로 삼으며, 그럴 경우 몽골인들은 대개 그 사람을 어머니의 혼외(婚外) 출생자로 짐작한다고 말했다. 예를 들어 몽골 대통령 폰살마 오치르바트의 경우 끝부분의 '마'가 티벳어의 어머니란 뜻에서 유래했다는 것이다.

몽골인들은 또 냠(일요일), 다와(월요일) 막마르(화요일), 하과(수요일), 푸레브(목요일), 소가르(금요일:산스크리트어), 바아상(금요일:티벳어), 밤바(토요일) 등 태어난 요일을 이름으로 하는 경우가 많다. 물론 월요일, 화요일 식으로 요일 하나만을 이름으로 사용하지는 않는다. 보편적으로 요일에 다른 뜻이 있는 말을 추가하여 이름으로 사용한다. '다와자브'라고 하면 월요일에 태어났는데 아주 어렵게 얻은 자식(자브는 구했다는 의미)이란 뜻이다. 그 사람이 태어난 요일이 아닌 다른 요일을 이름으로 사용하는 법도 없다. 일요일에 태어난 사람에게 다와라고 이름 짓지는 않는다는 것이다.

여성들의 이름에는 아름다운 사물을 나타내는, 발음이 부드러운 말을 따오기도 한다. 체첵(꽃), 사랑('달'의), 토야(빛), 솔롱고(무지개), 통갈락(맑은), 치맥(꾸밈 혹은 보석), 알탄(금) 등을 이름으로 사용한다.

딸의 편지를 못 읽는 아버지

1994년 몽골 정부는 옛 몽골 문자의 부활 문제를 놓고 한바탕 홍역을 치렀다. 몽골 정부는 1990년 민주화의 상징적 표시로, 공식 문자로 사용중인 키릴 문자(러시아 문자)를 폐지하고 옛 몽골 문자를 부활시켜 1994년부터 공식 문자로 정식 사용하기로 결정했다.

몽골 정부는 이 결정에 따라 1992학년도부터 우선 초등학생에게 옛 몽골 문자를 가르치기 시작했다. 교과서를 새로 만들고 초등학교 교사들에게 옛 몽골 문자 교육을 실시했다. 그리고 몽골 국영통신사 '몽짜메 아겐투어'에서는 몽골 문자로 된 신문을 발행하도록 했다. 일부 관공서와 단체들은 정부의 정책에 발맞추느라 간판이나 광고탑 등을 몽골 문자로 바꾸기도 했다. 초등학교에 입학하는 아이들에게는 몽골 문자만을 가르치게 했다. 모든 공문과 간판, 신문 등이 키릴 문자로 되어 있는데, 막 글을 깨우치는 아이들에게 몽골 문자만으로 교육하게 되자 실생활에서 기성세대와 괴리되는 혼란 상황이 초래됐다. 부모와 자식이 서로 다른 국가의 국민처럼 되어버렸다.

몽골 정부의 이같은 정책 시행에 학계와 교육계는 물론 일부 정치권에서조차 무모한 정책이며 국력 낭비라고 반발했다. 몽골 최고의 학문 기관인 아카데미의 언어연구소를 비롯한 전문 언어교육기관들은 옛 몽골문자 교육을 강행할 경우 문화 발전이 40여 년 이상 정체되거나 후퇴할 것이라고 경고했다.

1920년대에는 라마승과 극히 일부의 지식인만이 몽골 문자를 읽고 쓸 수 있었다. 당시 각 종족별로 언어가 달라 몽골은 심한 분열상을 나타내기도 했다. 몽골 정부는 국가의 통일을 위해 종족별 언어를 폐지하고 단일 언어로 통합하기 위해 키릴 문자를 공식 문자로 채택했던 것이다. 키릴 문자로 읽고 쓰기 시작하면서 몽골 내의 소수 민족 문제도 쉽게 동화 정책으로 옮겨갈 수 있었다.

몽골 정부의 공식 통계에 따르면 1940년도 몽골의 총인구는 743,800명이었으며 이 중 문자를 깨우친 사람은 5% 미만이었다. 그러나 1946년 키릴 문자를 도입하자 상황이 달라졌다. 몽골은 공산혁명 이후 구소련의 지원으로 의무교육을 강화, 문맹률을 0%로 만드는 데 성공했다. 그 결과 유네스코로부터 상을 받기도 했다. 몽골은 구소련과 같은 키릴 문자를 사용해 러시아어를 배우기가 쉬워 러시아 문화를 손쉽게 받아들였다. 그리고 러시아어를 통해 쉽게 서방 문물을 접할 수도 있었다. 울란바토르 시내에 있는 아르딘 키노(인민극장) 등에서는 러시아어로 자막이 나오는 영화가 그대로 상영될 정도로 러시아어가 일반화돼 있다. 글을 몰라 정부의 공고문조차 해독하지 못했던 몽골인들이 키릴 문자 교육 이후 새로운 세계에 눈떴던 것이다. 몽골인들은 구전(口傳)되던 징기스 칸의 영광도 글을 통해 알게 되었고 정부의 정책 결정에도 자신들의 의사를 전달할 수 있었다.

하지만 옛 몽골 문자를 공식 문자로 다시 사용하게 될 경우 예상되는 문제는 심각했다. 1994년 당시 읽고 쓰는 데 불편이 없었던 15~60세까지의 전국민이 다시 문맹이 되어야만 했다. 키릴 문자로 글을 터득한 이들은 몽골 문자가 있었다는 사실만을 알 뿐 그것을 읽고 쓸 수 없었으며, 대학 교육을 마친 사람들도 옛 몽골 문자는 거의 모르고 있었다. 만약 전국민을 다시 교육시키려면 몽골 정부의 예산을 전부 문교예산으로 전환해도 모자란다. 그렇잖아도 몽골 경제가 1989년 이후 매년 마이너스 성장을 거듭, 산업생산이 감소하는 판에 문교예산으로 돌릴 추가 재원이 있을 리 없다.

이처럼 어려운 상황인데도 옛 몽골 문자 부활론은 민주화와 더불어 계속 논의되고 있다. 이유는 간단하다. 70년 이상 몽골을 지배해온 구소련과 같은 문자를 쓸 수 없다는 것이다. 구소련에서 벗어나야만 몽골의 민주화가 더 빨리 진행될 수 있다는 생각이 몽골 국민들의 가슴속에 깊이 새겨져 있기 때문이다.

민주화에 앞장섰던 그룹을 움직이고 있는 도트릭 자브(전 의원)와 초이롭상 자브(전 국립대학 교수)를 주축으로 한 옛 몽골 문자 부활론자들은 공식 문자를 교체하지 않으면 자주적인 사상을 가질 수 없으며, 경제 자립과 문화 발전이 이루어질 수 없다고 주장한다. 징기스칸의 영광을 되찾기 위해서는 국민들의 사상 개조가 최우선 과제라는 것이다. 또 이들을 부추기는 외세의 영향도 빼놓을 수 없다. 영어, 일본어 등을 구사하는 초이롭상 자브는 일본과 유럽 등 서방국가에서 옛 몽골 문자 부활에 필요한 일부 자금을 지원받았다. 이들은 내몽고에서 사용중인 옛 몽골 문자 타자기를 들여와 기계화에 아무런 문제가 없다고 선전했다. 그러나 이 타자기는 세로로 쓰는 몽골 문자를 가로로 치게 되어 있어 여간 불편하지 않다. 자판은 가로인데 실제 종이에는 세로로 찍혀나오도록 억지로 기계를 꿰어 맞춘 것이었다. 가로쓰기의 편리함에 길들여진 사람들을 세로 쓰기로 훈련시키는 것도 거의 불가능했다. 그럼에도 불구하고 그들은 옛 몽골 문자의 부활을 고집스레 주장하고 있다.

그들은 옛 몽골 문자가 공식 문자로 채택된다면 더 많은 서방국가의 원조를 받을 수 있다고 장담했다. 당시 주한 몽골대사관도 몽골 문자 부활 정책에 동의했다. 몽골 정부의 일부 관계자들은 옛 몽골 문자 부활을 위한 원조를 대한민국에도 신청했다. 서방국가들이 이들의 지원 요청에 관심을 기울였던 것은 몽골 주민들을 구소련에서 더 멀리 떼어놓기 위한 방편이 될 수 있으리라는 기대 때문이었다. 그러나 이제는 서방국가들도 냉담한 반응을 보이고 있다. 자칫 잘못 몽골 국내 문제에 개입하면 반대론자들의 반발을 살 가능성이 있고, 당장의 효과를 기대할 수 없는 분야에 수억 달러의 거액을 쏟아부어야만 한다는 것이 부담스러웠기 때문이다.

몽골 전국민을 교육시키려면 적어도 한 세대, 즉 30~40년이 소요되며 도서관과 학교 등에 투자할 금액은 상상을 초월한다. 여기에다 반대론자들의 반격이 매섭다. 국가의 교육 정책이 감정만으로 결정되어서는 안된다는 것이다. 구소련의 영향을 벗어나자면서 또 다른 외국에 의존하는 모습은 차치하고라도 키릴 문자를 통해 단련되었던 각 종족간의 단합을 깨뜨려서는 안된다는 것이다.

당시 몽골 사회과학 아카데미 언어연구소장 연등(1996년 사망)을 포함한 연구원과 국립대학 몽골어과 교수 대다수 그리고 일선 교사들은 조직적인 연구 결과를 제시하여 정부를 당혹스럽게 만들었다. 이들은 옛 몽골 문자는 기계화가 불가능하고, 배우기가 어렵다고 주장했다. 옛 몽골 문자는 1분당 40~50단어를 읽기가 힘이 들지만 키릴 문자는 150~200단어를 읽을 수 있으며 이해 속도는 이보다 더 빠르고 컴퓨터를 이용해 쉽게 기계화를 이룰 수도 있다고 강조했다. 반대론자들은 유럽과 미국이 다같이 로마 문자를 사용하지만 그들 국가의 사상과 자유, 경제적 독립은 현재의 몽골보다 훨씬 앞서 있다는 예를 들어 옛 몽골 문자 부활론자들을 코너로 몰아붙였다.

몽골 정부는 민주화의 상징처럼 내세웠던 옛 몽골 문자 부활이 국가의 사활이 걸린 문제로 비약되자 반대론자들의 입김이 더 세어져서 차라리 몽골 문자 부활 정책이 유야무야되길 바랐다. 정부의 한 고위 당국자는 사견임을 내세워 "옛 몽골 문자는 학문하는 사람들에게 꼭 필요한 문자"라고 전제하면서 "옛 몽골 문자의 연구가 중단되어서는 안된다"고 말했다.

몽골 의회와 정부는 격렬한 논란 끝에 1994년 7월에 현재의 키릴 문자를 몽골의 공식 문자로 사용하며 동시에 옛 몽골 문자를 학교에서 가르치기로 결정했다. 아카데미를 주축으로 한 연구원 및 교수들의 주장이 받아들여졌던 것이다. 그러나 재미있는 것은 아카데미 연구원들이 옛 몽골 문자 부활에는 반대했지만 옛 문자 부활 논의 이후 새로운 강의 시간을 얻어 짭짤하게 부수입을 챙기고 있다는 점이다. 각 대학의 몽골어과는 물론 일반 기술대학이나 전문학교의 옛 몽골어 강의를 이들이 거의 다 차지했다. 몽골 문자 사용을 주장했던 세력들은 문제만 제기했지 실제로 아무 덕도 보지 못했다. 지금도 몽골 문자에 관한 한 아카데미 연구원들이 주도권을 행사하고 있다. 아카데미 언어연구소가 주동이 되어 옛 몽골 문자 사전도 만들고 책도 편찬하고 있다. 언어연구소에서는 옛 몽골 문자를 계속 연구해와 어느 연구 집단보다도 연구 성과가 앞서 있기 때문이다. 연구소 사전 담당부서 책임자 발등 선생은 "옛 몽골 문자의 전승, 발전에는 나를 포함한 아카데미 모든 관계자들이 찬성했다"면서 "그러나 전국민을 대상으로 한 공식 문자 지정에는 문제가 너무 많아 받아들일 수 없었다"고 아카데미 주장을 대변했다. 그는 대학 이상의 교육을 받는 사람들은 옛 몽골 문자는 물론 만주어, 위구르어, 심지어는 중국어까지도 필수적으로 배워야 한다고 덧붙였다.

1994년 9월 초등학교에 입학하려던 어린이들은 어떤 문자를 배워야 할지 망설일 수밖에 없었다. 이 문제가 얼마나 심각했는지는 다음과 같은 한 학부모의 말로도 알 수 있다. "초등학교 4학년짜리 딸이 러시아에 가 있는 아빠한테 학교에서 배우는 옛 몽골 문자로 편지를 보냈어요. 그런데 키릴 문자만 배운 남편이 그 편지를 다시 보내왔어요.

저에게 번역을 해서 보내달라는 거에요. 물론 딸아이는 키릴 문자를 알 리가 없죠. 한 가족이 편지로 의사 소통을 할 수가 없어요."

'한몽이'가 태어나던 날

몽골에는 한국 교민이 150여 명 살고 있다. 교민들은 러시아인과 결혼해 러시아 국적을 가지고 몽골에 와서 사는 고려족, 중국을 거쳐 몽골에 정착한 조선족, 북한에서 탈출한 사람, 그리고 한몽(韓蒙) 수교 이후 몽골에 온 사람 등 크게 네 부류다. 이 중 한몽 수교 후 몽골에 온 선교사 20여 가족을 비롯한 상사 직원, 한국 청년봉사단원, 학생, 공무원 연수생 등의 사람이 130여 명이며 앞 세 부류의 사람들은 극소수에 불과하다. 그러나 소수이기는 하나 이들이 대사관 개설 이후 한국인이 몽골에 정착하는 데 많은 역할을 했다.

민주화 초기 단계였던 1990년 무렵은 생필품을 구하기가 하늘의 별 따기만큼이나 어려웠지만 새로 몽골에 도착한 한국인들은 몽골에 정착해 있던 교민들의 주선으로 어려움을 극복했던 것이다. 이들은 또 몽골에 오는 상사 직원이나 체육계 인사들의 통역을 도맡아 한몽 관계 개선에 크게 기여했다.

몽골 주재 한국대사관은 야채가 없는 몽골 실정을 감안, 비닐 온실을 지어 교민들에게 야채를 공급하는 등 대민 봉사에 적극적이다. 김교식 전 몽골대사 부부는 서울에서 채소씨를 가져다가 온실에서 재배하여 교민들에게 신선한 야채를 공급했다. 상추, 쑥갓 등 야채가 나눠지는 날이면 울란바토르에 주재하던 교민들은 행복한 저녁을 맞이할 수 있었다.

김대사 부부는 또 1993년 9월 말 대사관 일을 돕던 신상균 씨를 중국에 보내 배추, 무, 양파, 파 등 김장거리를 구입, 교민들에게 나눠줘 교민들이 김장김치를 담가 겨울을 나게 했다. 김장 배추를 중국에서 구입해오는 일은 군사작전을 방불케 했다. 대사관 살림을 맡았던 정종렬 씨는 중국과 몽골의 장기 일기예보를 보고 기상이 적합한 날짜를 선택하여 신씨를 중국으로 보냈다. 신씨는 왕복 약 2,000km 거리를 달려 배추를 구입해 왔다. 그 이후 매년 가을이면 대사관이 중심이 되어 김장 배추를 공동 구입하여 김장을 담갔다.

한편 전의철 박사를 책임자로 한 연세대 '친선 병원'이 1994년 7월 1일 개원됐다. 이 병원은 그러나 개원 후에도 진료를 하지 못하다 몽골 사범대학 앞으로 이전하여 겨울부터 본격적인 진료에 들어갔다. 그렇게 된 것은 연세대 관계자들이 개원을 서둘러 식만 먼저 거행했기 때문이었다.

미국의 평화봉사단, 일본과 유럽의 봉사단원들과 어깨를 나란히 하고 몽골에서 한국어 교육, 컴퓨터 기술 지도 등 봉사활동을 펼치는 한국 청년봉사단원들의 활약도 빼놓을 수 없는 자랑거리다. 봉사단원들이 울란바토르, 다르항, 바트숨부르 등 몽골 전역에서 한국인의 기상을 떨치고 있다. 몽골에는 현재 일곱 명의 한국 청년자원봉사단원이 영하 30~40도의 추위를 무릅쓰고 몽골인들에게 한국어, 경제통계학 등 5개 분야를 가르치며 봉사 활동을 펼치고 있다. 이들은 2년 임기로 이곳에 파견되어 자연의 악조건을 극복하고 더 나은 생활을 위해 노력하는 몽골인들을 돕고 있는 것이다.

1994년 파견되어 봉사 활동 2년째를 맞은 정은영 씨는 울란바토르에서 500km 떨어진 이 나라 제2의 도시 다르항에서 컴퓨터를 이용한 새로운 산업 및 경제통계학을 지도하고 있다. 정씨는 몽골의 경제 발전 속도가 점차 빨라지고 있다고 진단하고 효율적인 경제활동 지도를 위해서 더 많은 봉사요원이 파견되길 바란다고 말했다. 그리고 1995년 9월에 파견된 이은정 씨는 울란바토르 외국어대학에서, 김강림 씨는 제23중학교에서, 박정자 씨는 공립유치원에서 각각 한국어 교육과 어린이 보육 임무를 성실하게 수행하고 있다.

한 관계자는 산간 오지에서 몽골인들을 위해 봉사하는 한국 청년자원봉사자들이 민간 외교관으로 활약하며 한국의 이미지를 좋게 심어주고 있다고 자랑스러워했다.

선교사들은 한국인 교회의 안교성 목사, 한국어 학교를 운영하는 윤순재 목사 등 여덟 명의 목사를 중심으로 선교회를 조직, 몽골에 기독교를 전파하기 위해 동분서주하고 있다. 이들은 봉사를 통한 기독교 전파에 목표를 두고 각종 사회단체 지원, 빈민 구호사업 등을 펼쳐나가면서 몽골인들에게 한국의 이미지를 심어주고 있다. 윤순재 목사가 설립한 4년제 울란바토르대학은 외국인이 100% 투자한 몽골 최초의 사립대학으로 몽골인들로부터 큰 관심을 모으고 있다. 이 대학은 1996년 1학기부터 한국어학과 등 3개 과에 120명을 모집해 주로 한국인 교수들이 강의를 하게 된다. 윤 목사는 1992년 몽골에 와 몽골 정부에 학교 설립을 신청한 뒤 3년 만에 승인을 받았다. 그는 이 학교를 "우리 나라의 연세대학교처럼 외국인 선교사가 세운 대학"이라고 소개하고, "매년 학교 시설을 늘리고 학생 수를 증원해 최고의 종합대학으로 육성해나갈 계획"이라고 포부를 밝혔다.

수교 이전부터 몽골을 방문하여 몽골 국립대학 한국어학과에서 강의를 맡고 있는 계로이(桂路二) 씨는 한몽 민간외교의 산 증인이다. 그는 몽골이 서울올림픽에 참가하겠다고 발표한 1988년 1월에 공식 통역으로 선발돼 일본에서 몽골어 교육을 받았고 올림픽 때는 몽골 선수단 50명의 통역을 맡았다. 그 인연으로 1990년 2월 25일 몽골에 정착, 한국교민 1호가 된 그는 교민 회장을 맡아 교민들의 어려움 해결에 앞장서기도 했다. 1994년 5월 울란바토르에서 열린 제8회 아시아 주니어역도선수권대회 때는 부부가 하루도 빠짐없이 경기장에 참석해 한국 선수들을 응원했다.

1994년 4월 몽골 땅에서 한국인 근로자 최찬 씨가 최초로 몽골 여성과 결혼식을 올렸다. 한국, 미국, 몽골 3개국 합작회사인 몽암코 봉제공장 근로자였던 최씨의 결혼으로 한몽간에 피의 교류가 시작되었다. 그들 부부는 아들을 낳자 한국과 몽골의 머리글자를 따서 '한몽'이라 이름 지었다. 최씨는 아들 한몽이의 백일에 한국인들을 모두 초청, 백일 잔치를 벌였다. 잡채, 부침개 등 푸짐한 음식을 장만하여 몽골인들에게 한국인의 풍습과 인정을 전했다. 그보다 앞서 몽골 여성과 한국에서 결혼식을 올린 선교사 김영수 씨도 있다. 그들 부부는 현재 베트남에서 선교활동 중이다. 한국인과 몽골인의 결혼은 앞으로 갈수록 늘어날 전망이다.

태권도 사범 김경태 씨와 탁구 코치 강영순 씨는 한국 스포츠계를 대표하는 친선사절로 손꼽힌다. 김사범은 몽골 태권도 선수들을 한국과 제주도에 초청, 한국을 소개하는 데 앞장서고 있다. 강코치는 몽골의 탁구 대표단을 이끌고 아시아지역 선수권대회, 아시안게임 등에 참가, 코치 겸 통역을 도맡았다. 강코치는 이런 공로를 인정받아 몽골 정부로부터 훈장을 받기도 했다.

반면 몽골에도 어글리 코리안은 있다. 공들여 쌓아놓은 한국인의 이미지를 구겨버리는 사람들이 있어 교민들 사이에서 비난이 잦다. 특히 한국 상품 구입 또는 기술 이전 등을 미끼로 가난한 몽골인들의 주머니를 축내는 사람들이 종종 나타나 교민들을 실망시킨다. 한국산 중고차를 구입해주겠다면서 4만 달러를 받고 부도를 낸 사람, 몽골인에게 축산 기술을 전수해주겠다고 약속하고는 일방적으로 폐기한 사람, 서울에서 구호품으로 받은 물건을 판매한 사람 등 천태만상이다.

몽골 정부는 1995년 2월 한국인이 관련된 대규모 취업 사기사건을 조사하고 있다고 발표했다. 몽골 정부 당국자는 마흔한 살인 한국인 모씨가 1994년 11월 몽골에 와 세르헨체크 회사와 몽골인을 고용하기로 계약, 127명을 서울로 데려가 불법 체류시키고 있다고 말했다. 그에 따르면 이씨는 몽골인 한 사람당 770달러의 수수료를 받고 매월 500달러의 임금을 받는 직장에 1년간 고용시켜주는 조건으로 근로자를 모집했다. 이씨는 1994년 11월 26일부터 세 차례에 걸쳐 모두 127명을 1개월 기간의 관광비자로 서울로 데려갔다. 이씨는 이들에게 서울에 가면 곧바로 1년 기한의 취업비자로 갱신해주겠다고 말했지만 서울에 도착해서는 불법 취업을 강요했다는 것이다. 이에 불안을 느낀 서른여덟 살의 감바트 등 13명은 귀국을 결심, 1995년 1월 자비로 몽골로 되돌아와 정부 당국에 세르헨체크 회사와 한국인 이씨를 고발했다. 이들 귀국자 13명은 서울에서 종이봉투 공장, 가죽 공장, 대장간 등에서 보름에서 한 달간 일했지만 임금은 받지 못하고 10만~30만 원의 벌금만 물었다면서 피해 보상을 요구하고 있다. 이런 일들의 재발을 막기 위한 강력한 대책 마련이 시급한 실정이다.

2. 징기스 칸은 살아 있다

징기스 칸은 살아 있다

징기스 칸은 1162년 몽골 동부 지방 헨티아이막 다달솜에서 태어난 것으로 사학자들은 보고 있다. 이 사실은 징기스 칸의 일대기를 다룬 최초의 몽골 역사책 『노츠 토브초』를 토대로 하여 분석, 유추한 것이다.

징기스 칸의 본명은 테무진. 그의 아버지 이수게이 바아타르가 타타르족의 테무진, 우게 등을 약탈하고 돌아왔을 때 출생했다 하여 테무진이라 이름지었다. 아버지 이수게이는 테무진을 약혼시키고 돌아오는 길에 타타르족에게 독살당했다. 그의 어머니는 후엘룬 우진이다. 사후에 징기스 칸으로 추대된 테무진은 세계 최초로 유라시아에 걸친 대제국을 건설, 몽골족의 기상을 세계에 떨쳤고, 1227년에 세상을 떠났다. '칸'은 왕이란 뜻인데 '징기스'란 단어의 뜻은 아직 밝혀지지 않았다.

징기스 칸은 세계 최대 제국을 건설하는 위업을 달성했지만 그의 흔적은 몽골족의 마음 속에 살아 있을 뿐이다. 징기스 칸의 묘는 몽골 땅 어딘가에 남아 있다고 전설처럼 전해진다. 징기스 칸은 유언으로 묘에 관한 정보를 알고 있는 모든 사람을 묘가 완성된 뒤 곧바로 참수하게 하여 묘의 위치를 세상에 알리지 않도록 했다. 몽골 사학자들은 많은 부장품과 순장자들이 함께 묻힌 징기스 칸의 묘가 엄청난 규모일 것이라고 추측하고 있다.

일본의 『요미우리 신문』은 고고학자들을 동원하여 답사한 끝에 징기스 칸의 첫번째 왕궁터를 발견했다. 첫 왕궁은 몽골 북부 러시아의 브리아트 지방과 접경한 오논 강과 케렌 강 등이 발원한 지역에 자리잡고 있다. 고고학자들은 이 부근 어딘가에 징기스 칸의 묘가 있을 것으로 보고 연차 사업으로 발굴을 계속할 계획이다. 하지만 몽골 국민 231만, 내몽고의 300만, 브리아트의 300만, 중국 신강 지방의 24만 등 전세계 약 천만 명의 몽골족들은 징기스 칸의 묘가 발굴되는 것을 원치 않는다. 위대한 신 이상으로 추앙받는 징기스 칸의 실체가 외국인들의 손으로 파헤쳐지는 것을 바라지 않기 때문이다. 한편 많은 사람들은 만약 징기스 칸의 묘가 첫 왕궁터 부근에서 발견된다면 몽골인들이 브리아트의 몽골화를 노골적으로 요구할 것이라고 내다보고 있다.

최근 몽골인들은 징기스 칸의 격하 운동을 음으로 지원했던 러시아의 태도에 분노하고 있다. 모스크바의 한모퉁이에 걸려 있는 '징기스 칸로(路)'의 간판을 떼내라고 아우성이다. 몽골인들은 1990년 자유화 당시 몽골의 역사가 아닌 치욕스런 러시아 역사라고 분노하면서 울란바토르에 있던 스탈린, 흐루시초프 등 구소련 지도자의 동상을 모두 파괴했다. 그 와중에서도 레닌 동상만은 울란바토르 중심 정부청사 앞 광장 오른쪽에 그대로 남아 있다. 레닌의 피 속에 몽골인의 피가 섞여 있다는 사실 하나만으로 몽골인들의 동정을 받았던 것이다.

몽골인들은 최고가 아닌 것에는 징기스 칸이라는 이름을 절대 사용하지 않는다. 징기스 칸 보드카, 징기스 칸 호텔 등이 좋은 예다. 이처럼 몽골인들의 마음 속에는 징기스 칸이 살아 있는 영웅처럼 영향력을 발휘하고 있다. 돈을 벌거나 영업을 원활히 하기 위해 징기스 칸이란 이름을 사용하면 손가락질을 당하거나 심한 경우 테러를 감수해야 하기도 한다.

몽골 역사연구소의 젊은 사학도 간볼트는 몽골인들의 세계 지배는 징기스 칸의 뛰어난 전략과 기병술 때문이었다고 말했다. 그는 또 징기스 칸이 백만 명도 채 안되는 몽골인들로 1억이 넘는 인구와 세계 역사상 전무후무한 대제국을 거느릴 수 있었던 것은 몽골족이 유목민이었기에 가능했다고 덧붙였다.

징기스 칸 군대에게는 병참, 즉 보급이라는 개념이 필요치 않았다. 몽골군들은 진격할 때마다 후방 병참기지로 그들의 가족을 불러들였다. 1945년 제작된 몽골 영화 「초그트 타이지」, 즉 초그트 공(公)의 일대기는 가족 병참부대의 활약상을 잘 그려내고 있다. 몽골군은 진격하면 300~400km 후방으로 자신들의 가족을 불러들였다. 농경 민족이라면 가족을 전장으로 불러들이는 일이 삶의 터전, 즉 병참기지를 완전히 없애는 것이었겠지만 그들은 유목민이었기에 아무 상관도

몽골에서 촬영된 최초의 한국 영화 「카루나」의 한 장면.
옛 몽골 기병대의 모습을 재현했다.

없었다. 후방으로 따라온 가족들이 전방의 병사들에게 가축의 젖을 짜 보내면 모든 것이 해결되었다. 3, 4세의 어린이부터 70세 노인에 이르기까지 말과 함께 살아온 몽골족에게 거처 이동은 말을 타고 산 넘어 초원으로 유목을 떠나는 것과 같았다. 집이래야 지금도 국민의 70% 이상이 거주하는 천막집 '겔'이고 살림은 식구 개개인의 밥그릇 한 개, 젓가락 한 벌, 그리고 칼 한 자루가 전부였다.

식사는 여름에는 소·말·양·낙타·염소 등의 젖, 겨울에는 이들의 고기와 약간의 곡물류만으로 충분해, 음식을 따로 준비할 필요도 없었다. 배가 고프면 물을 마시듯 가축의 젖을 짜 먹으면 되었다. 지

금도 시골에서는 징기스 칸 시대의 식습관대로 살아가고 있는데, 많은 사람들이 몽골을 13세기와 20세기가 공존하는 유일한 나라라고 부르는 이유는 바로 이 때문이다.

또 장기전을 대비해 가축을 잡아 고기를 건조시킨 후 가루로 만들어 보내기도 했다. '보르츠'라고 불리는 이 고기 가루는 가볍고 부피까지 작아 휴대하기에 가장 좋은 전투 식량이었다. 몽골인들의 주식인 양 한 마리를 잡아 보르츠를 만들면 무게는 3~4kg, 부피는 우리나라 중고등학생들의 신발 주머니보다 약간 큰 크기로 줄어든다. 보르츠 한 주머니면 유사시 한 달 이상을 견딜 수 있다고 한다.

그리고 후방에 있는 가족들은 병사들이 가장 필요로 하는 말을 길러 공급했다. 지금도 인구 231만 명(1995년 말 현재)에 소, 말, 양, 낙타, 염소 등 가축 수는 2,860만 마리를 넘는다. 1인당 10마리 이상의 가축을 기르고 있는 셈인데 당시에는 1인당 15~20마리 가량의 가축을 길렀다는 통계 자료가 있다. 전방의 병사들은 1인당 8, 9마리의 말을 함께 몰고 다녔다. 한두 시간 정도 달리고 나면 다른 말로 바꿔 타 기동성이 떨어지지 않게 했다. 따라서 며칠을 진격해도 기동성이 줄어들지 않았고 지휘관들은 병참선의 확대를 걱정하지 않고 오로지 전략과 전술에만 전념할 수 있었다. 아마 현대전을 치르는 장군들에게도 물어보면 백 명 중 99명이 작전의 성공은 병참에 달려 있다고 대답할 것이다. 소규모 전술은 경우가 다르지만 대규모 전략에서는 보급 물자, 즉 전쟁 물자의 충분한 확보가 승전의 지름길이다.

몽골 지휘관들은 오로지 전투에만 전념했으니 용감성이 돋보일 수밖에 없었다. 적군에게 포위되거나 낙오되었을 경우에도 먹을 것은 걱정하지 않았다. 병사들에게 딸려 있는 군마 중 한 마리를 택해 목 정맥에서 피를 뽑아 마시고 고기로 잡으면 한 사람이 2~3개월은 충분히 지탱할 수 있었기 때문이다.

후방의 가족들은 군사병원 역할도 했다. 부상병들은 곧바로 가족 품으로 돌려보내져 가족의 손에 치료를 받았다. 치료 효과도 높았고 병사들의 심리적 안정도 그만이었다. 그렇기에 몇 년씩 가족과 떨어져 살아야만 했던 상대편 병사들과 비교하면 사기면에서도 몽골 병사들이 훨씬 높았다. 유럽의 기록에 보면 몽골 병사들은 오로지 진격만 할 뿐 후퇴를 모르는 전술을 사용했다. 가족이 머무르고 있는 고국으로 돌아가야 할 하등의 이유가 없었기 때문이었다. 그 결과 몽골인들은 소수 민족이지만 지구상에서 가장 넓은 땅을 차지하게 되었다.

유럽의 기사단도 기병전을 펼쳤지만 몽골군에게는 상대가 될 수 없었다고 사학자들은 지적한다. 몽골군들은 주로 활을 이용했고 갑옷도 잘 단련된 쇠로 만들어, 무거운 칼과 두껍고 무거운 갑옷을 사용한 유럽 기사단의 무장보다 훨씬 가벼웠다는 것이다. 한 연구 보고서에 따르면 몽골군의 1인당 무장이 20~40kg이었던 것에 비해 유럽의 기사단은 40~60kg으로 두 배 이상 무거웠다. 두세 시간씩 전투를 벌이다 보면 말들이 지쳐 유럽 기사단은 기동력이 크게 뒤질 수밖에 없었다. 이때가 되면 몽골군들은 말을 바꿔타고 유럽 기사단을 포위, 항복을 받아냈다. 그리고 몽골 병사들은 반항하는 적들은 현장에서 모두 죽여버렸다. '반항=죽음'이라는 등식은 상대편 병사들의 사기를 꺾는데 충분했다.

몽골군에게는 별도의 전선(戰線)이 필요 없었는데, 이것도 전투에서 유리하게 작용했다. 유럽 기사단은 근거지 확보를 위해 이웃 부대와 연결되는 전선을 유지해야만 했지만 몽골 병사들은 별도의 근거지 확보가 필요 없이 머무르는 곳이 곧바로 근거지였다. 수가 적은 몽골군으로서는 전선을 형성한다는 것이 무의미했기 때문이었다. 유럽 기사단은 몽골군의 이런 전략 때문에 당황할 수밖에 없었다. 전선을 형성해봤자 제대로 저항 한번 해보지 못하고 뚫려버려 유럽 기사단은 그대로 무너지고 말았다.

병사들과 생사고락을 함께했던 지휘관들의 통솔법도 승전의 한 요인으로 손꼽힌다. 1990년 이전 몽골에는 상류층이라는 개념이 전무했다. 다른 공산국가들에는 지배 계층을 위한 비밀 오락시설이 있었던 것으로 알려져 있지만 몽골에는 전혀 없었다. 모두가 공평한 생활 수준을 영위해왔던 것이다. 이것은 징기스 칸 시절부터 이어져오는 몽골인들의 전통이었다. 그러니 일반 백성들의 반발이 있을 수가 없었다. 심지어는 일반 병사들이 징기스 칸을 '너'라고 부를 정도로 서로 친숙함을 유지했다.

또 병사가 죽더라도 그 가족들의 생활은 아무 문제가 없도록 조치했다. 『노츠 토브초』에는 적의 칼에 맞아 죽은 병사의 후손들에게 3대에 걸쳐서 수당을 주어 살게 한 기록이 나온다. 병사의 죽음은 영광이었기에 후손들의 생계 유지에 전혀 걱정이 없도록 배려했던 징기스 칸의 보훈 정책은 높이 살 만한 것이었다.

징기스 칸은 몽골군에 조직적인 군대 체제를 최초로 도입했다. 그는 정확하게 10명을 1개 단위로 해 지휘자를 임명했다. 징기스 칸이 몽골을 통일했을 당시 몽골족은 95,000가구로, 대가족 제도임을 감안하더라도 그때의 몽골 인구는 전부 백만 명 정도였을 것으로 어림잡을 수 있는데, 징기스 칸은 한 가족당 한 명씩의 병사를 모집하는 것을 원칙으로 정했다. 이렇게 보면 몽골 병사는 10만 명을 넘지 않았을 것이다.

징기스 칸은 적은 수의 병사로 이웃 나라들을 점령해가면서 병력을 증강시켜나갔다. 순종하는 포로들에게는 몽골 병사와 동등한 대우를 해주었지만 지휘자로는 임명하지 않았다. 모든 지휘관들은 몽골인들이었다. 지휘관들은 포로와 몽골 병사를 조직적으로 정비하고 훈련시켜 고도의 명령 체계를 만들었다. 징기스 칸은 물론이고 어떤 지휘관이라도 10명만 지휘하면 되었다. 몽골 역사 연구에서는 몽골군 병사 조직을 십호(十戶), 백호(百戶), 천호(千戶) 등으로 부르는데, 이는 몽골군의 조직이 열 가족, 백 가족, 천 가족의 단위 개념을 가졌기 때문이다. 이 제도는 중국의 팔기병 제도에 이어 최근 각국의 군대 조직에도 영향을 미치고 있다. 다시 돌아와 얘기하면 징기스 칸은 일사불란한 명령 체계를 수립, 말단의 병사까지도 자신의 뜻과 같이 움직이게 만들었다.

징기스 칸은 점령지의 언어, 문화 등을 인정해주었다. 점령지 국민들에게 몽골어와 몽골 문화를 강요하지 않아 반발을 누그러뜨린 것은 주목할 만한 통치술이었다. 또 점령지 국민들에게 과대한 조공을 요구하지도 않았다. 유목민들이었으므로 금은 보화 등의 수요가 타민족보다 많지 않았던 것이다. 언제나 주거지를 옮겨다녀야 되므로 무거운 쇠붙이 장식품이나 생활 도구는 오히려 거추장스럽기만 할 뿐이었다.

몽골 사학자들은 당시 몽골인들이 짐승을 먹일 수 있는 목초지 확보에만 최선을 다했을 뿐 다른 민족을 착취하는 일은 등한시했다고 강조한다. 영국 대영박물관, 프랑스 루브르박물관 등 세계를 지배했던 민족들의 박물관을 둘러보면 그들의 문화가 약탈로 이루어졌음을 알 수 있다고 이들은 말한다. 그들의 박물관에 진열된 것 중 대다수가 약소 민족의 문화재를 옮겨놓은 것이란 주장이다. 한국의 국보급 문화재가 프랑스, 영국, 일본 등에 가 있지 않느냐고 반문하며 진정으로 문화재를 보호한다는 차원에서 그들이 가져간 것은 아닐 것이라고 말하기도 했다. 몽골 박물관에 전시된 것은 모두 순수한 몽골인들의 문화 유산이라고 한다. 만약 몽골족이 다른 나라들을 약탈했다면 몽골 박물관에 세계에서 가장 많은 문화재가 보관되어 있어야 할 것이라고 이들은 덧붙였다.

이런 앞선 전략을 가졌던 까닭에 몽골인들이 이 지구상에 계속 존재할 수 있었다는 설명은 설득력이 있다. 현재도 몽골 정부는 몽골족의 단합과 몽골 문화의 존속·발전을 위한 전략 수립에 최선을 다하고 있다. 몽골 징기스 칸 연구소가 1995년 7월 울란바토르에서 30여 개국 학자들이 참가한 가운데 개최한 국제유목학자회의가 그런 노력의 한 가지라 할 수 있다.

이 회의의 집행위는 터키, 우즈베키스탄, 카자흐스탄 등이 참가하는 1995년 국제유목학자회의의 의의가 지금까지 과소평가된 중앙아시아의 역사와 문화를 재평가하는 데 있다고 발표했다. 그리고 대부분 회교국가들로 구성된 참가국들은 유목경제와 범유목민족 문화의 교류를 위한 헌장을 채택했다. 한편 몽골 정부는 1993년 범몽골족회의를 개최하여 몽골족의 단합을 과시하기도 했는데, 몽골 정부는 그 때 범몽골 문화 발전 5개년 계획을 수립, 시행에 들어갔다.

이에 대해 당시 중국은 이 회의가 범유목민족 단합회의가 될까봐 촉각을 곤두세우고 배경 파악에 골몰했다. 10여 개 회교국가들과 국경을 맞대고 있는 중국으로서는 이 회의가 내심 불쾌할 수밖에 없었다. 제2의 회교권 기구를 구성, 중국 내의 회교세력에 대해 막강한 영향력을 행사하게 되는 것이 아닌가 하는 우려가 적지 않았던 것이다.

제국의 영광 실크로드

징기스 칸은 동서양 사이의 문물 교류를 적극 지지하고 보장해 동서양의 문화 교류가 이때부터 다시 활발해지기 시작했다. 기원전 1세기부터 징기스 칸이 활약한 13세기까지 약 1,400년 동안 실크로드는 동방의 중국과 서방의 로마를 연결한 위대한 무역로였다. 이 길로 동방의 비단이 서양으로 수출됐으며, 서양의 양모와 금은 세공품이 동양으로 흘러들었다. 중국의 서안(西安)에서 출발해 만리장성을 넘고, 타클라마칸 사막을 관통하고, 이어서 파미르 고원을 넘어 아프가니스탄, 시리아, 이스라엘 지역을 통과하는 대상(隊商)들의 이 길은 장장 6,000km였다. 그러나 로마 제국이 붕괴하고 시리아와 이스라엘 지역에서 아랍세력이 커짐에 따라 실크로드는 점점 불안정하게 되었고, 결국은 사람들의 왕래마저 끊기게 되었다.

13세기 중엽이 되면서 새로운 실크로드가 만들어졌다. 그 길로 엄청난 부와 예술과 건축기술이 서방으로 전파되었다. 이 길은 징기스 칸이 1220년 부크라와 사마르칸드 그리고 오늘날에는 우즈베키스탄 지역으로 알려진 티무르 지역을 차지하면서 다시 열렸다. 또 페르시아와 남부 러시아, 인도 등도 새로 탄생한 실크로드의 영역에 들어갔다. 중앙아시아에서 실크로드는 타시켄트와 부크라, 사마르칸드라고 하는 투르키스탄이 포함되는 지역을 의미하며, 이곳의 넓이는 미국 땅의 절반에 해당된다. 실크로드는 이 지역 사람들에게 과거의 영광을 떠올리게 한다. 화려한 예술과 건축, 번화한 시장, 동방의 비단과 향료, 그리고 마르코 폴로가 당대의 유럽보다 훨씬 뛰어난 문화와 기술을 갖고 있다고 묘사하며 '케세이'라고 불렀던 원동(遠東)의 중국이 주는 이미지 등이다.

넓은 초원을 가로질러가는 짐 실은 승합차.
징기스 칸이 말 타고 달리던 길에 이제는 자동차가 동서로 달린다.

그러나 티무르 제국(티무르 제국의 최대 강역은 오늘날의 이란, 이라크, 우즈베키스탄, 아프가니스탄 그리고 티벳 일부와 남부 러시아까지를 포함했다)이 1500년에 무너지면서 이 무역로는 쇠락의 길로 접어들었다. 대신에 증기기관의 발달이 문명의 새 길을 열었다. 15세기 말 포르투갈의 바스코 다 가마가 배를 이용해 개척한 유럽–인도–중국으로 연결되는 바닷길은 비단길의 종말을 재촉했다. 선박은 운송수단으로서 더욱 활용도가 높아지게 되었고 실크로드는 사람들의 기억 속에서 사라져갔다.

1990년대 들어와 상황은 다시 바뀌고 있다. 소련의 붕괴와 이에 따라 새로 탄생한 카자흐스탄, 우즈베키스탄, 타지키스탄, 투르크메니스탄, 키르기스탄 등 5개국이 중앙아시아의 판도를 바꾸고 있다. 그리고 이 지역의 풍부한 석유와 천연가스, 광물들은 일본으로서는 중국에게 큰 매력으로 작용하고 있다. 중동의 석유에 산업 생명줄을 대고 있는 일본은 산업 연료의 공급지를 다변화할 수 있는 이점을 챙기려는 것이고, 석탄에 크게 의존하고 있는 중국도 값싼 연료 확보의 호기를 놓치고 싶지 않은 것이다.

중앙아시아를 관통하는 철로 부설도 각국에서 적극적으로 추진되고 있다. 아시아·유럽 정상회의(ASEM)는 아시아와 유럽을 잇는 국제 철도망 건설을 결의, 구체적인 건설 계획과 자금 마련을 위한 후속 조치를 강구 중이다. 이렇게 되면 중앙아시아는 러시아, 중국, 한국, 바다 건너 일본과도 쉽게 연결된다. 극동과 중앙아시아 지역이 하나의 대륙에 속한 이점을 최대한 발휘할 수 있는 길로 들어서는 것이다.

항공기는 운송수단으로서 한계가 있다. 반면 선박은 대량수송이 가능하나 속도가 느리다는 단점이 있다. 이 문제를 해결할 수 있는 것이 철도와 도로를 이용한 수송이다. 그러나 문제는 철도 및 도로를 어떻게 할 것이냐 하는 것이다.

혁명 이전의 러시아와 혁명 직후의 소련은 시베리아 횡단열차에 이어 유라시아대륙 횡단철도를 계획했다. 또 시베리아 횡단철도와 북쪽으로 평행하게 달리는 바이칼-아무르 철도의 부설도 생각했으나 중국과의 냉랭한 관계로 위치가 더 북쪽으로 올라갔다. 게다가 광폭(廣幅)의 선로였고 연결 시스템 또한 엉망이었다. 유럽과 중국을 연결하려면 궤도를 국제 표준궤도로 교환해야 하는 어려움이 있었던 것이다. 그러나 새로운 기술의 개발로 화물열차와 일반 수송차를 선로 폭에 관계 없이 연결하는 것이 가능하게 되었다. 나아가 새로 개발된 컴퓨터 통제장치와 정보기술의 발달은 모든 운송 품목에 관한 정보를 수송업자들이 한눈에 파악할 수 있도록 만들어주었다.

현재 중국은 상해(上海)와 같은 태평양 연안 도시에서 카자흐스탄과 러시아 땅으로 컨테이너를 실어나를 수 있는 고속도로와 철도를 개설하고 있다. 우리 나라에서 천진(天津)을 거쳐 울란바토르로 연결되는 컨테이너 수송로도 있다. 이때 화물 컨테이너에 관세를 물리지 않는 방법에 대해서도 논의가 있을 것으로 보인다.

하지만 이 모든 것을 둘러싼 가장 중요한 열쇠는 바로 중앙아시아 국가들이 쥐고 있다. 특히 러시아와 카자흐스탄 등 중앙아시아 5개국의 관계가 문제다. 러시아는 이 나라들을 한때 지배했으며, 문화까지 완전히 바꾸려고 했던 존재이기 때문이다.

제국의 붕괴, 그리고 오늘

징기스 칸이 이룩한 '세계 대제국'도 역사 속으로 스러져갔다. 몽골 제국의 붕괴 원인에 대해서는 여러 가지 학설이 있지만, 보편적으로 거론되는 것은 몽골족이 중국을 지배하면서 중국의 발달된 문화에 동화되어 그들의 특징을 잃어버린 것을 우선으로 꼽는다. 중국 문화와 안락한 생활에 길들여진 몽골 병사들은 싸움을 싫어하게 되었던 것이다. 라마불교의 성행도 한 요인이었는데, 군인 대신 승려가 더 많이 나왔기 때문이다.

또 징기스 칸은 점령지의 통치자로 네 명의 아들을 임명했는데, 이들 네 명의 아들과 측근들에게 맡겼던 나라가 각각 독립함으로써 몽골 제국을 무너뜨리는 한 원인이 되기도 했다. 징기스 칸은 대제국을 건설한 뒤 중앙집권제의 어려움을 깨달아 지방분권제를 권장했던 것이다. 대제국을 중앙집권제로 다스리려면 원활한 통신수단이 필요했다. 당시 통신수단은 육상의 말과 몽골족 특유의 풍습인 길들인 매를 이용한 것이 고작이었다. 아무리 빠른 말이라도 중앙에서 지방까지 명령이나 정보를 전달하는 데 3~4개월이 걸려 그런 식으로는 통치가 불가능했다. 중국을 통일할 때 내부의 분열을 이용했던 몽골 제국이 이제는 스스로가 내부의 분열로 와해되었다. 이를 촉진시킨 것은 각 지역의 문화와 언어를 인정했던 통치 방법이었다. 각 지역은 몽골 세력이 약화된 틈을 타 쉽게 독립했던 것이다.

현재 중앙아시아에서 독립한 각국은 몽골의 지배를 오랫동안 받았던 지역이다. 이들은 몽골의 보호 아래 자신들의 문화를 200~400년씩 간직해오다 구소련에 통합되었다. 그 후 구소련의 해체 과정에서 독립하여 주권국가가 되었지만 아직도 몽골과의 문제가 완전히 해결된 것은 아니다. 그 대표적인 예가 카자흐스탄 공화국. 몽골과 카자흐스탄 공화국은 자국 내에 각각 카자흐족과 몽골족을 외국인으로 포용하고 있어 문제가 끊일 날이 없다.

카자흐스탄은 면적으로 따지자면 서유럽 전체보다도 넓다. 그렇지만 인구는 1,600만 명에 불과하다. 카자흐스탄은 또 세계에서 한 나라와 가장 긴 국경을 접한 나라이기도 하다. 카자흐스탄은 러시아와 5,000km에 가까운 국경을 접하고 있다. 인구면으로 보면 약 40%가 카자흐스탄인이며 38%가 북부에 몰려 사는 러시아인이다. 수도인 알마아타는 러시아로부터 약 3,000km 떨어져 있지만 중국과의 거리는 320km 정도밖에 되지 않는다. 카자흐스탄은 새로 발견된 유전 중 최대 규모인, 텡기즈 유전을 갖고 있다. 이 유전의 대부분은 미국의 정유회사인 세브론이 개발하고 있다. 하지만 세브론은 약 10억 달러가 들어가는, 텡기즈 유전에서 러시아를 거쳐 흑해까지 연결되는 송유관 건설을 꺼리고 있다. 러시아가 유럽 지역의 석유 공급원이 될 이 파이프라인의 통제권을 집요하게 주장해왔기 때문이다. 한편 카자흐스탄 지역에서는 꾸준히 카자흐 민족주의가 발흥하고 있으며 그런 요구의 하나로 카자흐어의 복원과 러시아인들이 가지고 있는 부의 재분배를 주장하고 있다. 하지만 카자흐스탄은 완전히 육지로 둘러싸여 있다는 약점 때문에 경제를 사실상 러시아에게 내준 실정이다.

1994년 6월 현재 몽골에는 14만 명의 카자흐족이 거주 중이다. 이들은 그러나 몽골 땅을 버리고 카자흐스탄으로 귀국하길 원했다. 독립된 조국으로 돌아가겠다는 막연한 고국 동경론이었다. 카자흐스탄 정부는 이와 관련, 몽골 정부 당국에 카자흐족의 출국을 막아달라고 탄원했다. 독립된 지 얼마 안된 카자흐스탄의 경제 사정으로는 이들을 수용할 수 없다는 것이었다.

카자흐족들은 1860년 처음 몽골에 발을 내디뎠다. 그 후 1938년의 22,000명 등 계속 증가 추세를 보여 지금의 숫자에 이르렀다. 징기스칸 이래의 외국인 통치 방법에 따라 카자흐족들을 포용했기 때문에 별 마찰은 없었다. 카자흐족들은 몽골에 거주하면서도 카자흐의 전통 의상과 생활 풍습, 언어 등을 고스란히 간직해왔다. 그런데 1990년 몽골의 자유화 이후 사정은 급변했다. 몽골은 자력으로 경제를 유지하고 사회 전반을 이끌어가야만 했다. 이렇게 되자 카자흐족보다는 몽골족을 우선시하는 정책이 시행될 수밖에 없었다. 더군다나 전 총리 밤바수렝의 '범몽골족국가 수립론'이 카자흐족의 마음 속에 잠재해 있던 불안감에 기름을 부었다. 카자흐족은 대장정을 결심하면서 카자흐스탄에 있는 몽골족을 몽골로 돌려보내라고 카자흐스탄 내의 카자흐족을 부추겼다. 일촉즉발의 위기론까지 거론될 정도였다.

동시에 카자흐스탄 지역에 퍼져 있던 러시안, 게르만, 위구르 그리고 한국인들도 추방해야 한다는 말이 나왔다. 이들은 고집 세고 자기들만의 문화와 언어만을 고집하는 카자흐족의 세력을 약화시키기 위해 러시아가 강제로 이주시킨 종족들이었다. 고래 싸움에 새우 등 터진다고 카자흐족과 몽골족의 갈등이 표면화되면서 카자흐스탄 내 한국인들의 입지가 흔들리게 된 것이다. 한국인이라는 긍지 하나만으로 살아온 동포들이 부자라는 이유로 카자흐족한테 박해를 받고 있다. 카자흐족이 가져야만 되는 부를 한국인들이 독점하여 카자흐족의 빈곤을 가중시켰다는 억지스런 주장이다.

몽골에서 볼 때 카자흐스탄은 이처럼 범아시아 인종간의 갈등 지역으로 비치고 있다. 러시안, 게르만까지 합세한 역사상 가장 복잡한 인종 대립으로 비화될지도 모른다는 우려를 낳고 있는 것이다. 징기스칸의 통치가 낳은 오랜 뿌리를 가진 문제가 이제야 노출되고 있는 셈인데, 우리 한민족도 관련되어 있어 귀추가 주목된다.

우즈베키스탄은 약 2,000만의 인구를 보유, 중앙아시아에서는 인구 대국이라고 할 수 있다. 게다가 중앙아시아의 중심부에 위치하여 다른 중앙아시아 4개국과 국경을 접하고 있다. 우즈베키스탄은 이 지역에서 가장 오래된 역사를 갖고 있다. 이 나라는 실크로드가 번창했을 때 중국과 유럽을 잇는 접점이었다. 1994년 4월 중국의 이붕(李鵬) 총리는 과거 캐러밴들이 활약했던 역사적인 도시인 이 나라의 수도 타시켄트를 일단의 비즈니스맨들을 이끌고 방문했다. 타시켄트가 중앙아시아 5개국 순방길에 나선 이붕 총리의 첫 방문지였던 것이다. 이것은 중국에게는 중앙아시아 5개국 중 우즈베키스탄의 비중이 첫번째라는 사실의 반영이다. 실제 이 방문으로 양국간에 네 가지 무역협정이 체결되었다. 또 우즈베키스탄의 이슬람 카리모프 대통령과의 회담에서 이붕은, 한때 중국과 오늘날의 우즈베키스탄을 연결했던 실크로드에 대해 언급하면서, "우리는 양국의 관계가 더욱 번창하도록 새로운 실크로드를 만들기를 원한다"라고 밝혔다.

투르크메니스탄은 독립 이후에도 여전히 공산주의 지도자들의 통치를 받고 있으며, 거의 변화가 없다. 영토 대부분은 사막이지만 마이클 만델보움 같은 이는 "천연가스 매장량이 엄청나 충분히 개발되기만 한다면 중앙아시아판 쿠웨이트가 될 것이다"라고 말할 정도다.

나머지 두 나라, 즉 타지키스탄과 키르기스탄은 인구가 천만 명 미만으로 다른 3개국과 비교해볼 때 큰 나라가 아니다. 사회가 불안정한 데다 자원도 빈약하다. 타지키스탄은 러시아에서 가장 멀리 떨어져 있으며, 언어는 페르시아에서 유래했다. 키르기스탄은 명목상 회교국가지만 정치·문화적으로는 중국 쪽에 좀더 가깝다.

그러면 이들 중앙아시아 국가들의 미래는 어떤 모습일까. 경제적으로는 카자흐스탄, 우즈베키스탄, 투르크메니스탄의 앞날은 밝다고 할 수 있다. 기본적으로 이 나라들은 전세계에서 시베리아를 제외하고는 가장 풍부한 석유와 천연가스를 보유하고 있다. 그리고 새로운 철도와 도로가 부설된다면 실크로드가 새롭게 부활하고 현대화의 과정이 촉진될 것이다. 이 나라들은 정치적으로 안정만 되면, 가장 가까운 이웃 나라이면서 그들 문화의 근원지인 터키, 이란, 사우디아라비아, 아프가니스탄 등과 같은 중동국가에 눈을 돌릴 것이다. 이런 가정은 이들이 같은 회교국이라는 데 기초를 두고 있는데, 이 나라들의 민족주의가 앞으로는 이런 방향으로 전개될 것이라 생각된다. 그러나 이들 간의 연합은 쉽지 않을 것이다. 이들은 명목상 같은 회교국이긴 하지만 언어가 서로 달라 의사소통이 어렵다. 예컨대 카자흐스탄인과 터키인은 사실상 말이 잘 통하지 않아 동질성을 느낄 소지가 적다.

경제적으로는 중국이 중요한 역할을 할 것이다. 하지만 중국과 몽골의 긴장 관계 등을 감안해본다면 경제적 영향력이 정치적인 영향력으로까지 연결될 것이라고 보기는 힘들다. 러시아 역시 종이 호랑이만은 아니다. 러시아는 이 중앙아시아 나라들의 서쪽과 북쪽을 포위하고 있는 형상이다. 러시아는 지금도 과거의 경제 관계에서 이어져 오는 영향력을 여전히 행사하고 있으며 또 러시아인들이 이들 국가에 소수민족으로 자리잡고 있다. 러시아는 군사적으로도 막강한 위협 수단을 갖고 있다. 만약 러시아가 안정을 되찾고 강대국으로서의 위상을 회복한다면, 중앙아시아는 러시아와 다시 한번 '밀접한 관계'를 맺게 될 것이다. 그것은 중심부와 주변부라는 방식, 즉 미국과 라틴아메리카의 관계와 비슷한 방식으로 이루어질 것이라고 전망된다.

어떤 모양으로 전개되든 21세기에는 중앙아시아의 역할이 커질 것이다. 과거 수백 년 동안 역사의 전면에서 사라졌던 이들 지역은 막

대한 자원뿐 아니라 세계화 추세와 지리적 여건으로 보아 다시 한번 아시아와 유럽을 연결하는 고리 역할을 할 것이 분명하다.

몽골과 중국은 오월동주(吳越同舟)

만주와 몽골 관계는 그래도 좋은 편이다. 몽골은 1911년 청(淸)으로부터 독립을 선포한 11월 26일을 독립기념일로 제정하여 매년 경축행사를 대대적으로 개최한다. 역사상 어느 민족의 통치도 받아보지 않았던 몽골족이 유일하게 청의 지배를 받았던 것이다. 몽골인들은 원(元), 명(明)의 뒤를 이은 만주족의 나라 청에 속국의 예를 갖추었지만 내심으로는 불쾌하게 여기지 않았다. 몽골인들은 청과의 관계가 속국이 아니라 연합국 관계였다고 주장한다. 청을 그들의 사촌쯤으로 여기는 눈치다. 이런 사실은 몽골의 초기 역사가 만주어로 기록되어 있는 등 만주족과는 뗄래야 뗄 수 없는 인연에서 나오기도 한다.

만주 지방에서는 사어(死語)가 되었다는 만주어가 몽골 국립대학생들에게는 선택과목으로 되어 있다. 중국에서 전래된 문물도 중국이 아닌 만주에서 전해졌다고 말하는 경우가 비일비재하다. 심지어는 수수께끼에서조차 만주가 중국보다 앞선 문화국으로 등장한다. "내 아이들은 고기를 좋아하고 만주 아이들은 쌀밥을 좋아한다"는 수수께끼의 답은 '칼과 젓가락'이다. 부연하자면 만주보다 중국에서 쌀이 더 많이 생산되지만 중국을 싫어하는 몽골인들은 만주족이 중국을 대표하는 것처럼 말하여 만주족의 위상을 높여주고 있다. 젓가락을 써서 먹는 쌀밥은 만주족보다는 중국인들이 더 좋아하지만 만주족이 좋아한다고 함으로써 그들과의 친근감을 강조하고 있다. 설화와 전설에서도 중국이라는 말보다는 만주라는 말을 써서 중국인들의 비위를 상하게 만든다.

몽골과 중국은 물과 기름 같은 관계라고 표현하는 몽골인들이 많은 것을 봐도 두 나라 사이의 갈등 정도를 알 수 있다. 몽골은 또 만주

개발회의에 참가할 의사를 강력하게 표명, 중국측으로부터 곱지 않은 시선을 받고 있다. 자기 코가 석자나 빠진 상태에서 남의 일에 참견하려 드니 그 속셈이 중국한테는 밉게 보이는 것이다.

오월동주(吳越同舟). 오늘날의 몽중(蒙中) 관계를 가장 적절하게 표현할 수 있는 말이다. 몽골인들은 중국인들을 지독하게 싫어한다. 중국 사람을 만나면 면전에서 "돼지 같은 놈들" 혹은 "돌아가라"는 말을 서슴지 않는다.

중국인들은 몽골 땅 어딜 가도 환영받지 못한다. 몽골인들은 중국인들을 멸시하고 심지어는 테러조차도 마다하지 않는다. 택시 운전사들까지도 중국인들에게는 통상 요금의 1.5~2배의 바가지를 씌운다. 국가가 책정한 요금이 없다는 점을 악용해 중국인에게 골탕을 먹이는 것이다. 중국인이 항의할라치면 말보다 주먹이 앞선다. 중국인들은 그래서 해가 서산녘에 걸릴 무렵이면 집으로 들어가 밖에 나오지 않는다. 택시는 가급적이면 타지 않는 것이 호신책의 제1조라고 말한다. 몽골인과 1대1로 만나는 것을 피하기 위해서다. 중국인들은 버스 안에서도 안전한 것은 아니지만 그래도 여러 사람들이 지켜보고 있어 마음이 놓인다고 털어놓는다. 버스에서는 온갖 날치기, 소매치기들이 중국인들을 괴롭힌다. 면도날로 그들의 가방과 옷을 찢어놓기 일쑤다.

이런 와중에서 덩달아 피해를 보는 것이 한국인들이다. 외모가 중국인과 비슷해 테러, 소매치기, 물건 값 바가지 등을 당한다. 원주 상지대의 최교수는 묵고 있던 몽골 국립대학의 외국인 기숙사 근처에서 세 명의 몽골인들에게 테러를 당했다. 최교수에 따르면 시내에 나갔다 돌아오는데 사람들이 없는 한적한 곳에서 몽골인 세 명이 갑자기 달려들어 주먹으로 얼굴을 후려쳤다는 것이다. 그는 이유도 없이 얻어맞았다. 다행히 재빨리 도망쳐 큰 부상은 입지 않았다. 난생 처음

당해보는 테러였기에 한동안 몽골인들을 속으로 저주했다고 한다. 한국인이 당한 크고 작은 테러는 유학생 박군, 기술자 이씨 등 수없이 많다.

필자도 울란바토르에서 기분 나쁜 경우를 여러 차례 경험했다. 몽골의 겨울 추위가 워낙 심해 모자를 꼭 쓰고 다녔는데, 말썽은 늘 그 모자에서 생겼다. 중국제 모택동 모자를 즐겨 쓰고 다녔기 때문이었다.

한번은 외무성에서 나와 택시를 타고 집까지 오는데 택시 운전사가 힐끗힐끗 쳐다보더니 연세 친선병원 근처에 이르자 갑자기 내리라고 했다. 이유를 몰라 멍하니 쳐다보는데 "중국인이 싫다"고 시큰둥하게 얘기했다. 그는 금방이라도 한방 쥐어박을 듯한 험한 인상을 짓고 있었다. 나는 박장대소했다. 거짓말을 보태 10분은 웃었다. 운전사가 어리둥절하여 쳐다보고 있더니 무엇이 그리 기분 좋으냐고 물었다. "중국인이 정말로 싫으냐"라고 되묻자 멋쩍다는 듯이 "내리라"며 다시 한번 심통을 부렸다. 나는 "한국인이다, 걱정 말라"면서 외무성에서 발급한 신분증을 보여주었다.

운전사는 신분증을 보고 나서야 "미안하다"고 사과하고 자기 집으로 데려가 차를 대접했다. 그는 "한국에 가보고 싶다"고 했다. 나는 놀려주고 싶은 생각에서 "중국을 거치지 않고는 한국에 갈 수 없다"고 약을 올렸다. 그는 "그래도 한국에 가보고 싶다"면서 "모택동 모자를 쓰고 다니지 말라"고 충고해주었다. 그러나 나는 모택동 모자를 쓰고 다니길 여전히 좋아했다.

나는 몽골인들에게 중국이 싫다면 속으로 싫어하라고 얘기한다. 앞에서 대놓고 나쁘다고 얘기해서 득될 것이 하나도 없기 때문이다. 과거에 당한 치욕은 먼 훗날과 몽골 민족을 위해 용서하라고, 하지만 절대 잊지는 말라고 설득하고 싶은 게 솔직한 내 심정이었다.

개인들끼리의 관계가 이렇듯 살벌하다 보니 국가간의 외교 관계가 매끄러울 리 없다. 몽골 정부는 몽골을 방문하는 모든 중국인들에게 입국사증을 요구한다. 반면 중국 정부는 속이야 어떨지 모르지만 몽골인들에게 입국사증을 면제해주고 있다. 이와 관련하여, 몽골 정부의 한 당국자는 만약 몽골과 중국의 국경을 개방할 경우 5년 이내에 몽골이 중국화될 것이라고 우려를 표명했다. 그는 몽골인 231만 명을 상대로 12억의 중국인이 몰려들면 몽골에서는 몽골인의 흔적조차 찾기 어려울 것이라고 했다. 국가간의 외교 관계는 언제나 상호주의 원칙에서 이루어지는 것이 국제 관례지만 몽중 관계만은 늘 예외적이었다.

이런 불편한 관계는 언제부터 시작된 것일까. 중국 역대 왕들은 몽골족과의 대립을 피해왔다. 만리장성을 쌓은 것은 물론이고 교역에서도 언제나 대립보다는 유화 정책으로 일관했다. 그러던 중 결정적인 계기는 원나라 당시 100만도 못 되는 몽골인들이 6,000만 명의 중국인들을 백 년간 통치했던 것에서 비롯된다. 여기에다 몽골족의 터전 중에서 가장 비옥한 곳으로 알려진 내몽고를 중국이 빼앗아간 것도 한몫을 했다.

중국 정부는 현재 내륙 신강 지방에 사는 몽골인들의 세력을 약화시키기 위해 모든 행정력을 집중하고 있다. 중앙 정부에서 멀리 떨어진 신강 지방은 중국 정부가 당나라 이래 통치를 위해 가장 공을 들였던 곳이다. 이곳에 흩어져 사는 몽골족들은 이슬람교를 믿으면서 이곳의 터줏대감인 위구르족과 비교적 잘 동화하고 있어 중국인들은 그들을 눈엣가시처럼 여긴다.

이런 눈에 보이는 것말고도 중국인들은 북경(北京)을 생각할 때마다 몽골족을 떠올린다. 현재는 중국의 수도지만 실은 몽골인들이 최초로 이곳을 수도로 삼았다. 몽골인들은 원을 세운 뒤 비옥하고 기름진 남쪽 땅보다는 고국에서 가까운 곳에 수도를 정했던 것이다. 일교차가 심하고 논 작물보다는 밭 작물이 더 잘되는, 중국인들에게는 적합하지 않은 곳이었다. 그럼에도 불구하고 북경은 원 이후 중국의 수도로 자리잡았다. 자랑삼아 자신들을 중화(中華)라고 불러왔는데 북적(北狄)인 몽골인들이 남긴 그늘에서 벗어날 수가 없으니 중국인들의 속이 상하지 않을 수 없는 노릇이다.

지금도 중국이 소수 민족 중에서 가장 신경을 곤두세우고 관찰하는 민족이 몽골족이다. 울란바토르와 내몽고의 수도인 흐흐호트 사이에 일주일에 두 번 몽골 국영항공사인 미아트(MIAT)가 취항 중이다. 중국은 이 항로를 내심 불쾌하게 생각하면서 중국 민항기의 취항을 금하고 있다. 몽골인들의 빈번한 왕래가 행여 내몽고의 몽골인들을 자극할까 두려워서라고 한 몽골 역사학자는 지적했다.

배산임수(背山臨水) 북고남저(北高南低)에 남향을 선호하는 아시아인들의 심리로 볼 때 중국은 몽골의 앞마당에 해당된다. 그러나 역사는 언제나 일방적이지만은 않다. 최근의 세계 경제는 바다를 중심으로 교류가 이루어진다. 모든 교역품이 선박으로 운송되는 것이다. 불행하게도 세계 역사상 최고의 운송수단을 가졌다고 믿었던 몽골인들은 지금 바다가 없음을 통탄하고 있다.

몽골은 모든 물자 운송을 중국 혹은 러시아를 통과하는 육상로에 의존하고 있다. 세계은행이나 아시아개발은행에서 작성한 보고서에서도 몽골의 최우선 과제는 수송로 확보다. 몽골의 경제 개발은 수송로 확보 여부에 따라 결정된다는 결론이다. 서울에서 컨테이너를 울란바토르로 보낼 경우 정상적인 교역 거리대로라면 2주 정도면 충분하다. 하지만 이 노선만은 누구도 장담할 수 없다. 평균 45일, 때에 따라서는 3~4개월도 소요된다.

한국, 미국, 몽골의 합작회사 몽암코의 예를 들어보자. 1993년 말 몽골인 직원들과 몽골인들에게 줄 선물로 서울에서 제작된 달력을 컨테이너에 실어 11월에 발송했다. 이 컨테이너가 이리 밀리고 저리 밀리다 1994년 3월이 다 가서야 울란바토르에 도착했다. 선물은 소용이 없어졌다. 이들은 그래도 몽골의 물자난을 감안, 달력을 창고에 보관했다가 꼭 1년이 지난 1994년 말 울란바토르 한국어학교에 기증했다.

이처럼 화물 탁송이 불규칙한 이유는 크게 두 가지로 구분된다. 하나는 몽골의 철도 노선이 국제 표준궤도가 아닌 구소련식의 광(廣)궤도이기 때문이다. 몽골은 중국과 화해하기보다는 차라리 소련의 지배를 택했기 때문에 광궤도가 부설되었던 것이다. 보통 중국의 천진이나 홍콩 등지에서 기차로 보내진 컨테이너는 몽골과 중국의 국경에서 다른 기차로 옮겨 싣는다. 이곳에서 평균 일주일 이상이 지체된다. 고속도로망이 갖춰져 있지 않아 자동차로는 운송할 엄두도 못낸다.

또 하나는 중국 사회주의의 국가 운영 방식에 따른 몽골 압박 정책 때문이다. 개방은 되었지만 아직 중국 국민들의 사고는 완전히 열려 있지 않다. 중국인들은 자기 주머니에 곧바로 돈이 들어오지 않으면 주어진 시간 내에서 놀지 않고 일했다는 모습만 보여주면 된다고 생각한다. 국가와 개인과는 아무 관계도 없다는 식이다. 그러니 몽골로 가는 화물이 어떻게 되든지 관심 밖이다. 중국이 국민들의 정치에 대한 무관심을 유도했던 공산주의 시절의 폐해가 이제 드러나는 것이다.

지금까지 열거한 문제점들을 양국 정부 관계자들은 모두 잘 알고 있다. 그런데도 선뜻 고치려들지 않는 이유는 역사 이래로 대립과 대결을 계속해온 두 나라 국민 사이의 골 깊은 반목 때문이다. 몽골 국민들은 현재 보잉 747기가 내릴 수 있도록 확장 공사 중인 울란바토르 공항보다 몽골과 중국 사이의 육상로 확보가 더 시급하다고 주장한다. 그럼에도 불구하고 "몽중간 수송로를 확보하고 원활한 외교 관계를 수립할 수 있도록 하자면 누구를 중국에 보내야 되는가"라는 질문에는 함구한다.

제국의 수도 하라호름

옛 몽골 제국의 수도였던 하라호름(영어로는 카라코름이라고 표기하는데, 우리 나라에도 그렇게 소개된 경우가 많다). 하라호름은 울란바토르에서 서쪽으로 약 400km 떨어진 으브르항가이 아이막에 속해 있다.

울란바토르에서 그곳까지 이르는 길은 참으로 험난하다. 비행기로 후질트까지 약 한 시간을 간 후 거기서 북쪽으로 50km를 더 가는 방법도 있는데 활성화되어 있지는 않다. 버스로는 여덟 시간 이상이 걸린다. 중간 지점까지는 포장되어 있지만 나머지 150km 가량이 비포장이다. 털털거리는 소련제 버스로 울란바토르에서 그곳까지 하루만에 가려는 것 자체가 무리인지도 모른다. 연료 효율이 낮은 차에 기름을 가득 싣고 가도 중간에서 기름이 떨어지기 일쑤다. 주유소가 자주 있는 것도 아니어서 기름을 구하러 서너 시간 헤매다보면 해가 진

몽골 시골 지역의 주유소.

다. 초원을 가로질러 난 길을 가다보면 방향조차 잃는다. 몽골 운전사들은 그러나 지도 한 장 없이도 목적지를 잘도 찾아간다.

몽골 여행의 진미는 이때부터 시작된다. 길 양 옆에 수시로 출현하는 '타르박'이 관광객들의 호기심을 자극한다. 작은 개만한 타르박은 두 발을 바짝 들고 먼 산을 바라본다. 앙증맞은 인형처럼 서서 꽥꽥 소리를 지르면 먼 곳에 있던 다른 타르박이 화답한다. 타르박이 내지르는 소리가 여름 몽골 초원의 정적을 깨뜨린다.

소변을 보기 위해 잠깐 멈춘 자동차 주위에는 에델바이스가 지천으로 피어 있다. 풀보다 에델바이스가 훨씬 더 많은 곳도 있다. 남자들은 모른 척하고 실례하는 경우가 대부분이지만 여성들은 고민이 이만저만 아니다. 넓은 초원에 인가는 물론 몸 하나 가릴 곳이 없으니 생리 현상이 시작되면 몸둘 바를 모른다. 이리저리 찾아보다 안되면 나중에는 남자들에게 SOS를 요청한다. 남자들이라고 뾰족한 해결책이 있는 것은 아니다. 몽골 운전사에게 물어보면 무슨 걱정이냐며 이해할 수 없다는 표정을 짓는다. 운전사는 낮은 구릉을 가리키며 '자연의 화장실'이라고 말한다. 그는 구릉 뒤에 앉아 넓은 천이나 치마로 가리고 소변을 보라고 가르쳐준다. 몽골인들이 입는 델은 이런 때 매우 유용하다. 두루마기처럼 넓은 아래폭을 펼치면 좋은 가림막이 된다. 몽골 여인들은 엉덩이를 뒤로 돌려 델로 가리고 앉아 소변을 본다. 멀리 가지도 않는다. 5~6m만 떨어지면 그냥 해결한다. 자연과의 동화가 생활화되어 있는 것이다.

하라호름 근처의 천막집에서 하룻밤을 보내는 것도 잊을 수 없는 몽골 여행의 추억이다. 하얀 천으로 지은 겔은 석양빛을 받아 2~3km 떨어진 곳에서도 보인다. 뉘엿뉘엿 해가 질 때 멀리 보이는 하얀 겔은 동화 속 요술궁전처럼 신비롭다. 차를 타고 10여 분 달려가보면 초원 위에 조립식 겔이 10여 채 지어져 있고 먼저 자리잡은 관광객들이 반갑게 맞이한다. 이곳에 오면 모든 것이 더없이 공평해진다. 맑은 공기, 넓은 초원, 산등성이를 뛰어가는 이름 모를 짐승들의 모습도 그렇게 모두의 것이 된다. 밤이면 하늘에서 별이 금방 쏟아져내릴 것만 같다. 주워담으면 바구니를 가득 채우고도 남을 별들이 하늘에 가득하다.

겔 안에는 몽골에서는 보기 드문, 하얀 시트가 덮인 침대가 둘 또는 네 개씩 준비되어 있다. 가끔 손가락 반만한 바퀴벌레가 주인보다 먼저 자리에 들어와 있지만 초원 속에서 맞이하는 밤은 신비에 가깝다. 멀리서 들려오는 늑대와 여우의 울음 소리가 주변을 으스스하게 만든다. 밤이 깊어가면 난로를 피우지 않고는 견딜 수 없을 만큼 기온이 내려간다. 한여름이지만 고원과 사막의 기후 특성을 모두 가진 몽골의 7, 8월 밤에는 서리까지 내린다. 아침 일찍 해 뜨기 전에 일어나 초원을 보면 밤새 내린 서리가 색다른 운치를 더해준다.

이곳에서 아르바이트하는 여학생 두 명 중 한 명은 영어, 또 한 명은 일본어를 구사하는데, 관광객 유치에 적극적이다. 울란바토르에서 왔다는 이들은 마른 나무도 갖다주고 마실 물도 떠다주면서 영어를 익히기에 여념이 없다. 꿩 먹고 알 먹고 하는 식이다.

하라호름 주변에는 밀밭이 끝없이 펼쳐져 있다. 비옥한 땅에 물까지 갖춰져 있으니 매년 풍년이 들 수밖에 없다. 벌판을 가로지르는 3m 정도의 넓은 수로에는 농업 용수가 넘쳐흐른다. 초원에서 시달린 여행객들은 물을 보면 너도 나도 환호성을 올리며, 신발을 벗고 물에 들어가 한바탕 물장난을 친다. 그러나 물이 너무 차 몸을 담그기는 불가능하다. 해질녘에 잠깐 물 속에 들어갈 수 있을 뿐이다.

하라호름 성(城). 벌판 한가운데에 남아 있는 옛 성곽이 몽골 수도

옛 몽골 제국의 수도 하라호름 전경.
사방 400m의 성곽이 대제국을 호령하기엔 좁아 보인다.

였음을 가리킨다. 우리 나라나 중국, 유럽 등지의 성과는 달리 성곽만 있는 것처럼 보인다. 정문의 커다란 나무 대문이 없으면 특별하게 생각할 것이 없을 정도로 수수하다. 당시 10만 명의 주민들이 모여 살았다는데 지금은 그 흔적조차 없이 성곽만 덩그러니 남아 있다. 어쨌든 세계 최대의 제국을 호령했던 수도의 성곽치고는 너무 작다.

사방 400m에 높이 4m의 성곽 위에는 108개의 탑신이 세워져 있다. 징기스 칸의 셋째아들 오코타이가 건설한 것으로, 당시의 유일한 유적으로 현재까지 전한다. 그리고 큰 쇠솥 한 개와 불교 사원, 무덤, 황제의 집무실 등 건물 세 동이 남아 있다. 1568년 건립된 성내 사원 '에르덴 조'는 몽골 최초의 불교 사원으로 전해진다. 몽골에 불교가 전래된 것이 불과 400여 년 전이란 사실을 여기서 알 수 있다. 성내 사원에는 현재 80여 명의 승려들이 거주하고 있다. 한창 번성했던 16

세기에는 성 안에만도 천여 명의 승려가 거주하고 있었다 한다. 요즘도 매일 독경 소리가 끊이질 않으나 퇴락할 대로 퇴락해 초라해 보인다. 하라호름 관리인들은 경내에서 절대 무료로 사진을 찍지 못하게 한다. 비디오 촬영은 더더욱 금지돼 있다고 말하며 돈을 요구한다. 일반 카메라는 2달러, 비디오 카메라는 8달러다.

성곽 안에는 또 황제들의 집무실로 사용된 겔터가 석축 위에 남아 있다. 황제들도 요란하게 치장된 건물에서 살았던 것이 아니라 일반 국민들처럼 천막집 겔에서 살았다. 황제의 겔에는 호랑이, 사자 등의 가죽으로 실내 장식을 했다는 것이 다를 뿐이다. 몽골 백성들은 가족 같은 유대와 상하 차별이 없는 공정한 통치 체제 아래서 살았다. 몽골 사학자들은 오늘날 몽골에 돈으로 상하를 구분 짓는 자본주의의 병폐가 전파되고 있다고 우려를 표명한다. 그리고 일반 국민들과 함께 공정하고 공평하게 살 수 있는 사회보장 제도의 확립 없이는 몽골족의 기상과 협동, 단결이 와해될 것이라고 경고한다. 국민과 함께 하는 정치가 어떤 것인가를 보여주는 훌륭한 귀감으로서 징기스 칸은 오늘도 몽골 역사 속에 살아 숨쉬고 있는 것이다.

경내 나무 기둥에는 우리 나라에서 보는 것과 똑같은 태

몽골의 독특한 문양.
물고기 두 마리를 형상화한 것이
우리 나라의 태극 무늬와 유사하다.

극 무늬가 새겨져 있다. 처음에는 물고기 두 마리를 거꾸로 모아놓은 형태에서 시작되었다고 말하지만 정확한 의미를 파악하지 못하고 있다. 성을 방문하는 관광객들은 돌 구하기가 어려운 몽골에서 성을 쌓은 돌을 어디서 구했는지 궁금해 한다. 몽골에서는 돌 구하기가 금 구하기보다 어렵다고들 말한다. 이 작은 성을 짓는 데는 징기스 칸이 터를 잡아 짓기 시작해 손자인 오코타이가 완공할 때까지 3대가 걸렸다. 그리고 북경으로 옮겨갈 때까지 148년간 수도로 사용했다. 그 후 200년간 퇴락을 거듭, 이제는 주민이 한 사람도 살지 않는다.

성을 보면 몽골인들은 전투에서 우리와 다른 전술을 사용했다는 것을 쉽게 알 수 있다. 우리 나라 성들은 산이나 언덕 등을 끼고 방어에 유리하게 지어졌다. 한성(漢城), 아차성 등 대부분이 산이나 강 등을 끼고 있어 적이 접근하기 어려운 장소를 택하고 있다.

벌판에 쌓은 성 주위에는 하다 못해 해자(垓字)라도 파놓아 적들의 접근이 불가능하게 만드는 것이 상식이다. 하지만 하라호름은 그냥 넓은 벌판 한복판에 자리해 있다. 적들과 지구전이나 방어전을 치르다 보면 숫자가 적은 몽골군은 불리할 수밖에 없었다. 그래서 몽골인들은 공격적인 전술을 택했다. 적이 침공해오면 성을 근거지로 삼아 싸우는 것이 아니라 넓은 곳으로 유도해 전열을 정비, 전격전으로 맞섰다. 병사 숫자가 절대적으로 적다 보니 한곳에서 장기전을 펼치다가는 대군들을 감당할 수 없었던 것이다. 그래서 적은 숫자로 많은 병사를 대적할 수 있는 기동전과 전격전을 펼쳤던 것이다. 몽골군은 당시로서는 매우 뛰어난 무기와 기동력을 가지고 있었다. 화력이 우세한 군대는 노출된 싸움을 원하게 마련이다. 우수한 무장을 갖춘 몽골군은 적을 먼저 발견하는 것이 유리해 넓은 초원 한가운데다 성을 구축했다. 또 기마전에는 넓은 공간이 필요했기에 광활한 대지를 선호

하라호름의 돌거북.
몽골인들이 무병장수를 비는 수호신이다.

하라호름의 음기를 중화시키기
위해 만들어놓은 남근석.

했다. 이런 까닭에 몽골에는 제대로 된 성이 필요하지 않았다. 몽골에는 하라호름말고는 성보다 작은 주둔지 규모의 성곽이 있을 뿐이다.

하라호름 바로 뒤편에는 2m는 족히 될 커다란 돌거북이 있어 관광자원 역할을 톡톡히 한다. 그리고 이 돌거북 뒤쪽과 하라호름 앞산에도 한 마리씩의 돌거북이 있다. 돌거북에는 하라호름을 지켜달라는 몽골인들의 주문이 담겨 있다고 한다. 13세기에 큰 홍수가 져 하라호름이 물에 잠겼다. 당시 주민들은 성곽을 중심으로 살고 있었는데 물에 잠겨 대부분 익사했다는 것이다. 지형적으로 보면 하라호름을 흡사 난파선 모양을 하고 있다. 그래서 배의 앞뒤와 중심에 해당하는 곳에 거북상을 세워 하라호름을 떠받치게 했다는 해석이다. 그 뒤 거북의 떠받치는 힘으로 하라호름이 수해에서 해방되었다는 설화가 전해온다. 몽골에는 거북이 없는데 거북상을 세운 건 중국의 영향이라고도 한다.

하라호름 앞산의 2m 크기의 남근상도 눈길을 끈다. 이것은 여성의 음부처럼 생긴 골짜기 아래 자리 잡고 있다. 풍수상으로 이 골짜기 때문에 하라호름에는 남성들이 오래 살 수 없었다는 것이다. 실제로 하라호름이 번성했던 13세기에는 많은 남성들이 사고와 병 등으로 단명했다. 여성들의 기(氣)가 너무 세 남성들이 단명하고 출산율도 떨어졌다고 한다. 이런 상태가 계속되자 왕실에서 점술가들을 동원, 원인을 조사했는데, 음부 모양을 한 계곡의 음기 때문이라는 결론을 얻었다. 물을 구하기가 쉽지 않은 몽골에서 유독 음부 계곡에만 언제나 물기가 마르지 않았다는 것이다. 더위를 피해 음부 계곡에 들어가 잠을 자다보면 냉기가 올라와 목숨을 잃게 마련인데, 술 취한 몽골인들이 시원한 곳을 찾다 취중에 그곳으로 갔다는 것이다. 그래서 음기를 약화시키는 처방으로 남근상을 세워 계곡의 음기를 중화시켰다고 한다.

하라호름에는 별다른 숙박 시설이 없다. 강변의 목조 2층 건물이 유일한 호텔이다. 숲이 우거져 있고 맑은 강물이 흐르는 주변 환경은 어느 나라에 내놓아도 손색이 없다. 물이 어찌나 맑은지 물 속에서 움직이는 '차강 자가스(하얀 물고기라는 뜻)' 새끼까지도 훤히 들여다보인다. 이처럼 맑고 깨끗한 곳에 자리잡고 있지만 편의 시설은 형편없다. 전화는 물론 없고 전깃불도 밤이 깊으면 나간다. 호텔을 소개할 때는 목욕 시설이 되어 있다고 말하지만 더운 물은 나오지 않는다. 주인집에다 목욕물이 없다고 항의하면 양동이에 끓인 물을 갖다준다. 더더욱 불편한 것은 여기서도 화장실이다. 본 건물에는 아예 없고 100m 정도 떨어진 한쪽 숲속에 자리잡고 있다. 조립식 건물에다 화장실의 문이 없어 휑하니 뚫려 있다. 외국 여성들이 이곳에 머물라치면 이 때문에 큰 곤욕을 치른다. 하루에도 10여 번씩 "안돼", "가까이 오지 마세요"라는 여성들의 비명에 가까운 소리를 듣게 된다. 이곳 사람들은 익숙해져 아무런 반응이 없지만 처음 이곳을 방문한 외국인들은 웃음을 참을 수 없다. 짓궂은 남자들은 예쁜 외국인 여성이 화장실에 가는 걸 눈여겨봐 두었다가 "안돼"라는 소리를 듣기 위해 모른 척 가까이 접근하기도 한다.

초원의 진리

세계의 인종 중에서 종족을 나타내는 말이 나쁜 의미로 쓰이는 경우는 '몽골리언'과 '바바리언' 둘뿐일 것이다.

몽골리언은 몽골인을 지칭하기도 하지만 선천적인 백치를 뜻하는 지독히 모욕적인 말이다. 이 말은 몽골리즘과 같은 뜻으로 쓰이는데, 몽골리즘은 몽골과 관계된 이념이나 사조가 아니라 머리가 작고 손가락이 짧으며 눈이 치켜올라가 인상이 몽골인과 비슷한 선천적인 백치, 즉 '몽골증' 환자를 일컫는 말이다. 바바리언도 미개인이라는 뜻을 담고 있다. 바바리언은 독일 남부 뮌헨 지방에 사는 사람들을 일컫는 단어다.

이처럼 몽골족과 바바리아족이 모욕하는 말의 대명사로 쓰여진 이유에 대해서는 흔히 이들의 강한 민족성을 든다. 두 민족은 어느 민족과도 타협하지 않고 가급적이면 독자의 문화와 언어, 풍습 등을 지켜가려고 했다. 숫자도 그리 많지 않지만 이들은 천하의 누구도 꺾을 수 없을 만큼 그야말로 고집불통이며, 또 우직하다. 그런데다 기상은 씩씩하고 화해와 타협보다는 대결을 선호하는 편이다.

몽골인은 지금도 세계에 1,000만 명 정도가 산재해 있지만 그들의 용맹성과 잔혹성은 훨씬 더 널리 알려져 있다. 몽골인들은 그들의 역사에 긍지와 자부심을 느끼며 의리를 목숨처럼 여긴다. 징기스 칸이 따르던 군사를 다 잃고도 재기할 수 있었던 것도 의리를 지키는 몽골인들의 전통 때문이었다. 몽골인들은 참 순박하다. 남을 속일 줄 모른다. 어쩌다 거래를 처음 해보는 사람들은 몽골인들이 시간과 약속을 잘 지키지 않는다고 불평한다. 그것은 그들을 잘못 이해한 데서 비롯된 오해일 뿐이다. 속이려고 그런 것이 아니라 자기들 생각과 방식대로 일을 처리하다보니 그렇게 된 것이다. 이런 방식의 차이를 이해하지 못하면 몽골인들에 대해 오해하거나 일도 제대로 처리할 줄 모른다고 욕하기 십상이다.

그러나 몽골인들은 모든 일을 '초원의 진리' 대로 행한다. 모든 것을 자급자족할 수 있고, 거칠 것이 없는 초원에서는 여유와 자연의 흐름이 곧 진리였다. 가장(家長)은 집단의 법이라 할 만큼 강한 지도력을 가지고 있었다. 그래서 이들이 만난다는 것은 개인 대 개인이 아니라 집단 대 집단의 힘이 서로 대결하는 것이었다. 평화로운 것처럼 보이지만 강자만이 살아남을 수 있는 논리를 가지고 있었던 것이다. 이런 방법으로 모든 사람들을 상대하는 몽골족들이기에 이방인의 눈에는 한편으로는 두렵고 다른 한편으로는 무식해보였던 것이리라.

몽골인들은 아직도 상대방을 이해하려 하기보다는 그들의 방식대로 따라오기를 강요하는 행동을 한다. 현재 외교에서도 몽골은 주도권을 잡고 있다. 비록 경제적으로는 궁핍할는지 모르지만 얻어 쓰는 외교에서도 당당하다. 몇 백만 달러를 원조해줬다고 내 뜻대로 될 것이라고 생각했다간 큰코 다친다. 그들은 언제나 대단히 떳떳하고 당당하다. 오늘 비록 가진 것은 없지만 그들에게도 위대한 역사가 있었음을 잘 알고 있기 때문이다.

일례로 몽골족들은 독일군조차도 실패했던 러시아 점령을 이들보다 600년 전에 해냈다. 러시아의 수도 모스크바의 터를 잡은 것도 몽골족이었다. 한 역사학자는 몽골족이 러시아인들을 아이들처럼 가지고 놀았다고 했다.

그 역사학자는 1921년 몽골 공산혁명 이후 러시아가 몽골에 대해 취한 정책이 이런 역사적 사실을 반영하는 것이라고 말했다. 러시아는 몽골인들을 유화하는 정책으로 혁명성이 우수한 젊은이들을 러시아로 데려가 유학시켰다. 이 과정에서 몽골족들은 미개하고 저능하며 러시아의 통치 없이는 존재할 수 없다는 세뇌교육을 시켰다는 것. 하지만 마음을 놓지 못했던 러시아는 몽골 고유의 성(姓) 제도를 파괴, 몽골족의 용맹성과 문화의 뿌리를 완전히 뽑아버리려 했다.

러시아는 그러면서도 몽골의 독립은 인정, 소비에트 연방에 몽골을 편입시키지 않았다. 국가를 잃게 되었을 경우에 빚어질 몽골족의 반발을 우려하여 다른 종족들과는 달리 독자적인 정부를 가지도록 허용했던 것이다. 그 대가로 몽골 경제 자원의 보고인 바이칼 호수 주변 브리아트 지방을 몽골로부터 떼어갔다.

별다른 반항을 불러일으키지 못하고 자신의 사퇴만을 초래한 전 총리 밤바수렌의 '범몽골족 국가수립론'에 대해 러시아 정부는 한때 발끈했다. 하지만 몽골인들은 범몽골족 국가가 언젠가는 성립될 수 있을 것으로 기대하고 있다. 한 고위 외교관도 사견(私見)임을 내세워 공공연히 이 같은 주장을 했다.

1993년 10월 울란바토르에서 열린 범몽골족 회의를 주변 각국들은 불쾌하게 생각했다. 특히 러시아는 브리아트 주민과 지도자들에게 몽골로 귀속되는 것보다 러시아에 남아 있는 것이 더 유리하고 경제적인 혜택이 많다고 암암리에 주지시키고 있다. 그리고 몽골 본토 문화보다 브리아트 지방의 문화가 발전되었다는 것을 보여주기 위해 투자를 게을리 하지 않고 있다. 현재 바이칼 호수 근처를 국제 관광지로 개발, 세계 속의 브리아트로 만들려는 계획이 진행 중이다. 모스크바의 국립 아카데미를 비롯한 정부 각 기관의 시선에 브리아트 지방 몽골인들의 존재가 부각되고 있는 것이다.

제국이 남긴 흔적들

몽골인들이 세계사에 남긴 흔적은 막대하다. 한번은 몽골인 친구가 서울에 왔을 때 몽골이라는 국호의 영문 표기를 상호로 하는 잘 알려진 음식점에 데리고 갔다. 그 음식점에서 차릴 수 있는 모든 음식을 주문해 같이 먹었다. "한국인들이 이 음식을 너희 나라 음식으로 알고 먹는다"고 말하자 그는 마냥 웃기만 했다. 식사가 끝나고 밖으로 나오자 그는 먹은 음식 중에 몽골 음식과 같은 것은 하나도 없었다고 말했다. 그는 자본주의의 상혼은 남의 나라 이름 '몽골'은 물론이고 영웅 '징기스 칸'까지도 팔아먹는다면서 이해할 수 없다는 표정을 지었다. 하지만 이 또한 그들이 끼친 영향이다.

우리 언어 속에도 많은 몽골어가 사용되고 있다. 한 학자는 눈(眼), 뺄, 어깨, 바른쪽 등 적어도 500여 단어 이상을 찾을 수 있다고 말했다. 정설로 확정된 것은 아니지만 제주도의 돌하루방도 일부 학자들은 몽골에서 전해진 것이라는 논문을 발표했다. 학설과는 관계없이 울란바토르 시내의 박물관은 물론이고, 몽골 수흐바타르 아이막 등 동남부 지방에는 제주도 돌하루방과 흡사한 돌사람 모습이 산재해 있다.

여하튼 몽골과 우리 나라는 역사적으로 밀접한 관련을 가졌던 것이 사실이다. 국내 및 몽골의 일부 학자들은 한국과 몽골의 교류가 천 년을 넘는다고 주장한다. 서기 955년에 고려가 몽골어를 배우도록 학생을 선발하여 몽골로 보냈다는 것이다. 그 뒤 천 년간 교류가 계속되어왔고, 1921년 공산혁명 이후부터 1990년 자유화 이전까지만 공백기를 가졌을 뿐이라고 설명한다. 두 나라 학자들은 천 년을 기념하기 위해 역사 유물의 교환 전시, 공동 학술세미나 개최, 공동 연구서 발간 등의 행사를 가졌다.

한국 속에 몽골의 흔적이 남아 있는 것처럼 몽골에도 우리의 자취가 전해지고 있다. 몽골 제국의 마지막 황후는 고려인이기도 했다. 몽골 여성들은 5~6세가 되면 귓밥을 가는 송곳, 나뭇가지 등으로 뚫어 귀고리를 달기 시작한다. 몽골 여성들은 나이와 지위 고하를 막론하고 100% 귀고리를 착용한다. 이 풍습을 한국에서 배웠다는 것이다. 분 바르고 머리 장식하는 것도 한국에서 배웠다고 전해진다.

독일 남부 알프스 지방에는 몽골인들이 전한 것으로 알려진 지게와 온돌이 사용되고 있다. 몽골인들이 전한 온돌은 우리 나라 것이라는 학설도 있다. 지게는 아시아 농경 지역의 것이었는데 산악 전투에서 효과적으로 사용하는 것을 보고 받아들였다고 한다. 독일 남부 지방의 바바리언들은 모든 것이 독자적이다. 독일연방공화국의 한 주이면서도 독자적인 '자유주(州) 바이에른'이라는 명칭을 즐겨 사용한다. 해외에 편지를 보낼 때도 이 명칭을 고집한다. 그들은 또 정치적으로 독일 집권 기민당(CDU)과는 달리 기독사회당(CSU)을 설립, 독자적인 정책을 수행해나가고 있다. 자신들의 문화는 호흐 도이치(Hoch Deutsch), 혹은 호흐 쿨투어(Hoch Kultur)라고 부른다. 이와 같은 바바리언들의 완고한 자기 것 지키기에도 불구하고 그들에게도 역시 몽골인들의 잔재가 남아 있는 것이다.

「사운드 오브 뮤직」이란 영화로 우리에게 잘 알려진 오스트리아 잘츠부르크시의 남쪽 산에는 케이블카가 설치되어 있다. 알프스의 한 단면을 오를 수 있는 이 케이블카에서도 몽골족이 남기고 간 문화 흔적을 심심찮게 발견할 수 있다. 이곳에서는 몽골인들이 즐겨 가지고 노는 소뼈로 만든 '샤가이'라는 놀이 기구와 똑같은 장난감이 기념품으로 판매되고 있다. 산을 오르내리는 산사람들은 지게로 물건을 나르기도 한다.

더 세계적인 것은 유럽 문화 속에 스며든 몽골족의 음악이다. 유일하게 몽골에만 있는 「흐미」라는 노래가 유럽을 거쳐 세계에 널리 퍼졌다. 우리 기억에도 어느 정도 남아 있는, 1984년 유고슬라비아의 사라예보에서 열린 동계올림픽이 몽골 문화의 중계 역할을 해냈다. 당시 사라예보 올림픽 당국은 동계올림픽의 음성 로고로 '사라예―보―' 하는 간단한 음성 메시지를 세계로 날려보냈다. 전세계 방송망을 통해 우리 나라의 창과 비슷한 가락이 울려퍼졌다. 사라예보 올림픽 당국은 이 음성 로고가 동서양이 하나라는 것을 의미하며 아시아인, 즉 몽골족이 유럽에 전파시킨 가락의 하나라고 설명했다.

이 소리는 우리의 창(唱)과 약간 다르게 들리는데, 호흡을 일시 중단시킨 채 허파 깊숙한 곳에서 빼내는 듯한, 열기가 가득한 소리다. 몽골인 중에서도 북서부 지방에 사는 사람들이 이 노래를 잘 부르며 혼에서 우러나오는 소리라고 설명한다. 하지만 안타깝게도 이 음악은 전수가 쉽지 않아 명맥을 유지하기 어려운 처지라고 보도되고 있다.

요구르트와 치즈 등의 제조법도 몽골인들의 것이 전해졌으리라는 가설이 제기되고 있다. 현재 몽골의 시골 각 가정에서 직접 만들어 먹는 요구르트 제조법이 비단길을 통해 징기스 칸 이전에 유럽에 소개되었다는 것이다.

문화나 언어보다 더욱 중요한 것은 피. 피는 물보다 진하다는 말을 구태여 강조하지 않아도 몽골족의 피가 우리 몸에도 흐르고 있다. 흔히 거론되는 것이 몽골반점. 몽골인들은 몽골의 피가 흐르는 모든 사람들에게서 이 반점을 찾을 수 있다고 말한다. 몽골반점은 몽골인을 중심으로 남으로 한국인, 대륙 건너 인디언, 그리고 터키인, 헝가리인에게서 찾아볼 수 있다. 역사학자 데 바이에르는 몽골반점이 나타나는 민족은 모두 동계(同系) 기원을 가진 형제 민족이라고 주장한다.

3.초원의 시인들

몽골, 흉노, 휴먼

인류학자들은 몽골인들의 조상이 중앙아시아의 흉노족이라고 말한다. 몽골 땅에서 발생한 것이 아니라 흉노족의 일부가 유목을 하면서 옮겨왔다는 것이다.

'몽골'이 무슨 뜻인가 하는 문제를 놓고 자존심 강한 몽골인들은 외국 학자들에게 불만을 털어놓는다. 외국 학자들은 몽골이 지리학적인 지명에서 유래되었다고 주장한다. 몽골어로 '골'이란 강(江)을 말하는데, 그들은 '몽'이라고 불리던 강 이름에서 몽골이 비롯되었다고 본다. 하지만 그런 강 이름은 지도상에서 찾기 어렵다. 외국 학자들은 바이칼 호수로 들어가는 지류 중의 하나에서 '몽'이라는 이름을 찾았다고 말하는데, 송사리나 몇 마리 돌아다니는 아주 작은 실개천일 것으로 추측된다.

그러나 몽골인들은 '몽골'이 원대하고 이상적인 뜻을 담고 있는 말이라고 주장한다. 몽골인은 '몽골'을 '믕'과 '골'이란 두 단어의 합성어로 보고 있다. '믕'은 올바른, 진실된, 또는 기초라는 뜻으로 현대에도 쓰이고 있으며, '골'은 중심, 중요함, 축이란 뜻이다. 정부가 간행한 몽골 안내책자에도 몽골은 '세상의 중심'이라는 뜻의 합성어라고 나와 있다. 그리고 '으'가 여성모음인 '오'로 바뀐 것은 발음하기 더 편하기 때문에 그렇게 되었다고 한다.

현재의 몽골 인종은 몇 차례의 역사적인 단계를 거쳐서 형성되었다. 이런 단계들은 수없이 많은 군사적인 목적의 종족 연합이 계기가 되어 이루어진 것이었다. 이렇게 연합한 종족들은 몽골 제국의 팽창에 따라 유럽과 아시아를 잇는 초원지대로 대규모의 이주를 시작했고 그들은 요동 반도에서 다뉴브 강까지 퍼져나갔다. 그 결과 터키에서 퉁

구스, 만주에 이르는 광활한 대제국이 출현하게 되었다.

몽골족의 중심은 할흐 몽골족으로 현재 몽골 인구의 약 80%를 차지하고 있다. 할흐족은 오논 강, 헤를렌 강, 톨 강 유역에 자리잡고 있었는데, 그들은 중앙아시아 특유의 기후 여건에 적응하는 방안으로 유목을 택한 종족으로 중앙아시아 지역을 주름잡았었다.

BC 3세기에는 흉노족이 주축이 되어 거대한 유목민 제국을 건설했다. 이때부터 개화가 시작되었던 것인데, 이 흉노제국이 최초의 원시 몽골국이 되었다. 흉노는 영어의 휴먼(human)이란 단어의 어원이니 이 세상의 인간은 몽골에서 시작된 셈이다.

몽골 국립 사회과학아카데미 역사연구소의 오치르 소장은 몽골은 21개 종족으로 구성된 다민족(多民族) 국가라고 말했다. 할흐족이 77.5%로 가장 많고, 나머지는 카자흐족 5.3%, 드르브드족 2.8%, 바야드족 2.0%, 브리아트족 1.9%의 순이다(1979년의 통계에 따름).

할흐 사람들은 몽골의 툽, 아르항가이, 으브르항가이, 다르항, 바양홍고르, 으믄고비, 돈드고비, 도른고비, 고비알타이, 오르홍 등의 아이막에서 집단으로 거주하고 있다. 이들은 앞에서 말한 3대강 유역에 주거지를 정해 삼강(三江)의 몽골족이라고 불리기도 한다. 13세기 초 징기스 칸은 몽골의 전체 아이막을 통합해 몽골 제국을 건설, 할흐족을 직접 통치했다.

할흐는 한 종족은 아니고 몇 개의 종족이 통합한 것을 14세기부터 그렇게 불렀다. 학자들은 '할흐'의 뜻을 '몽골의 부족을 지키는 위치에 있다'고 풀이한다. '할흐'란 방어물 또는 막이란 뜻의 할하브흐어에서 유래한 단어다.

비록 할흐족이 몽골 전체의 주도권을 쥐고 있기는 하지만, 복잡한 종족 문제가 최근 들어 불거져 나오기 시작했다. 대표적인 예가 카자호족이다. 이들은 중국 신강성에 살다가 1870년대부터 20세기 초까지 알타이 산맥을 넘어 몽골에 들어와 살게 되었다. 몽골 정부는 1917년 혁명에 일조할 수 있는 인구의 확보라는 명분 아래 카자흐 사람들에게 국적을 주고 몽골 국민으로 편입시켰다. 이들은 이슬람교를 믿고 있으며 전통의 방언, 관습, 의복, 주거 등을 오늘날까지 유지해왔다. 이들은 현재 몽골의 자유화와 카자흐스탄 독립을 기화로 몽골을 떠나 카자흐스탄으로 귀향하고 있다. 카자흐스탄으로 간 카자흐족 중 54,000명이 아직도 몽골 국적을 보유하고 있다.

카자흐족은 개성이 강하기로 소문난 몽골족 틈에서 기를 못 펴고 살아왔다. 그래서 만사 제쳐놓고 조국으로 돌아갔던 것이다. 이름을 밝히지 말아달라는 한 카자흐족 청년은 "직접적인 박해보다는 정신적인 압박감이 더 심했다"고 털어놓았다. 그는 장사하는 가족을 돕기 위해 가능하다면 자신도 카자흐스탄으로 돌아가고 싶다고 심경을 밝혔다.

그러나 갓 독립한 카자흐스탄은 이들을 수용할 만한 경제적·사회적 여유가 없었다. 돌아오더라도 본국이 안정을 되찾았을 때 오면 환영해줄 수 있지만 당장은 곤란하다는 것이 카자흐스탄 정부의 입장이었다. 이렇게 되고 보니 짐을 싸들고 돌아간 카자흐 사람들은 몽골에서도 또 그들의 조국에서도 환영받을 수 없는 처지에 직면했다. 카자흐 사람들이 카자흐스탄과 몽골의 골칫거리로 등장하자, 중앙아시아가 인종 문제로 한바탕 소요를 겪을지도 모른다는 우려가 터져나왔다.

이에 대해 러시아와 중국 당국도 신경을 곤두세우고 있다. 100여 년 전에 일어났던 카자흐스탄 사람들의 이주에 대한 책임을 중국과 러시아한테 돌릴지도 모른다는 이유에서였다. 러시아와 중국은 이런 사태를 사전에 차단하기 위해 서북부 신생 독립국들과의 유대 강화에 노력을 기울이고 있다.

이 지역에 거주하고 있는 몽골족의 한 부류인 오이라트족도 이들을 항상 자극하고 있다. 오이라트족은 13세기 말에서 14세기 초에 걸쳐 바이칼 호수 남쪽 몽골 땅에 위치한 흡수골 호수 부근의 타이거 지대에서 서쪽으로 이동하여 알타이 산맥 부근에 자리잡았다. 그들이 알타이 산맥 부근에 자리잡았던 17세기 초에, 그들 중 일부가 러시아의 볼가 강변에 세운 나라가 러시아 연방 공화국 내의 칼미크 자치 공화국이다. 오이라트족의 또 다른 부족은 남쪽으로 이동하여 중국 청해성(淸海省)과 티벳으로 흘러들어가 지금도 청해호(淸海湖) 주변과 티벳 자치구에 거주하고 있다. 오이라트족의 일부는 현 중국 내몽고 자치구의 알라샤(阿拉善) 등지에도 자리잡고 있다.

한편 17세기에 오이라트족의 귀족 갈단 보시그트는 알타이 지방에 남아 있던 오이라트족을 통합하여 준가르 제국을 건설하였다. 청나라는 1755~58년 준가르 제국을 정복하여 오이라트족 대부분을 중국 신강성으로 이주시켰는데 이들이 지금까지도 신강성의 터줏대감 노릇을 하고 있다. 그리고 준가르 제국 멸망 때 일부가 몽골로 이주해 현재 오브스, 호브트 등의 북서부 지방에 살고 있다. 이들은 독자적인 방언을 사용하고 있으며 의복, 관습, 문화 등에서 할호족과 차별성을 유지하고 있다. 오이라트족의 한 분파인 오랑해 부족은 서사시(敍事詩)로 유명하다. 몽골인들이 시를 암송하는 습관이 이들로부터 유래되었다. 오랑해 부족한테서는 무당이 계속 배출되고 있다. 그런 까닭에 몽골인들은 오랑해 부족을 몽골 샤머니즘의 한 중심으로 보고 있다.

이렇게 볼 때 중국이 앓고 있는 소수 민족 문제의 핵심은 바로 몽골족이라고 할 수 있다. 그들은 오늘날까지도 중국을 빙 둘러싸고 괴롭히고 있는 셈이다.

넓은 의미로 몽골족이라 불리는 몽골 북부 국경 지역의 브리아트 몽골인과 중국 내 내몽고 몽골인들이 본국의 몽골인보다 훨씬 숫자가 많다. 내몽고에 300만, 브리아트에 300만이 포진, 몽골을 감싸고 보호하고 있는 형상이다. 브리아트족은 징기스 칸 시대(13세기) 이전부터 바이칼 호수 부근에 자리잡고 사냥으로 생계를 꾸려갔으나 몽골 제국이 건설되면서 거기에 흡수되었다. 일부는 대흥안령 산맥으로 이동해 자리잡았다가 17세기 초 바이칼 호수 부근으로 합류했다. 17세기 말부터 러시아의 지배를 받기 시작했고 1917년 혁명이 일어나자 많은 사람들이 몽골로 갔다. 이들에게도 17세기부터 불교가 전해졌지만 바이칼 호수 일대의 브리아트족은 세계에 가장 잘 알려진 샤머니즘의 중심이다.

원제국 때 판도를 넓혔던 아프가니스탄에 몽골족으로 불리는 약 4만명의 사람들이 산재해 있다. 이들은 200~2,000호씩 모여 살면서 아직도 몽골어를 사용하고 몽골어로 책도 발간하고 있다고 한다. 이들은 이즈파한을 중심으로 건설된 일칸국의 지배 계층으로 전통적인 몽골의 생활 양식을 유지하고 있다는 것이다. 그러나 종교만은 불교가 아닌 이슬람교를 믿고 있으며, 복식과 주거도 현지화가 진행 중인데, 나이 든 사람들은 아직도 전통 양식을 고집하고 있다고 한다.

프랑스에도 몽골의 할리막족이 1860년에 건너가 터를 잡은 이래 낭트, 메츠, 낭시 등에 산재해 있지만 정확한 숫자는 파악되지 않고 있다. 미국에는 2,000여 명의 여러 몽골 부족이 모여 살고 있다. 뉴저지, 필라델피아 등에 할리막을 중심으로 한 5~6개 부족이 1950년대에 이주해갔다. 비공식 통계에 따르면 시베리아 동부와 티벳, 러시아, 터키, 이란 등에도 몽골족들이 퍼져 있다고 한다. 하지만 그들은 몽골어를 사용하지 않으며 현지의 종교로 개종하여 이미 몽골인들의 기상을 잃어버렸다.

그리고 더 넓은 의미로 몽골반점을 지닌 종족들을 포함시킨다면 에스키모와 아메리카 인디언 등도 몽골족의 범주 속에 넣을 수 있을 것이다. 그러나 이들 인디언과 에스키모는 생활 환경이 워낙 달라 동질성을 상실한 상태다.

호랑이는 언제나 한 마리씩 행동한다

할호족의 외모를 살펴보면 검은 머리, 검은 눈동자, 납작한 코에 툭 튀어나온 광대뼈가 우리와 크게 다를 것이 없다. 우리와 구별이 된다면 눈이 매우 작다는 것뿐이다. 이들의 눈은 유난히도 작아 거짓말을 좀 보탠다면 붓으로 쓴 한 일(一) 자처럼 보인다. 그러나 눈에서 뿜어 나오는 광채는 상대방을 압도하는데, 매가 먹이를 채가기 전에 뿜어 내는 빛과 같다고 묘사된다.

사람들의 시력은 보통 1.0~1.5 정도인데 할호족의 시력은 때에 따라 5.0까지 된다고 한다. 초원에서 적과, 양떼를 습격하러 오는 늑대와 여우를 재빨리 알아보고 양떼를 몰고 도망가기에 충분한 시간을 벌 수 있는 훌륭한 눈을 가진 것이다.

유럽에 가본 독자들은 다음 이야기를 쉽게 이해할 수 있을 것이다. 아이들이 동양인을 보면 눈꼬리에 손가락을 대고 위로 치켜올린다. 눈이 쭉 찢어진 모양을 우리들에게 보여주고 낄낄대며 웃는다. 이런 행동의 의미는 '눈이 찢어진 못된 촌놈' 쯤으로 번역할 수 있을 것이다. 우리가 '양코배기' 라고 놀리듯 유럽인들은 눈꼬리가 치켜올라간 침입자라고 놀리는 것이다. 유럽인의 특징이 큰 코라면 아시아인들의 특징은 쭉 찢어지고 가는 눈이다.

몽골인들의 시력은 5.0이나 될 정도로 좋다. 더 멀리 보기 위해 망원경을 쓰는 유목민들이 늘고 있다.

우리 나라 사람을 포함한 아시아인들은 상대방을 면전에서 놀리는 일이 별로 없다. 그러나 유럽인들은 아시아인을 멸시하여 눈앞에서 놀려댄다. 특별히 독일 남부와 스위스 북부 등 알프스 지역 주민들한테 그런 일을 자주 당한다. 이를 두고 몽골인들은 "자존심 강하기로 유럽에 소문났던 바바리언이 과거 몽골리언에게 당한 분풀이를 이제야 하는 것"이라고 말한다. 바바리언을 침략한 최후의 종족이 몽골리언이다. 물론 흉노족으로 알려져 있지만 그들이 곧 몽골인이었다. 흉노의 침입은 유럽의 역사를 뒤바꿔버렸다.

외모는 그렇다 치고 더 본질적으로 들어가 성격에 대해 알아보기로 하자. 몽골인의 가장 특징적인 성격으로는 독립심을 들 수 있다. 활과 칼, 말 한 마리만 있으면 언제 어디서든 살아남을 수 있는 이들에게는 협동이나 단결이란 말은 어울리지 않는다.

한 몽골인은 이를 "덩치가 큰 말이나 소는 떼를 지어 다니지만 사자나 호랑이는 언제나 한 마리씩 행동한다"고 말했다. 그는 몽골인을 육식 동물로, 주변 국민들을 초식 동물로 비유하기도 했다.

몽골인들은 이렇듯 개인적이고 서로 뭉치려들지 않는다. 이들은 오로지 자신의 힘과 지혜로 세상을 살아왔다. 초원에서도 자기 식구들만 보호하면 되었다. 이러니 힘이 센 자만이 살아남았다. 몽골족 같은 소수의 민족이 세계를 제패할 수 있었던 것은 이런 성격 때문이었다고 해도 지나친 말은 아닐 것이다.

이런 특징을 두고 많은 사람들이 "몽골인은 강한 지도자 아래서만 뭉칠 수 있다"고 표현한다. 맞는 말이다. 그들에게서는 자기보다 강한 사람이 있으면 목숨을 걸고 그 사람을 보호해주는 의리를 찾을 수 있는데, 그렇다고 강자가 약자 위에 군림하지도 않는다. 일 대 일의 대등한 관계에서 협조하는 것이다. 몽골인들은 지금도 징기스 칸 같

강가 초지에서 낮잠을 즐기는 젊은이. 몽골인들은 초원에 누우면 어머니 품속 같다고 말한다.

은 강한 지도자가 나타난다면 몽골은 다시 한번 세계사에 큰 영향을 끼칠 수 있다고 믿고 있다.

몽골인들은 성질이 불 같다. 곧잘 투닥거리고 싸우며 또 쉽게 끝낸다. 다혈질이다. 친구집에 초대받아 가서 잘 놀다가도 언짢은 말이 나오면 치고받고 싸움질을 한바탕 한다. 그리고 나서 다음날 만나 어제 일은 없었다는 듯이 다시 본래 모습으로 돌아간다. 사과하는 법도 없다.

운동 경기를 할 때는 굉장히 흥분한다. 물불을 가리지 않고 경기에 열중하는 모습을 보면 벼슬을 세우고 끝까지 덤벼드는 싸움닭을 보는 것 같다. 그런가 하면 그들은 과묵하고 신중하며 참을성도 많다. 말 많고 성가신 것은 아예 상대도 하지 않는다. 상대방의 비위에 거슬릴 말은 입 밖에 꺼내지도 않는다.

또한 그들은 한 마리 사슴을 보는 듯한 느낌을 주는 민족이다. 나무 밑에 누워 있다 갑자기 달려나오는 자세 그대로다. 한마디로 야성이 살아 있다. 넓은 초원에서 짐승과 함께 지내면서 배운 생활 자세일 것이다. 그런 이유에서인지 잠자리를 가리는 법도 없다. 아무 곳에서나 잠잘 수 있는 자세를 지니고 있다.

몽골인들은 대체로 섬세하고 자상하며 정열적이다. 음악과 시를 즐기며 벗을 쉽게 사귀는 경향이 있다. 그러나 정은 주지 않는다. 헤어지고 나면 언제 다시 만날지 기약할 수 없기 때문이다. 그들은 쉽게 잊지 않으면 마음의 병이 되어 일생을 짐스럽게 살아가야 한다고 후세에게 가르치고 있다.

초원의 시인들

문학적 감성(感性)도 뺄 수 없는 몽골인들의 장점이다. 그들은 웬만한 사물은 시로 묘사할 수 있고, 시를 하는 사람이 가장 환영받는다. 우리 나라 사람들이 모이면 노랫가락이 나오지만, 몽골인들이 모이면 시가 나온다.

술집이나 음식점에서 회식을 하는 몽골인과 만나면 시 한 수를 듣게 마련이다. 감정과 의미를 충분히 실어보낼 수 있도록 지어진 시들이다. 남의 시도 암송하지만 주로 자기가 지은 시를 낭송한다. 여러 사람들에게 자신의 처지를 시로써 알리기도 한다. 그들의 시는 두운(頭韻), 각운(脚韻)이 딱딱 들어맞는다. 때로는 중간운도 있어 듣기에 편하다. 만약 알맞은 단어가 없으면 뜻 없는 말을 만들어 운을 맞추기도 한다.

구연(口演) 문화가 문자로 기록하는 문화보다 훨씬 앞서 있지만, 기록으로 남아 있는 작품 중에는 우리 민족의 것보다 뛰어난 것이 많다. 그들은 전설, 신화, 속담, 수수께끼 등 다양한 장르를 즐길 줄 안다.

몽골에는 2만 개에 가까운 수수께끼가 구전되고 있다. 우리 나라에서는 수수께끼라고 부르는 장르 안에 퀴즈식의 놀이와 말장난 같은 것들이 모두 포함되어 있다. 그러나 몽골은 일찍부터 수수께끼를 세 종류로 분류, 독자적인 명칭을 부여했다.

진짜 '수수께끼'와 재치와 속도를 겨루는 퀴즈식의 '재치놀이', 그리고 한 가지 질문으로 세 가지 답을 하는 '삼지(三枝)놀이' 등이다. 수수께끼는 누구나 아는 대로고, 재치놀이는 "돼지와 닭이 49마리 있는데 다리가 모두 100개라면 돼지와 닭은 각각 몇 마리일까?"라는 식의 놀이다. 삼지놀이는 "이 세상의 3대 거짓말은?" 하는 식으로 묻는 놀이다. 몽골에서는 이런 재치놀이와 삼지놀이를 수수께끼만큼이나 자주 한다.

몽골인들은 그 동안 삼지놀이는 몽골에만 있다고 주장해왔는데, 필자가 한국에도 몇 개가 있다고 반론을 제기하여 몽골 구비(口碑) 문학계에 논란을 불러일으켰다. 모든 문화가 그렇듯 수수께끼나 신화, 전설 등도 독창적인 경우는 드물다. 언제나 주변국이나 주변 종족들과 관련을 갖게 마련이다.

몽골의 신화를 예로 들어보자. 몽골 신화에는 하늘의 신이 땅으로 내려와 몽골족의 시조가 되었다고 나온다. 그런데 직접 내려와 살 수 없으니까 중간 매개체인 반인반신(半人半神)이 된다. 이런 공식을 종교에 대응시켜보면 기독교의 구조와 똑같음을 알 수 있다. 한 몽골 사학자는 "하늘의 아들 예수는 반인반신의 위치에서 인간을 구원한다"며 기독교의 원리를 유목 민족의 신화에다 꿰어맞추기도 했다. 몽골 학자들이 삼지놀이를 몽골에만 있다고 단정했던 것은 한국과 국교를 맺은 1990년 이전의 상황일 뿐이다.

몽골인들에게 구비 문학이 이처럼 성행할 수 있었던 것은 유목민의 전통 생활 양식에서 기인한다. 언제든지 주거지를 옮겨다녀야 하므로 별도의 놀이 기구를 장만하기가 힘들었다. 서울에서 이사 한번 가려면 아이들 책상, 책, 장난감만으로도 한 짐인데, 유목민들이 이렇게 살림을 장만했다가는 이동이 불가능하다. 그래서 별다른 놀이 기구가 없었다. 이런 까닭에 입으로 하는 놀이나 문학이 발전할 수밖에 없었던 것이다.

생사를 넘나드는 영구한 싸움

1246년 프란체스코 수도회 소속인 존 드 플라노 카르피나가 몽골을 방문했다. 그는 보고서에 이렇게 썼다. "몽골인들은 영생과 파멸을 몰랐다. 그러나 그들은 죽음 이후를 믿고 있었다. 죽은 뒤에는 다른 세계에서 산다고 알고 있었다. 그들에게는 죽어서도 이 세상에서와 똑같이 먹고 마시고 일하고 무리지어 살 수 있다는 신념이 있었다."

몽골족은 이와 함께 현세(現世)의 모든 소유와 권한이 내세(來世)로 승계된다고 믿었다. 따라서 죽은 자와 함께 소, 말, 천막집 겔, 갑옷과 무기를 매장했다. 최근에 알려진, 죽은 자의 시체를 내다버리는 풍장 풍습과는 전혀 다른 모습이 그 보고서에 기록되어 있는 것이다.

이에 앞서 아르메니아인 카라코스도 1241년 몽골족과 만난 뒤, 그들을 내세에서조차 사납게 싸울 사람들이라고 묘사했다. 무덤을 만들 때 겔의 중앙에 죽은 자를 앉히고 손에다 칼을 쥐어주었다는 기록이 있다. 그만큼 무기를 소중히 여겼던 것이다. 생사(生死)를 이어주는 매개물로서도 무기가 큰 역할을 했다. 이는 다시 말해 영생이 아니라 영구한 싸움을 의미했다.

죽은 자에게 소속되어 있던 남녀 노비들은 죽을 때까지 그의 명령을 기다려야 했으며, 다른 일은 할 수가 없었다. 그들은 죽은 자의 영원한 소유였다.

그렇다면 과연 몽골족은 어떻게 내세관을 갖게 되었을까? 여러 갈래의 이론이 있지만 몽골족이 다른 종족들보다도 훨씬 오래 전부터 신앙 생활을 해왔다는 것이 가장 설득력 있게 들린다.

몽골족들은 현재도 마찬가지지만 모든 사물에 정령이 깃들여 있다고 믿었다. 그들은 높은 산과 깊은 강의 이름조차도 함부로 부르지 않았다. 산과 강에는 자연을 다스리는 신 중의 하나가 살고 있다고 생각했다. 그래서 종종 성스럽고 신비한 물건에 높은 산이나 큰 강의 이름이 붙어 있는 것을 찾아볼 수가 있다. 그들은 그렇게 만물신을 믿었다. 그러나 그렇다고 해서 모든 신들이 같은 반열에 놓이지는 않았다. 신들에게도 계급이 있다. 이 나라 사람들 대다수가 믿는 불교의 부처가 이들에게는 가장 높은 신에 해당한다.

몽골인들이 즐겨 쓰는 표현으로 '보르항 칸〔신왕(神王)〕'이라는 말이 있다. 임금의 절대적인 권위를 신과 결부시킨 것인데, 주목할 것은 왕이 신과 동격이라는 뜻은 아니라는 점이다. 다만 왕의 권위가 신성하다는 것만을 강조한 것이다. 이를 증명하는 것으로는 '보르항 박시〔신사(神師)〕'를 들 수 있다. 스승과 신을 똑같이 대우하지만 스승이 곧 신은 아니다. 우리 나라에서는 군사부(君師父) 일체라는 표현을 사용하는데, '보르항 아브〔신부(神父)〕'라는 표현이 없는 것으로 미루어 몽골족들은 우리보다 스승을 한 단계 더 높여서 존경했음을 알 수 있다.

더 재미있는 것은 신을 인격화하여 인간과 동등한 선상에서 생각한다는 점이다. 몽골 수수께끼에 보면 "회초리로 신을 때린다. 이때 회초리는 무엇이냐?"라는 것이 있다. 답은 '속눈썹'인데 졸음이 올 때는 누구도 말릴 수 없다는 것을 이렇게 표현했다. 여기서 때린다는 것은 아래위 눈썹이 맞닿는 것을 의미한다. 신은 최고 능력을 가진 절대자로 기술되지만 회초리로 맞을 수도 있을 만큼 인간과 동등한 인격이 부여되어 있다. 이와 함께 신에게는 형상도 주어져 있다. 정확한 모습은 알 수 없지만 맞는 대상으로서 형체가 있다는 점이 특이하다. 신은 그 자체로 존재하는 것이지만, 몽골족의 신은 몽골족과 운명을 함께했으리라 나는 믿는다.

노란 신의 역사

징기스 칸이 세계를 점령하는 과정에서 티벳까지 영토를 넓혔을 때 티벳의 불교가 몽골에 전해졌다. 티벳의 불교가 전해진 뒤의 역사를 '샤린샤싱', 즉 '노란 신'의 역사라고 부른다.

이때부터 모든 것은 부처를 통해야만 이루어질 수 있었다. 그런데 여기서 부처란 승려를 말하기에 앞서 거론되는 이름일 뿐이다. 모든 일은 승려에 의해 이루어졌다. 지배 계급은 모두 승려였다. 왕에서부터 말단 관료에 이르기까지 승려가 관직을 독차지했다. 여기에다 학자들도 모두 승려였다. 시인, 화가는 물론이었고 군대까지도 승려가 지휘한 적이 있었다.

몽골 문예부흥기의 위대한 조각가이자 화가이며 정치가였던 자나바

독경하기 위해 불당 안으로 들어서는 승려들.

자르도 티벳에서 수도 생활을 했다. 그는 티벳에서 제5대 달라이 라마 남카요 소드놈한테서 예술과 종교를 배웠다. 울란바토르 시내에 남아 있는 절과 박물관 등에 그의 작품들이 전시되어 있는데, 울란바토르 예술을 대표하는 것으로 손꼽히는 보그드 칸 박물관에 소장된 타라 여신상이 바로 그의 작품이다. 현재 모든 몽골인들이 자나바자르의 영향 아래 살고 있다 해도 지나친 말은 아니다. 몽골 국기에 사용된 심볼도 자나바자르가 고안했다.

하지만 일부에서는 자나바자르를 몽골의 '이완용'으로 치부해버리는 경향이 있다. 그가 싸워보지도 않고 1691년 몽골을 청나라에 할양했기 때문이다. 이 바람에 내몽고가 중국에 편입되는 계기가 생겨나게 되었다. 그러나 몽골인들은 내몽고는 한족한테 넘겨준 땅이 아니라는 강한 신념을 갖고 있다. 즉 그들은 내몽고가 현재의 중국에 귀속될 이유가 없다는 것을 은근히 강조하고 있다. 최근 자나바자르의 판단이 현명했다는 일부 학자들의 논문이 발표되고는 있지만 썩 개운하지는 않다.

몽골족은 이처럼 라마불교의 영향 아래서 자신들을 소극적으로 보호해왔다. 종교가 성행했을 때는 징기스 칸 시절 한 집에서 한 명의 병사를 냈듯, 한 가구에서 한 명의 승려를 냈다. 이렇게 불교의 자비와 관용이 지배하게 되자 징기스 칸 시절의 용맹성은 찾아보기 어렵게 되었고, 그 결과 몽골은 청나라의 지배를 받는 치욕을 겪었다.

그 뒤 몽골은 1911년 독립을 선포, 4년간의 투쟁 끝에 중국과 러시아로부터 독립을 인정받았다. 220년간 이민족의 지배를 받았던 것에 비하면 독자성은 거의 상실하지 않은 상태였다. 이때부터 라마불교의 세력은 급격히 줄어들기 시작했고, 시골을 중심으로 민간 신앙의 형태로만 그 명맥을 이어왔다.

종교보다 더 심오한 것

몽골혁명 초기에는 울란바토르에도 26명의 무당이 있었다는 기록이 남아 있다. 그러나 지금의 울란바토르에는 무당은 없고, 민주화 이후 시골에서 상경한 점쟁이 10여 명이 시 중심가 수흐바타르 광장 앞 세계 평화의 종 종각 부근에서 영업 중이다. 알록달록한 돌 30여 개를 가지고 사람들의 운명을 점쳐주는데, 50~200트그르그를 내면 한해 또는 평생의 신수를 봐준다.

진짜 무당은 샤머니즘의 발원지로 알려진 바이칼 호수와 홉수골 호수로 연결되는 몽골 북부 지방에 남아 있으며, 세계 학계에 보고된 이 무당의 발원지를 찾는 학자들의 발길이 끊이지 않고 있다.

몽골에서는 무당을 '버'라고 부른다. 이 말은 터키어의 '버기'에서 유래되었다고 한다. 영국인 존 앤드루 보일은 기독교도들과 회교도들이 몽골의 무당을 그렇게 부르기 시작했다고 주장했다.

몽골 무당들은 혼수 상태와 같은 상황에서 자신의 영혼이 몸에서 빠져나와 하늘이나 땅 속 어디라도 자유자재로 날아다니며 능력을 발휘한다고 믿는다. 유목 사회의 무당은 이처럼 자신의 영혼을 몸 밖으로 내보내 신적인 힘을 발휘한다. 이는 우리 나라를 포함한 농경 사회의 무당들이 외부에서 신을 불러오는 것과는 사뭇 대조적이다. 우리 나라 무당들은 '신이 내린다' 혹은 '신을 맞았다'라고 하여, 자신의 영혼에 신력이 더해져야만 신의 영험, 즉 신통력을 행사할 수 있게 되어 있다.

유목민들은 자연과 함께 살아가는 사람들이다. 이들은 자연을 극복하고 이용하는 서구식 사고를 가진 사람들이 아니다. 그래서 그들은 자연은 자연의 위대한 법칙에 따라 진행되며, 인간은 자연 속의 한 미미한 존재라고 생각한다. 그리고 그 중에서 신과 통해 신의 뜻이나 힘을 행사할 수 있는 부류가 무당이 된다고 보는 것이다.

한 몽골 무당은 자신의 혼이 천지사방을 돌아다니면서 과거의 인물이나 현재의 사건 현장에서 여러 신들과 만난다고 얘기했다. 그는 40여 명의 세계 각국 신들과 만나 세계의 일을 앉아서 알 수 있다고 덧붙였다. 그는 또 징기스 칸과 만난 적이 있다면서 몽골족의 부흥이 빠른 시일 안에 실현될 것이라고 예언했다. 결과야 어떨지 모르지만 그는 매우 진지하게 신과 만났던 일을 사람들에게 전달했다.

몽골인들은 무당을 얘기하면서 징기스 칸의 신통력을 곧잘 예로 든다. 징기스 칸은 역사를 알고 있었다는 것이다. 그는 죽을 때 "하늘이 나를 부르신다"고 말하며 백마 위에서 운명한 것으로 전해진다. 징기스 칸에게도 신적인 능력이 있었다는 이야기다.

무당이 바이칼 호수를 중심으로 한 아시아에서 발흥했다는 설이 계속 제기되고 있는데, 그곳은 바로 몽골족의 터전이었다. 그 지역은 세계에서 가장 추운 곳 중의 하나며 연교차가 극심한 삼림 지대다. 인간의 육체로 견디기 어려운 추위를 극복하면서 인간의 자아(自我)는 파괴되고 다른 능력을 얻게 된다는 것이 무당 기원과 관련된 설명이다.

기록에서도 이런 주장을 뒷받침하는 내용을 찾을 수 있다. 징기스 칸이 한겨울 추위에 발가벗고 얼어붙은 강물 위의 얼음에 앉아 있는데 그의 몸에서 열기가 뿜어져나와 강물을 녹였고 증기가 피어올랐다고 적고 있다. 정상적인 상황에서는 엄두도 못낼 일이다. 영하 50도에서 발가벗고 견뎌낼 육체는 없다는 것이 정설이다. 그런데도 문헌에서 찾아볼 수 있다는 데서 그것이 과장만은 아닐 것으로 보고 있다.

무당이 되는 것과 관련한 극북(極北) 히스테리아(Arctic Hysteria)

설은 바이칼 호수 주변의 지역 여건과 딱맞는다. 영하 40~50도의 견딜 수 없는 추위 속에서 섬세한 신경을 가진 자가 자아 파괴 뒤에 무당이 된다는 이 설에 대해 논란이 없는 것은 아니지만, 몽골 북부 지방의 추위를 경험한 사람들에게는 이해가 가는 말이다. 잡지나 텔레비전 등에 실린 몽골족이나 러시아인들 사진에는 꼭 털모자가 등장한다. 그들의 문화와 관습상 모자를 쓰는 것으로 생각하기 쉽지만 그렇지 않다.

영하 30도 이하로 기온이 내려갔을 때 모자를 쓰지 않고 외부 공기를 쐬면 머리가 아파 견딜 수가 없다. 그야말로 쪼개질 듯 아파서 정신을 잃게 된다. 추위에 견디려고 피부가 오그라들면서 혈관을 압박한다. 혈액 순환이 더뎌지면 두뇌 작용이 원활하지 못하게 된다. 이런 과정이 반복되면서 서서히 동사(凍死)하게 되는 것이다. 다행히 살아난다면 두뇌 작용이 평범한 인간의 것과는 달라져 범인들이 볼 수 있고 들을 수 있는 것보다 더 많은 것을 알고 듣게 된다.

그러나 이 가설은 바이칼 호수 주변이나 에스키모들이 사는 지역에 무당이 많다는 것을 뒷받침해주기는 하지만 아메리카 인디언이나 남미 인디언의 무당의 기원에 대해서는 아무 설명도 제공하지 못한다.

우리 나라에서도 무당은 두 가지로 구분된다. 하나는 세습무(世襲巫)이며 다른 하나는 살아가는 동안 신이 내리는 강신무(降神巫)이다. 이들 두 부류도 모두가 인간으로서는 견디기 어려운 감정이나 고통을 겪은 뒤에 무당이 되는 것이 상례다.

몽골에 무당이 흔한 것은 아니다. 가장 북쪽 지방인 흡수골 아이막 부근에만 아직도 성행하고 있다는 보고다. 세계 인류학자들은 몽골의 샤먼 즉 무당을 만나기 위해 꾸준히 몽골로 모여든다. 학자들은 무당들의 굿을 학문적으로 연구하지만 몽골인들은 그것을 믿는다. 미신이라고 치부하기에 앞서 더 연구가 필요한 분야다. 종교를 터부시하던 공산주의 시절에도 활동이 활발한 것은 아니었지만 계속되어왔다. 몽골인들은 이를 종교보다 더 심오한 사상이 있는 것으로 받아들인다.

멀고 고달픈 여행길의 반려

몽골에서 무당보다 더 쉽게 만날 수 있는 것이 성황당이다. 성황당은 몽골말로 '어버'인데, 우리 나라에도 어버라는 말과 함께 전해진 것으로 학계에서는 보고 있다.

성황당이 몽골인들의 생활 속에서 얼마나 큰 위치를 차지하고 있는가는 지도만 봐도 쉽게 알 수 있다. 몽골에는 모두 열여덟 개의 아이막이 있다. 그리고 우리 나라의 군(郡)에 해당하는 '솜' 중에 '어버'라는 이름을 가진 것이 일곱 개나 된다. 예를 들면 '충북 보은군' 하는 식의 주소가 '헨티 아이막 바얀 어버 솜'으로 표현된다. '솜'의 청사 소재지(우리 나라의 군청 소재지) 이름에도 '어버'가 들어간 것이 다섯 개나 된다. 모두 합하면 열두 개가 성황당이란 지명을 쓰고 있는 것이다.

문학가 삼필렌데브는 수천 개의 성황당이란 지명이 사용되고 있을 것이라고 말했다. 그는 특별한 지형 지물이 없는 곳에서는 성황당이 지명으로 쓰일 수밖에 없다고 설명했다. 가도 가도 특정한 지표가 될 만한 것은 없는 평평한 초원에서 성황당은 단지 돌무더기지만 이름으로 삼을 수 있었다는 것이다.

우리 나라에서도 특별히 이름붙일 것이 없을 때는 장승백이, 솟대박이 등의 이름을 붙였던 것과 같은 이치다. 지금은 동작구 상도동으로 더 잘 알려져 있지만 한강대교를 지나 노량진역에서 좌회전, 서울대학 방향으로 가다보면 장승백이가 나온다. 이곳은 연대야 모르지만 장승이 서 있었던 곳으로 알려져 있다.

몽골에는 성황당이 도처에 널려 있다. 울란바토르에도 성황당이 다섯 개 이상 된다. 하나는 러시아 사람들이 밀집해 살았던 15구역(우

몽골의 성황당

리 나라의 '구'에 해당됨) 수돗물 정수장 언덕 위에 있다. 이곳에서는 주변에 돌이 흔해 성황당 만들기가 어렵지 않았을 것이다. 돌을 구하려면 10~20km 이상 떨어진 곳까지 나가야 하는 초원 지대도 있다. 이런 곳에도 성황당이 조금 높은 봉우리에 만들어져 있다. 높은 것은 2~3m, 낮은 것은 1m 가량의 것도 있다.

성황당 맨 밑부분은 축대를 쌓듯 10~20cm 가량 정성스럽게 돌을 쌓아올려 기단을 만들고, 그 위에 돌을 주워다 쌓아놓았다. 맨 꼭대기에는 깃발이 매달려 있다. 깃발이 아니면 막대기라도 한 개 꽂혀 있다. 그것은 성황당의 정상이라는 표지이며 성황당의 특징을 나타낸다. 이 특징에 따라 알탄(금) 어버, 초크트(장대한) 어버, 차강(흰) 어버 등의 이름이 붙어 있다.

성황당에 대한 전설이 수없이 많지만 어느 것도 성황당의 유래를 밝히는 데는 도움이 되지 않는다. 마을의 연장자가 죽었을 때 그의 시체를 보관하기 위해 만들었다거나 들판에서 이정표 대신 생기기 시작했다는 것 등이다.

다음과 같은 전설도 있다. 한 목동이 말을 끌고 풀을 먹이러 나갔다가 길을 잃었다. 이 목동은 3일 밤낮을 헤맨 뒤에 집으로 돌아올 수 있었다. 그래서 다음에는 집에서 나가면서 언덕 위에 돌을 모아 쌓아놓고 방향을 찾았다. 이때부터 들판 여기저기 잘 보이는 언덕 위에 성황당이 생겨났다는 것이다.

제법 그럴듯하게 들린다. 몽골 초원에는 방향을 식별할 만한 것이 없는 곳이 많다. 시골에는 왕래하는 사람도 극히 적고 천막집 겔도 40~50km나 가야 만날 수 있는 실정이다. 성황당이 방향 표지가 될 수 있는 것은 그것이 꼭 보존되기 때문이다. 몽고인들은 절대 성황당을 훼손하지 않는다.

몽골인들은 성황당을 만나면 꼭 예의를 갖추고 지나간다. 말에서 내려 성황당을 시계바늘 방향으로 세 바퀴 돌고 떠나간다. 그리고 흩어진 돌이 있으면 쌓아올리고 멀리서 가져온 돌을 더해놓고 쉬어간다. 마치 성황당과 함께 여행하는 듯하다. 몽골인들은 성황당을 보면 우선 안심이 된다고 한다. 아무리 멀고 고달픈 여행길이라도 반려가 되며, 성황당의 정령이 자신들을 지켜준다고 믿고 있다.

아직 파괴되는 단계는 아니지만 몽골의 성황당도 최근의 사회 변화에 따라 그 의미가 조금씩 달라지고 있다. 성황당에 술병, 돈, 목발 등 돌 이외의 것이 쌓이고 있다. 예전에는 돌로 정성을 표시했지만 어느덧 돌 대신 돈으로 정성을 사기 시작했다. 어느 성황당에 가든 1트그르그에서 20트그르그, 많을 때는 50트그르그까지 놓여 있다. 초원에서는 돌이 가장 정성을 다한 물건이었는데 이제는 돈이 소중해진 것이다. 돌을 가져오는 수고를 돈으로 대신하는 못된 습관에 물들기 시작했다고 노인들은 한숨을 쉰다.

한술 더 떠서 술을 들고와 뿌리고 마신다. 병을 성황당 꼭대기에 쌓아두는 것이 관례처럼 되어 있다. 술을 마실 때는 먼저 약지로 찍어서 세 번 하늘에 대고 튕긴다. 하늘, 땅 그리고 성황당에 무사태평을 비는 행위다. 목발을 놓는 것은 진짜 현대판이다. 목발을 짚고 다니던 환자가 치유되었을 경우 다시는 목발을 사용하는 사고가 나지 말라고 그렇게 한다. 이런 풍습은 최근에 생겨난 것이다. 이것을 본 아이들도 장난감이 부서지면 부모 몰래 성황당에 갖다놓고는 새 장난감이 생기게 해달라고 빌곤 한다.

신통한 것은 성황당에 돈이 놓여 있어도 가져가는 사람이 없다는 사실이다. 길거리에 나앉은 걸인도 성황당의 돈은 건드리지 않는다. 눈비에 젖고 찢어져 없어질 때까지 성황당에 그대로 놓여 있다.

또하나 변하지 않은 것은 먼 길을 떠나기 전 성황당에 들러 비는 풍습이다. 이른 새벽 성황당에는 한두 명의 참배자가 꼭 있다. 어둠이 가시기도 전에 성황당에 찾아가 세 바퀴를 돌고 흰 우유를 뿌리며 장도(長途)에 무사하기를 기원한다. 우유도 세 번 먼 하늘 쪽을 향해 뿌리는데 오른손으로 한다. 왼손은 신성하지 못해 부정이 탄다고 믿고 있기 때문이다.

귀신을 속이다

몽골인들이 생각하는 귀신은 어떤 것일까?

만물신 앞에 놓이는 귀신의 종류는 다양하지만 보통은 남자 귀신과 여자 귀신, 좋은 일을 하는 귀신과 나쁜 짓을 하는 귀신 등으로 나뉜다. 남자 귀신보다 여자 귀신이 더욱 심술 사납고 변덕이 심하다. 좋은 것과 사랑스러운 것은 귀신이 탐낸다고 감추어두며, 밖에다 내놓을 때는 흉한 모습으로 꾸며서 보여준다.

귀한 아들을 두세 명 잃고 난 집에서는 새로 태어나는 아이에게 정상적인 이름을 붙이지 않는다. 개자식, 돼지자식, 사람 아님, 이름 없음 등의 그야말로 말도 되지 않는 이름을 갖다붙인다. 정상적인 이름을 지어주면 또다시 귀신이 잡아간다고 믿는다. 예전 우리 나라의 바우, 돼지 등의 아명(兒名)도 대부분 몽골인들의 귀신 대하는 태도와 같은 의미에서 붙여졌다.

손자나 남의 아이가 귀여울 때면 "이런 미운 놈 봤나"라면서 얼른다. 예쁘다는 말을 하지 못해서 하는 말이 아니다. 너무 귀엽고 사랑스러워서 귀신으로부터 보호해야 된다는 생각이 앞서기 때문이다.

이와 함께 아이가 태어나 처음 집 밖으로 나들이를 할 때는 얼굴에 검댕을 칠해준다. 이마에서부터 콧잔등까지 새까맣게 칠한다. 아직 세상에 잘 적응이 안된 어린아이임을 알리는 표시기도 하지만, 양미간에 검댕이 칠해져 있으면 귀신이 토끼로 오인하고 지나쳐간다는 것이다. 일반인들에게는 처음 나들이하는 갓난아기니 주의하라는 경고의 의미를 담고 있다.

몽골과 우리 나라에는 어쩌면 그렇게 같은 풍습이 많은지 깜짝깜짝 놀랄 때가 많다. 산모가 해산할 때 난산이면 겔의 창문을 덮는 천과 연결된 끈을 쥐고 진통을 견딘다. 새 신랑이 결혼한 첫날 밤 잠자리에 들기 전에도 얼굴 한 부분에 검댕을 칠한다. 부정을 방지해준다고 믿고 있기 때문이다. 새 신랑을 달 때 마지막에는 솥 밑바닥의 검댕을 가져다 신랑 얼굴에 묻혀주던 우리의 옛 풍습이 문득 떠오른다.

4. 새해 나무 아래에서 춤을

가장 좋은 달 차강사르

몽골인들은 조상 전래의 세시풍속을 버린 채 점차 서구화의 길을 택하고 있다. 공산화 이후 많은 전래의 풍습이 사라졌으며, 새로운 풍습이 생겨났다. 의식주가 족해야 전통을 찾게 되는 것일까. 몽골의 세시풍속을 우리와 비교해보는 것도 온고지신(溫故知新)의 하나일 것이다.

몽골인들도 매년 설(음력 1월 1일)을 '차강사르(하얀 달)'라고 부르며 쉰다. 그들은 설을 최대 명절로 삼아 이날부터 3일간 휴무한다. '차강사르'는 몽골인들이 '차강' 즉 흰색을 '좋은'이라는 의미로 사용하는 데서 유래했다. 차강 사나(좋은 마음씨), 차강 이데(좋은 음식) 등에서 보듯 '차강'은 고급스럽고 귀한 것에 사용한다. 그래서 차강사르도 '가장 좋은 달'이란 뜻이다.

또 이 말은 '희망을 갖는 달'이란 뜻이기도 하다. 몽골인들은 "차강사르 다음은 봄"이란 말을 즐겨 쓴다. "겨울이면 봄이 멀지 않다"는 말도 있듯이, 2월 말에도 영하 20~30도의 혹한이 계속되는 땅이지만 몽골인들은 이때부터 봄을 맞이하려는 준비를 한다. 혹독한 추위를 견디기가 힘들었던 그들은 새봄이 빨리 오기를 간절히 기원하며 설을 차강사르라고 불렀던 것이다. 유목민들에게는 봄이 특별한 의미를 갖는다. 힘든 젖고개(우리의 보리고개와 같은 의미)를 넘기 위한 마지막 몸부림을 치는 이때 허리띠를 졸라매면서 그들은 풍요로운 여름을 기다리는 것이다.

몽골인들은 조상 대대로 음력을 사용해왔다. 우리는 바닷가에 사는 사람들이 음력을 처음 썼다고 알고 있지만 실제로는 유목민들이 먼저 사용해왔다. 유목 생활은 전적으로 기후에 달려 있는데 달이 기후에 큰 영향을 미쳤기 때문이다. 몽골인들은 또 우리와 마찬가지로 음양오행과 십간십이지를 사용한다. 그들은 금토화수목의 오행을 각각 하양, 노랑, 빨강, 검정, 파랑으로 표시하기도 한다. 십이지는 우리와 같이 쥐, 소, 호랑이, 토끼, 용, 뱀, 말, 양, 원숭이, 닭, 개, 돼지 순이다.

열두 동물이 갖는 의미 해석이 재미있다. 예컨대 쥐의 해에는 가축이 다른 해에 비해 새끼도 잘 낳고 살도 많이 쪄 가계가 풍성해지며, 특히 낙타가 그렇다는 것이다. 몽골 신화에 따르면 짐승들이 모여 회의를 했는데, 경주를 하여 해를 처음 보는 순서대로 띠의 동물이 되기로 했다고 한다. 쥐는 덩치가 작아 늘 낙타와 함께 다니며 보호를 받았고, 낙타의 머리나 몸에 타고 다니길 좋아했다. 경주가 시작될 때도 낙타와 쥐는 함께 달렸다. 낙타가 열심히 달려가 일등이 되는 것 같았는데 낙타 머리 위에 앉아 있던 쥐가 해를 먼저 보았다는 것이다. 그래서 쥐가 첫번째 띠의 동물이 될 수밖에 없었다. 낙타는 일등을 하고도 첫번째가 안되자 띠의 동물이 되기를 거부하고 띠의 동물에서 빠졌다. 하지만 낙타와 쥐의 관계는 나빠지지 않았다는 것. 다시 말하면 낙타와 쥐는 찰떡 궁합이라는 것이다.

소의 해에는 눈이 많이 오며 음식과 유제품이 풍성해진다. 호랑이 해에는 연말에 몹시 어려워지고 토끼 해에는 초기에는 순조로우나 연말에 재앙이 닥친다. 용의 해에는 폭우가 내려 홍수가 많이 지고, 뱀의 해에는 혼란과 근심이 많아진다. 말의 해에는 어려움이 많아지고, 양의 해에는 좋은 일이 생기고 가정이 화목해진다고 설명한다. 원숭이 해에는 매서운 추위가 몰아닥치고 귀찮은 일이 생기지만 대풍년이 든다. 닭의 해에는 살림이 풍요로워지고 출산율이 크게 는다. 개의 해에는 초기에는 어렵고 고통스러우나 끝으로 갈수록 호전된다. 돼지의 해에는 음식 저장량이 크게 늘고 모든 것이 풍요로워진다고 믿는다.

음력설은 몽골 고유의 명절이지만 1921년 혁명 이후 '협동의 날'로 이름을 바꿔 불렀다. 음력설 쇠는 것을 제한하기 위해서였다. 그래서 정부의 통제가 어려웠던 시골에서만 몰래몰래 음력설을 지내오다 1989년부터 국가 공휴일로 지정되었다.

몽골 음력설의 역사는 쿠빌라이 칸 시절로 거슬러 올라간다. 징기스 칸의 손자인 쿠빌라이 칸은 중국에서 태어나 그곳에서 살며 한족한테서 음력설을 도입, 몽골족에게 전파시켰다. 하지만 몽골 음력설 풍습 중에 중국으로부터 받아들인 것은 물만두처럼 생긴 '반시'뿐이다. 음력설은 누가 뭐래도 몽골인들의 전통 가족 명절이었던 것이다.

섣달 그믐날은 '비퉁'이라고 부르며 밤에 독특한 잔치를 한다. 전에는 매월 말일도 비퉁이라고 불렀지만 이제는 섣달 그믐날만을 그렇게 부른다. 이 말은 끝이라는 뜻으로 새로운 시작을 준비하는 날이란 의미를 담고 있다. 잔치가 시작되면 비퉁이 시작된다는 표시로, 삶은 양이나 소의 뼈를 부러뜨린다. 이는 고요함을 깨뜨린다는 의미를 갖고 있다.

새해를 맞이하는 사람들의 마음과 각오는 새롭지만 몽골인들은 유별나게 차강사르의 의미를 강조한다. 새해가 밝아오는 것과 함께 새해의 풍요를 기원한다. 이날 차례는 지내지 않는다. 그러나 아침 여섯시 반쯤 해가 뜨기 직전에 가족이 모두 모여 어른께 세배하고 한해 동안 건강하고 모든 일이 잘 풀리라는 등의 덕담을 주고받는다.

세배할 때는 나이가 어린 사람이 나이 든 사람의 두 손을 아래에서 위로 받쳐들면서 "새해 복 많이 받으십시오"라고 말한다. 이때 나이 든 사람은 손바닥을 아래로 두고 젊은이는 위로 해 서로 가까이서 받쳐든다. 나이 든 사람은 '하닥(푸른 비단천)'을 두 손에 펼쳐든 채 "새해 복 많이 받아라", "건강해라"는 등의 덕담을 들려준다. 하닥은 특별한 의미를 갖고 있다. 집안에서 나이가 가장 많은 어른이나 존경하는 사람에게 드리는 소중하고 성스러운 것으로 행복의 기원과 정감어린 존경의 마음이 담겨 있다. 덕담을 주고받을 때는 양볼을 맞대고 포옹하듯 끌어안는다. 구소련인들의 인사법을 받아들인 것이긴 하나 이제는 자연스럽게 되었다. 세배를 받을 때는 꼭 하닥을 들고 전통 의상 '델'을 입어야 한다. 델을 입을 때는 모자를 쓰는 것이 전통이었지만 최근에는 생략하는 경우도 종종 있다.

몽골인들의 진짜 세배는 옷을 갖춰 입고 겔 밖으로 나와 떠오르는 해를 보면서 서로의 건강과 행복을 비는 것이다. 도시에서는 집안의 가장 넓은 방에서 하는 것이 보통이다. 세배는 가족이 우선이고 다음에 일가친척 그리고 이웃과 아는 사람들에게 차례대로 한다. 부부간에는 서로 세배를 하지 않는다. 세배의 의미는 우리와 크게 다르지 않다. 노인은 젊은이들에게 생을 의지하고 있다는 표시고 젊은이들은 어른을 존경하고 섬긴다는 뜻이다.

문학박사 체른 소드놈은 "유목의 풍요와 가문의 안녕을 비는 기원 등 전통 차강사르 세시풍속이 많이 사라졌다"고 말했다. 그러나 외국인들에게는 지금까지 남아 있는 세시풍속만으로도 흥미롭다.

이때 빼놓을 수 없는 것이 세뱃돈. 당연히 어른들로부터 세뱃돈을 받는 것으로 알고 있는 우리 나라 사람들이 실수를 연발하는 순간이다. 몽골에서는 아랫사람이 어른에게 세뱃돈을 드린다. 그러면 어른은 아랫사람에게 선물을 주는 것이 관례로 되어 있다. 세뱃돈을 드리지도 않은 채 선물만 받길 원하면 버릇없는 젊은이가 되고 만다. 세뱃돈은 많을수록 좋지만 보통 몽골 화폐 단위로 1,000~2,000트그르그(우리 돈으로 약 2,000~4,000원)를 봉투에 넣어 준비하면 무난하다.

어른들이 준비하는 선물로는 초콜릿, 사탕, 학용품, 장갑, 때로는 새로 나온 빳빳한 지폐 몇 장 등 다양하다. 세배를 마치고 돌아가는 사람들에게 문간에서 하나씩 선물을 나눠주면서 작별 인사를 하는 것이 보통이다. 몽골인들은 세배꾼들에게 통상 유제품을 싸줬다. 이 유제품은 세배를 갈 때 싸갔던 것 중 먹고 남은 것이다. 새배를 갈 때는 집에서 마련한 음식을 싸들고 가 함께 나눠먹는 것이 몽골의 전통이었다. 그리고 남는 것이 있으면 똑같이 나눠가졌다. 가져온 양의 많고 적음에 관계 없이 공평한 분배를 했던 것이다. 이런 분위기 속에서 살아온 몽골인들은 재산을 독차지하려는 욕심을 부리지 않는다. 재산 상속과 관계된 싸움이 없었던 것은 공평하게 나눈다는 기본 원칙이 있었기 때문이다.

몽골인들은 설날 양고기, 밀가루 등을 이용해 여러 가지 음식을 준비하는데, 양 한 마리를 통째로 삶아 내놓는 '오츠'가 대표적이다. 몽골인들은 가을이 시작되면 다음해 설을 위해 살이 쪄서 통통한 양을 한 마리 잡아 얼려놓는다. 섣달 그믐날 이 양을 커다란 솥에 삶아 차려놓고 세배꾼들이 올 때마다 한 점씩 떼어 술안주로 삼는다. 미운 며느리 엉덩짝만하던 양 궁둥이 살은 세배꾼이 몇 차례 다녀가면 홀쭉하게 줄어든다. 살기가 괜찮은 집에서는 손님들을 위해 오츠 요리를 두세 개 준비하지만 보통은 한 개씩 장만한다. 하나뿐인 오츠를 아끼기 위해 일부 가정에선 차려놓은 오츠는 설이 끝날 때까지 그대로 둔 채 다른 양고기를 삶아 내놓기도 한다. "더도 말고 덜도 말고 한가위만큼만 하라"는 우리와는 달리 "늘 차강사르처럼 풍요롭기를" 기원하는 것이 몽골인들이다.

차강사르를 며칠 앞둔 1995년 1월 버스를 타고가다 잊지 못할 경험을 했다. 만원 버스에 흔들리며 가는데 옆에 있던 아가씨가 옆구리를 자꾸 찔렀다. 사내의 심정은 같은지라 은근히 묘한 상상(?)과 호기심이 발동했다. 곁눈길로 쳐다보니 얼굴이 서울에서 볼 수 있는 아가씨처럼 깨끗하고 곱상했다. 몽골에서는 흔히 볼 수 없는 바바리 코트 차림에 노란 스카프를 매었고 멋쟁이 밍크모자를 쓰고 있었다. 아가씨의 옆구리 찌르기는 오랫동안 계속됐다. 나에게 정식으로 프로포즈하는 걸까 생각하니 얼굴이 달아오르기 시작했다. 당황해서 시선을 어디에 두어야 좋을지 몰랐다. 몽골인들이 아무리 사랑 표시를 자유롭게 한다지만 노골적으로 그처럼 나올 줄 몰랐다. "지가 먼저 살자고 옆구리 쿡쿡 찌른다"지만 너무하다는 생각이 들었다.

용기를 내 아가씨와 눈을 맞추고 허리께로 눈을 돌리던 난 소스라치게 놀랐다. 마대 속에 껍질을 벗겨 담은 양의 다리가 내 옆구리를 계속 찌르고 있었던 것이다. 겸연쩍어 '씩' 웃자 아가씨도 마주보며 고운 이를 드러내며 웃었다. 섣달이면 이처럼 대중 교통수단에 통째로 싣고 가는 양을 자주 볼 수 있다. 하지만 처음 보는 외국인들은 깜짝깜짝 놀라곤 한다. 더 심한 것은 살아 있는 양을 끌고 버스에 오르는 사람들이다. 교통수단이 신통치 않은 몽골인들은 시내버스에 양, 염소 등 작은 가축들을 싣고 다닌다.

오츠와 함께 빼놓을 수 없는 것으로는 짚신짝처럼 생긴 밀가루 과자 '보브', 찐만두 같은 '보즈', 군만두 같은 '호쇼르', 물만두와 비슷한 '반시' 등을 들 수 있다. 오츠가 차려진 상 위에는 보브를 높이 쌓은 접시도 놓는다. 보브 위에는 사탕과 차강이데를 30cm쯤 얹는다. 환갑 잔치의 상차림 같다고 보면 된다.

몽골에서 이 '보브'란 말을 할 때는 조심해야 한다. 보브는 남성의 성기란 뜻도 가지고 있어 함부로 말하면 한바탕 웃음거리가 되기 십상이다. 남성이 여성에게 보브 가져가라고 하면 노골적인 음담이 되기도 한다.

어른을 모시고 사는 집에서는 차강사르 일주일 전쯤부터 시작해 보즈를 3,000~4,000천 개씩 만들어놓고 세배꾼이 올 때마다 삶아서 대접한다. 가을에 꽁꽁 얼려두었던 아이락도 녹여서 내놓는다.

손님 대접은 의무로 해야 하지만 손님도 차린 음식을 먹어주는 것이 예의다. 차린 음식을 먹지 않으면 주인의 안색이 변한다. 맛이 없어도 맛있게 배불리 먹어야 하고 그런 다음 트림을 한다. 서양인들이라면 펄펄 뛸 일이지만 몽골인들은 잘 먹었다는 표시로 너그럽게 받아들인다. 시골 일부 지방에서는 의무적으로 트림을 해야만 하는 풍습도 있었다.

몽골인들은 친하지 않은 사람이라도 어른에게 세배를 오면 잘 대접해서 보내야 복을 받는다고 믿고 있다. 세배가 끝나고 음식을 먹을 때는 술잔도 돌린다. 주인은 쭉 둘러앉은 손님들에게 술을 돌려가면서 권하는데 앉은 자세에서 발을 들면 술잔을 든 사람이 노래를 부르기 시작한다. 그러면 둘러앉은 모든 사람들이 추임새를 넣거나 아니면 아예 합창을 한다. 노래는 어떤 곡이라도 좋다. 지적받은 사람은 꼭 노래를 부르는 것이 예의다. 빼거나 사양하면 예의에 어긋나 손가락질을 당하거나 "잘난 체한다", "꼴값한다"는 등의 말을 듣게 된다.

설날 성황당을 찾아가 참배하는 행사도 특이하다. 아침 일찍 부모님께 세배를 마친 가족들은 우유나 치즈, 술을 준비해 가까운 성황당으로 가 해가 떠오르기를 기다린다. 해가 떠오르면 성황당을 시계 방향으로 세 바퀴 돌면서 한해의 복을 빈다. 그리고는 준비해온 술이나 유제품을 성황당에 쌓아 높이를 더한다. 나이 든 여성들은 우유를 동쪽 방향으로 뿌리면서 액막이를 한다. 차르찰이라는 주걱 같은 것으로 우유를 세 번 뿌린다.

해뜨기 직전에는 300~400명의 인파가 모여들어 성황당 부근은 시장터를 방불케 한다. 최근에는 음식 대신 돈을 바치는 사람들이 늘고 있다. 현대화이기도 하지만 돈을 벌게 해달라고 비는 사람들이 그만큼 많아졌다는 걸 의미한다. 참배객이 물러나면 부모 없는 고아나 신체장애자들이 몰려들어 돈을 걷어간다. 그 다음은 까치, 까마귀, 독수리 등이 날아와 신년 파티를 벌인다. 설에는 날짐승까지도 풍성함을 맛보는 것이다.

성황당이 없는 시골에서는 섣달 그믐날 밤 젊은이들이 눈으로 임시 성황당을 만들어 신을 불러들이는 의식을 거행한다. 젊은이들은 집 주위의 눈을 끌어모아 놓고 물을 부어 꽁꽁 얼린다. 집 주위에 눈이 없으면 말을 이용해 4~5km 떨어진 먼 곳에서 눈을 실어오기도 한다. 그 다음 젊은이들은 말을 타고 2~3km 정도 떨어진 동쪽으로 달려간다. 그곳에서 횃불을 만들어 성황당 신을 불러들이는 의식을 거행한다. 셋 또는 아홉 명의 젊은이가 말머리를 동쪽으로 향한 채 횃불을 높이 들고 "우리는 영명하신 당신의 힘을 빌리고자 여기에 왔습니다"고 고하고 연장자의 구령에 따라 세 번 머리 숙여 절한다. 그리고는 횃불을 들고 두 줄로 나란히 서서 겔 쪽으로 말을 몰아온다. 성황당 신이 가는 길을 밝혀주는 것이고, 불의 힘을 이용해 자연에서 유랑하던 성황당 신을 모셔오는 것이다. 돌무덤이란 형체가 없어 자리를 잡지 못하던 성황당 신은 이때부터 눈으로 만든 임시 성황당에 터를 잡는다. 눈 성황당이 성황당으로서의 기능을 발휘하는 시간이다.

설날 저녁에도 행사는 계속된다. 밤에는 게임이 주를 이룬다. '호롤'이라고 불리는 나무를 깎아 열두 가지 동물을 그린 나뭇조각으로 도미노 놀이를 한다. 또 양의 복숭아뼈로 만든 도구로 '샤가이'라고 불리는 놀이도 한다. 네 개 또는 이십여 개로 하는 놀이가 있지만 네 개로 하는 놀이가 훨씬 더 인기 있다. 뼈의 모양은 일정한데, 던져서 보이는 면에 따라 소, 말, 양, 낙타로 구분하며 똑같은 모양이 네 개 나오거나 각각 다른 모양이 나오면 승자가 된다. 그러나 던져서 곧바로 승자가 결정되는 것이 아니라 같은 모양이 나온 것들을 먼저 집어가는 사람이 승자가 된다. 이 놀이는 참여자 모두에게 주의력, 관찰력, 직관력, 날카로운 판단력, 좋은 시력 등을 요구한다.

차강사르라고 좋은 일만 있는 것은 아니다. 몽골에도 자유화 이후 자본주의의 병폐가 먼저 나타나기 시작해 서민들의 가계를 주름지게 하고 있다. 1995년의 차강사르를 앞두고는 물가가 폭등하여 서민들의 축제 분위기를 망가뜨렸다. 중국에서 수입된 쌀은 1kg에 280트그르그로 1994년과 비교해 450% 이상 폭등했고, 달걀 값도 120트그르그로 300% 뛰어올랐다. 차강사르에 없어서는 안되는 양도 80% 이상 값이 올랐다. 몽골 정부는 이와 같은 물가폭등 현상은 수출대금 입금과 해외 파견 근로자들의 송금 증가에 따른 것이라고 지적하고 전반적인 물가 상승률을 50%선 이내로 억제할 것이라고 발표했다. 그러나 식비가 생활비의 90% 이상을 차지하는 매우 빈곤한 처지의 일반 국민들은 물가 동결을 강력히 요구했다.

새해 나무 아래에서 춤을

몽골의 신정(新正)은 서양식의 새해가 시작되었다는 의미로 우리와 큰 차이가 없다. 1921년 공산혁명 이후 구소련은 몽골의 전통 세시풍속을 없애면서 양력설을 강요, '억지 춘향' 식으로 자리잡게 했다. 몽골에서의 신정은 세계와 교류하는 데 필요한 양풍(洋風)의 하나일 뿐이다. 이날에는 모든 관공서가 휴무한다.

몽골인들은 12월 말이면 '신질링 모트(새해 나무)'를 만든다. 새해 나무는 성탄절의 크리스마스 트리와 똑같다. 몽골에는 아직 기독교가 크게 전파되지 않아 국민 대다수가 크리스마스와 크리스마스 트리를 잘 모른다. 그 대신 새해 나무로 기분을 낸다. 새해 나무는 가족 단위보다는 마을이나 아파트 단위로 세워진다. 울란바토르의 중심인 몽골 정부청사 앞 수흐바타르 광장에는 크리스마스 무렵 우리 나라 서울시청 앞에 세워지는 트리처럼 나무가 세워진다. 약 5m 높이의 소나무에 오색 전구를 달아 밤새 번쩍번쩍 빛을 낸다.

12월 31일 밤이 깊어지면 새해 나무 부근은 광란의 현장으로 바뀐다. 젊은이들이 모여 확성기를 달아 음악을 틀어놓고 밤새 디스코, 블루스 등 춤을 춘다. 한쪽에선 젊은이들이 서로 부둥켜안고 입을 맞추며 진한 애무도 서슴지 않는다. 러시아인들이 모여 사는 곳에서는 더욱 가관이다. 술에 취한 백발의 미녀들이 흐느적거리면서 불을 찾아 떠다니는 부나방처럼 남자들을 헌팅한다. 영화 「인터걸」의 주인공들을 몽골땅에서 보는 것 같아 씁쓸하다. 돈도 사랑도 필요 없고 실버 나이트를 함께할 파트너가 되어주기만 하면 그걸로 족하다. 이들은 영하 30도의 혹한에도 불구하고 반은 벌거벗은 차림새로 새해를 맞이한다. 영시가 가까워지면서 광란은 절정에 다다른다. 내일이 당장 생의 마지

울란바토르 시내 수흐바타르 광장에 우뚝 서 있는 몽골 독립 영웅 수흐바타르의 동상.

막이라도 이보다 더 현란할 수 없을 만큼 몸부림치고 소리지른다.

울란바토르 시내를 동서로 관통하는 중심가인 '평화의 거리' 에도 오색등과 네온사인이 명멸, 추위 속에서 싸늘하게 밤을 밝힌다. 이날은 젊은이들의 날이다. 유럽의 연말처럼 흥청거리지는 않지만 울란바토르 호텔 바, 헐리우드 디스코텍 등에는 2~5달러의 입장료를 지불해야 함에도 불구하고 좌석이 모자란다. 술집마다 귀청이 찢어질 정도로 음악의 볼륨을 높여놓지만 신곡은 별로 없다. 흘러간 올드 팝송이 홀 안을 메울 때면 오랜만에 해방감을 만끽하는 젊은이들은 몸을 흔들기에 바쁘다. 엘비스 프레슬리의 「러브 미 텐더」, 패티 페이지의 「체인징 파트너」가 스피커에서 흘러나오다 갑자기 휘트니 휴스턴의 「아이 윌 올웨이즈 러브 유」로 바뀐다. 그러다 별안간 러시아 음악이 들리면 분위기는 급변한다. 몽골 음악도 가세한다. 음악은 구미, 러시아, 한국, 일본을 가리지 않고 넘나든다. 장르별로 연주되는 경우란

거의 없다. 가게에 있는 음반이 모두 동원되지만 우리네 한 가정의 음반 숫자보다도 적다. 정식으로 음반이 수입되지 않아 한 장 두 장 관광객들이 가져온 음반이거나 복사판이 대부분이다.

역사가 가장 오래된 울란바토르 호텔 바 한쪽 구석에는 향수에 젖은 고독한 외국인들과 몽골의 소위 5공자쯤 되는 젊은이들이 하룻밤 사랑 파트너를 구하느라 눈을 빛낸다. 이날 울란바토르 시내의 모든 술집은 밤새 열려 있다.

그리고 이날 인기 있는 술은 몽골에서 최고급인 징기스 칸 보드카. 이 보드카는 술집에선 가격이 들쭉날쭉이지만 일반 가게에선 병당 12~15달러쯤에 거래된다. 프랑스산, 독일산, 러시아산도 있으나 역시 몽골산 보드카가 사랑받는다. 만나는 몽골 사람들마다 깨끗한 몽골의 물로 빚어 맛이 일품이라고 입에 침이 마르게 자랑한다. 공항 면세점과 비행기에서 쉽게 구할 수 있는 조니 워커나 시바스 리걸도 잘 팔린다. 1995년에는 전문 주류백화점은 아니지만 그래도 제법 구색을 갖춘 외국 주류백화점이 문을 열었다.

대통령의 신년사도 재미있다. 정확하게 1월 1일 영시에 시보가 울리면 몽골 전통의상을 입은 대통령이 텔레비전에 나와 신년사를 낭독한다. 이 신년사 원고는 몽골 기자나 외국 기자 누구에게도 사전에 배포되지 않는다. 외신 기자들은 서방국가 대부분의 예에 따라 몽골 외무부에 이를 미리 배포받아 타전할 수 있도록 부탁하지만 매년 거부당했다. 미리 발표하면 '김샌다'는 식이다. 이 때문에 몽골 기자들은 대통령의 신년사를 새해 3일 혹은 4일자 신문에 게재하기 일쑤다. 신년사가 낭독되고 나면 젊은 남녀가 나와 무도회를 연다. 연미복을 입고 왈츠와 블루스를 멋지게 춘다. 구소련으로부터 받아들인 풍습이지만 아직도 그대로 남아 있다. 이어 신정을 축하하는 노래가 나온다.

1995년에는 우리 가요 「사랑의 미로」가 첫 곡으로 방송되어 교민들의 가슴을 뭉클하게 했다. 최근 들어서는 몽골 텔레비전에서 우리 가요를 심심찮게 들을 수 있다.

아이가 일곱이면 일등 훈장

매년 3월 8일은 몽골의 여성 축제일이다. 몽골 정부는 이날을 여성을 위한 공휴일로 지정하고 모든 관공서와 직장의 휴무를 실시한다. 이날은 몽골 독립 이후 정부가 최대의 관심을 갖고 시행해온 출산 장려책을 독려하는 행사를 갖는다. 몽골의 요즘 젊은이들은 자유로운 성행위는 원하지만 아이는 원치 않는다는 것이다. 몽골 정부가 이날의 의미를 강조하는 것은 남성들의 축제인 동시에 이 나라 최대의 축제인 '나담'을 염두에 두었기 때문이다. 나담은 징기스 칸 시절보다 더 역사가 오래되었지만, 여성을 위한 축제는 없었다. 그러나 공산당 집권 이후 남녀 평등이 주장되면서 여성 축제일 제도가 도입되었다.

이날 각 직장장들은 작은 선물을 준비하여 여성 근로자들에게 나눠준다. 주로 사탕, 초콜릿, 설탕 등 작은 것이지만 여성 근로자들은 마냥 즐거워한다. 모든 직장에서는 회식 자리도 마련해 한바탕 먹고 마시며 잔치를 벌인다. 이날의 하이라이트는 그해 입사한 신참과 직장장의 춤이다. 직장장들은 신참들을 격려하고 국가가 원하는 사업에 적극 동참할 것을 권한다.

그리고 직장장들은 여성들에게 "아이를 많이 출산하여 자랑스러운 몽골인의 정신을 이어가자"고 당부한다. 이어 지난해 아이를 출산한 여성 직원들에게 아이의 숫자에 따라 정부가 정한 훈장, 연금 등 각종 혜택을 준다. 몽골 정부는 아이를 네 명 출산한 여성에게는 상금을, 다섯 명 출산한 여성에게는 이등 훈장, 일곱 명 출산한 부인에게는 일등 훈장과 조기 은퇴의 특혜를 주면서 출산을 장려해왔다. 이렇게 한 결과 1921년 독립 당시 40만 명이 채 안되었던 몽골 인구가 1995년 말 현재 231만 7천 명으로 크게 늘었다.

1995년 여성 축제일. 울란바토르에서 140km 떨어진 아타르솜에서도 성대한 축제가 열렸다. 인근 주민 100여 명이 마을에서 가장 나이가 많은 호를러자브의 집에 모였다. 이들은 양을 잡고 과자와 사탕 등 만든 음식을 성대하게 차리고 아녀자들을 모두 불러모았다. 호를러자브는 1994년 아이를 낳은 에르드네에게 이등 훈장을 수여했다. 에르드네는 모두 다섯 명의 아이를 출산하여 국가정책에 적극 호응한 공로를 인정받은 것이다. 3남 2녀로 제일 큰 아이가 열세 살, 막내는 세 살이었다.

이날의 주인공은 당연히 에르드네였다. 마을 주민들은 에르드네를 둘러싸고 축하하기에 바빴다. 에르드네는 호를러자브와 주민들이 따라주는 술 석 잔을 마시고 얼굴이 발그레하게 물들었다. 30대 초반의 나이지만 그녀에게만은 특별히 세월이 빨리 흘러갔는지 40대 후반도 넘어 보였다. 아이를 많이 낳아 기르기가 생각보다는 쉽지 않았으리라.

왜 아이를 다섯이나 낳았느냐는 질문에 별 걸 다 묻는다는 듯한 시선으로 날 쳐다보았다. 한참 망설이던 그녀는 "그럼 안 낳을 수 있는 방법이 있나요"라고 되묻고는 내 눈을 빤히 쳐다보았다. 나는 아차 했다. 몽골에서는 콘돔이 희귀하다는 사실을 잠시 잊었던 것이다. 에르드네의 질문에 대답할 말을 찾느라 한참 고심하다 "남녀가 성행위는 하지만 출산하지 않는 방법이 여러 가지 있다"고 말하고, "만약 울란바토르에 갈 기회가 있으면 약국에 가서 고무로 된 것을 사다 쓰라"고 일러주었다.

몽골 시골 여성들은 콘돔을 모르는 경우가 많다. 순진하기도 하지만 여전히 아이를 많이 출산하는 것이 가문과 국가의 번성에 이바지하는 것이라고 믿기 때문이다. 나이 든 여성들은 아직도 손녀나 이웃

집 젊은 아낙네들에게 아이를 많이 낳으라고 권장하는데, "새 아이가 태어나면 신이 새 말이 뜯어 먹을 목초를 마련해준다"고 말한다. 먹고 사는 것은 하늘이 알아서 처리해준다는 지극히 낙천적인 생각이다.

몽골에는 개방 이전까지는 콘돔이 없었다. 인구 증가를 국가정책으로 택한 정부당국이 콘돔의 국내 반입과 판매를 엄하게 제한했던 것이다. 개방 이전 몽골에 들어가는 외국인들은 필수적으로 콘돔을 상자로 구입하여 밀반입했다. 몽골 세관원들은 이런 사실을 알면서도 눈감아주었다. 당시엔 콘돔 한 갑이면 하룻밤을 허락하는 여성들도 있었다고 한다. 콘돔을 얻기 위해 외국인들이 콘돔을 사용할 수 있게 했던 것이다. 최근 외국인들은 울란바토르의 일류 호텔과 암시장에서 콘돔을 쉽게 구입할 수 있지만 일반인들은 구하기가 어려운 편이다. 귀한 달러를 사용해야 하며, 개당 가격도 우리 돈 250원 정도로 비싸기 때문이다. 하지만 도시에 거주하는 젊은이들은 한 끼를 굶더라도 콘돔은 사야 한다고 농담삼아 이야기한다. 자주 성행위를 하고는 있지만 출산은 원치 않아 종종 남녀가 말다툼하는 걸 볼 수 있다.

몽골 정부는 인구 증가책으로 자유로운 성행위를 권장하듯 묵인했다. 그러나 이제는 더 이상의 반강제적인 인구 증가를 기대하기 곤란하게 되었다. "가난은 나라도 구제하지 못한다"는 말처럼 국민들이 가난해지는 걸 원치 않게 되었기 때문이다. 이 결과 현재 몽골 도시 가정의 평균 자녀수는 1~2명이다. 많은 아이가 그들의 노후와 미래를 보장해주지 않는다는 걸 깨닫기 시작한 것이다.

이날 집 밖에선 말 달리기 경주가 벌어진다. 20~30km를 달리는 극한(克寒) 경기다. 5~6세의 어린 기수들이 영하 20도를 넘는 매서운 바람을 가르고 달려 목적지에 닿으면 말도 기수도 모두 얼어붙는다. 얼어붙어 입조차 벌릴 수 없다. 사지를 움직일 수 없어 말에서 내려오지도 못한다. 어른들이 달려와 기수들을 내려서 언 몸을 녹여준다. 이때 가장 주의할 것이 언 몸을 불가로 데려가서는 안된다는 것. 몸이 녹지 않은 상태에서 불기를 쏘이면 전신에 동상을 입어 생명이 위험하다. 몸이 심하게 굳었으면 발가벗겨 눈밭에다 내던진 뒤 여러 사람이 달려들어 눈으로 비벼준다. 혈색이 제대로 돌아올 때까지 두세 시간 계속 주무른다. 이한치한(以寒治寒)인 셈이다.

말들도 달리면서 내뿜은 숨 속에 포함된 수증기로 온몸이 얼음으로 뒤덮인다. 붉은 갈기의 말이 얼음으로 만든 말처럼 하얗게 보인다. 주둥이에서는 뜨거운 입김이 뿜어져 나오지만 온몸은 얼어붙어 있다. 결승선에 도착한 말들은 한두 명의 어른이 고삐를 잡아 얼음이 다 녹아 마를 때까지 겔이나 작은 언덕 주위를 서너 시간 계속해서 걷게 만든다. 몸에 얼음이 달린 채로 놓아두면 동사한다.

실외 행사가 다 끝나면 여성들만 따로 모여 뒤풀이를 한다. 두세 시간 동안 모두 둘러앉아 술 마시며 합창을 한다. 봄이 되면 여자들은 할 일이 늘어나 눈코 뜰 새 없이 바빠진다. 봄을 맞는 각오를 이때 다지는 것이다.

덕망과 지혜는 영원하다

몽골은 1990년 개방 이후 메이데이, 즉 5월 1일 노동자의 날을 없애버렸다. 공산주의 시절에는 노동자가 몽골의 주인이라고 강조하며 성대하게 지내던 노동절을 잘못된 역사의 잔재라며 폐지한 것이다. 몽골 정부는 노동자의 혁명이란 이념과 구호에 불과하며 실제로 남은 것은 빈곤과 무지라고 폐지 이유를 밝혔다. 공산혁명 이후 세계를 제패했던 몽골족의 영광과 패기는 사라지고 비굴과 불신이 팽배해졌다고 덧붙였다. 그리고 외세(공산 세력)의 간섭이 너무 많아 몽골의 우수성을 지키는 데 실패했고, 자주성까지 상실했다는 것이다.

개방 이후에는 노동자 스스로가 더 열심히 일하는 것밖에는 달리 길이 없다고들 말한다. 개방 5년 만에 나타난 변화다. 수동적이고 국가보다는 개인을 우선시하던 몽골인들이 적극적인 사고와 생활 자세를 배우기에 여념이 없다.

매년 5월이면 몽골에서 가장 화려한 축제인 '은종 축제'가 열린다. 이 축제는 대학 졸업생들의 사회 진출을 축하하기 위하여 정부가 마련한 것이다. 그 명칭은 종소리가 새벽을 알려 잠자는 사람들을 깨우듯이 대학 졸업생들이 민중의 무지를 깨우치라는 뜻이 담겨 있다. 이와 내용이 유사한 몽골 노래 「종소리 우리를 깨우네」가 젊은이들 사이에 유행하기도 했다. 축제 장소는 해마다 바뀌지만 주로 공산당사 앞 광장에서 개최된다. 축제가 열리는 날이면 졸업을 앞둔 대학생들이 모여들어 지나간 대학생활을 되돌아보고 마지막 대학생활을 아쉬워하며 이야기 꽃을 피운다. 행사 무대, 배우들의 의상과 조명은 형편없지만 참가자들의 열기는 최고조에 달한다.

바로 옆의 울란바토르 호텔에 투숙한 외국인들은 정부가 대학 졸업생들을 위해 범국가적인 축제를 열어주는 것에 대해 의아해 한다. 하지만 몽골의 전통을 알면 쉽게 이해된다. 몽골인들의 가장 큰 소망은 학식이 풍부한 사람이 되는 것이다. 몽골인들은 돈과 명예는 순간적인 것이지만 인간적인 덕망과 지혜는 영원하다고 믿는다.

남풍에 봄내음이 묻어오는 날

몽골의 한식은 음력 절기에 따라 매년 4월 5일에서 19일 사이에 들어 있다. 1996년은 4월 5일. 몽골인들은 이날을 봄이 시작되어 만물이 소생하는 기점으로 여긴다. 우리 나라의 우수, 경칩쯤으로 생각하면 이해가 쉽다. 얼었던 북쪽의 바이칼 호수와 서쪽 고산지대인 바양 을기 지방의 눈들이 녹아 대지에 생기를 준다고 말한다. 겨우내 사람들과 함께 겔 속에서 지낸 어린 가축들이 밖으로 내보내져 본격적으로 야외생활을 시작한다.

이날은 몽골인들이 조상에게 차례를 지내는 유일한 날이다. 설과 기일(忌日)에 차례나 제사를 지내는 풍습이 있었는데, 1921년 공산혁명 이후 크게 달라져 한식을 제외한 다른 명절에는 그런 의식을 거행하지 못하게 되었다.

역사서 『노츠 토브초』에는 조상들의 묘역으로 제사를 지내러 갔는데 테무진(징기스 칸)의 어머니 후엘룬 우진이 늦게 도착하여 제삿밥도 얻어먹지 못했다는 기록이 있다. 또 음복을 했다는 대목도 있다. 후엘룬 우진이 제사지내러 가면서도 깨우지 않은 사람들을 원망하는 구절도 보인다. 이로 미루어볼 때 몽골인들은 밤에 제사를 지냈고 음복을 하는 등 음식을 장만했음을 알 수 있다. 나중에 징기스 칸이 제사에 끼워주지 않은 사람들을 모두 죽여 복수하는 것을 보면 몽골족의 조상숭배는 유별났던 것으로 보인다.

몽골 정책을 이끌어왔던 구소련은 혁명 이후 몽골족의 강력한 가족공동체를 파괴하기 위해 차례나 제사 등 조상숭배 행위를 일절 금지시켰다. 조상의 기일에 온 가족이 모이면 혁명 이전의 생활을 거론하면서 공산혁명을 비판한다고 보았기 때문이다. 공산주의에 반대하는 음모를 근본적으로 차단하기 위한 조처였다. 구소련은 몽골족이 목숨을 걸고 지키려는 의리와 명예가 끈끈한 가족애에서 비롯된다는 것을 잘 알고 있었다. 몽골족은 가족 중 하나라도 다른 부족이나 적군으로부터 창피를 당하면 대를 이어가면서 복수하였다. 현재도 몽골인들은 남한테 받는 가문의 저주를 가장 두려워한다. 만약 몽골인에게 "삼대나 빌어먹어라", "대대로 이 짓이나 해라"는 등의 말을 한다면 살아서 돌아가지 못할 걸 각오해야 한다.

'한시 네흐 으드르(한식)'는, 비록 영하의 날씨는 계속되지만 남풍에선 봄내음이 묻어오는 시기다. 이날 각 가정에서는 양고기로 보츠를 만들고 술과 안주를 장만하여 조상의 묘를 찾아간다. 묘 앞에 음식을 차려놓고 석 잔의 술을 올린다. 절을 하는 것이 아니라 묵념을 한다. 그리고 울란바토르 시내 한모퉁이에 자리한 간당 사원을 찾아가 조상의 명복을 비는 불공을 드린다. 각 가정에서는 집안에 모신 불상 앞에 향을 피우고 가족들이 모여 약식 불공을 드린다. 라마불교를 국교로 숭상했던 몽골인들은 가정마다 규모는 서로 다르지만 법당을 가지고 있다.

불상은 가정 형편이 좋은 집에서만 장만하는데, 그것으로 특권 의식을 느낄 만큼 소중하게 여긴다. 불상을 갖추지 못하면 삼불출(三不出)에 낀다고 농담도 한다. 아파트에 살지 못하는 것이 일불(一不)이고, 젊은 아내와 살지 못하는 것이 이불(二不)이며, 불상 없는 것이 삼불(三不)이다. 불상이 없는 집에서는 부처가 그려진 그림 앞에 모여 합장한다. 집에서는 음식을 따로 준비하지 않는다. 향불이 피어오르면 합장하고 난 뒤 두 손으로 향 연기를 몸쪽으로 불러들인다. 잡귀를 쫓고 부처의 음덕을 받아들인다는 의미다.

인간이 되는 기초

몽골에서는 봄이면 아이들의 '다흐 우르게흐(머리 깎는 행사)'가 집집마다 벌어진다. 여자아이는 두 살 또는 네 살에, 남자아이는 세 살 또는 다섯 살에 머리를 빡빡 깎아준다. 배냇머리를 이 나이가 되어서야 처음으로 잘라준다. 머리를 자르고 나선 온 가족이 모여 큰 잔치를 벌인다. 이때부터 한 인간으로 자랄 수 있다는 것이다. 같은 의미로 우리 나라에서는 백일 잔치를 성대하게 치르지만, 몽골에서는 백일과 돌의 의미를 우리처럼 그렇게 중요하게 여기지 않는다. 몽골은 한 인간으로서 제대로 자라는 데 기초가 되는 시기를 우리보다 2~5년이나 늦게 잡고 있는 셈이다. 이는 유아 사망률이 높았기 때문이다. 시골에서는 남녀 각각 다섯 살과 네 살에, 의료시설이 상대적으로 좋은 도시에서는 남녀 각각 세 살과 두 살에 성별에 따라 머리를 깎는다. 우리 나라에까지 전해졌던 이 머리 깎기는 몽골의 변발 풍습에서 유래했다. 머리를 빡빡 밀어내 평생 햇빛이 닿지 않는 머리에 햇빛을 쪼여줘 단단하게 한다는 것이다.

머리를 자르고 나면 모여든 가족들이 아이에게 각자 마련한 선물을 쥐어준다. 소, 말, 양, 낙타 등을 선물로 준다. 선물은 가능하면 암놈으로 택한다. 유의할 것은 염소를 선물로 주지 않는다는 점이다. 염소는 주둥이가 차다는 것인데, 주둥이가 찬 동물을 주면 아이에게 주접이 든다고 하여 금기로 여긴다. 추운 날씨에서 살아가야 하기에 추운 느낌을 주는 선물이 환영받지 못하는 풍토가 반영된 것으로 보인다.

가장 환영받는 선물로는 조랑말이 꼽힌다. 말과 함께 평생을 살아가는 몽골인들은 이날 두세 살짜리 말을 아이에게 선물하여 말 타는

말을 타고 나들이에 나선 세 모녀.

법을 자연스럽게 익히게 한다. 아이는 이 말이 다 자랄 때까지 삼사 년간을 함께 뒹굴며 지낸다. 나들이를 갈 때도 말을 타고 가고 학교와 이웃집에 놀러가면서도 말을 몰고 간다. 아이가 육칠 세가 되면 말도 다 자라난다. 이때쯤이면 말과 주인이 잘 어울리는 한 팀이 된다. 아이들은 안장이 없어도 손쉽게 말에 올라타서 쏜살같이 달려갈 수 있다. 말과 호흡이 맞으면 달리는 말 위에서 잔을 돌려가며 물을 마실 수 있을 만큼 한 몸처럼 움직인다. 말을 타고 가면서 아이들이 목소리를 모아 합창하는 모습을 보면 한 편의 영화를 보는 듯한 느낌이다. 말의 젖을 짜는 방법도 어릴 때부터 배운다. 이렇게 말과 호흡을 맞춘 아이들은 해마다 몇 차례씩 열리는 말 경주에 출전한다. 말 경주에 출전 경험이 없는 아이들은 마을 아이들로부터 따돌림을 당한다. 그만큼 몽골인들에게는 말 경주가 생활화되어 있다.

잘 길들여진 말은 몽골인들의 재산이다. 말 선물은 한편으로는 아이에게 공식적으로 재산취득을 허용하는 행사다. 몽골에서는 토지의 개인 소유를 인정하지 않기에 몽골인들의 재산은 가축뿐이다. 몽골은 가축 이외의 것은 모두가 공유하는 국유제를 유지하고 있다. 아이가 머리를 깎고 받은 말이 최초의 재산이 되어, 이 말이 새끼를 낳으면 그 새끼도 그 아이에게 귀속된다. 그리고 이를 통해 재산을 증식하는 방법을 터득하게 된다.

어린이들에게 꿈과 희망을

몽골은 6월 1일이 어린이날이다. 몽골 정부는 이날을 공휴일로 지정, 모든 관공서와 기업이 휴무한다.

몽골인들은 어린이날을 설날, 여성 축제일, 나담 등과 함께 4대 축제로 즐긴다. 4대 축제 중 특히 어린이날을 가족과 같이하는 성대한 행사로 치른다. 이때쯤이 되어야 나뭇잎도 제대로 피며 못살게 불어대던 바람도 멎고 갈피를 잡을 수 없던 날씨도 따뜻해진다.

어린이날 하루 전 모든 직장과 관공서는 직원 자녀들을 초청하여 선물을 주고 작은 잔치를 마련한다. 서구에서 성탄절이면 주머니에 선물을 담아주듯이, 몽골에서는 이날 선물이 든 주머니를 부모의 직장

거리의 사진사가 나들이 나온 가족의 사진을 찍고 있다.
함께 선 미키마우스의 옷이 인상적이다.

에서 아이들에게 나눠준다. 몽골판 쥬스인 '온다', 과자, 러시아제 사탕, 가끔은 한국산 초코 파이 등이 든 선물 주머니를 받아든 아이들은 입이 함박만해진다. 원래 단 것을 좋아하는 아이들은 어린이날이 되기만을 손꼽아 기다린다. 어린이날이 되면 틀림없이 사탕이나 과자 등을 선물로 받기 때문이다.

각 가정에서도 아이들에게 따로 선물을 마련해준다. 사이다 한 병, 삶은 달걀 한 개, 스니커즈(초콜릿), 햄 등 그야말로 작은 것들이다. 하지만 이런 것들도 잘사는 집에서나 가능하다. 사이다와 콜라는 1달러, 스니커즈는 80센트 등으로 모두가 수입품이기 때문에 비싸다. 이런 것을 받아들고 좋아하는 어린이들을 보면서 어릴 적 소풍날의 내 모습과 너무 비슷한 것 같아 콧등이 시큰하곤 했다.

이날의 하이라이트는 몽골 정부청사 앞 수흐바타르 광장에서 벌어지는 행사다. 울란바토르 시민의 반 이상이 광장으로 모여든다. 여의도 광장보다 조금 좁은 곳에 시민들이 모여 왁자지껄하게 하루를 보낸다. 한쪽에선 색분필로 아스팔트 위에 그림을 그린다. 또 한쪽에선 자전거 천천히 타고 가기나 즉석 농구 게임이 벌어진다. 울란바토르 시립합창단, 어린이 무용단, 방송합주단 등 모든 단체들이 어린이를 위한 무료 공연을 베푼다. 하나뿐인 텔레비전 방송국 카메라가 모두 동원되어 하루 종일 생중계한다. 한편에서는 어린이들의 태권도 시범도 있어 우리 말로 하나, 둘, 셋 구령 소리가 울려퍼지기도 한다.

어린이 회관 앞에서는 오전 열시부터 어린이 합창단 공연이 열린다. 30여 명의 합창단이 고운 단복을 입고 노래를 부르기 시작하면 길 가던 시민들이 모두 모여 박수 갈채를 보낸다. 길 건너 바양골 호텔에 투숙했던 외국인들이 놀라 달려왔다가 웃고 돌아가기도 한다.

이날 가장 신나는 사람은 어린이가 아니라 거리의 사진사와 아이스크림 장수다. 온 가족을 데리고 나온 가장들은 어린이날을 기념하기 위해 가족사진을 찍는다. 20여 명의 사진사들은 이리저리 불려다니느라 즐거운 비명을 지른다. 가족사진 한 번 찍는 데 500트그르그(우리 돈으로 약 1,000원)다. 몽골인들의 평균 월급이 20,000트그르그 정도인 것에 비하면 비싼 편이다. 아이스크림 장수들은 집에서 만든 조악한 것을 들고나와 좌판을 벌이지만 없어서 못 파는 실정이다. 열서너 살 가량의 어린 아이들이 나무상자에 50트그르그짜리 아이스크림 오륙십 개씩을 들고나오는데 10여 분이 지나면 동이 난다.

또 빠지지 않는 이들은 냉차 장수다. 삼각형의 비닐 주머니에다 분말을 녹여 만든 오렌지나 파인애플 음료를 놓고 소리 높여 호객한다. 가장 잘 팔리는 것이 오렌지 음료다. 원래 노란 색을 불교 색이라며 즐기는 몽골인들은 오렌지 음료의 밝은 노란 색에 반해버린다.

하나뿐인 어린이 공원에서는 회전목마, 회전그네 등 탈것들이 모두 가동된다. 야외 생활을 할 기회가 별로 없는 몽골인들은 이날 하루 내내 야외에서 즐긴다. 그 중에서도 어린이 공원이 최고의 인기를 누린다. 청룡열차 같은 스릴 넘치는 것은 없어도 회전그네가 돌기 시작하면 환호성이 터져나온다. 몽골 최고의 문학가 나착 도르치의 동상이 있는 곳에서도 사진 찍기에 바쁘다. 어린이들에게 꿈과 희망을 주는 인물로 나착 도르치가 손꼽히기 때문이다.

올해의 나담 우승자는?

몽골에서는 매년 7월 11, 12, 13일 국가적인 축제 '나담'을 벌인다. 나담은 '에른 고른 나담(남성 3종 경기인 씨름, 활쏘기, 말 경주)'의 준말로 남성 축제라는 뜻이다. 나담은 원래 '놀다'라는 뜻의 몽골어 '나다흐'에서 유래했다. 몽골인들은 이 어원에서 보듯이 경기라는 의미보다는 마을 놀이로 나담을 즐겼다.

이날은 징기스 칸 이전부터 전해오는 몽골의 전통적인 여름 축제이며, 동시에 몽골 인민혁명 기념일이기도 하다. 이날의 역사는 참으로 오래됐다. 몽골 지도자들은 영웅의 탄신, 개전, 승전, 결혼식 등이 있으면 잔치를 열었다. 이런 때면 늘 군사력 시범이 동시에 개최되었다. 몽골인들은 자력으로 스스로를 지키지 못하면 종족이 전멸한다고 믿었다. 강대국에게 국방을 의존하면 수적으로 열세인 종족이 소멸될 수밖에 없다고 조상들한테서 배웠다. 다시 말해 힘이 평화와 안정의 상징이라는 것을 몸으로 체득하며 살아온 것이다. 종족의 안녕을 지켜나가겠다는 각오를 다지는 전사들의 무력 시범이 계속되는 동안, 한쪽에선 일반인들의 씨름, 활쏘기, 말 경주 등이 벌어졌다. 나담은 전국민에게 국방의 소중함을 일깨우는 이들 경기에서 유래되었다. 징기스 칸은 몽골 병사들의 강건한 육체와 건전한 정신 함양을 위해 오늘날과 같은 나담을 정착시켰다고 한다. 그는 씨름 경기에서 정정당당하게 겨루지 못한 병사의 허리를 꺾어버리는 등 명예와 승부의 공정성을 가르쳤다.

나담 때 치러지는 경기와 축제는 변함이 없었지만 시대에 따라 그 의미는 변했다. 제정일치 시대에는 나담 기간 동안 종교적인 의식이 행해졌다. 유명한 헨티 산과 보그드 산에서 산신제를 올렸다. 1922년 공산 혁명 이후 나담은 군사적인 축제로 변했다. 1948년부터는 국경일로 제정, 전국민의 축제가 되었고 그와 함께 혁명의 의미도 더해졌다.

축제가 시작되는 11일 아침, 군과 학생, 직장 대표 등이 참가한 대대적인 시가 행진이 벌어진다. 울란바토르 시내의 중심인 수흐바타르 광장 앞에서 시작해 교육부 앞 광장까지 긴 행렬이 이어진다. 행진을 하는 동안 시민들은 구경을 하거나 대열에 합류한다. 공산주의 시절에는 화려한 군대 행진이 펼쳐졌지만 자유화 이후에는 군의 무력 시위는 사라졌다.

이날 도시에선 전 시민이 스타디움으로, 시골에선 마을 공설운동장으로 모여든다. 이곳에서 3종 경기가 벌어진다. 일반인들이 울란바토르 국립경기장의 입장권을 사는 것은 하늘의 별따기만큼이나 어렵다. 달러를 벌어들이기 위해 외국인에게 우선권을 주기에 일반인들에게 할당된 표는 반도 안된다. 그나마도 여행사들이 대량으로 사들여, 꼭 필요한 사람들은 웃돈을 주고 표를 구입하는 실정이다. 정부 관계자들은 요로에 있는 사람들에게 표를 부탁하여 개인적인 선심을 쓰기도 한다.

이때가 몽골 관광의 절정이다. 몽골의 전통 축제와 초원 관광을 즐기려는 외국인들이 몰려와 모든 호텔이 만원을 이룬다. 특급 호텔은 물론 허름한 여관도 빈 방 잡기가 쉽지 않다. 덩달아 비행기표 구하기는 더더욱 어렵다. 국제선이래야 북경, 내몽고의 흐흐호트, 모스크바, 브리아트, 울란우데, 이르쿠츠크, 그리고 최근에 개설된 서울을 잇는 항공편이 고작이다. 몽골 관문 보얀트 오하 공항에는 보잉747 등 대형기가 내릴 수 없어 좌석수가 극히 제한되어 있다. 몽골 국립여행사 '줄친' 조차도 좌석 확보에 어려움을 겪는다.

이렇게 관광객들이 밀어닥치니 몽골의 달러 사정도 호전된다. 달러 환율이 겨울의 달러 궁핍기보다 10~20% 하락하고 시중의 달러 유통량이 늘어난다. 외교관 상점 앞이나 시장 부근의 암달러상들도 배짱을 부리기 일쑤다. 조금이라도 훼손되거나, 상태가 양호하더라도 발행 연도가 70, 80년대인 오래된 달러는 환전해주지도 않는다.

경기가 계속되는 동안 스타디움 앞에는 '반짝 시장'이 들어선다. 울란바토르 시내 기존 시장에는 물건들이 별로 없지만 이 시장은 화려하기조차 하다. 이삼천 평은 족히 되는 스타디움 앞 광장에 삼사백 명의 상인들이 모여들어 성시를 이룬다. 그냥 지나칠 수 없는 것이 야바위꾼들. 순진한 몽골인들의 주머니를 노리는 야바위꾼들이 주사위, 구슬, 접시 등을 가지고 손님들을 끌어모은다. 한편에선 싸구려 중국제 과자나 가죽신, 머플러, 장갑 등을 가지고 "골라 골라"를 외치는 상인도 분위기를 돋운다. 축제에 필요한 물건이라기보다는 모인 사람들을 상대로 아무 물건이나 팔아보겠다는 심산이다.

나담 개막식에는 대통령이 참석하여 개회를 선언한다. 식전 행사는 낙하산 부대의 강하 시범으로 시작된다. 몽골 스카이 스포츠팀이 헬리콥터에서 뛰어내려 스타디움 중간에 마련된 착지점에 내리면 관객들이 우레 같은 박수 갈채를 보낸다. 다음 순서는 기수단에 이어 선수들이 입장하고 선수 선서를 하는 등 일반 경기와 마찬가지로 진행된다.

나담의 하이라이트는 몽골 최고의 인기 종목인 씨름이다. 몽골의 씨름 인기는 캐나다의 하키, 미국의 야구, 독일의 축구, 스페인의 투우보다 훨씬 높다. 남자라면 노소를 불문하고 씨름의 유래나 기술 등에 달통해 있다. 몽골에서 실시되는 여론 조사에서 최대 관심사는 나담 전일의 "올해의 나담 우승자는?"이다. 도박은 아니지만 직장마다 우승자 알아맞히기가 성행한다. 신문과 방송의 최고 관심도 이 씨름이다.

씨름 경기는 울란바토르 스타디움에서 전국 예선을 거친 512명의 선수가 참가하여 토너먼트 방식으로 치러진다. 경기는 나담 축제의 첫째 날과 둘째 날에 벌어지는데, 참가자들은 두 그룹으로 나뉘어 예선을 치른다. 이들 중 9회를 계속 승리한 선수가 우승자가 된다. 최고 타이틀 보유자나 최다승자로 인정된 선수는 3회전부터 매회마다 스스로 경기 상대를 고를 수 있어 토너먼트 형식이지만 쉽게 경기를 치를 수 있다. 그러나 신인들은 결승에 오를 때까지 상대를 고를 권리가 없다. 이에도 충분한 이유가 있다. 기득권자를 보호하여 결승에서 더 재미있고 활기찬 경기를 펼치라는 배려에서다.

모든 참가자들은 권투 시합과 마찬가지로 각각의 세컨드, 즉 후견인이 있다. 이들은 선수를 격려하고 문제가 발생하면 선수 대신 항의하거나 선수의 이익을 대변하는 역할을 맡는다. 후견인들은 3, 4회전에서 「굽어 살피소서! 다른 팀의 선수를 부르나이다」라는 노래를 부른다. 노래로 경기 상대의 등급과 타이틀을 외치는 것인데, 도전을 원한다는 메시지의 전달이다.

선수들은 옛 병사들이 걸쳤던 것과 같은 짧은 윗옷, 체육복 팬티, 목이 긴 장화를 필수적으로 갖춰야 한다. 윗옷과 팬티는 보통 여러 겹으로 된 붉은 색이나 옅은 하늘색 비단에 수를 놓아 만든다.

선수들에게 주어지는 품계별 칭호는 거인, 사자, 코끼리, 매다. 5회를 이긴 선수에게는 매의 칭호가 주어지고 7회를 이기면 코끼리, 우승하면 사자로 불린다. 거인은 지난해에 이어 이번에도 완벽하게 이긴 연승자에게 주어지는 최고의 찬사다. 거인의 칭호에는 늘 화려한 수식어가 따라다닌다. 무적의 거인, 위대한 무패의 거인 등이다. 현재 최고의 찬사를 듣고 있는 거인은 오브스 아이막에서 태어난 바얀뭉크다. 그에게 따라붙는 수식어는 "현란하게 전국적으로 명성을 떨친 위대한 무패의 거인"이다.

선수들은 시합 시작 전이나 승리 후에 '가루라' 라고 불리는, 동쪽에 산다는 전설 속 새의 비상을 형상화한 모형 주위를 돌며 팔을 벌리고 춤을 춘다. 선수들은 손으로 물건을 움켜쥐고 낚아채는 모습을 흉내낸다. 과거에는 매의 칭호를 가진 선수는 매 흉내를, 코끼리와 사자 칭호를 가진 선수는 독수리 흉내를 냈다. 오로지 거인만이 가루라의 날개짓을 흉내낼 수 있었다. 가루라가 놓인 무대는 운동장 한가운데 자리잡고 있어 경기를 관람하는 모든 관객들이 한눈에 내려다볼 수 있다. 관객들 마음속에는 '나도 저곳에서 한번 날개를 펼쳐보았으면' 하는 꿈이 자리잡고 있다.

몽골 씨름에는 체급 구분과 시간 제한이 없다. 선수들은 최선의 방법으로 상대 선수를 물리치면 그만이다. 그리고 우리 나라 씨름처럼 샅바를 잡는 식이 아니라 서서 경기를 시작한다. 경기가 시작되고 나서 상대방의 무릎이나 팔꿈치 등을 땅에 먼저 닫게 하는 사람이 승자가 된다. 승자는 오른쪽 어깨 아래로 패자를 지나가게 하면서 승리의 기쁨을 만끽한다. 그리고는 국기가 게양된 좌대 주위를 돌면서 가루라의 날개짓을 한다. 결승전이 시작되기 전에는 두 그룹의 모든 후견인들이 선수들의 뒤에 서서 상대방 선수를 향해 발을 구르며 자기편 선수의 승리를 기원한다. 경기 후 두 선수는 시합을 지켜본 대통령한테서 푸짐한 선물을 받는다.

씨름 선수들이 일차전 경기를 거행하는 동안 관중들은 활쏘기 시합을 보기 위해 몰려든다. 활쏘기는 나담에서 두번째 인기 종목이다. 잘 알려져 있듯이 활쏘기는 매우 오래된 운동이다. 모든 국가들이 활과 화살을 이용한 궁술 시합을 열어왔다. 몽골 궁술은 목표물이 하나인 다른 국가와 달리 목표물이 여럿이다. 동심원을 그린 과녁이 아니라 가죽끈으로 펠트(양털이나 그 밖의 짐승 털을 원료로 하여 습기, 열, 압력을 가하여 만든 물건)를 꽁꽁 묶어 만든 공 모양의 것을 수백 개씩 쌓아놓은 것이다. 공을 어른 팔 길이 세 배쯤의 높이가 되게 벽처럼 가로로 열두 줄을 쌓아놓고 중심부에 놓인 빨간 공을 맞히는 것이다. 승부는 빨간 공과 일정 범위 내의 과녁을 맞힌 숫자로 가른다.

몽골 활은 사슴뿔이나 특수한 종류의 나무로 만든다. 활은 목표물의 종류에 따라 다른 것을 사용한다. 멀고 표면이 단단한 목표물일수록 강궁을 쓴다. 몽골 화살은 가늘고 길다. 몸대는 나무로 만들고, 화살촉은 화살에 비해 크다. 끝을 매와 독수리의 깃털로 장식하여 한 마리 날렵한 새를 보는 것 같다.

몽골 활에는 양궁의 조준 구멍, 안정기 등과 같은 어떤 부착물도 없다. 사격은 전적으로 사수의 예리한 눈과 팔의 힘 그리고 경험에 의존한다. 시위를 엄지로 힘껏 움켜쥐고 어깨 힘으로 가능한 한 길게 잡아당긴다. 그리고는 기합과 함께 활줄을 놓으면 화살이날아간다. 이 힘이 너무 세도 안되고, 약하면 과녁에 미치지 못한다. 몽골인들은 이때 과녁에 미치지 못한 것보다 멀리 날아간 화살 쪽을 선호한다. 물론 명중해야 하지만 과녁에 도달하지도 못하는 화살은 궁수가 힘이 없음을 드러내는 것이므로 아예 날리지도 말라고 충고한다. 나담은 선수들의 힘과 기량을 겨루는 경기이기 때문이다.

궁술 겨루기는 나담 초기부터 있었다고 전해진다. 궁술 시합에는 남녀노소 모두 참가할 수 있었다. 자료에 따르면 우승자에게는 600트그르그(1980년대 말 우유 1리터가 15뭉그였다. 1트그르그는 100뭉그)의 상금이 주어졌다고 한다. 그러나 최근에는 30대 중반의 남녀가 주로 참가한다. 공식·비공식 경기 모두 토요일과 일요일 울란바토르를 가로질러 흐르는 톨 강 제방에서 열린다.

나담에서 궁술 시합은 개인전과 단체전으로 치러진다. 모든 궁수에게는 네 개의 화살이 주어진다. 단체전의 예를 들어보자. 10명이 한 팀인 각 경기조는 33개 이상의 과녁을 명중시켜야 다음 라운드로 진출할 수 있다. 라운드가 계속될수록 공이 쌓인 과녁 벽의 길이가 점점 줄어든다. 과녁이 작아지면 명중시키기가 어려워 탈락자가 속출한다. 공이 열두 개가 될 때까지 과녁은 줄어든다. 사거리는 남자 70m, 여자 60m다. 심판은 과녁이 있는 사선의 반대편에 서서 판정하는데, 몸짓으로 사수들이 쏜 화살이 명중했는지를 표시한다. 심판은 화살이 과녁에 명중하면 "오훼" 하고 소리를 지른다. 우리가 말하는 '관중(貫中)'인 셈이다.

궁술 우승자에게도 상품과 명예 칭호가 주어진다. 궁술 우승자에게는 오직 '명사수'라는 하나의 칭호만 부여된다. 몇 차례 계속 우승하면 명사수 앞에 '백발백중', '노력형의' 등의 수사가 붙는다.

사수들이 지켜야 할 예의도 알아둘 만하다. 사수들은 꼭 몽골 전통 복인 '델'을 입고 수술이 달린 모자를 써야만 한다. 그러나 최근에는 궁술 시합이 시들해지고 있어 의식 있는 몽골인들은 안타까워한다. 활보다는 총을 사용하는 빈도가 늘어 활의 효용성이 감소되고 있기 때문이다.

마지막 날에는 말달리기 시합과 시상식이 함께 열린다. 말달리기 시합에서는 4~7세의 어린 기수들이 가문의 명예를 걸고 약 30km를 달린다. 이날 출전한 기수들은 본인들의 이름보다는 가문의 이름으로 불려진다. 일부 학자들은 나담에서 가장 먼저 시작된 경기가 이 말달리기일 것이라고 말한다. 말달리기 시합은 13세기에 기록된 것으로 알

처음 안장을 얹은 말을 길들이는 몽골 젊은이.

려진 몽골 최초의 역사책인 『노츠 토브초』에서도 찾을 수 있고, 마르코 폴로의 『동방견문록』에도 같은 내용이 기록되어 있다.

말들은 꼬마 기수들을 태우고 초원 지대를 질주한다. 이들이 달리는 거리는 옛 역참(驛站)들 사이의 거리에 해당한다. 그래서 이 경기는 우편제도의 초기 형태인 역참을 권장하기 위해서 시작되었다고 설명된다. 그런 까닭에 초기 시합에는 성인들이 기수로 출전했는데, 최근에는 꼬마 기수로 바뀌었다. 공산화 이후에는 여자아이들의 참가도 허용하여 그 의미가 조금 변했다. 그러나 걷는 것보다 말타는 것을 먼저 배운다는 말이 있듯 몽골에서는 말타는 데 남녀의 구별이 없다.

경기 방식은 1922~1927년 사이에 조금씩 변했다. 원래 말 경주에는 두 살짜리 말이 출전했다. 그러나 이때부터 말 경주가 두 살, 세 살, 네 살, 여섯 살, 종마(種馬), 그리고 같은 쪽의 앞뒷발을 동시에 내딛는 말 등의 여섯 그룹의 경기로 나뉘어 실시되었다.

나담에 참가하는 말은 가문에서 가장 좋은 말이다. 나담이 시작되기 이삼 개월 전부터 각 가문에서는 나담에 출전할 말을 단련시키기 시작한다. 각각 가문에 전해내려오는 독특한 비법으로 경주하기에 좋은 몸으로 만들어간다. 그러나 (대부분 기수의 아버지이게 마련인) 조련사들은 모두 그 비법을 밝히려 들지 않는다.

일반적으로 알려진 '말 몸만들기' 방법으로는 경주 전에 습기가 많은 풀을 먹이는 것이다. 말이 땀을 많이 흘리게 해 체중을 줄이려는 것이다. 또 한낮 기온이 가장 높은 시간에 달리게 하고 양가죽이나 헌 담요로 만든 덕석을 입혀 언덕을 오르내리게 함으로써 말의 군살을 제거한다. 군살이 찐 말은 몸도 무거울뿐더러 게을러져서 잘 달리지 못한다는 것이다.

이와 동시에 말에게 경주 도중 어떤 돌발 사태가 발생해도 멈추지 말고 끝까지 달리도록 가르친다. 이렇게 배운 말들이 기수 없이 결승선까지 달려오는 경우가 종종 있다. 도중에 어린 기수가 낙마해 경주를 계속할 수 없음에도 불구하고 주인한테서 배운 대로 무조건 결승선까지 달려오는 것이다. 경주가 계속되는 동안에는 헬기가 상공을 날고 텔레비전 중계차가 말들을 따라가면서 생중계하느라 요란하다. 시골에서 조용하게만 자라 복잡한 곳에서 경주를 해보지 못한 일부 말들은 그 혼잡함에 놀라 경주를 거부하곤 한다. 이를 방지하기 위해 조련사들은 말을 강하게 훈련시킨다.

경기 시작 전 심판관들이 말의 나이를 체크한다. 말의 이빨로 나이를 판정하여 출전할 경기와 기수의 등번호를 결정한다. 이와 함께 안장, 발걸이 등 마구의 안전성을 검사해 나이 어린 기수들의 안전을 보살핀다.

결승선에는 우승자를 위한 축하 자리가 마련된다. 우승마에게는 "만마리 중에서 으뜸가는 말"이라는 칭호가 주어진다. 우승한 말의 재갈에 붉은 천을 달아 우승을 축하한다. 우승한 기수는 우승한 말을 몰고 행사장을 한 바퀴 돌면서 으스댄다. 이날의 주인공은 그러나 기수가 아니라 말을 훈련시킨 조련사로 그들에게 우승의 영광이 돌아간다. 텔레비전과 신문들도 기수를 인터뷰하는 것이 아니라 조련사에게 초점을 맞춘다. 5등 한 기수까지 시상하며 말에게는 엉덩이에 아이락을 뿌려주고 우승의 노래를 부른다. 말 엉덩이에 아이락을 뿌리는 것은 흰 색의 축복과 윤회의 기원이라는 큰 뜻을 담고 있다. 어릴 적 먹던 젖을 기억하여 새로운 말로 다시 태어나기를 기원하는 것이다.

몽골 전통 의상을 곱게 차려입은 여가수가 나와 축하의 노래를 불러 우승자를 격려한다. 재미있는 것은 꼴찌로 들어온 기수와 말을 위한 노래도 불려진다는 점이다. 꼴찌 말은 '바얀 호도트(위가 꽉찬 말)'.

라고 불린다. 기수나 말을 탓하는 것이 아니라 말이 너무 많이 먹어 잘 달릴 수 없었다고 하여 기수를 위로한다. 그러면서 말을 훈련시킨 조련사를 간접적으로 힐난하는 것이다. 가수는 경주 코스에 돌도 많고 그루터기도 돋아 있어 어렵고 험난했다고 위로하며 다음해에는 그 이름이 떠오르는 태양에 반짝이는 황금처럼 빛날 것이라고 부추긴다.

경기 하루 전날은 울란바토르에서 건너다보이는 경기장 주위에 5,000여 마리의 말과 기수, 그리고 그의 가족들이 모두 모여 천막을 치고 야영한다. 각양각색의 크고 작은 1,000여 개의 천막이 장관이다. 이날 밤 천막에서 새어나오는 불빛이 새로운 도시가 들어선 것 같은 느낌을 준다. 전국에서 몰려온 꼬마 기수들이 연습하며 지르는 소리가 천지를 진동한다. 가족들은 가문의 명예를 걸고 출전하는 기수들을 위해 음식을 만들어 잘 먹인다. 할아버지나 아버지 등 집안에서 가장 나이 든 남자가 가문을 대표해 신에게 제사를 지내기도 한다. 기수의 우승과 한해의 안전을 비는 의식이다.

각 가정에서는 시골에서 마련해온 고기와 아이락 등 푸짐한 음식상을 차려놓고 찾아오는 사람들을 대접한다. 또 천막 근처에 커다란 가마솥을 걸고 하루 종일 음식을 만들어 오가는 사람들을 대접한다. 손님을 잘 대접해야 내일 있을 경주에서 기수가 복을 받는다는 것이다. 주인과 객의 구별 없이 모두 하나가 되는 잔치판이 몽골의 끝없이 넓은 초원에서 밤새도록 계속된다. 울란바토르 시민들은 덩달아 신이 난다. 나담 기간 동안 말 경기장에 가면 아이락과 고기를 공짜로 실컷 얻어먹을 수 있다. 찾아가는 집집마다 아이락을 서너 대접씩 내놓아 두세 개의 천막만 들르면 얼큰할 정도로 취한다. 이날 경기장 부근에서 만나는 사람들은 모두가 얼굴이 불콰하고 호인들처럼 연방 얼굴에 웃음을 띠고 있다.

신나는 잔칫날이지만 유독 한 부류만은 이날의 혜택을 입지 못하고 오히려 자유가 구속되는 아이러니가 펼쳐진다. 말 경주에 참가하지 못하는 말들은 족쇄가 채워진 채 뜯어 먹을 풀도 별로 없는 벌판에서 소리만 지르고 있다. 주인 가족들은 모두 경기에 출전할 말과 기수들에게 정신이 팔려 다른 말들은 돌볼 여유가 없다. 혹시 말들이 달아날까봐 두 앞다리와 뒷다리 하나를 묶어놓는다. 달아나더라도 주인의 눈을 벗어나지는 못하게 하자는 심산에서다.

5.아내를 빌려줍니다

봄 여자는 낙타도 웃고 지나간다

몽골인들은 봄을 매우 싫어한다. 그들은 봄을 '변덕스런 여자 마음 같은 날씨'라며 4계절 중 가장 살기 어려운 때라고 말한다.

몽골의 봄 날씨는 종잡을 수 없다. 흙먼지 바람이 불어오다 갑자기 눈보라가 몰아치고, 어느새 햇살이 쏟아진다 생각하면 빗줄기가 창문에 뿌린다. 이런 변덕스런 날씨이고 보니 여성들은 아예 외출을 삼갈 정도로 봄을 경멸한다. 봄 바람이 불어오면 곱게 단장하고 거리로 나서려는 우리 나라 여성들과는 정반대다. 몽골의 봄은 흙먼지 바람과 함께 오기 때문이다.

설상가상으로 겨우내 저장했던 양고기도 바닥나고 산과 들에는 아직도 새 풀이 돋아나지 않아 가축에게 뜯길 풀도 모자란다. 이렇게 되면 소, 말, 양, 염소, 낙타에게서 젖도 나오지 않는다. 우리에게는 60년대 보리고개가 있었지만 몽골인들에게는 '젖고개'가 아직도 남아 있다. 젖고개는 5월 말이나 6월 초가 되어 짐승들이 풀을 뜯어 먹어 젖이 나올 때까지 계속된다.

우리에게 몽골인들의 주식으로 알려진 고기도 먹을래야 먹을 것이 없다. 가축을 잡아봐야 겨울을 넘기느라 뼈만 앙상하게 남아 있다. 더구나 갈무리해둔 양배추 등 야채는 벌써 바닥이 나 있고 감자도 흔하지 않다. 이때쯤이면 못 먹어서 누렇게 부황이 든 어린이들을 길거리에서 종종 만날 수 있다.

몽골의 봄은 우리보다 한 달 반 가량 늦은 5월이나 되어야 피부로 느낄 수 있다. 온기가 느껴지는 바람은 그러나 3월부터 서서히 불어오기 시작한다. 몽골은 유라시아 대륙 깊숙이 자리잡아 바다에서 불어오는 훈풍과 함께 봄을 맞기는 불가능하다. 대신 고비 지방을 지나

흙먼지 바람을 막기 위해 모자와 스카프로 얼굴을 가린 몽골인들.
그들은 봄을 가장 싫어한다.

북으로 부는 강한 남풍에 실려오는 모래바람이 봄을 예고한다. 따스한 기운을 품은 찬 바람이 산 위에 쌓였던 눈을 녹이지만 흙먼지는 5m 앞도 분간할 수 없도록 세차다. 어떤 날은 울란바토르시 전역이 뿌연 흙먼지에 덮여 안개에 젖은 영국의 윈저성(城)처럼 보인다. 이런 날에는 거리를 다니는 사람의 숫자가 급격히 감소해 유령의 도시처럼 변한다. 일부 시골 지방에서는 어린 가축들이 바람에 날려갔다는 소식이 심심찮게 보도되기도 한다.

3월부터 여성들은 머리와 얼굴을 감쌀 스카프를 항상 준비하고 다닌다. 아예 하루 종일 스카프를 벗지 않고 사는 여성도 많다. "봄 여자는 낙타도 웃고 지나간다"는 농담이 있을 정도다. 봄 여자의 속살은 나무껍질 같다는 것이다. 얼굴이 트고 입술이 갈라진 여자들이 종종 눈에 띈다. 외국인들은 온몸을 긁적대고, 심한 때는 코피까지 흘린다. 건조한 공기 때문이다. 3월부터 시장에는 '동동구리무' 같은 조악한 화장품이 나온다. 몽골에서 생산되는 약초를 이용해 만든 것이다. 아직 기술이 발달되지 않아 품질이 형편없다. 우리 나라에 온 몽골 여성들은 화장품 가게에서 바디로션을 즐겨 찾는다.

봄에는 많은 사람들이 선글라스를 쓰고 다닌다. 최근에는 멋으로 변했지만 대다수의 사람들이 날아오는 흙먼지를 피하기 위해 선글라스를 선호한다. 공산주의 시절에는 보안원이나 경찰 등 정보 분야 사람들이 쓰고 다녀 특권 의식을 갖게 하던 때도 있었다. 자유화 이후에는 손쉽게 구할 수 있어, 울란바토르 시내에서는 밤낮 구분 없이 선글라스를 착용한 사람들을 만날 수 있다. 행인들은 바람이 불어오는 낌새가 보이면 아무 건물로나 뛰어들어가 흙먼지를 피하고 본다. 건물이 없는 시골 벌판에서는 바람을 등지고 쪼그리고 앉아 바람이 다 지나가도록 기다린다. 더 심한 바람이 불어오면 천으로 얼굴을 감싸

메마른 사막에도 꽃은 핀다.
울란바토르에서 하라호름으로 가는 길가에 들꽃이 피어 있다.

고 땅바닥에 엎드린다. 짐승들도 바람이 불어오면 움직임을 멈추고 바람이 잦아들기를 기다린다. 바람이 지나갈 때 그 속에 있다보면 입, 코, 귓속에 흙먼지가 들어와 쌓인다. 입 안에 버적버적 모래가 씹히는 것이 몽골의 봄이다. 고비지방 사막에서는 모래구릉이 바람에 날려 이리저리 옮겨다니기도 한다. 몽골인들은 이런 봄을 호랑이보다도 더 무서워한다. 식사 시간이면 불만이 고조된다. 음식 속에 흙먼지가 쌓여 모래가 씹히기 일쑤다. 창문을 종이로 모두 발라놓지만 방 안은 매일 먼지로 뿌옇게 뒤덮힌다.

이런 황량한 몽골 초원에도 꽃소식은 전해진다. 몽골의 산과 들에 처음 피어나는 꽃은 할미꽃. 노랑색과 빨강색 두 가지 꽃이 광활한 들판에 흐드러지게 피어난다. 5월 초 계곡에는 잔설이 있어도 할미꽃은 강한 생명력으로 피어오른다. 특히 울란바토르시 근교의 테렐지나 만쉬르 등 휴양지에는 할미꽃밭이라 부를 만큼 지천으로 핀다. 이때부터 민들레 등 야생꽃들이 산야를 뒤덮는다.

5월 15일을 전후해서는 울란바토르시 중심가에 자리한 외무부 건물 양쪽의 벚나무에 꽃이 핀다. 스무 그루 남짓 한 벚나무는 겨울 추위로 제대로 자라지 못해 관상수처럼 나지막하다. 그러나 해마다 몽골 땅에 꽃소식을 전해준다. 이 벚나무는 일본인들이 몽골과 수교 기념으로 식수한 것이다. 일본이 몽골을 침략했던 데 대한 사과의 뜻으로 심었던 것. 이런 숭고한 뜻으로 벚나무를 심었다지만 한편으로는 벚꽃의 몽골 상륙이라는 의미를 담고 있다. 속마음과 겉마음(혼네와 다테마에)이 다른 일본인들의 행위를 눈으로 확인할 수 있어 씁쓸했다.

꽃잎은 볼품없지만 이때쯤이면 최고로 멋을 낸 몽골 아가씨들이 몰려와 사진찍기에 바쁘다. 대학 졸업(몽골은 9월에 새 학년이 시작된다)을 앞둔 여대생들도 몰려나와 가는 봄을 아쉬워한다. 우리 나라 60년대 서울 남산공원에서 흔히 볼 수 있었던 거리의 사진사들이 몽골에서는 1990년 개방 이후 호황을 누리고 있다. "메뚜기도 한철"이라는데 짧은 봄이 이들에게는 일년치 생활비를 벌어들이는 기간이다.

지금 몽골에는 천연색 사진이 유행하고 있다. 울란바토르에만 3개의 대형 칼라사진 현상소가 운영되고 있다. 개방 이후 모든 것들이 급변하고 있지만 천연색 사진만큼 몽골인들의 관심을 끄는 것도 없다. 즉석사진 즉 폴라로이드 사진기만 있으면 몽골 시골에서는 극진한 대우를 받을 수 있다. 천연색 사진을 즉석에서 뽑아주면 남녀노소 가릴 것 없이 즐거워한다.

몽골인들은 한결같이 가정을 방문하는 사람들에게 앨범을 보여준다. 사진은 대부분이 흑백인데 개방 이후의 천연색 사진들이 한두 장씩 끼여 있다. 그 집안의 역사를 한눈에 훑어볼 수는 있지만 의미를 잘 모르는 외국인들에게는 지루할 뿐이다. 몽골인들은 그래도 자랑스럽게 앨범을 제시하고 즐거운 듯 장황하게 설명한다. 이름 있는 사람들의 사진첩에는 으레 러시아인 몇과 동구에서 찍은 사진이 포함돼 있다. 최근 사진에는 팬지 등 수입 꽃들도 자주 눈에 띈다.

시골에서는 4월 말부터 봄맞이 이사를 서두른다. 겨우내 추운 바람을 피해 구릉 앞에 자리잡고 있던 겔을 뜯어 더 넓은 곳으로 식솔과 가축을 끌고 나간다. 좌청룡 우백호(左青龍右白虎)의 형세를 찾는 것은 아니지만 언제든지 물이 있는 곳을 중심 삼아 이동한다. 보통 샘에서 2km 이내에 자리잡는다. 샘이 없는 고비 지방에서는 우물을 파기도 한다. 지하 50~60m까지 파내려가야 물이 있다.

만취가 예의

몽골에서는 아침에 사람들이 손가락으로 오른쪽 목을 튀기는 것을 자주 볼 수 있다. 장지로 울대 부근을 튀기면서 씩 웃으면 이를 본 상대방이 고개를 끄덕인다. 만취했다는 표시다. 우리는 "꼭지가 돌았다", "필름이 끊어졌다" 등으로 말하는 것을 몽골인들은 이렇게 나타낸다. 이런 행동이 언제부터 시작되었는지 정확하게 아는 사람은 없다. 몽골 국립대학 교수 푸레브잔찬은 "공산당 지배 당시일 것"이라고 말했다. 몽골 공산당이 음주를 단속하자 이를 감추기 위해 가벼운 손짓으로 표시했을 것이란 설명이다.

몽골에서는 만취가 예의다. 만취하지 않았더라도 그런 척해야만 한다. 특히 남의 집을 방문했을 때는 주인의 호의에 답하는 뜻으로 만취한 모습을 보여주어야 한다. 만취한 것처럼 보이면 주인이 크게 기뻐한다. 만약 덜 취한 것 같으면 취할 때까지 술을 권한다. 가세가 아무리 빈한해도 술자리가 시작되면 취할 때까지 술을 권한다. 당장 내일 아침 끼닛거리가 없어도 보드카를 사서 손님을 대접하는 것이 몽골인들의 음주 문화다.

만취해서 저지른 행동에 대해서도 아주 관대하다. 성질이 급한 몽골인들은 취중에 이상한 소리를 듣게 되면 곧장 치고 받는다. 주먹질이 오가고 욕설이 난무하고 술상이 엎어져도 막무가내다. 그런 다음날 두 사람이 다시 만나도 별다른 사과도 하지 않는다. 초대한 사람이 어제 와줘서 고맙다고 말하면 당연하다는 듯이 나도 한번 초대하겠다고 말하곤 이내 잊어버린다. 만취를 당연한 것으로 여기다보니 동료나 부하 직원에게도 너그러울 수밖에 없다.

이런 풍습은 징기스 칸 시절로 거슬러 올라간다. 작은 종족들이 세력을 다툴 때 상대방을 죽이고 약탈하는 행위가 빈번하게 일어났다. 이즈음 남의 집을 방문, 취한 척하고 있다가 몰래 주인을 살해하는 경우가 비일비재했다. 그런 다음 그의 식솔과 재산은 물론 영토까지도 독차지했다. 그 다음부터 남의 집을 방문해 술을 마실 때는 만취하는 습관이 생겨났다. 다시 말해 그것은 해치지 않을테니 안심하라는 표시였다. 몽골에서는 "대취는 영원한 우정"이라고 말한다.

손님도 무작정 주인을 믿었던 것은 아니어서 술을 마시기 전에 주인의 진심을 확인할 필요가 있었다. 몽골인들은 술 마시기 전에 왼손 약지에 술을 묻혀 하늘에 대고 튀긴다. 이렇게 세 차례 하늘에 뿌린 다음 술을 마신다. 이 과정에서 술이 손가락을 흘러내려 은반지에 닿게 한다. 만약 은반지의 색이 변하면 술에 독이 들어 있다는 증거다. 이 풍습은 아직도 전해지고 있다. 지금 술을 마시는 몽골인은 누구나 하늘에 대고 세 번 술을 튀긴다.

몽골인들은 옛부터 몸에 은붙이를 지니고 다녔다. 은가락지, 은수저, 은비녀, 은장도 등 은으로 만든 것이 필수 휴대품이다. 남녀를 불문하고 은제품으로 상대방의 진심을 떠보는 데 사용했다. 상대방이 술을 권하면 은제품을 주인 몰래 술에 담가 독극물의 유무를 점검했던 것이다. 손님이나 주인 모두가 상대방을 시험해보는 데 한치의 양보도 없었다. 장군 멍군이다.

몽골인들은 술과 함께 산다. 국민 일인당 연간 음주량에 대한 정확한 통계는 없다. 몽골 유일의 영자지 『몽골 메신저』는 몽골 국민 1인당 연간 26리터 이상의 보드카를 마시고 있다고 보도했다. 맥주병 크기(640ml)로 계산하면 40.6병을 마시는 셈이다. 알콜 농도 38도 이상의 독주를 마셔대다 보니 늘 취해 있는 것처럼 보일 수밖에 없다.

외국인들에게는 몽골인 생활의 반 이상이 음주와 관계된 것으로 보인다. 슬퍼도 한잔, 기뻐도 한잔, 상대방이 미워도 한잔이다. 집에서 뿐만아니라 직장에서도 술이 없으면 생활이 없는 것처럼 보인다. 대학교수, 장관, 관리 등 너나없이 직장에서도 술을 즐겨 마신다. 관공서에 업무차 찾아갔다가 술 취한 관료 때문에 일을 마치지 못하는 경우가 허다하다.

술을 마시는 경우도 다양하다. 몽골인들은 먼 길을 떠나는 사람과 이별할 때는 언제나 술을 마신다. 몽골의 관문 보얀트 오하 국제공항 로비에 환송객들이 모여 있으면 틀림없이 술판이 벌어진다. 떠나는 사람의 안전한 여행을 비는 의식의 일종이다. 술잔에 따른 술을 마시기 전에 동서남북을 향해 조금씩 뿌려 사방(四方) 신에게 고한다. 신에 대한 일종의 여행 신고인 셈이다. 그리고는 모여든 사람끼리 술잔을 주고받는다. 떠나는 사람은 의무적으로 석 잔은 마셔야 한다. 삼신(三神)인 하늘과 땅과 성황당 또는 조상들이 그를 돌본다는 의미 때문이다. 몽골인들은 3을 좋은 숫자라고 믿고 있다. 몽골학자 체른소드놈은 숫자 3이 산스크리트어에서 전래되었다고 말했다. 불교의 삼보(三寶), 즉 불법승(佛法僧)에서 유래돼 몽골인들의 정신 세계에 영향을 주었다는 것이다. 몽골에서는 모든 것이 3과 연관돼 있다. 여행에 앞서 마시는 석 잔의 술도 이와 관련이 있다.

이와 함께 흰 우유를 마시게 한 뒤 비행기를 향해 세 번 뿌리며 여행 목적을 달성케 해달라고 기도한다. 흰 색이 장도를 안전하게 지켜준다고 믿기 때문이다. 먼 길에서 돌아온 가족이나 친지에게도 석 잔의 술을 권한다. 공항 입국장에서도 출국장과 같은 술파티가 벌어진다. 무사귀환을 술로 환영한다.

이러다보니 몽골에서 출발하는 비행기에 탑승한 승객들은 모두가 얼굴이 벌겋다. 비행기가 이륙, 고도를 잡기도 전에 화장실을 들락거리는 승객들이 줄을 잇는 진풍경이 벌어진다. 기내 서비스가 시작되면 몽골인 승객 대부분이 맥주, 보드카 등 알콜성 음료를 마신다. 몽골리안 에어라인에서 내외국인 구별은 술을 마셨는지 마시지 않았는지로 곧바로 파악할 수 있다. 승객들은 오랜만에 타보는 여객기인데다 술까지 마셨으니 보이는 것이 없다. 기내를 휩쓸고 다니다 목적지에 도착해서야 약간 긴장하지만 역시 막무가내다. 안전벨트를 매라는 스튜어디스의 말씀은 아예 무시한다. 울란바토르 기차역과 시외버스 정류장에서도 같은 상황이 발생한다.

그러나 도착지 입국 심사장에서는 상황이 급변한다. 중국 당국은 가끔 술 취한 몽골인의 입국을 거부하곤 한다. 몽골과 중국은 입국사증 면제협정이 있음에도 불구하고 술에 몹시 취한 승객의 입국 심사를 까다롭게 하는 경우가 종종 있다. 여기에다 입국 카드를 제대로 작성하는 몽골인 승객이 드문 것도 한 원인이다.

몽골인들은 어려서부터 알콜에 길들여진다. 우리에게도 널리 알려진 아이락[일본인들은 마유주(馬乳酒)라고 번역해 쓰고 있음]은 알콜이 7도 정도 된다. 말젖으로 만들어 막걸리처럼 뿌연 아이락에는 알콜이 들어 있는데도 불구하고 몽골인들은 그것을 술이 아니라 음식으로 간주한다. 아이락을 환자나 신생아에게 일부러 먹이기도 한다. 징기스칸이 적군의 화살에 맞아 혼수상태에 빠졌을 때 부하들이 아이락을 먹여서 살려냈다는 이야기가 있기 때문인지, 이들은 아이락을 환자의 원기 회복에 가장 좋은 음식으로 여긴다. 우리 같으면 환자에게 술을 먹이면 상처가 곪는다고 펄쩍 뛰겠지만, 몽골인들은 정반대로 영양가 많은 음식이라며 노인이나 환자 등에게 권하고 있다. 또 아이가 갓 태어나면 새로 만든 아이락을 한두 술 떠먹인다. 신생아가 세상에 태어나 처음 맛보는 음식이 아이락이다. 몽골인들은 아이락의 맛을 어머니 손길이 닿은 바로 그 맛이라고 말한다.

일본인들이 사용하는 마유주라는 단어의 의미를 설명하면 몽골인들은 받아들이지 않는다. 술이 아니라는 것이다. 요구르트를 요구르트라고 부르는 것과 같은 맥락에서, 마유주라고 하기보다는 외래어로 아이락이라고 하는 것이 몽골인을 더 잘 이해하는 길이다.

몽골인들은 여름이면 세 끼를 아이락으로 해결한다. 아침 눈뜨자마자 아이락을 서너 대접 마시고 일터로 나간다. 이때는 손님이 와도 아이락을 대접한다. 길 가던 과객이 들러도 아이락을 대접한다. 모든 것이 공짜였다. 그러나 개방 이후에는 아이락을 돈을 받고 팔기 시작했다. 물론 도회지에서는 아이락을 오래 전부터 매매했다. 개방이 훈훈한 인정을 몰아냈다고 노인들은 한숨짓는다.

신성한 물

몽골인들은 물을 신성시한다. 아무 물에나 발을 담그지 않고 호수에서도 목욕은 아예 생각지도 않는다. 또 물을 몹시 두려워한다. 겨울에는 말할 것도 없고 여름에 내리는 빗물조차도 몸에 적시는 것을 싫어한다. 물 자체가 귀하기도 해 여성들은 "뒷물 할 물조차도 없다"고 농담한다. 그러나 물이 없다기보다는 물을 가까이 하지 않으려 한다.

몽골군이 우리 나라를 침공, 전국을 유린했던 고려 시대에도 몽골인들은 지호지간(指呼之間)의 강화도로 넘어가지 못했다. 물에 들어가는 것을 죽기보다 더 싫어했던 몽골인들은 강화도를 눈앞에 두고도 건너갈 수 없었다.

몽골인은 지금도 물에 들어가는 것을 좋아하지 않는다. 여름에 울란바토르를 가로질러 흐르는 톨강에서는 수영하는 러시아인들을 종종 볼 수 있다. 하지만 정작 주인격인 몽골인들은 수영을 즐기지 않는다. 톨강의 수온은 수영을 하기에는 너무 낮다. 건강한 사람도 물 속에 손을 담그고 5분을 넘길 수 없을 만큼 차갑다.

몽골인은 물고기도 잡지 않았다. 먹을 줄은 더구나 몰랐다. 낚시도 즐기지 못했다. 공산혁명 이후 러시아인들이 낚시를 가르쳤고 물고기 먹는 법을 알려줬다. 몽골인들은 그들을 지배하는 구소련인들의 생활 습관을 흉내내야만 했다. 먹지 않는 물고기 낚시도 했고 맘에 없는 수영도 배워야했다. 그러나 몽골에는 수영을 할 줄 아는 사람이 무척 드물다. 울란바토르 시내에는 실내 수영장이 하나밖에 없다. 러시아에서 공부했던 일부 사람들과 젊은이들이 수영장을 찾을 뿐이다.

지금도 대다수의 몽골인들은 물고기를 잡지도 않고 먹지도 않는다. 이런 까닭에 몽골의 모든 강은 낚시꾼들에게는 환상적인 낚시터다. 물

반 고기반이 아니다. 입에 초장을 물고 물 속에 들어가면 물고기가 입 안으로 저절로 들어와 회를 실컷 먹고 나올 정도로 물고기가 많다. 강가에 앉아 낚싯대를 담그면 5분도 채 안돼 월척이 낚인다. 낚싯대를 두 대 펴놓을 시간이 없다.

몽골인들이 물을 무서워하는 것은 혹독한 겨울 추위에서 기인한다. 겨울의 영하 30~40도 혹한에는 모든 것이 얼어붙는다. 한겨울에는 물기가 조금만 남아 있어도 꽁꽁 얼어터진다. 몽골인들은 맨손으로 쇠로 된 문고리와 대문 손잡이를 잡지 않는다. 손에 배어난 땀이 얼어붙어 잘못하면 손에 상처를 입을 수 있기 때문이다. 어렸을 적 시골에서 살아 문고리를 잡으면 손에 붙어 떨어지지 않았던 경험이 있는 사람들은 쉽게 이해할 수 있을 것이다. 한국보다 20~30도가 더 내려가는 몽골이고 보니 문고리가 손에 붙을 수밖에 없다.

러시아에서 공부한 한 젊은이가 톨 강에서 수영을 하고 있다. 몽골인들은 원래 물을 무서워해 수영을 하지 않는다.

몽골인들을 자세히 관찰하면 귀가 없거나 모양이 흉한 경우가 많다. 한겨울 추위에 잘못 건사해 동상에 걸렸던 흔적이다. 민감한 귓불에 달라 붙은 물방울이 얼면 귀 주위가 벌겋게 변한다. 알밤만하게 부풀어올랐던 귀를 치료해 완쾌되면 한쪽 부분이 떨어져나간다. 얼굴에도 곰보 같은 흔적을 가진 사람들이 많다. 동상에 걸렸던 부위에 남은 흉터다. 심한 사람은 3도 화상을 입었던 것 같은 흉한 모습을 하고 있다.

몽골 가정교육 내용 중에서 가장 두드러진 것으로 물에 관한 겨울철 몸 관리를 들 수 있다. 이는 시골에서는 생존의 주요한 수단이기도 하다. 몽골인들은 물을 얻는 것보다 몸에 닿은 물기를 어디서 말려야 하는가를 가르친다. 몸에 물기가 닿았으면 곧바로 가축의 몸에 비벼서 물기를 말리게 한다. 양이나 염소의 털에는 온기가 있고 기름기도 묻어 있어 방한 작용을 한다. 가축들이 스스로 추위를 이길 수 있는 능력을 갖추고 있는 점을 이용하는 것이다.

아무리 추워도 손이나 몸에 입김을 불지 못하게 한다. 입김에 서려 있는 습기가 곧바로 얼어붙기 때문이다. 추위 속에 나다니다 들어오면 얼굴 등 노출되었던 곳에 손을 대서도 안된다. 한 부위가 갑자기 온도가 올라가면 부풀어 오른다. 외투를 벗고 가벼운 차림으로 멍청하게 로봇처럼 서 있게 해, 실내 온도에 몸이 적응할 때까지 기다린다.

몽골인들은 물로 씻고 빠는 것도 싫어한다. 그들은 아침에 일어나면 말 그대로 고양이 세수를 한다. 눈을 뜨면 겔 밖으로 나와 기지개를 켜고 물을 한 컵 받아든다. 놀라겠지만 딱 한 컵의 물로 아침 세수와 양치를 끝낸다. 물을 한 모금 입에 물고 손가락으로 양치질을 한다. 치약이나 칫솔이 귀해 이렇게 간이 양치질을 생활화하고 있다. 양치질한 물을 그대로 뱉아버리지 않고 손에 받아 이번에는 얼굴을 씻는다. 이렇게 두세 번 씻고 나면 세수가 끝난다. 물이 귀하기도 하지만 찬 물을 입 안에서 따뜻하게 데워 쓰는 것이다.

몽골인들의 세수와 관련한 유명한 일화가 있다. 2차 세계대전 당시 몽골에 파견된 일본인 첩자가 몽골식으로 세수를 하지 못해 체포된 사건이 있었다. 몽골에 파견된 일본 첩자는 아예 세수를 하지 않고 지냈는데 임무를 마치고 본국으로 귀환할 무렵 그릇에 물을 받아 세수를 했던 것이다. 이상하게 여긴 몽골인들이 신고, 당국에 체포되었다.

몽골인들은 눈으로 빨래를 한다. 눈이 날리기 시작하면 털옷과 양탄자 등을 챙겨들고 밖으로 나간다. 빨랫감을 눈밭에 던져두고 그 위에 눈이 2~3cm 가량 쌓이기를 기다린다. 눈이 쌓이면 빨래감을 이리저리 굴리면서 눈을 골고루 묻힌다. 떡에 떡고물을 묻히듯 하던 일손을 멈추고는 갑자기 빨래감을 바위나 나무등걸에 대고 때리기 시작한다. 이렇게 두세 번 하고 난 뒤 훌훌 털어버리면 빨래 끝이다. 입었던 털옷은 눈밭에 굴렸다가 털어내고 그 자리에서 다시 걸쳐입는다. 털옷을 세탁하는 모습은 한 마리 늑대가 눈밭에 굴렀다가 일어나는 것처럼 보인다.

이렇게라도 세탁하는 털옷은 나은 편이다. 천으로 만든 몽골 전통의상 델은 한번 입으면 해어져버릴 때까지 빨래를 하지 않는다. 목덜미와 팔꿈치에 때가 덕지덕지 묻어 있어도 그대로 입고 다닌다. 도시의 일부 사람을 제외하고는 빨래를 사치스러운 것으로 치부해버린다.

요즘 물 절약 운동이 세계적으로 번지고 있지만 몽골인들에게는 걱정이 없다. 그들은 생활에서 '물 쓰듯 물을 쓰는 것'이 아니라 최소한의 물만 사용한다. 물을 거의 쓰지 않고 부엌에서 음식을 만드는 모습은 신기하다. 고기는 절대 물로 씻지 않는다. 고기 본래의 맛이 없어진다는 것이다. 물에 넣어 삶을 때 떠오르는 핏물을 국자로 떠내는 것이 고작이다.

설겆이를 하는 걸 보면 기절초풍하게 된다. 한 식구가 먹고 난 그릇을 물 한 바가지로 다 씻는다. 식사가 끝나면 여자들이 겔 중앙의 난로 곁으로 그릇을 모두 모아온다. 난로 위의 솥에 물을 한 바가지 붓고 미지근하게 데운다. 이 물에 큰 그릇부터 씻어나간다. 냄비에 물을 부어 씻고 난 다음 이 물로 대접, 사발, 밥공기 등의 순서로 닦는다. 마지막 그릇을 씻을 때쯤이면 물이 새까맣다. 기름도 둥둥 떠다녀 구역질이 절로 나올 지경이다. 몽골을 방문했던 친구들과 함께 들른 툽아이막의 한 겔에서는 물로 설겆이를 하지 않고 행주로 닦아냈다. 손수건만 한 행주는 때에 절어 기름기가 흐를 정도였다.

행주가 있으면 그래도 양호한 편이다. 보통은 델의 소매끝이 바로 행

물을 긷기 위해 3~4㎞씩 떨어진 우물로
물통을 끌고 가는 어린이들.

주 대용으로 쓰인다. 빨지 않아 새까만 소매끝으로 한 번 쓱 문지른 그릇에다 음식을 담아낸다. 이런 모습에서 우리의 누나나 어머니들이 행주치마로 숟가락을 닦아주던 정겨운 모습을 떠올리기란 쉽지 않다.

설겆이를 하기 전에 그릇을 깨끗하게 핥아 먹는 모습을 보면 아예 섬뜩해진다. 한 마리 들개를 보는 듯한 인상이다. 아이락을 공기에 담아주면 혀로 그릇을 깨끗이 핥아 먹도록 가르친다. 이렇게 핥아 먹게 가르치는 것이 물을 적게 쓰는 방법이기 때문이다. 혀로 그릇을 핥아 먹으면 목이 발달한다고 말한다. 실제로 몽골 군악대의 아코디언 주자 테르비시는 아이들에게 낙타 젖으로 만든 음식을 주면서 "핥으라"고 강요했다. 그의 혀는 20㎝는 족히 넘어 보였다.

좀 큰 마을에는 정부가 관장하는 관정(官井)이 있다. 주민들은 물을 얻기 위해 3~4km씩 말을 몰고와 식수를 길어간다. 물에서 옮기는 수인성 질병을 예방하고 주민 건강을 효과적으로 보살피기 위해 마련한 제도다. 하루 한 가구당 평균 40리터짜리 물통으로 한두 개씩 받아간다. 한 통당 10트그르그(우리 돈 약 45원)를 내야 한다. 목장에서 흔히 볼 수 있는 우유통처럼 생긴 알루미늄통을 손수레로 끌고 오거나 말등에 싣고 와 물을 받는다. 그리고 이웃들의 살아가는 이야기와 외지 소식을 전해듣고 간다. 일부 지역에는 이곳에 목욕탕도 마련돼 있으나 이용률은 저조한 편이다. 외국인들은 몽골의 시골 사람들이 평생 두 번 목욕한다고 농담한다. 태어날 때 한 번, 죽었을 때 한 번. 모두가 남의 손을 빌려서이다.

우물 곁에는 가축이 물을 마실 수 있는 큼직한 구유가 놓여 있다. 구유에는 늘 물을 담아놓는다. 새벽에 나갔던 가축들이 겔로 찾아오는 것은 구유의 물을 마시기 위해서다.

몽골에는 징기스 칸 요리가 없다

시골에 거주하는 몽골인들은 아침 점심에는 음식을 만들지 않는다. 우유차(수테 차)와 기름에 튀긴 밀개떡으로 요기만 한다. 저녁에는 삶은 고기를 먹는다. 이때 한 차례 요리를 해 고기와 국수에 쌀이나 귀리 등의 곡물이 든 묽은 스프를 곁들여 먹는다. 이런 음식은 최근에야 상에 오르기 시작했다. 몽골정부가 간행한 몽골 안내 책자에는 전통 음식으로 스프를 꼭 끼워넣지만 실제로는 러시아 지배 이후에 받아들인 것이다.

몽골인들은 육식을 하는 것으로 알려져 있지만 서구인들처럼 많은 고기를 먹지는 않는다. 몽골인들은 젖을 위주로 하며 고기는 부족한 젖을 보완하는 수준이다. 몽골을 방문했던 관광객들이 몽골 시장에는 고기뿐이라고 말들하지만 우리가 생각하는 것처럼 풍부하지 못하다. 유목을 하기 때문에 몽골의 고기 생산량은 서구 국가들보다 떨어진다. 오히려 젖 종류가 더 풍부하다.

몽골정부 통계에 따르면 몽골 국민들은 일인당 연간 88kg의 고기와 햄, 소시지 등 고기로 만든 제품을 먹는다. 이렇게 보면 몽골인들의 주식이 육식이라는 표현은 맞지 않는다. 특히 시골 유목민에게는 어울리지 않는다. 도시인들은 주로 양고기를 이용한다. 소고기도 여기에 추가된다. 시골 사람들은 염소, 낙타, 말고기도 먹는데 그 양은 연간 88kg을 훨씬 능가한다. 시골에서는 몽골인들이 흔히 5대 주요 동물이라고 부르는 소, 말, 양, 염소, 낙타의 고기와 젖으로 만든 음식이 식탁에 오른다. 식탁으로 치면 시골 사람들의 수준이 도시인보다 훨씬 풍요롭다. 숲이 우거진 북쪽의 한가이 지방에서는 소를 키워 소고기와 유제품을 상식하고 고비 지방에서는 낙타고기를 먹는다. 잘 알려진 것처럼 낙타젖 치즈와 두부처럼 허옇게 응고된 낙타젖 덩어리를 먹기도 한다. 말고기는 극히 제한된 지방에서 삶아 먹는다.

도시인들의 고기 소비량은 연중 일정한 반면, 시골에서는 여름이면 유제품 즉 차강 이데(흰 음식)를 주로 이용한다. 고기는 날씨가 추운 겨울철에만 식탁에 오른다. 여름에는 5대 동물의 젖으로 하루 세 끼를 해결한다. 이런 식습관은 오래된 전통이다. 기온이 낮은 겨울을 이겨내려면 높은 칼로리의 음식이 필요했던 것이다. 그 결과 몽골인들은 겨울 음식에 더 많은 관심을 가졌다. 몽골인들은 우리로 치면 먹을 수 없을 정도의 비곗덩어리를 가장 좋은 고기로 친다. 비계가 없으면 질이 형편없이 나쁜 고기로 생각해 시장에서 잘 팔리지도 않는다. '하르 마흐(검은 고기)' 라고 불리는 순 살코기는 말려 저장했다가 여름에 비상식량 정도로 사용될 뿐이다.

옛 민자당의 어떤 의원 일행이 몽골 평화친선협회 초청으로 몽골을 방문, 이 나라 최고의 숙박시설인 대통령궁 영빈관에 머무른 적이 있었다. 영빈관측은 정성을 다해 기름기가 붙은 고기로 스테이크를 만들어 이들에게 내놓았다. 몽골 최고의 하얀 고기를 대접했던 것이다. 의원 일행은 그러나 몽골의 실정을 전혀 몰라 음식에 손도 안 대고 그대로 남겼다. 그리고는 가져간 라면을 외국인들과 함께 먹는 식당에서 끓여 먹는 촌극을 벌였다. 이들 일행은 "오로지 뜨거운 물만 찾았다"면서 "몽골인들이 먹는 음식에는 손도 댈 수 없었다"고 자랑삼아 얘기했다. 이 이야기가 몽골 신문에 가십으로 실려 한동안 비웃음거리가 되었다. 이에 앞서 한국 기자들을 대동하고 몽골을 방문했던 어떤 장관은 몽골에는 양을 삶는 노린내뿐이라고 말해 비난을 받기도 했다.

겨울에 주로 고기를 먹는 것은 생존을 위한 마지막 수단이었다. 몽골인들은 가을에 가축을 잡아 그 수를 줄였다. 8개월이 조금 넘는 가을과 겨울에 100~200마리의 가축을 먹여 살리는 것은 보통 문제가 아니었다. 몽골인들은 서구 목축업자들처럼 사료를 줘서 가축을 키우지도, 건초를 준비하지도 않았다. 아무리 넓은 땅에서 유목을 한다지만 일정 범위 내의 목초 생산은 한계가 있기 때문이었다. 그래서 가축이 가장 살이 많이 찌는 가을에 잡아, 일부는 먹고 일부는 얼려 보관했던 것이다.

9월 말부터 10월 중순까지 몽골 전역에서는 가축을 잡아 갈무리하기에 바쁘다. 이때부터 다음해 봄까지는 풀이 자라지 않는 것을 감안해서다. 우리가 김장을 담아 겨우살이 준비를 하듯 몽골인들은 고기를 비축해 겨울에 대비한다. 다음해 번식에 차질이 없는 한도 내에서 겨울을 나는 가축의 숫자를 최소로 줄인다. 여름에는 특별한 일이 없는 한 가축을 잡지 않는다. 번식시키고 젖을 짜야 하기 때문이다. 그러다 보니 도시에서는 여름에 고기를 구하기가 쉽지 않다.

몽골인들의 환경을 극복하는 지혜가 음식물 저장에서도 드러난다. 그들은 고기를 저장하는 방법으로 건조 기법을 사용했다. 여름에 먹는 '보르츠'라고 불리는 고기 미숫가루가 대표적이다. 보르츠는 가을에 잡은 고기를 말려 가루로 만든 것이다. 주로 소고기로 만드는데 살코기의 결을 따라 찢어 그늘에서 말린다. 공기가 건조한 몽골에서는 4~5일이 지나면 물기가 모두 증발, 칼로도 잘 썰어지지 않을 만큼 딱딱하게 마른다. 마른 고기를 갈아 가루로 만들어 깨끗이 씻은 소의 위나 오줌보에 담아 보관한다. 운반도 쉽고 장기간 보전도 가능하다. 이렇게 만든 보르츠는 뜨거운 물에 서너 술 퍼넣고 2~3분 기다리면 훌륭한 영양식이 된다. 고대 몽골인들은 아무리 오래 계속되는 전쟁이라도 식량 걱정이 없었다. 보르츠 한 주머니만으로 어딜 가나 식량을 대신할 수 있었다.

야채는 상대적으로 적었다. 필요한 비타민은 유제품과 날고기를 섭취, 보충했다. 야생의 양파와 마늘이 가끔 요리에 추가된 적이 있었다. 특이한 선입견을 가진 몽골인들은 감자에선 '땅 냄새'가, 닭고기에서는 '쓰레기 냄새'가 난다면서 먹기를 거부했다. 그들은 야채를 동물들이 뜯는 목초와 같은 개념으로 받아들였다. 이런 이유로 몽골인들은 오래 전부터 고기와 유제품으로만 식탁을 차려왔다.

몽골인들은 살찐 양고기를 즐겨 먹는데, 몸통 전체를 삶은 '오츠'가 대표적인 양고기 요리다. 오츠는 설, 결혼식, 머리 깎기 행사, 건물 낙성식, 나담 등 각종 연회와 중요 행사 때마다 빠지지 않고 상에 오르는 음식이다. 이것은 소의 앞가슴살과 함께 상 위에 차려지는 것이 보통이다. 소고기로는 풍요로움을 나타내고 오츠로는 감사와 행운을 표시한다.

양을 잡는 방법은 신기에 가깝다. 피를 한방울도 흘리지 않고 물도 거의 사용하지 않는다. 양의 앞다리를 두 손으로 잡아 땅 위에 눕힌다. 이때 양이 약간 거부하지만 일단 땅 위에 눕혀지면 반항을 멈춘다. 양의 앞가슴을 잘 드는 주머니칼이나 장도로 5cm쯤 찢고 그 틈새로 손을 들이민다. 양은 처음 가죽을 찢길 때 약간 요동치면서 울지만 금방 조용해진다. 손을 서서히 들이밀어 심장 부근에 도달할 때까지도 양은 꼼짝하지 않는다. 그러다 손으로 심장동맥을 갑자기 움켜쥐어 양을 즉사시킨다. 필자는 '순한 양'이라는 말을 이해하지 못했는데 몽골인들이 양을 잡는 걸 보고서야 확실히 알게 되었다. 죽어가면서도 비명 한마디 지르지 않고 사지만 잠깐 버둥거리다 만다. 시간은 고작해야 5~6분이 걸릴 뿐이다.

양이 죽으면 잘 드는 주머니칼로 앞가슴 가죽을 가슴팍에서 사타구

몽골인들은 양을 잡을 때
피를 한방울도 흘리지 않는다.

니까지 갈라 땅 위에 쫙 펼쳐놓는다. 양가죽을 밑에 까는 깔개로 사용한다. 우선 배를 갈라 내장을 꺼내 큰 그릇에 담는다. 흘러 나온 피는 다른 그릇에 담는다. 그리고는 머리, 갈비, 다리, 엉덩이, 가슴팍, 어깨 부분을 따로 잘라버리면 작업 끝이다. 많이 걸려야 30분을 넘지 않는다.

피는 한방울도 땅에 흘리지 않는다. 피를 식량으로 사용해야 하기 때문이기도 하지만 다른 짐승의 습격을 방지하기 위해서다. 배 고픈 야생 맹수와 독수리 등 맹금류가 피 냄새를 맡으면 사나워져 사람들을 해친다는 것이다. 또 피 냄새는 다른 냄새보다 멀리 퍼져나가 전장에서는 적에게 쉽게 노출돼 목숨을 잃기 때문이다. 마르코 폴로는, 몽골인들은 말의 생피를 음식 대용으로 마시곤 했는데, 병사들이 전쟁 중에는 그들의 위치가 탄로되는 것을 두려워해 불을 피우지 않았기 때문이라고 『동방견문록』에 기록했다.

현재는 생피를 마시지 않는다. 양의 피는 양의 내장을 이용해 순대를 만들 때 쓰인다. 양파, 마늘 등 약간의 야채와 섞어 양의 창자에 넣어 삶아 먹는다. 돼지 순대보다 기름기가 많고 고소하다. 하지만 창자를 씻을 때 물로 깨끗이 헹구지 않아 냄새가 많이 나는 것이 흠이다.

순대가 따뜻할 때는 그냥 썰어 먹는다. 순대가 차거워지면 뜨거운 차에 넣어 마신다. 찻물로 일종의 순대국을 만든 것. 비위가 약한 관광객들은 먹기 어렵다. 한 술 더 떠서 말린 소똥으로 피운 불에 구워주는 것은 먹기가 더 힘들다. 냄새는 나지 않지만 먼지와 불똥에 범벅이 된 것이라 보기에도 구역질이 난다. 양의 피는 소시지를 만들 때도 쓰인다. 몽골 여성들은 고기를 하나하나 부위별로 구분, 양파와 함께 섞어 소시지를 만들어 시장에 내다판다.

몽골인들은 또 '셈지' 라는, 양의 내장을 둘러싼 기름기가 많은 부문을 선호한다. 기름기가 많은 부문을 좋아하는 몽골인들은 이 셈지를 특별하게 다룬다. 간이나 살코기를 먹을 때 셈지로 싸서 먹으면 더 맛이 있다는 것. 몽골인들은 원래 셈지를 먹으면 양 한 마리를 다 먹었다고 말한다. 셈지를 차지하기 위해 아내를 걸고 도박을 했다는 민화가 있을 정도다. 두께 3~4mm 정도의 노란 기름막은 삶아놓으면 아주 부드럽다. 흔히 양에서 노린내가 많이 난다고 말하는데 그 중 셈지의 냄새가 가장 심하다.

몽골인들은 양을 잡을 때 물을 거의 사용하지 않는다. 물이 쓰이는 때는 양의 피가 묻은 손과 내장을 씻을 때다. 물은 두 세수대야면 족하다. 손을 씻는 데 한 대야, 양의 내장을 씻는 데 한 대야가 필요하다. 손 씻은 물로 양 내장을 1차로 씻는다. 씻기 전에 손가락 사이에 창자를 끼고 훑어나가면서 내용물을 빼낸다. 내장 속에 들어 있던 덜 삭은 풀에서부터 완전히 소화된 것까지 모두 빠져나와 주변에 시큼한 냄새가 진동한다. 이 내용물에는 사나운 짐승들이 달려들지 않아 마음 놓고 버린다. 그 다음 남은 물로 내장을 씻어낸다. 소금을 넣어 씻어내고도 모자라 더운 물로 다시 한번 헹구는 우리네와는 천지차이다.

몸뚱이는 삶아 오츠로 쓰고 뼈가 붙은 고기는 우리의 물만두 같은 '반시' 와 찐만두 같은 '보츠' 로 만든다. 여기에 기름에 튀긴 '호쇼르' 가 추가된다. 이 세 가지가 몽골인의 주요 음식이다. 몽골 전통음식을 파는 식당이나 호텔에서 흔히 볼 수 있다. 보츠는 우리 나라 찐만두와 모양이나 크기는 비슷하지만 먹는 법이나 맛은 영 딴판이다. 보츠 속은 양고기를 주로 다져넣는다. 야채는 전혀 사용하지 않는다. 양고기는 기름으로 되어 있어 솥에 넣고 찌면 보츠 안쪽이 온통 기름으로 꽉찬다. 따끈할 때 먹으라는 주인의 권유에 따라 덥석 베어물었다가는 낭패를 당한다. 기름이 녹아 있어 보통 만두보다 엄청 뜨거워 입 안을 데고 만다. 보츠를 먹을 때는 두 손으로 조심스럽게 들어올려 보츠의 뜨거운 정도를 감지해야 한다. 잘못하면 기름이 흘러내려 옷을 버리기도 한다. 적당한 온도라고 생각되면 보츠에 입을 대고 안쪽의 기름을 빨아 먹는다. 기름을 다 빨아 먹은 뒤 한 입 베어 먹는다. 야채를 넣은 만두같이 담백한 맛은 없다. 입 안 가득 기름기가 고여 텁텁하다. 그러나 몽골인들은 보츠가 가장 입에 맞는 음식이라고 추천한다.

많이 먹는 사람은 한자리에서 30~40개를 거뜬하게 먹어치운다. 외국인을 초대한 몽골 가정에서는 필수으로 보츠를 내놓는다. 보츠를 먹지 않으면 안주인이 당황하여 여러 가지 음식을 내온다. 맛이 없어도 세 개 이상은 의무로 먹어주는 것이 예의다. 더 당혹스러운 것은 보츠를 먹고 나서 배가 부르다고 말해도 다시 두세 번 보츠를 내올 때다. 이때는 그만 먹겠다고 말하면 외국인에게는 다시 권하지 않는다. 그러나 몽골인들끼리는 자꾸 권하며 손님은 배가 불러 더 이상 먹을 수 없을 때까지 계속 먹어준다. 보츠는 일반적으로 우리 나라 만두보다 약간 크다. 일반 식당에서 판매하는 보츠는 질이 나쁜 밀가루를 사용해 새까맣다.

반시는 중국집에서 판매하는 물만두와 똑같다. 내용물이 양고기일 뿐 모양과 크기, 접시에 담아내는 방법 등이 일치해 친근감을 느끼지만 먹기는 보츠보다 훨씬 어렵다. 호쇼르는 군만두보다 크며 가끔 야채를 사용하기도 한다.

몽골인들은 양념을 거의 사용하지 않는다. 최근들어 양념을 사용하고는 있지만 대부분의 가정에선 간장이 전부다. 간장을 '초'라고 부르는데 러시아, 북한, 헝가리 등에서 들여온 것이 대부분이다. 양념이 없다 보니 음식을 매우 짜게 먹는 습관을 가지고 있다. 그것도 간장보다 소금을 많이 사용해 별다른 맛을 느끼기 어렵다. 몽골에는 바다가 없어 암염(岩塩)을 주로 사용한다. 암염에는 요오드가 포함되어 있지 않아 갑상선 질환을 앓는 사람들이 의외로 많다. 몽골 시장에 나와 있는 소금에는 요오드가 포함되어 있다는 표기가 되어 있다. 몽골 정부는 수돗물에도 의무적으로 요오드를 포함시켜 국민 건강을 보살피고 있다.

몽골인들은 이렇게 바다와 멀리 떨어져 살다 보니 해산물을 먹을 기회도 별로 없다. 해산물을 즐기는 사람도 없어 몽골 시장에서는 해산물로 만든 음식을 구하기가 어렵다. 시장에서 쉽게 구할 수 있는 것으로는 헝가리산 꽁치 통조림, 러시아산 청어 통조림 등이다. 러시아산 철갑 상어알 통조림이 있기는 하나 비싼 편이다. 최근 한국산 참치 통조림이 시장에 선보이기 시작했다. 몽골인들은 해산물이 몸에 꼭 필요한 영양소를 갖고 있다고 알고는 있지만 오래된 습관 때문에 먹기를 꺼려한다.

몽골에서는 곡식이 들어간 음식을 내놓는 것이 최고의 대접이었다. 고기와 유제품으로 식사를 하던 몽골인들은 가장 귀한 손님이 오면 보리, 귀리 등 밭 잡곡이 든 음식을 장만했다. 몽골에서는 곡물을 구하기가 쉽지 않았다. 지배층이나 군인들은 중국을 침략해 약탈한 쌀 등 중국산 곡물류를 구경할 수 있었다. 그러나 일반 백성들은 쌀은 아예 몰랐고 다른 곡식도 유목을 하면서는 재배하기가 어려웠다. 날씨가 춥고 여름 일조량이 적어 곡물이 자라기가 어려운 환경 탓도 있었다.

몽골에서는 ‘랍샤’라고 불리는 스프 형태의 음식을 가장 좋은 것으로 친다. 잘게 썰은 양, 소, 염소 고기와 손칼국수나 수제비를 함께 넣어 끓인 음식이다. 곡식 구하기가 어려웠던 때는 이 음식이 상에 오르는 날은 일 년에 두세 번이 고작이었다. 현재 도시에서는 곡물을 쉽게 구할 수 있어 자주 먹지만 아직도 고비 지방 등 시골에서는 잔칫날이나 좋은 날에만 랍샤를 먹는다.

최근 도시에서는 감자, 양파, 파, 양고기를 넣은 우리네 칼국수 같은 '고릴테 슬'이라는 밀가루 음식을 매일 먹는다. 외국인들에게는 이 고릴테 슬이 몽골의 대표적인 음식처럼 널리 알려져 있다. 어느 가정을 방문해봐도 손쉽게 마련해 대접하는 음식이 고릴테 슬이다. 몽골인들은 곡물이 든 음식을 장만하기가 어려워 대신 고릴테 슬을 대접한다는 설명이지만 외국인 눈에는 그게 그것으로 보인다. 몽골인들은 정성을 다해 장만한 고릴테 슬을 내놓고 손님의 눈치를 살핀다. 이 음식을 즐겁게 먹어주면 안주인이 환하게 웃고 즐거워하며 극진한 대접을 아끼지 않는다. 우리 구미에 잘 맞지 않지만 먹을 만하다. 입맛이 까다로워도 후추나 고춧가루를 조금 준비해가면 몽골에서의 식사 해결이 어렵지만은 않다.

아침 식사로 아이락과 치즈를 먹고 있는 일가족. 유제품은 몽골인들의 주식이다.

랍샤에는 곡물이 낱알 그대로 들어가지만 고릴테 슬에는 밀가루를 사용한다는 차이가 있다. 이 음식은 러시아가 몽골을 지배하면서 밀가루를 배급, 널리 퍼졌다. 하지만 많은 몽골인 가정에서는 지금도 하루에 한 차례만 음식을 해 먹는 습관이 남아 있어 몽골인과 처음 생활하는 외국인들은 어려움을 겪는다. 아침을 먹는둥 마는둥 건너뛰다 보면 끼니 때우기가 큰 문제로 등장한다. 몽골인들과 함께 거주하면서 생기는 가장 큰 고민거리 중의 하나다.

'초이방'이라는 음식은 고기와 야채를 볶아 접시에 내놓는 음식이다. 가끔 쌀과 국수를 함께 넣어 볶는다. 중국집의 볶음밥과 비슷하다고 생각하면 된다.

몽골인들은 가축의 젖으로 많은 유제품을 만든다. 치즈, 버터는 물론이고 아이락, 타라크(요구르트) 등 십여 가지 음식을 만들어낸다. 우유도 그냥 마시지 않는다. 우유를 소독하기 위해 끓이면서 맨 윗부분의 '으름'이라고 부르는 기름덩이, 중간 부분의 우유, 그릇에 눌어붙은 우유인 '호삼' 등도 모두 식량으로 사용한다. 으름은 쉽게 설명하면 버터다. 만드는 방법은 아주 간단하다. 우유를 표면이 엉겨붙을 정도로 진하게 끓여 위에 뜬 부분만 떠내 응고시킨다. 이를 가죽 주머니나 나무통에 넣어두고 겨우내 먹는다. 으름은 손님이 오면 스넥으로 내놓기도 하고 차에 타서 아침 대용으로 마신다. 굳지 않은 으름은 '샤르 토스(노란 기름)'라고 부른다. 겨울까지 저장했다가 밀가루로 만든 과자를 튀길 때 쓴다.

건조한 우유는 '아롤'이라고 부른다. 분유보다는 기름기가 많아 더 끈적거리고 찰지다. 아롤은 끈적한 우유를 탈수시켜 나무판 위에 놓고 건빵보다 조금 크게 썰어 햇볕에 딱딱하게 말린 것이다. 아롤은 겨울 또는 장기 비축 식량으로 훌륭한 역할을 한다. 젖이 적은 계절에 영양보충식으로 옛부터 이용돼왔다. 딱딱하게 굳은 아롤을 입 안에 넣고 침으로 녹여 먹는다. 설탕을 뿌려 말린 아롤은 어린이의 간식으로 최고의 인기다. 1950년대 말, 배급된 우유를 밥에 쪄서 딱딱해진 것을 먹어본 사람들은 쉽게 이해할 수 있을 것이다. 몽골인들은 "아롤을 씹으면 치아가 튼튼해진다"면서 아롤을 먹기 싫어하는 아이들에게 억지로 먹인다. 여름철에는 초원의 겔 지붕마다 아롤을 말리는데, 이를 쳐다보면서 먼 고향과 어린 시절을 떠올린다.

13세기 중국의 기록에 따르면 몽골인들은 배가 고프거나 목이 마르면 가축의 젖을 마셨다 한다. 여기서 젖이란 아이락을 말한다. 아이락은 아시아 지역 유목민들이 징기스 칸 이전부터 지금까지 같은 방법으로 만들어오고 있다.

히포크라테스는 아이락이 폐병 치료에 효과가 있다고 말했다. "아이락은 비타민 A, B, C 등을 포함하고 있고, 병원체 미생물의 성장과 증식을 억제하며, 특히 폐와 위 질환에 효험이 있고, 신경 작용을 활성화한다. 또 식욕과 소화력을 증진시킨다." 오래된 아이락에서는 사이다처럼 기포가 올라오고 맛도 몹시 시다. 덜 숙성된 아이락은 배탈이 나고 너무 발효된 것은 매우 시고 독소도 들어 있어 마시면 위험하다. 아이락 맛은 집집마다 다르다. 가축 사료가 다 다르고 첨가물이 지역마다 서로 다르기 때문이다. 가장 품질이 좋은 아이락은 아르한가이 불간 아이막에서 생산된다.

전문가들은 고비 지방의 아이락에는 그 지역 특유의 풀향기가 스며 있다고 말한다. 신토불이라는 말이 몽골인들의 유제품에도 적용되는 셈이다. 우유와 고기의 맛이 각 지방의 기후와 토양에 따라 차이가 난다. 몽골인들은 몽골 동남쪽 지방에서 생산된 고기가 가장 맛있다고들 말한다. 풀에 물기가 적어 이를 먹고 자란 가축의 고기에 수분 함량이 적다는 것이다. 몽골인들은 이런 맛을 구분할 정도로 유제품과 고기를 많이 먹는다. 우리가 이천쌀로 지은 밥맛이 더 좋고 순창 고추장 맛이 더 낫다고 하는 것과 조금도 다를 것이 없다.

몽골인들은 초원에서 하루 7~8차례 말젖을 짠다. 평균 30~40리터씩 채유하지만 일가족이 다 마시기에는 많은 양이다. 말젖을 그대로 보관하면 이틀을 넘기기가 힘들다. 곧 부패하기 때문이다. 이 말젖을 발효시키면 약 일주일 가량 저장이 가능하다. 몽골인들은 이런 생활의 지혜를 발휘, 초원에서의 생활을 풍요롭게 이끌어갔다. 아이락은 운반이나 저장이 젖보다 쉬워 선호된다. 말젖을 가죽부대에 넣고 나무막대기로 밤새워 휘젓는다. 15,000번을 휘저으면 아이락이 된다. 이렇게 휘저을 때마다 산소가 공급된다고 한다. 18,000번을 저으면 질 좋은 아이락이 된다면서 자주 저으라고 강조한다. 이 숫자가 특별한 의미를 가지는 것은 아니다. 많이 저을수록 산소 공급량이 많아져 좋은 아이락이 된다는 것이다. 겔 문 옆에다 가죽부대나 젖통을 놓아두고 오가면서 일삼아 나무막대기로 저어준다. 아이락이 한참 발효될 때는 솥에서 죽이 끓을 때처럼 보글보글 소리를 내며 기포가 솟아오른다. 아이락을 저어주는 것이 주부나 가장의 주요한 한여름 가사노동이다.

몽골 문학 작품에는 아이락을 휘젓는 소리가 항상 등장할 정도로 이 일은 보편화된 몽골인들의 전통 생활 방식이다. 멀리서 아이락 젓는 소리가 들려오면 허기와 피로에 지친 나그네들은 하룻밤 묵어갈 수 있다는 희망에 젖는다. 아이락 휘젓는 소리가 어머니 품속을 생각나게 한다는 걸 보면 몽골인들의 뇌리에는 아이락이 기본 식사로 각인되어 있는 것 같다. 아이락과 우유는 또 행복의 상징이다. 흰 색의 종교적 의미 때문에 축제와 기념일에는 꼭 아이락이 쓰인다.

우유, 양유, 염소유로 만든 타라크도 주요한 유제품이다. 생우유보다 보관과 운반이 쉽게 만들어진 발효 식품이다. 설탕, 방향제, 과일 등 아무런 첨가제도 사용하지 않아 천연 그대로의 맛만 깨끗하게 느껴진다. 발효된 타라크와 아이락에 우유를 섞은 것을 각각 '에뎀'과 '호르목'이라고 부른다.

몽골 일부 지역에선 아직도 우유가 시어지면 증류해 술을 만든다. 증류하면 아르히, 아르츠, 호르츠, 샤르츠 등의 술이 된다. 이 중 대표적인 것이 아르히. 아르히는 시장에서 유통되며, 몽골 아르히라고 부른다. 이는 보드카와는 구별된다. 몽골 아르히는 10~12도의 무색투명한 무미의 술로 우리 나라에서 소주를 빚는 것과 유사한 방법으로 증류한다. 우리 시골에서는 솥뚜껑을 거꾸로 엎어 찬물을 부어 소주를 증류, 냉각시키는데, 몽골에서는 주전자 꼭지가 달린 것 같은 질그릇으로 아르히를 증류하여 효율을 높이고 있다. 요즘은 몽골 아르히를 만드는 데 오랜 시간이 소요되고 손도 많이 가 기피하는 경향이 늘고 있다. 가게에서 독한 술을 사는 사람들이 늘고 있어 전통 아르히는 점차 사라지고 있다.

최고의 몽골 전통요리로는 '버덕'이라고 불리는 음식이 손꼽힌다. 이 음식은 몽골 초원에 서식하는 타르박과 염소를 잡아 만든다. 타르박은 형상이 사람과 비슷하다. 앞발을 들고 서면 사람이 먼 산을 쳐다보는 모습이다. 이들을 잡을 때 가죽을 벗기지 않고 목부분만 잘라내고 속의 내장과 고기 등을 모두 꺼낸다. 그리고는 그 가죽 속에 붉은 돌과 이들의 고기와 약간의 야채, 양념을 넣고 입구를 봉해 장작불에 바베큐를 하듯 익힌다. 붉은 돌은 가죽주머니 속의 온도를 고루 잘 퍼지게 해 고기가 골고루 익게 만든다. 주머니 속에 공간이 생겨 열기가 잘 교류되고 공기가 위로 빠져나올 수 있어 가죽이 부풀어 터지는 것도 방지된다. 이렇게 익힌 고기는 부드럽고 연하며 맛도 뛰어나다.

버덕을 먹기 전에는 음식 속에 들어 있던 돌을 꺼내 손에 쥐고 식을 때까지 공기돌처럼 주무른다. 몽골인들은 돌을 주무르는 동안 "피곤이 풀린다"고 설명한다. 몽골 아카데미의 체른 소드놈 박사는 돌을 주무르는 동안만큼 기다려 식욕을 돋우고 찬 손을 덥게 해 음식을 더운 채 먹을 수 있다고 말했다. 또 메마른 손에 기름기를 발라줘 추운 날씨에 손이 트지 않게 보호한다고 덧붙였다. 타르박으로 만든 버덕이 별미로 꼽힌다. 염소로 만든 버덕은 타르박이 없을 때 타르박 대용으로 만들어 먹는다.

버덕을 만들 때는 불을 피울 넓은 공간과 많은 나무가 필요해 실제로 도시에서 해 먹기는 불편하다. 그래서 도시에 사는 사람들은 버덕과 비슷하게 만들고 맛도 유사한 '호르혹'으로 대신한다. 우리 나라에서 신선로를 해 먹는 그릇과 비슷한 뚜껑 없는 냄비에 버덕의 재료를 넣고 끓여 먹는다. 도시에선 시골보다 타르박이나 염소고기 구하기가 어려워 양고기를 주로 사용한다. 울란바토르나 고비 등 관광지를 방문한 외국인들은 호르혹이 입맛에 가장 맞았다고 말한다. 기름진 양고기만 대하다 야채가 든 음식을 접했기 때문이다.

몽골에서는 선호하는 고기의 순위가 다른 나라와 크게 다르다. 우선 고기 가격으로 본다면 가장 비싼 것부터 닭고기, 돼지고기, 소고기, 양고기, 염소고기, 낙타고기의 순이다. 닭고기는 최근 들어 미국산이 유입되기 시작했으며, 러시아산도 더러 있지만 고기질이 미국산만 못하다. 닭고기 값은 소고기의 다섯 배, 돼지고기는 세 배 정도로 비싸다. 이들 고기의 값이 비싼 것은 이 가축들이 사료(곡식)를 먹기 때문이다. 시장에서 이들을 구하기도 쉽지 않다. 특히 싱싱한 돼지고기를 구하려면 노력과 인내가 필요하다. 몽골인들은 돼지를 잡을 때 불에 그을려서 털을 제거한다. 이 과정에서 고기가 반은 익어 훈제된 상태로 시장에 나온다. 시장에 나온 돼지고기를 보면 반 이상이 익어 요리하던 중 들고 나온 것 같은 인상을 받는다.

몽골 음식을 말할 때마다 거론되는 것이 '징기스 칸 요리'다. 한마디로 몽골에는 징기스 칸 요리가 없다. 징기스 칸 요리집에서는 몽골인들이 초원을 달리다 소를 잡아 먹었던 방식대로 요리한다고 설명한다. 또 부족한 비타민을 섭취하기 위해 야채를 넣어 먹었다고도 하지만 천만의 말씀이다. 몽골족들은 고기를 끓여 먹거나 구워 먹지 않는다. 삶아서는 먹는다. 야채를 먹기 시작한 것도 오래되지 않았는데 그것을 몽골 정통요리처럼 소개하는 것이 못마땅하다고 한 몽골인이 불만을 토로했다.

가을에 몽골에 간 관광객들은 몽골인들이 길거리에서 잣 같은 열매를 까먹고 다니는 것을 흔히 볼 수 있다. 어른, 아이, 남녀 구별 없이 시간과 장소도 가리지 않고 먹는다. '사마르'라고 불리는 이 열매는 잣과 비슷한 종류지만 일조량이 적어서 덜 익어 알맹이가 실하지 않다. 버스 안에서도 사마르를 까 먹어 껍질이 수북이 쌓인다. 대학 교수들도 강의가 끝나면 교수 휴게실에서 사마르를 까먹기 바쁘다. 외국인들은 껍데기가 딱딱해 힘주어 깨다보면 속 알맹이까지 깨져 먹지 못하는 일이 비일비재하다. 몽골인들은 너무 숙달돼 있어 입 안에 집어 넣고는 딱 소리와 함께 껍질만 뱉어내고 알맹이를 씹어 먹는다. 최근에는 사마르를 길에 들고 나와 파는 장수들을 아무 곳에서나 볼 수 있다. 별다른 간식거리가 없는 이들은 사마르를 즐겨 찾는다. 몽골인들은 껍데기가 딱딱한 것 모두를 사마르라고 부른다. 땅콩도 사마르, 호두도 사마르다. 유실수가 흔하지 않아 열매류를 쉽게 구할 수 없어 구분이 어렵기 때문이다.

몽골인들은 견과류와 과일을 잘 구분하지 못한다. 자연에서 얻어지는 과일이 몹시 적고 수입되는 과일은 비싸서 쉽게 구입할 수가 없기 때문이다. 바나나는 1kg에 우리 돈으로 7,000원을 넘고 수박도 우리나라와 비슷한 가격에 팔린다. 참외는 아는 사람이 많지 않고 감은 아예 모른다. 딸기도 산딸기뿐이었지만 중국에서 들여온 것들이 비싼 값에 팔린다. 포도와 오렌지, 귤은 중국과 터키, 카자흐스탄 등에서 수입된다. 사과와 배도 중국에서 수입되지만 품질이 조악해 먹기 힘든 경우가 대부분이다. 중국에서 품질이 가장 나쁜 과일이 무작정 수입되지만 소비자들은 제품을 고를 권리가 없다. 우리 나라에서는 가축에게나 줄 낙과(落果)나 상품으로 될 수 없는 것들이라고 생각하면 이해가 쉽다.

자연의 집 겔

몽골인들은 지금까지도 천막집 '겔'에서 살고 있다. 몽골인들은 춥고 건조한 기후와 자주 이동해야 하는 생활에 적응하기 위해 이동이 간편하고 보온이 잘되는 겔을 주거로 이용해왔다. 겔은 짓고 다시 조립하는 데 많이 잡아야 세 시간을 넘지 않는다. 또 모든 중량을 합해봐야 200~300kg을 넘지 않는다. 살림이래야 간이침대 두세 개, 중요한 것을 넣는 상자 두세 개, 말을 기르는 데 필요한 도구 등 10여 가지에 불과하다. 이처럼 겔은 영구성이나 외부로부터의 보호 기능보다 추위와 햇빛 그리고 비바람을 차단하는 차양 효과가 우선이었다.

겔이 실생활에 사용되기 시작한 것은 오래되지 않았다. 초기 겔은 3~4명이 한 공간에서 보낼 수 있도록 고안된 임시 거처였다. 기록에 따르면 겔은 전쟁 중에 주로 사용되었다고 한다. 전장에서는 천으로

천막집 겔을 짓는 모습. 드러나 보이는 앙상한 뼈대를 '한느(벽)'라고 부른다.

겔의 내부. 천정에 둥글게 만들어져 있는 것이 '터너'다. 이곳이 밖으로 통하는 유일한 공간이다.

된 밝은 색의 큰 천막을 사용했고, 대신 두껍고 튼튼한 의복으로 방한을 했다는 것이다. 공격, 이동, 방어에 유리한 기동성에만 초점을 맞춘 집이었다.

수레 위에 실어 끌고 다니도록 고안된 것은 규모가 너무 커 실용적이지 못해 곧 사라졌다. 13세기 몽골을 방문했던 프랑스 선교사 윌리엄은 "22마리의 소가 끄는 바퀴 달린 겔은 바퀴의 지름이 6.5m고, 그 위에 높이 1.6m 이상의 겔을 싣고 다녔다"고 기록했다. 이런 겔은 귀족들의 임시 숙소였다. 이 겔은 멀리 이동하기가 불가능해 평화시에만 사용했던 것으로 기록되어 있다. 바퀴가 튼실하지도 않았고 땅이 고르지도 않았기 때문이다. 또 진흙에 빠지면 이동할 수 없어 전장에서는 무용지물이었다.

이보다 앞서서는 풀로 만든 주머니 속에서 살았다. 『몽골 비사』에 보면 징기스 칸의 선조였던 보돈차르는 풀주머니에서 살며 적이 나타나면 언제든지 맞아 싸웠다는 것이다. 그러다 양털을 사용하면서 가볍고 반영구적인 겔이 등장했다.

몽골 겔은 나무로 된 틀과 펠트로 된 겉부분으로 크게 나뉜다. 틀은 한느(벽), 온(서까래), 터너(연통이 나가는 구멍 주위의 나무), 바기나

겔의 정문.
언제나 정남향이어서 방향을 잃은 사람들이 이것을 보고 길을 찾는다.

(기둥) 등으로 이루어져 있다. 벽은 약 1.5m 길이의 나무 10~15개를 사용해 손풍금의 바람주머니처럼 접었다 폈다 할 수 있게 만들었다. 이동할 때는 접어서 부피를 줄이고 지을 때는 서로 이어 펼쳐서 둥그렇게 만든다. 옛날 우리 나라에서는 집의 크기를 말할 때 몇 칸 집이냐로 따졌지만 몽골에서는 벽이 몇 개냐로 크기를 따진다. 일반인들은 평균 다섯 개로 겔을 짓는데 실내가 다섯 평 반 정도의 조그만 공간이다. 귀족들의 겔은 10~12개의 벽을 사용했다는 기록도 있다. 최근에는 이렇게 큰 겔은 외국 관광객을 위한 음식점이나 카페로 사용될 뿐이다. 시골에서는 도서관이나 호텔 등으로 이용된다.

여름에는 겔 안쪽 바닥에 아무것도 깔지 않는다. 곧 다른 곳으로 이동해야 하기 때문에 안쪽을 치장할 마음의 여유가 없다. 겨울에는 그러나 일부 부유한 집에서는 겔 바닥에 나무 판대기를 깔고 위에 양탄자를 덮었다.

벽 위에는 서까래를 잡아맨다. 서까래의 다른 끝은 터너의 구멍에다 꽂아 고정시킨다. 서까래는 보통 81개를 기준으로 가감된다. 서까래는 우리 나라처럼 굵은 나무가 아니라 장대처럼 가늘고 길다. 굵고 크면 무게가 많이 나가 벽이 견딜 수 없기 때문이다.

겔에서 밖과 통하는 구멍은 사람이 드나드는 정문과 연기가 빠져나가는 터너뿐이다. 연기가 빠져나가는 터너는 우주의 중심으로 비유된다. 터너는 직경이 약 1~1.5m로 둥그런 모습이 흡사 우산을 펼친 것처럼 중앙이 볼록하다. 두 개의 기둥으로 받쳐지는 둥그런 터너는 미리 조립돼 있으며 겔에서 가장 중요한 부분으로 손꼽힌다. 겔 터를 잡을 때는 터너의 위치를 먼저 잡는다.

터너가 놓이는 곳이 겔의 중심이며 바로 아래 난로가 있어 음식을 만들고 난방도 한다. 몽골인들은 난로에 특별한 의미를 두고 있다. 난로가 공유물임을 강조하는 것이 가장의 주요 임무 중의 하나다. 몽골인들은 불을 곧 조상으로 여기며, 이런 이유로 난로는 가문의 유일한 상속물이다. 몽골인들은 가문의 상속자로 장남이 아니라 막내를 선택한다. 자식들에게 상속시켜줄 것이 별로 없지만 몽골인들은 '아버지의 불'에 큰 의미를 두고 막내에게 상속시켜준다. 가문에서 가장 늦게 태어난 막내가 이 세상에 제일 늦게까지 살아남아 가문을 후세에까지 번창시키라는 것이다. 가문의 희망을 젊은이에게 걸고 있다는 뜻이며, 또 집안에서 가장 늦게까지 보호를 받아야 할 사람이라는 뜻도 있다.

난로는 세 개의 받침돌 위에 놓여 있다. 받침돌은 각각 주인, 안주인 그리고 며느리를 상징한다. 이때 며느리는 상속자의 어머니로 대변된다. 난로가 집안의 중심에 놓이듯 며느리가 집안의 번영을 책임지는 구심점이 된다는 것이다.

겔 안은 난로를 기준으로 남성 구역, 여성 구역, 신성 구역의 세 부분으로 나뉜다. 남성 구역은 겔 안의 서쪽으로 정문에서 보아 왼쪽이다. 이곳에는 주인의 말안장, 말재갈, 고삐, 아이락 주머니가 놓인다. 손님이 오면 이곳에 모신다. 몽골에서 손님이라면 주로 남성이기 때문이다. 여자 손님이 오면 물론 여성 구역으로 가는 것이 당연하다. 여성 구역은 겔의 동쪽 입구에서 보아 오른쪽이다. 안주인은 이곳에 주방 용구와 생활 도구를 비치한다. 어린이들도 여기에서 기거한다. 모든 몽골인들은 겔에 들어갈 때 자기가 어디로 가 어느 곳에 앉아야 할지 잘 알고 있다. 남성은 겔에 들어가면 곧바로 왼쪽으로 가고 여성들은 오른쪽으로 간다. 남성 구역은 하늘이 보호하고 여성 구역은 태양이 보살핀다는 뜻이다.

신성 구역은 정문의 맞은 편 북쪽이다. 이곳에는 가문의 가장 나이 든 어른이 사용하는 무기, '모린호르(馬頭琴)'와 말재갈 등을 놓아둔다. 옷이나 중요한 물건을 넣어두는 '아브다르(상자)' 두 개도 이곳에 둔다. 밝은 오렌지 색의 아브다르 위에는 가족사진이 들어 있는 사진틀이 잘 보이게 놓여 있다. 주인이 정부로부터 훈장을 받은 것이 있으면 역시 이곳에 올려놓는다.

이 위치는 공산당 집권 시절 획일적으로 지정돼 지금까지 전해진다. 이곳은 원래 라마교를 믿는 몽골인들이 신성하게 섬겼던 곳으로 부처와 관련된 것들이 놓여 있었다. 공산당은 그러나 국민들의 사상 통제를 위해 이곳에 사진이나 훈장 등을 두게 하여 불교 세력을 약화시키려고 시도했다. 1990년 자유화 이후에는 다시 이곳에 자유롭게 부처의 화상(畵像)을 올려놓기 시작했다.

주인은 일반적으로 이 신성 지역에서 동쪽으로 약간 벗어난 곳에 자리잡고, 손님은 남성 구역과 신성 구역의 경계인 주인의 오른쪽에 자리잡는다. 아이들은 여성 구역에 자리잡지만 난로를 기준으로 문쪽을 차지해야 한다. 주인 내외의 침대는 여성 구역 벽에 붙어 있고 손님용 침대는 반대편 남성 구역 벽쪽이다. 아이들은 부모의 발치에서 잠잔다.

겔은 몽골인들의 심오한 사상도 담고 있다. 자연과 자기를 일체라고 믿는 몽골인들은 겔의 부분들 하나하나에 독특한 의미를 부여했다. 연기가 나가는 터너로는 몽골 조상의 어머니인 금발의 '알란고아'가 드나든다. 알란고아는 아들을 셋 거느리고 있는데 우리로 말하면 삼신할머니쯤 되는 셈이다. 이 구멍으로 들어오는 빛은 몽골인들에게 시간을 알려주는 역할도 했다. 시계가 없던 몽골인들은 겔에 들어오는 빛의 위치, 즉 터너의 그림자를 보고 경험으로 시간을 감지했던 것이다. 몽골인들은 우리 조상들처럼 하루를 12시간(時辰)으로 나누었으며 1시간은 12등분했다. 시간의 이름은 열두 가지 동물의 이름을 그대로 사용했다.

겔의 지붕을 덮는 천을 묶는 끈은 바람이 심한 몽골 초원에서 겔의 무게중심을 잡는 역할을 한다. 천으로는 터너를 가리거나 열어 빛의 양을 조절한다. 눈비가 올 때는 터너를 닫아 겔 안으로 들이치지 못하도록 한다. 밤에도 이 천으로 터너를 닫아 겔 안의 온도를 유지한다. 새로운 겔을 지었을 때는 이 끈의 끝부분은 '하닥(비단천)'으로 연결했다. 이 하닥에는 곡식 낱알을 한 움큼 담아 묶는다. 우리 나라에서 새 집을 짓고 대들보를 올릴 때 돼지머리를 놓고 고사를 지내는 것과 같은 의미를 갖고 있는 민간 신앙의 일종이다. 이 의식은 겔의 주인집에 다산과 행운이 늘 함께하기를 기원하는 것이다. 이 끈은 아이의 출산과도 밀접한 관계를 갖는다. 난산(難産)일 때는 이 끈을 겔 안으로 끌어들여 임산부가 두 손으로 움켜잡고 힘을 쓰게 한다. 겔 안의 빛을 조절하는, 즉 그 집안의 명암(明暗)을 가르는 역할을 하는 이 끈을 임산부에게 맡겨 아이에게 곧바로 세상의 밝은 빛을 보게 하라는 것이다. 해산 때 남자의 상투를 잡게 하던 우리 조상들의 풍습과 유사함을 엿볼 수 있다.

겔의 기둥은 과거, 현재, 미래를 연결하는 하나의 축선 역할을 한다. 또 하늘과 집을 맺어주는 하나의 통로로 생각한다. 그래서 몽골 부모들은 자녀들에게 겔의 기둥을 함부로 만지거나 기대서는 안된다고 가르친다. 그러나 그 본래의 의미는 땅에 박히지 않은 겔의 기둥에 몸을 기대면 겔 자체가 무너질 수 있기 때문에 금기시하는 것이다. 겔은 땅 위에 지어졌지만 땅에다 뿌리를 내린 것은 아니다. 기둥에 조금만 힘을 가해도 겔이 뒤틀리거나 무너지기 십상이다.

겔의 난방은 난로가 담당한다. 나무가 자라는 지역에서는 난로에 나무를 때고 남부 지방에서는 소와 말의 마른 똥을 연료로 사용한다. 겔 내부는 금방 더워지고 오랫동안 열기를 간직한다. 또 겔은 낮고 둥근 모습을 하고 있어 강한 바람을 견디기가 쉬우며, 바깥쪽은 눈비에 젖어도 하루가 지나지 않아 금방 말라버린다.

겔에는 화장실이 없다. 겔 밖에도 없다. 겔을 방문한 외국인들은 처음에는 부끄럽고 창피해 주인에게 화장실이 어디에 있느냐고 묻지 않는다. 화장실에 갈 시간이 급해지면 겔을 들락날락하며 주변을 두리번거리지만 화장실을 찾을 수가 없다. 앉았다 일어섰다 엉덩이를 들었다 놨다 10여 번 하다보면 아랫배가 터질 것 같다. 여성들은 말도 못하고 혼자서 속앓이를 하다 울상이 된다. 배탈이라도 나면 더더욱 볼 만하다. 참다 못해 속옷을 버릴 지경이 되면 엉덩이에 힘을 잔뜩

울란바토르의 아파트 촌.

주고 '비에 자사흐 가자르(화장실)'가 어디냐고 묻지만 몽골인들은 멀뚱히 쳐다볼 뿐 말이 없다. 다시 한번 물으면 아무 곳이나 상관 없다고 대답한다. 사방 모든 곳이 자연의 화장실이라는 것이다.

집(겔)은 있는데 화장실이 없다는 대답에 관광객들은 아연실색한다. 남성들은 상황이 급해지면 체면 불구하고 아무 곳에나 실례를 무릅쓰지만 여성들은 죽을 지경이다. 몸이라도 가려줄 은폐, 엄폐물을 찾지만 아무것도 없다. 넓은 초원에서 그런 곳을 찾기란 풀밭에서 바늘 찾기만큼이나 어렵다. 한참을 고민하다 정 급해지면 멀리 보이는 양떼 속으로 달려간다. 무리 속으로 들어가도 양떼는 도망가지 않는다. 이렇게 해결하고 나면 세상이 훤해 보이고 날아갈 것 같은 행복감에 빠진다고들 말한다.

몽골 젊은이들 대부분은 견고하게 지어진 현대식 건물에서 살고 싶어 한다. 이들은 현대식 건물의 편리함을 잘 알고 있기 때문이다.

수도 울란바토르에는 5층 건물을 위주로 가끔 10층 이상의 건물도 주거용(아파트)으로 지어져 있다. 이들 아파트에는 전기, 수도, 온수, 난방 시설, 수세식 변소 등이 잘 갖춰져 있다. 높은 아파트에는 엘리베이터도 있다. 가끔 정전이 되면 이 엘리베이터가 지옥으로 변한다. 10분은 평균이라고 보면 틀림없고 1시간, 길면 2~3시간씩 깜깜한 엘리베이터 안에 갇혀 있어야 한다. 1993년 겨울에는 전기 사정이 극도로 악화되어 하루에 4~5차례씩 정전이 되는 바람에 고층 아파트에 사는 사람들이 많은 어려움을 겪었다. 취사도 전기를 이용하게 되어 있는데 전기가 자주 나가다 보니 식사를 거르기가 일쑤였다. 내가 가진 조그만 전기밥솥도 거의 무용지물이었다. 전기는 마치 식사 시간을 아는 것처럼 점심 또는 저녁 시간에 맞춰 단전되었다. 당시는 휴대용 부탄가스 레인지도 없어 전기가 나가면 굶을 수밖에 없었다. 그해 9월 28일에는 내리 세 끼를 과자와 초콜릿으로 대신하기도 했다.

아파트는 구소련이 조립식으로 지었다. 모든 아파트의 온수와 난방은 시가 맡아 중앙집중 시설로 공급하고 있다. 최근 이 아파트의 사유화를 놓고 몽골 정부가 곤욕을 치렀다. 사유화를 인정하지 않던 몽골 정부는 아파트의 사용권을 100년간 인정, 상속이 가능하도록 했다.

자유화 이후 인구는 매년 크게 늘고 있는데 주택 공급은 거의 이루어지지 않고 있다. 이러다 보니 수요에 비해 공급이 크게 달려 사회적인 문제로까지 비화됐다. 이 판에 사정이 급한 사람들은 집의 사용권을 팔아 돈을 챙겼다. 방 세 개짜리(우리 나라로 치면 방 둘에 거실 하나) 집값은 7,000달러 정도다. 이렇게 집값이 비싸지자 몽골인들은 자녀가 결혼해도 살림을 내줄 엄두를 못낸다. 한 집에 3~4가구가 모여 살기도 한다. 아들딸이 결혼해도 데리고 살 수밖에 없는 실정이다.

내가 2년 이상 머물렀던 아파트는 울란바토르 15구역 2번 건물 네

번째 계단 62호. 이 구역의 건물들은 구소련인을 위해 지어진 것들인데 소련인들이 철수하면서 몽골 정부 소유가 되었다. 2번 건물부터 큰 길에 이르는 모든 아파트에는 지금도 러시아인들이 살고 있다.

몽골에는 건물, 가게, 학교, 빌딩 등 모든 것에 번호가 매겨져 있다. 이발소, 미장원, 서점, 심지어는 무덤에도 번호가 있다. 행정구역도 우리의 중구, 도봉구, 종로구처럼 고유 명칭이 있는 것이 아니라 번호(1구역에서 최근에 설립된 19구역까지)가 주어져 있을 뿐이다. 15구역 2번 건물은 러시아인이 주인이며 몽골인이 관리를 맡고 있다. 그 아파트는 입구가 여덟 개인데 입구에 따라 방의 숫자가 두 개, 세 개, 네 개로 모두 달랐다.

그곳에는 외국인들이 주로 모여 살고 있다. 외국인들은 집세를 모두 달러로 계산하기 때문에 관리인은 외국인 들이기를 선호한다. 달러가 귀한 몽골에서는 달러를 벌 수 있는 일이라면 내국인은 안중에도 없다. 내가 처음 계약했던 1995년 3월에는 외국인이 다섯 가구뿐이었는데 귀국할 무렵에는 한국인 20여 가구를 포함해 40여 가구의

울란바토르의 빈민들은 겔 속에서 살아간다.
나무 판자로 울타리를 쳐놓았다.

외국인이 거기에 모여 살았다. 그 아파트에 살던 몽골인들이 그 숫자만큼 쫓겨난 것이다. 몽골인들은 그곳에서 물러나며 외국인들을 원망어린 눈으로 쳐다보곤 했다. 집값을 달러로 낼 수 없는 까닭에 집을 내준 이들은 환경이 열악한 곳으로 이사가며 돈 없음을 한탄했다.

한국인들 사이에서는 그 아파트를 '한국인 촌'이라 부르기도 했다. 한국인 학생, 선교사, 실업인, 기업가 등이 그곳에 모여 살았기 때문이다. 거기 거주하는 한국인들은 시장에 야채가 나오거나 색다른 제품을 발견하면 곧바로 정보를 주고받아, 모여서 사는 이점을 누렸다.

그 아파트의 시설은 다른 곳보다는 나은 편이지만 서울의 아파트에 비하면 허름하기 짝이 없다. 아파트 계단에 전깃불이 켜진 곳이 드물어 밤에는 드나들기가 어렵다. 계단에 전등을 달아 놓으면 전등을 빼 가거나 술 취한 주정뱅이들이 깨버리기 때문이다. 4번째 계단에는 늘 전구가 끼워져 있어 밤이면 환하게 불빛이 비치곤 했다. 5층의 전구는 내가 갈아 끼웠고 2층은 안교성, 윤순재 두 목사가 번갈아 담당했다. 3층과 4층은 전구를 갈아 끼우지 않아 어두웠지만 1, 2, 5층에 불이 있어 그런대로 지낼만 했다.

이 계단의 집들은 호텔로 운영되던 것이어서 비교적 깨끗했다. 페인트도 새로 칠해져 있었고 매일같이 청소원이 계단을 쓸고 닦았다. 이 계단에는 층마다 각각 방 세 개짜리가 두 집, 두 개짜리가 한 집씩 있어 모두 열세 집이(1층엔 한 집뿐이었다) 살 수 있었다. 3층과 4층 일부는 호텔로 계속 사용했고 나머지는 장기 임대한 집들이었다. 몽골 관리인이 살았던 1층엔 몽골인과 결혼한 한국인 봉제기술자 최찬씨 가족이 이사와 장인을 모시고 함께 살았다. 2층엔 안, 윤 두 목사가 살았는데 방 두 개짜리는 윤목사가 사무실로 임대해 사용했다. 3층엔 영국인 선교사 부부가, 4층엔 한국인 백효찬 목사와 스웨덴인 선교사 안드레아스 가족이, 5층엔 나와 뉴질랜드인 간호사 겸 선교사 조이와 네덜란드인 선교사 알리 등이 살았는데 모두 화기애애하게 지냈다. 하지만 방음시설이 안되어 있어 늘 조심하며 살 수밖에 없었다. 옆집에서 주고받는 소리가 다 들려 큰 소리로 말하면 그 다음날 곧바로 질문을 받았다. 누가 왔느냐 무슨 일이 있었느냐 등이 화제가 되었다.

5층에서 나는 전화교환수 역할을 했다. 세 집 중에서 유일하게 전화를 가졌던 나는 네덜란드, 뉴질랜드, 스웨덴에서 걸려오는 국제전화를 연결해주느라 바빴다. 나와 동갑인 알리와 55세의 할머니인 조이는 네팔에서 각각 6년간, 18년간 선교사로 체류했다. 두 사람은 시간이 있을 때마다 같이 지냈으며 나도 가끔 동참해 커피 타임을 가지기도 했다.

이곳의 호텔 관리인은 호텔 비품으로 사용하던 침대, 탁자 등 간단한 집기를 무료로 빌려주었는데 1994년 말부터 유료화한다고 해 말썽이 일기도 했다. 계약서에 없는 내용이니 유료로 할 수 없다며 한국인을 중심으로 외국인들이 집단 반발, 일제히 재계약을 하는 소동을 벌였다. 관리인은 침대, 탁자, 의자 등 집기는 물론 커텐, 창문틀, 심지어는 전등갓까지도 사용료를 요구했다.

이 과정에서 이 건물에 최초로 세들어 살기 시작한 안교성 목사가 재계약을 하려다 이미 지난 기간 동안의 집기 사용료를 청구당해 거절했다. 관리인은 안 목사더러 거짓말쟁이라면서 한국인들 모두 나가라고 엄포를 놓았다. 안 목사는 흥분, 관리인에게 험한 말로 대꾸해 상황이 악화되었다. 이렇게 되자 한국인들이 모두 모여 관리인을 성토하고 집단으로 맞서기로 했다. 한국인의 집단 대응에 관리인은 대표자를 뽑아주면 모든 것을 대표자와 협의하겠다고 한발 물러섰다. 삼성물산 주재원 양웅식 과장과 유학생 여병무 씨를 간사로 선출, 대응케 해 위기를 넘겼다. 그 후 집세가 25% 이상 올랐고 모든 집기에 사용료가 추가됐다.

계단 입구엔 이중문이 설치돼 있어 겨울 추위를 막을 수 있었다. 첫번째 문을 열고 들어서면 난방용 라디에이터가 설치돼 있고 천정에는 전등을 달 수 있었지만 전구가 꽂혀 있지 않아 밤이면 늘 어두웠다. 두번째 문을 열고 들어서면 최찬 씨가 갈아끼운 전구 덕분에 밤에도 환했다. 그가 이사 오기 전에는 200와트짜리 큰 전구가 꽂혀 있었지만 자주 나가 어둠에 싸여 있기 일쑤였다. 이처럼 네번째 계단의 집들은 다른 계단의 집들에 비해 상황이 양호했다.

이웃 계단은 해가 지면 암흑천지로 변했다. 겨울에는 가끔 추위를 피해 들어온 집 없는 아이들이 구석에 웅크리고 있어 기겁을 하곤 했고, 집을 털려는 몽골인들이 몰래 숨어들기도 해 외국인들은 공포에 떨어야 했다. 몽골에서는 그래서 손전등이 필수품이다. 계단은 물론 거리의 가로등도 자주 나가 손전등 없이는 나다닐 수 없을 때가 많았다. 몽골인들은 숙달된 탓인지 손전등이 없어도 잘 다녔지만 외국인들은 늘 불안했다.

몽골에 가기 전 나는 주한 독일대사관의 공보관 도필영 씨한테서 충전식 할로겐 손전등을 하나 선물받았다. 건전지 구하기가 어려운 몽골에서 이 손전등은 최고의 인기였다. 콘센트에 꽂아놓으면 충전돼 8시간 이상 사용할 수 있었다. 외출할 때는 가방 속에 손전등을 챙기는 것이 생활화되었다. 낮에 외출할 때 모르고 손전등을 챙기지 않으면 밤에 돌아오면서 곤란을 겪었다.

최근 몽골에는 집 없는 아이들이 늘고 있어 심각한 상황이다. 몽골 정부도 고아를 위한 대책 마련에 나서고 있지만 뚜렷한 해결책을 제시하지 못하고 있다. 몽골 정부 통계에 따르면 1994년 말 현재 몽골인의 25%인 600,000명이 절대빈곤 생활을 하고 있으며, 그 중에는 고아 880명과 부모가 버린 반(半) 고아 상태의 어린이 21,300명이 포함돼 있다. 이들 고아 약 30,000명은 1인당 매월 1,680트그르그(우리나라 돈으로 약 3,400원)로 연명하는 절대빈곤 이하의 생활을 하고 있는 것으로 밝혀졌다.

한 통계조사에 따르면 몽골의 고아 숫자는 매년 10% 이상씩 증가하고 있다 한다. 1990년 자유화 이후 교통사고 등 각종 사고로 부모가 사망했거나 이혼한 부모가 버린 아이들이 늘고 있기 때문이다. 또 가계가 빈곤한 가정에서 생활이 어려워 거리로 뛰쳐나온 어린이 숫자도 매년 늘고 있다. 이들 어린이들은 남의 아파트 계단이나 온수관이 지나는 지하 공동구에 모여 자며 영하의 추위를 피하고, 구걸이나 도둑질 등으로 연명하고 있어 사회적인 문제로 떠오르고 있다.

몽골 정부는 1995년을 '집 없는 어린이들에게 보금자리를 마련해주는 해'로 정하고 정부와 정당, 각 사회단체, 기업, 국민이 참여하는 범국민적인 구호시설 마련 계획을 수립했다. 몽골 정부는 1995년 3월 대대적인 모금행사를 전개해 고아 수용시설을 설립키로 하고 국민들에게 동참할 것을 호소했다. 몽골 정부의 한 관계자는 그러나 일반 국민들의 가계가 쪼들리고 있는 상황에서는 모금행사가 별다른 효과를 거둘 수 없을 것이라고 우려를 표명하고, 유니세프 등 국제아동보호기관에 지원을 요청할 것이라고 말했다.

한번은 몽골에서 사업을 하는 최광규 씨가 애써 모은 돈 400만 트그르그를 몽땅 도둑맞았다. 최씨는 스웨터를 생산하는 몽골의 주요 수출업체로 알려진 시온산업을 경영하고 있는데, 도둑들이 현관문을 뜯고 들어와 돈과 라디오, 비디오 등을 들고 갔다. 경찰에 신고했지만 범인은 잡히지 않았다.

외국인들은 집을 비우는 경우가 많아 도둑들이 노리는 좋은 표적이 되고 있다. 외투, 신발, 전기기구 등 물건을 가리지 않고 들고가는 통에 안심할 수가 없다. 대부분 집에서 가출한 청소년들이 범인일 것이라고 짐작하고 있을 뿐이다.

언젠가는 갑자기 전화가 끊겨 당황했다. KBS와 방송 시간을 약속하고 기다리고 있었는데 전화가 먹통이 된 것이다. 전화국에 신고했지만 기계에는 이상이 없다며 이틀 후에나 수리원이 나가 고칠 수 있다고 말했다. 어이가 없었다. 당장 필요한 판에 이틀이나 기다리라니 화가 치밀어올랐다. 2층 윤순재 목사 집에서 방송은 마쳤지만 약이 올랐다. 전화선 단자를 찾아 열어보니 전화선이 끊어져 있었다. 누군가 전선이 필요해 끊어간 것이었다. 윤목사에게 사정을 털어놓자 자주 있는 일이라며 예비로 전선을 확보해놓는 일이 중요하다고 가르쳐줬다. 외부와의 유일한 연결 통로이던 전화와 관련된 에피소드는 끝이 없다. 3층 호텔에 장기 투숙 중이던 중국인들이 전화를 신청했는데 전화국 직원이 나와 내 전화선에 다른 전화를 연결, 중국인들과 신경전을 벌인 적도 있다.

몽골에도 휴대폰 같은 것을 들고 다니는 사람들이 있다. 시내 중심가에서도 전화를 사용하는 걸 본 외국인들은 몽골의 전화 기술이 크게 발전해 있다고 놀란다. 실상은 천만의 말씀이다. 집에 설치된 전화기에 무선전화기를 연결, 출력을 크게 늘려 불법 사용하는 것이다. 이 전화가 혼선이 되는 경우가 종종 있어 전화에 대고 서로 상스런 말을 주고받기도 한다.

아내를 빌려줍니다

몽골의 역사는 종족보존을 위한 투쟁으로 일관했다. 몽골인들은 종족보존을 위한 방편으로 외간 남자에게 아내를 하룻밤 빌려주기도 하는 등 수단과 방법을 가리지 않았다.

역대 왕들은 국가의 모든 역량을 종족 번영에 집중시켜왔다. 호전적으로 알려진 몽골족의 침략 전쟁도 알고보면 외적으로부터 자기 종족을 지키기 위한 수단이었다. 숫적으로 적은 몽골족들은 자신들의 영토나 국민을 건드리면 언제나 보복당한다는 것을 알리기 위해 부단하게 외부와 충돌했다. 그러지 않고서는 중국과 러시아의 틈바구니에서 견뎌낼 수 없었기 때문이다.

몽골인들은 이런 뜻에서 사람을 그 자체로 중요하게 대우한다. 그 사람의 출신과 직업이 어떠한가는 중요하지 않다. 출생의 근본을 모르는 사람일지라도 자식이나 형제자매로 받아들여 더불어 살아간다. 역사책 『노츠 토브초』에도 징기스 칸의 어머니가 입양해 기르는 자식을 박대하는 형제들에게 "모두가 한 아들"이라고 경고한다.

몽골인들은 이런 의미에서 '업둥이=복둥이'로 여긴다. 몽골인들에게 업둥이는 특별한 의미를 가지고 있다. 아무 집에서나 업둥이를 얻을 수 있는 것이 아니라 집안이 화목하고 부인이 덕이 있는 집이라야 가능하다는 것이다. 또 집안의 내력도 무시할 수 없는 조건 중의 하나다. 몽골인들은 그래서 업둥이가 생기면 집안의 경사로 생각한다. 집안이 융성하고 번창해나갈 좋은 징조로 받아들인다.

몽골 국립사회과학원 비서장 수흐바타르 선생은 업둥이를 자기 친자식보다 더 애지중지 여긴다. 매년 어린이날이면 업둥이(1995년 당시 네 살)를 연구소에 데리고 나와 연구원들에게 자랑하기 바쁘다. 아이가 영리하고 귀염성 있게 굴어 너무 예쁘다고 입에 침이 마르게 자랑한다. 이 같은 행동은 아이가 이쁘기도 하겠지만 그 스스로가 인격자라는 것을 남이 인정했다는 사실에 자부심을 느낀다는 표시다.

업둥이를 받아들이는 절차도 흥미롭다. 업둥이를 보내고 받아들이는 행위를 의식으로 거행한다. 도시에서는 아파트 문앞에 업둥이가 놓여 있으면 가장이 나와 하늘에 절하고 잔에 술을 따라 사방으로 뿌리면서 가문에 한 아이가 새로 태어났음을 조상과 이웃들에게 고한다. 그러고는 출생신고를 한 뒤 정식으로 한가족으로 맞아들인다. 이 과정에서 어떻게 얻게 된 아이인가를 관리들도 엄격하게 따지지 않는다.

시골에서는 업둥이를 얻기가 무척 힘들다. 인구수가 워낙 적어 누구네 집 아이인가를 쉽게 알아보기 때문이다. 하지만 시골에서의 업둥이는 더 극적이다. 말안장 양쪽에 바구니를 달아메고 오른쪽 바구니 안에다 아이를 넣어 떠나보낸다는 것이다. 왼쪽 바구니에는 아이의 복을 비는 양털로 꼰 줄과 옷가지를 넣어보낸다.

몽골인의 성 풍속만큼이나 우리에게 잘못 알려진 것도 없다. 몽골에서 돌아온 뒤, 만나는 사람들마다 "몽골 사람들은 아내도 빌려준다는데 진짜냐"는 호기심 반 농담 반의 질문을 해댔다. 최근 들어 혼탁해진 우리 성 문화의 또 다른 유형을 찾으려는 듯, 진지한 눈빛의 사람들도 더러는 있었다.

내 대답은 언제나 "그렇다"였다. 이렇게 대답하면 같이 있던 남자들은 백이면 백 모두가 눈을 빛내며 "한번 같이 가자"며 금방이라도 달려갈 듯한 모습을 보였다. "공짜면 황소도 잡아먹는다"는데 돈 안들이고 남의 아내를 볼 수 있다니 남자의 호기심을 불러일으키지 않을 수 없다. 하지만 "당신의 인격과 지적 수준, 신체를 보고 몽골 남자들이 허락할는지 모른다"고 말하면 피식 웃고 만다. 몽골인들의 이런 성

문화는 공식적으로는 지금까지 전해지지 않는 것으로 되어 있다. 그러나 고비 지방 혹은 북서부 산악지대 등 일부에서 전해질 것이라는 걸 숨기지 않는다.

필자가 3년 가까이 몽골에서 현지인들과 살면서 함께 여러 차례 여행을 하기도 했지만 한번도 이런 경험을 할 수 없었다면 유감일까. 몽골인이 과거에 가졌던 이런 성 풍습의 진짜 의미를 알게 되면 그들의 종족 보존 노력이 얼마나 눈물겨운 것이었는지를 이해하게 될 것이다. '아내를 빌려주는 풍습' 은 우리 나라에서도 상영됐던 앤소니 퀸이 주연한 영화 「바렌」(원제는 이노센트 사베지)을 통해 널리 알려졌다. 한 에스키모가 자신의 아내에게 그 마을에 기독교를 전파하러 온 선교사와 잠자리를 함께하도록 했던 것. 이때부터 에스키모들의 아내 빌려주기가 우리네 입에 회자되기 시작했다.

영화를 보면서 우리는 커다란 잘못을 저질렀다. 에스키모들이 왜 낯모르는 외지인과 자신의 아내를 같이 잠자리에 들게 했을까를 제대로 이해하지 못했던 것이다. 관객들은 영화 제목처럼 그들의 미개한 풍습이라고만 여기고 웃어넘겼다.

에스키모와 몽골인들은 근친혼에 대한 폐해를 경험으로 배워 잘 알고 있다고 학자들은 주장한다. 근친혼으로 태어난 아이들은 백치에 가깝거나 열성유전인자가 쉽게 발현, 종족의 우성 요소를 파괴한다고 알고 있다는 것이다. 그래서 그들은 결혼 상대자로는 가능하면 멀리 떨어진 곳에 사는 다른 부족을 선택했다.

이런 인위적인 노력도 한두 번이 고작이다. 몽골 고비지역의 경우 이웃집이 100~150km 떨어져 있기 일쑤다. 아버지가 이웃집 규수를 아내로 맞아들이고 나면 아들은 아내감을 구하기 위해 300~500km 떨어진 또 다른 이웃집을 찾을 수밖에 없는 실정이었다. 이렇게 곤란을 겪다보니 가문의 번성을 위해서는 다른 종족의 씨를 받아들일 수도 있었던 것이다. 멀리서 온 사람일수록 대접을 받는 이유가 그것이었다. 모르는 사람일수록 선대(先代)에서 피가 섞일 확률이 낮아진다는 것을 그들은 알고 있었다.

아내를 외간 남자와 동침케 하는 데도 법도가 있었다. 손님을 맞은 씨족장은 회의를 개최, 전체 구성원의 의사를 물었다. 남자의 지적 수준을 최우선으로 따졌고 그 뒤 외모와 됨됨이를 보고 결정토록 유도했다. 씨를 받기로 합의가 되면 손님을 극진하게 대접, 선택된 여인과 동침케 했다.

지적 수준이 선택의 우선권이 되자 공산혁명 이전 몽골에서는 승려들이 새 신부들의 초야권(?)을 가지는 웃지 못할 일도 일어났다. 결혼하고서는 신랑보다 승려와 먼저 잠자리를 같이하는 풍습이었다. 당시 글을 읽고 쓸 수 있었던 계급은 승려뿐이었고, 그들이 정치, 사회, 문화 등 전반에서 지도자 역할을 했으므로 그들의 우수한 혈통을 이어받기 위해서였다. 이렇게 해서 얻어진 아이는 아버지가 누구인가는 묻어두고 그 여인의 남편 자식으로 키우게 했다.

지금도 몽골에서는 아버지가 누구인가를 중요하게 여기지 않는다. 태어난 생명은 누구든 몽골 국민으로 살아갈 권리를 갖는다. 이런 전통 때문에 몽골에는 미혼 여성의 출산이 의외로 많다. 결혼 연령도 매우 낮아 17~18세면 많은 여성들이 결혼한다. 부부간의 성에 대한 개념도 우리보다 훨씬 자유롭다. 일부 지방에서는 아직도 남편이 집을 떠나면서 아내에게 출타한다는 것을 알리지 않고 간다. 묵시적으로 아내에게 자유 시간을 허락하는 것이다.

철저한 '원룸' 시스템으로 이뤄진 전통 가옥 겔에서의 성 생활도 어린 아이들에게 영향을 준다. 심한 경우 3대가 6~7평의 한 공간에서 사는데, 그러다보면 성에 대한 개념도 무뎌질 수밖에 없다. 젊은 여대생들이 남자들과 같이 있는 자리에서 알몸으로 체육복을 갈아입는 것을 쉽게 목격할 수 있다. 남녀 대학생이 함께 여행을 가거나 노력봉사 활동에 동원되기도 한다. 이 같은 일련의 결과로 몽골은 급격한 인구증가 지역으로 손꼽히게 되었다.

개를 불러 들이시오

몽골인들의 손님 접대는 극진하다. 손님이 오면 양을 잡아 신선한 고기를 대접하고 겔 중앙에 앉히며 잠자리도 주인과 함께한다. 흔히 하는 말로 손님은 왕이다. 친척이나 잘 아는 사람이 아니라도 손님이라면 똑같은 대우를 받는다.

몽골인들은 자신의 여행 경험을 떠올리면서 손님을 대접한다. 그들은 길을 떠나면 허허벌판에서 인가를 만나기 어려워 늘 고독하고 궂은 날씨에 시달려야 한다. 주인은 이런 상태를 염두에 두고 손님을 맞아들인다. 그도 언젠가 길을 나서면 낯 모르는 많은 사람의 도움을 받아야 하기 때문이다. "남한테 대접을 받으려거든 네가 먼저 남을 대접하라"는 성경 구절을 몽골인들은 스스로 실천한다.

몽골인들은 길을 가다 날이 저물면 아무 겔에나 찾아가 주인장에게 하룻밤 묵어 갈 것을 요청한다. 주인은 웬만하면 대부분 허락한다.

손님은 멀리 겔이 보이면 옷을 바르게 고쳐 입고 겔로 다가간다. 그리고는 주인을 부른다. 주인을 부르는 소리가 흥미롭다. 겔로 다가가 문을 두드리거나 "들어가도 되겠소"라고 묻지 않는다. 손님은 겔에서 개를 키우거나 말거나 개의치 않고 목소리를 높여 "개를 불러 들이시오"라고 소리친다. "밖에 사람이 왔소"하고 안에다 알리는 말이다. 그리고는 크게 헛기침을 하거나 혼자서 "날씨가 참 좋다", "풀이 참 잘 자라고 있구나" 등 뜻 없는 말을 중얼거린다. 집안에 하인이 있든 없든 관계치 않고 "이리 오너라"라고 집안의 사람들에게 기별하던 우리네 옛 풍습과 비슷하다. 이 말을 들은 주인은 겔 안에서 옷을 차려 입고 모자를 쓰고 나와 손님을 맞이한다. 유럽에서는 실내에서나, 인사를 할 때는 모자를 벗지만 몽골인들은 인사를 할 때 꼭 모자를 쓴다.

주인은 손님이 말에서 내리도록 도와주고 말을 줄에 맨 뒤 겔로 인도한다. 손님과의 안면 유무에 관계없이 장황한 인사말을 주고받는데 적어도 5분은 넘는다. 인사말의 종류도 다양하다. "사인 바이 노(안녕하십니까)"는 기본적인 것으로 "사인(좋다)"이라고 대답한다. 이 대답은 영어의 "파인(Fine)"과 같은 의미로 사용된다. 이때 주의할 것은 아무리 상황이 나쁘고 몸이 불편하다고 해도 부정적인 대답을 해서는 안된다는 점이다. 만약 몸이 아프거나 어떤 문제가 있으면 인사말을 주고받은 다음에 얘기를 꺼내야 한다.

이 이외에도 계절에 따라 "봄철 살기가 괜찮으냐", "여름 지내기가 좋으냐" 등으로 인사말이 달라진다. 시골에서 주고받는 가축과 관련된 각종 인사말도 흥미롭다. "댁의 양이 평화롭게 풀을 잘 뜯고 있습니까", "양이 통통하게 살이 쪘습니까" 등이다. 몽골어에서 평화라는 표현은 기원이나 행복을 의미한다. 사람들이 걱정할 일이 없다면 그것이 곧 평화고 행복이라는 것이다. 들판이나 일터에서 사람을 만나면 특별한 기원이나 인사를 한다. 소젖을 짜는 사람을 만나면 "젖이 그릇에 가득하겠어요"라고 하고, 양털을 깎는 소녀에게는 "양털이 비단보다 더 곱다"고 하는 식이다. 게임을 하는 가족을 만났다면 "골고루 한 번씩 사이좋게 이기십시오"라고 말한다. 그러면 상대방도 그렇게 될 것이라고 대답한다.

음력설에 손님을 만나면 인사가 더 요란스러워진다. 각 계절과 일년의 행운, 가축의 다산, 가족의 화목 등이 거론된다. 어른을 만났을 때는 '고애(씨)'라고 존대어를 사용해야 한다. 예를 들면 "푸레브잔찬 고애"라고 불러주면 흡족해 한다. 또 단지 나이가 많아 보이면 '아하(형 또는 아저씨)'라고 부른다.

손님이 안으로 들어오면 겔의 정문에서 볼 때 약간 왼쪽, 주인의 오른쪽에 앉게 한다. 그리고는 여름에는 아이락을, 봄·가을·겨울에는 '수테 차(차에 우유를 탄 것)'를 권하며 우선 요기하고 한숨 돌리도록 한다. 차는 반드시 두 손으로 손님에게 권한다. 왼손으로 오른손 팔목을 받쳐든다. 손님도 똑같은 방법으로 찻잔을 받아든다. 이때 꼭 옷소매를 내리고 주고받는 것이 기본 예의다. 몽골에서는 어른들이 아랫사람들에게 물건을 주면 황급하게 소매를 풀어내리고 두 손을 내밀어 받는 것을 종종 볼 수 있다. 팔뚝을 드러내면 예의에 어긋난다고 생각한다.

차와 함께 손님에게 코담배를 권하며 다시 한번 수인사를 한다. 코담배는 담배가 아닌 다른 향료와 약초를 사용해서 만든 것이다. 옥으로 만든 향수병만한 코담배를 주머니에서 꺼내 상대방에게 주면서 "여행길이 편했느냐"고 묻는 것을 시작으로 말문을 터나간다. 그러나 절대로 손님이 어디서 왔으며 어디로 가며 무슨 일로 길을 나섰는지 먼저 묻지 않는다. 손님이 대화 중에 자연스럽게 하는 일이 무엇이며 어디로 가는지를 알려줄 뿐이다. 코담배를 상대방에게 줄 때는 반드시 오른손을 사용해야 한다. 왼손으로 주고받으면 오히려 하지 않은 것만 못하다. 왼손은 불결하다고 생각해 타인과 접촉하는 것을 꺼린다.

코담배 병을 건네줄 때는 뚜껑을 조금 열어 상대방이 꺼내기 쉽게 한 뒤 권한다. 코담배를 받아서는 뚜껑에 달린 작고 홈이 파진 귀이개 같이 생긴 것으로 가루를 꺼내 엄지 손톱에 바른다. 그리고는 조심스럽게 들이마시며 냄새를 맡는다. 갑자기 훅 들이마시면 재채기와 눈물, 콧물이 나와 창피를 당하기 쉽다. 강한 향료와 매콤한 냄새가 자극적이다. 방안에 있는 모든 사람들이 한바퀴 죽 돌려가면서 코담배 냄새를 맡으면 인사가 끝난다. 코담배 통은 원래 주인에게 다시 돌려준다.

몽골인들은 손님에게는 새로 잡은 고기를 대접한다. 이때도 격식을 차린다. 고기의 엉덩이, 갈비 등 각 부분 고기를 한 점씩 삶아 내놓는다. 끝으로 내장을 삶아 상에 올린다. 다 먹었다는 표시다. 손님은 음식을 먹고 감사하다는 말을 해야 한다. 흔히 일본인들의 인사를 두고 "한 번 감사하다는 표시를 하려면 열 번은 허리를 굽혀야 한다"고 말하는데 몽골인들은 이보다 더하다. 족히 10분이 넘을 시간을 할애하여 주인에게 반가움과 고마움을 표시한다.

아이락으로 거나해진 주인이 손님과 마음이 서로 통하면 술을 마시기 시작한다. 주인은 손님의 술잔에 술을 채워 권한다. 손님은 그 술을 다 마시는 것이 아니라 반쯤 마시고 주인에게 잔을 돌려주며, 그러면 주인은 다시 술을 따라 다른 손님에게 잔을 돌린다. 주인은 손님들이 한 순배 돈 뒤 마지막으로 술을 마신다.

중국의 기록에 따르면 몽골인들은 예부터 잔칫날에 귀한 손님이 오면 말고기를 먹었다 한다. 말고기는 삶아서 고기로 먹을 뿐 다른 것으로 요리하지는 않았다. 말고기의 맛은 지방질이 없어서 담백하고 고깃결이 그대로 살아 있어 졸깃졸깃하다. 하지만 몽골 학자들은 이 말이 잘못됐다고 지적한다. 말고기는 비상식량으로서의 의미가 더 강했다. 말은 육식용으로 사육하지 않았으며, 대신 운송 수단으로 사용하다 늙어 수명이 다하면 잡아서 먹었던 것이다.

중국인들이 몽골인들과 함께 머물렀던 것은 한 차례 전쟁을 치르고 난 뒤 두 민족이 화해하거나 화친을 위해 모인 자리뿐이었다. 이런 자리에서 몽골인들은 항상 말을 잡아 잔치를 베풀어 중국인들에게 대접했다. 이걸 본 중국인들은 몽골인들이 잔치 때 말고기를 먹는다고 기록했다. 몽골인의 풍습에는 손님이 오면 늘 새로 가축을 잡아 신선한 고기를 대접하는 것이 예의로 되어 있다. 먹던 고기가 아무리 많이 남아 있어도 손님이 방문한 것을 영광으로 여겨 새 가축을 잡았다. 이런 전통에 따라 손님을 접대해야 하지만 전쟁판에서 가축을 구할 수 없었던 몽골인들은 가장 구하기 쉬운 말을 잡아 잔칫상을 차렸던 것이다. 몽골의 풍습을 제대로 이해하지 못했던 중국인들은 이런 모습을 보고 몽골인들을 말고기를 먹는 민족이라고 기록했다. 이 말에는 몽골인들이 미개하고 무식해 말고기도 먹는다는 투의 비하하는 내용이 담겨 있다.

몽골인들은 자신들이 조심스럽고 부끄러움을 잘 탄다고 말한다. 일반적으로 알려진 것처럼 공격적이고 거친 성격이 아니라는 것이다. 몽골인들은 종종 당황스러움과 거북함을 웃음으로 얼버무린다. 대부분의 몽골인들은 과묵하며 관용적이라고도 말한다. 흔히 까다롭고 변덕스럽다고 묘사되지만 품위가 없는 것은 아니다.

물론 이런 말들이 모두 맞는 것은 아니다. 그러나 몽골인들은 경기를 할 때면 매우 흥분하고 화가 나면 펄펄 끓는다. 그래서 손님들은 그들에게 불쾌한 말을 하지 않는다. 친구나 아는 사람 사이에서는 더더욱 금기시되고 있다. 문제를 야기시킬 말을 사전에 차단하는 것이다. 언짢은 말을 할 때는 가능한 한 조심스럽게 방어적인 자세를 취한다. 반면 칭찬과 호의는 과장하여 크게 떠벌린다. 또한 주인이 자신의 고향이나 자신이 사는 주변의 자연경관 등을 자랑하는 것을 손님이 잘 들어주는 것도 매우 좋아한다. 몽골에는 다른 사람에 대한 호의와 칭찬이 잘 발달돼 있고 운문(韻文)으로 음유된다. 그래서 고대의 축제나 잔치는 전통적으로 찬미와 칭찬으로 시작되고 끝났다.

몽골인들은 난로와 겔에 대한 독특한 생활 풍습을 가지고 있어 손님들이 금해야 할 일이 많다. 편안한 여행을 하려면 터부를 지켜주는 것이 좋다. 몽골에서는 난로에 물을 붓거나 쓰레기를 넣어서는 안된다. 칼이나 창으로 불을 젓는 것과 난롯불에 발을 쬐는 것도 금기시된다. 난로를 타넘는 것은 더더욱 안된다. 난로를 모독하는 것 같은 행동은 죄악시되며 주인을 모욕하는 것으로 받아들여진다. 우유를 땅바닥에 쏟아도 안된다. 겔 안에서 휘파람을 불고 겔의 기둥에 몸을 기대면 불길한 일이 일어날 징조로 받아들인다. 겔 안에서 휘파람을 불면 겔 외부에 있던 불순 세력들이 침입해온다는 옛말 때문에 몽골인들은 휘파람을 몹시 꺼린다. 일반적으로 건물이라면 외부의 위험으로부터 보호해주는 역할을 하지만 겔은 보호 능력이 거의 없다. 나무와 천, 양털로 만든 '이쓰기(벽가림)' 등으로 되어 있기 때문이다.

몽골인들은 외국인들에게 호의적이다. 자연 환경이 열악해 외부인을 쉽게 접할 수 없었던 그들은 외국인을 반긴다. 외국인들은 외부 소식을 전해주는 전령이며 새로운 문물을 소개하는 선구자였다. 몽골인들이 외국인들에게 호의적이라고 말했지만 도시 지역에 한정된 말이다. 지방을 여행할 때는 전통과 예절을 잘 알지 못하면 봉변을 당하기 일쑤다. 수도에서 멀리 떨어져 있을수록 더 배타적이고 관습을 중시한다. 그러나 크게 걱정할 것은 아니다. 외국인들은 잘 몰라서 그렇다는 것을 모든 몽골인들이 잘 알고 있다.

옷 한 벌로 마음을 연다

몽골인들은 전통 의상 '델'을 입고 살아왔다. 델은 길고 폭이 넓은 소매를 가진 우리 나라 두루마기와 비슷하다. 단지 반드시 허리띠를 매야 한다는 것이 다를 뿐이다. 여성들의 경우 허리띠를 매지 않으면 헤픈 여자로 손가락질 받는다. 외국 여성들이 허리띠를 매지 않고 거리에 나서면 지나가던 모든 몽골 여성들이 지적하며 꼭 허리띠를 매라고 가르쳐준다.

몽골의 21개 종족은 서로 다른 고유한 디자인의 델을 입고 있다. 델의 색상, 모양, 무늬, 소매끝 처리 등에 따라 종족의 특색을 나눈다. 외국인들 눈으로 보면 그게 그것으로 보이지만 몽골인들은 분명하게 차이점을 지적해낸다. 혁명 전에는 모든 사회계층 사람들이 각각 다른 델을 입고 있었다.

전통 의상 델과 고랄을 착용한 할흐족 노인.

유목민들은 여름, 겨울 구별 없이 평범한 델을 입었다. 승려들은 노란 델 위에 망토를 걸쳐 입었다. 몽골에서 노란 색은 신성한 색이어서 여성들은 함부로 노란 색 옷을 입지 못했다. 특히 여성들의 하의에는 노란 색 사용이 엄격하게 금지되었다. 혁명 이전 만약 여성들이 속에 노란 옷을 입은 것이 발각되면 집안 어른들이 불호령을 내렸다고 한다. 노란 색 속옷을 입은 여성들이 가문에 재앙을 가져온다고 생각했기 때문이다. 관리들은 모자를 썼고 비단 조끼를 입었다.

최근 울란바토르, 다르항 등의 도시 젊은이들은 서구식 의상을 입고 있다. 도시에서도 많은 사람들이 델을 입지만 모양이나 색상 등은 상당히 달라졌다. 젊은 여성들은 스스로 고안한 변형된 델을 입는다. 이렇게 개량된 델을 입는 데 젊은이들이 앞장서고 있어, 멀지않아 몽골에도 의복의 변화가 불어닥칠 것으로 보인다. 시골에서는 서구식의 의상이 유목 생활에 불편해 적합하지 못하다는 걸 경험으로 알고 있다.

델은 계절에 따라 크게 세 가지로 분류된다. 첫째는 사철 입는 '단델'이다. 이것은 프록코트처럼 생겼지만 안에는 아무것도 없는 홑겹 옷이다. 시골의 아낙네들이 주로 입는다. 겨울 추위가 몰아치면 단 델 위에 따뜻한 옷을 겹쳐 입는다. 다음은 '테르렉'이다. 봄, 가을이나 집 안에서 주로 입는데 솜 누빈 것을 속에 얇게 덧댄 것이다. 끝으로 '네흐 델'이 있다. 겨울에 입는 것으로 속에다 양털을 댄 두꺼운 옷이다. 혹독한 몽골의 겨울 추위를 견디기에 적합하도록 고안됐다.

델은 남녀용 구별이 없다. 단지 단추의 숫자가 많고 화려한 것이 여성용이고 단추 숫자가 적고 폭이 넓으며 색이 화려하지 않은 것이 남성용이다. 모양은 모두 단순하다. 만들 때 길이나 폭에는 신경 쓰지 않아도 좋다. 두루뭉실하게 입을 수 있기 때문이다. 델을 만드는 옷본도 정확한 치수가 없다. 우리 식으로 말하면 한 뼘, 한 발 하는 식의 치수를 사용한다. '호로(손가락 몇 개 넓이)', '터흠(한 팔 길이)' 등의 단위가 그것이다. 이 길이는 사람마다 다 달라 정확하게 몇 cm라고 말하기 곤란하다.

평소에 입는 델은 회색, 갈색 등 어두운 색조를 띠고 있다. 명절에 입는 델은 밝은 청색, 녹색, 자주색이다. 여기에다 델 색과 대비가 되는 실크로 된 허리띠를 착용하는데, 단순한 장식품이 아니라 델이 몸에 붙게 만들어 말을 타고 장거리 여행을 할 때 편리하다. 과거에는 이 허리띠에 칼, 담배 쌈지, 부싯돌, 담뱃대 등을 꽂고 다녔다. 지금도 몽골인들은 습관처럼 담뱃대를 긴 가죽장화 속에 꽂고 다닌다.

델의 깃, 앞섶, 소매는 입는 사람의 취향에 따라 폭이 결정되며 수를 놓거나 장식을 하기도 한다. 델의 단추는 실을 꼬아 감아서 만든 것으로, 옛날 우리 어머니들이 비단실을 감아 삼베옷에 달던 것과 똑같은 모습이다. 시장에서 사는 델에는 돌, 보석, 은 등으로 만든 단추를 달기도 하지만 전통적인 것은 아니다.

손으로 델 한 벌을 만드는 데는 꼬박 3일쯤 소요된다. 천을 사다 재단하고 단추를 꼬아 만든 뒤 옷깃을 마무리한다. 바늘로 한땀 한땀 떠서 옷깃을 만드는 데 기계로 한 것보다 훨씬 촘촘하고 여물다.

옛날 결혼한 여성들은 여러 폭으로 된 델을 입었다. 소매에는 수를 놓았고 어깨에는 낙타털을 넣었으며 말편자 모양으로 소매끝단을 했다. 귀족 부인들은 은실로 수를 놓은, 색이 고운 델을 준비했다. 이런 델을 입을 때는 검은 담비가죽으로 치장한 모자를 썼고, 특별히 은으로 만든 장식을 달고 머리를 땋아 어깨쪽으로 늘어뜨렸다. 지금은 볼 수 없고 박물관이나 영화에서만 구경할 수 있다. 가끔 민속공연 때 배우나 가수들이 입고 출연하기도 한다.

남성들의 델은 다목적용이었다. 일을 할 때나 말을 탈 때 몸을 보호했고 보온용으로 사용되었으며 밤에는 담요 대용으로 썼다. 시골에 사는 몽골인들은 축제 때 '한타즈'라고 부르는 망토 같은 옷을 입었다. 겨울에는 '후름'이라는 겉옷도 겹쳐 입었다. 한타즈는 갈색 또는 검정색의 수 놓은 천으로 만들었다.

몽골에서는 존경하고 아끼는 사람에게 델을 선물한다. 천 구하기가 어려웠던 옛날에는 옷 선물이 최고였다고 한다. 부모는 물론 스승, 친지 등에게서 옷을 받으면 극진한 존경과 사랑을 표시했다. 기록에 보면 징기스 칸이 어려움에 처했을 때 옷을 한 벌 가져가 도움을 청했다. 몽골인들은 이처럼 옷을 선물하면 마음을 열고 상대방을 기꺼이 받아들인다. 또 제자가 박사학위를 받거나 중요한 지위에 오르면 델을 선물한다. 학문이 깊어지고 이 세상 모든 사람들에게 진리를 전하라는 스승의 염원이 담긴 것이다.

1995년 7월 몽골 국립아카데미 논문 심사위원회로부터 박사학위 통과 소식을 듣고 지도교수 체른소드놈 박사를 찾아갔다. 체른소드놈 박사는 학위 통과를 축하해주면서 감색 델을 한 벌 나에게 선물했다. 박사의 부인이 내 몸의 치수를 눈대중으로 재어 손수 손으로 만들었는데 몸에 꼭 맞았다. 부인은 나에게 델을 입혀주면서 다시 한번 학위 취득을 축하했다. 델을 눈 높이까지 들어올리고 고개를 숙여 절하며 "하늘과 땅, 우주 만물이 당신의 건강과 행운을 지켜줄 것"이라고 기원했다.

몽골인들의 칭찬은 늘 최고의 미사여구를 사용한다. 칭찬을 시작하면 우리네 상식으로는 미안하고 송구스러울 만큼 상대방을 치켜세운다. 돈도 들지 않는데 아낄 것이 무엇일까마는 우리는 남을 칭찬하는데 너무 인색한 것이 아닌가 반성하는 계기가 됐다.

옛날 몽골인들은 양털로 신을 만들어 신었다. 양털을 꼭꼭 다져 넓게 만들어 신발 모양으로 잘라 실로 꿰매 신을 만들었다. '이쓰기 고탈'이라고 부르는 이 신발은 보온성이 뛰어나다. 양털로 만들어 통기성도 우수하고 발도 편하지만 튼실하지 못한 것이 흠이다. 그러나 "3

보 이상 승마"라는 농담이 있을 정도로 늘 말을 타고 다녀 생각보다는 오래 신는 편이다. 보통 두 해 겨울은 별탈 없이 견딘다. 몽골에서 생산돼 가격도 싸다. 우리 돈으로 2만 ~4만원 선이다.

단단한 가죽으로 만든 장화 목 끝에는 가죽으로 장식을 해 달았다. 특이한 것은 오른쪽과 왼쪽 신발 모습이 똑같다는 점이다. 아무것이나 신어도 발에 맞게 돼 있다. 옛날 전쟁 중 적과 대적할 때 신발을 갖춰 신고 나가는 시간이라도 벌기 위해서 구별 없이 만들었다는 것이다. 적보다 민첩해야 숫적으로 불리해도 견딜 수 있었기 때문이다.

몽골 신발은 우리 나라 고무신과 많이 닮았다. 뒷굽이 없고 대신 앞코를 위로 들어올려 멋을 냈다. 몽골인들은 신발코를 위로 하고 굽을 없앤 것이 땅에 대한 존경심에서 비롯되었다고 설명한다. 라마승들은 '조용히 쉬는 땅'을 깨우지 말라고 가르친다. 그리고 인간이 사는 터전인 성스러운 땅을 신굽으로 짓이기지 말라고 덧붙인다. 또 다른 설명은 신에서 발이 빠지는 것을 방지한다는 것이다. 몽골인들은 발을 감싼 발싸개가 앞코에 조금이라도 걸리게 신발을 만들었다. 신바닥은 두껍고 단단해 발은 보호하지만 걷기는 힘들게 되어 있다. 땅과 접촉하기 어렵게 만들어 말을 타고 다니도록 유도했다는 것이다. 말은 살아 있는 동물이라 땅과 하나가 될 수 있었다.

몽골인들이 쓰는 모자도 특이하다. 우리 나라 방한모 같은 털모자에 사방을 가리도록 털이 달려 있다. 주로 겨울용이지만 여름에는 털을 위로 들어올려 햇빛을 가려 시원하게 한다. 겨울에는 털 끝에 달려 있는 끈을 내려 턱에 꼭 맞게 조여 맨다. '루브즈'라고 불리는 이 모자는 지금도 유목을 하는 시골에서 남녀 구별 없이 사용한다.

혁명 전에는 남자들만 모자를 쓰고 다녔고 모자로 신분을 나타냈다. 군인들은 끝이 뾰족하고 딱딱하며 네모난 '잔진 말가이'라고 부르는

말을 몰고 찾아온 친구와 함께한 젊은이.
전통 모자 대신 서구식 모자를 쓰고 있는 것이 이색적이다.

지휘자용 모자를 썼다. 울란바토르 광장 사진에서 흔히 볼 수 있는 수흐바타르 동상의 모자와 같은 것이다. 나담 때 씨름 선수들이 쓰는 모자도 이것이다. 관리들은 만주족 스타일의 공작새의 털로 된 술과 보석 끈장식이 달린 모자를 썼다. 보석의 색과 크기는 관리의 계급에 따라 달랐다.

소녀들은 꼭대기에 보석으로 만든 단추 같은 장식이 달린, 여섯 쪽으로 된 '토르촉' 모자를 쓴다. 모자 꼭대기에서 길게 늘어뜨린 끈을 바람에 날리며 말을 타고 달려가면 말총이 두 개처럼 보인다. 돈 많은 여자들은 진주를 끈에 매달기도 한다. 결혼한 여자들은 짙은 자주색 모자에 은장식을 한다. 이때는 특별한 머리 모양을 하는데, 마치 머리에 독수리 날개를 단 형상이다. 몽골인들은 이 머리 모양이 몽골인들의 난로를 지키는 독수리 민속과 관련이 있다고 말한다. 난로를 지키는 여성의 임무가 이렇게 표현된 것이다.

혁명 이전 몽골인들은 남녀를 불문하고 축제 때는 '힐렌' 모자를 썼다. 여성들은 은장식과 함께 보석을 달고 앞에는 커다란 은브로치를 달아 멋을 냈다. 이 모자는 실질적인 용도 외에도 종족적인 특징을 나타내고 있다. 힐렌 모자의 꼭대기는 몽골족의 시조가 탄생했다는 전설 속의 숨버산을 의미한다. 모자 위의 단추는 몽골국의 통일을, 두 개의 리본은 태양빛을, 넓은 챙은 광활한 국토를 각각 의미한다.

이런 전통적인 몽골 의복과 모자에 변화가 온 것은 1930년대부터다. 유럽형의 모자와 베레모가 유행하면서 젊은이들 사이에 유럽 스타일의 옷이 퍼졌다. 유럽 모자가 몽골인들의 얼굴과 델에 잘 어울렸기 때문이다. 당시에는 유럽 모자를 써야 행세를 할 수 있을 만큼 유행했다는데, 우리 나라에서 한때 마카오 신사로 불리던 사람들이 양복을 입고 다니던 것과 같은 유행이다.

몽골인들은 모자를 굉장히 위한다. 모자는 집 안에서 제일 높은 곳에 두어야 한다. 만약 타넘거나 깔고 앉으면 무섭게 화를 낸다. 모자를 털고 간수하는 데도 정성을 들인다. 집에 들어오면 모자에 묻은 먼지를 털고 나갈 때는 모자의 모양이 구겨지지 않았나 살펴본다.

몽골 멋쟁이들은 밍크로 된 모자를 즐겨 찾는다. 보통 150~250달러를 호가하지만 장만하려는 사람들이 줄을 잇는다. 한번 사면 평생을 애지중지하며 아낀다. 여우나 늑대 가죽으로 만든 모자는 40~60달러, 타르박 가죽 모자는 30달러 내외다. 더 싼 것은 솜을 넣어 누벼 만든 4~5달러의 중국제 모택동 모자다.

그리고 몽골인들은 발싸개를 사용하는데, 주로 운전사와 시골 사람들이 착용하며 긴 가죽장화를 신을 때 발을 천으로 감싼다. 원래 발싸개는 버선을 신을 때 사용하는 것이었지만 몽골인들은 양말 대신 사용한다. 양말을 구하기가 어렵다보니 손쉬운 발싸개가 인기다. 몽골인들은 이 발싸개가 건강에 훨씬 좋다고들 말하지만 우리가 보기에는 비위생적이다. 한번 마련하면 1~2년을 사용하는데 세탁을 하지 않는다. 3~4개월이 지나면 발싸개가 누렇게 변하고 땀 냄새가 진동한다. 천이 생산되기 전에는 양털실로 엮은 '오임스'라는 것을 착용했다. 보통 양말이라고 번역하지만 양말보다는 발싸개에 가깝다.

멋쟁이 몽골 여성들은 스타킹을 신고 다닌다. 스타킹은 그러나 내구성보다는 아름다움에 중점을 두고 있어 곧잘 올이 나가 못쓰게 된다. 우리 같으면 버리고 새 것으로 갈아 신겠지만 몽골인들은 새 스타킹을 구하기 어려워 올이 나간 부분을 꿰매 다시 신는다. 버스 안에서 종종 실로 꿰매 굵은 선이 보이는 스타킹을 신은 여성들을 만날 수 있다.

이러다보니 웬만한 멋쟁이가 아니면 스타킹을 신을 엄두를 내지 못한다. 그래서 보통은 스타킹 대신 두껍고 긴 양말을 선호한다. 때로는 털실로 짠 반바지형의 속옷을 바지 안에 껴입는다. 겨울 추위가 매섭다보니 보온을 위해 두꺼운 옷을 입어야만 한다.

몽골에 있는 동안 필자는 겨울이면 얼굴만 내놓고 두꺼운 옷으로 몸 전체를 감싸고 다녔다. 코가 남들보다 민감해 서울에 있을 때도 겨울이면 코감기를 달고 살았기에, 몽골로 가기 전 나는 그곳의 겨울 추위를 매우 걱정했다. 9월에도 눈이 내린다는 정보에 접하고는 정말 난감했던 기억이 난다.

6. 중국 속의 다른 나라 내몽고

내몽고로 가는 먼 길

오전 여덟시 반 울란바토르를 이륙한 몽골리안 에어라인 OM 225편. 승객 30여 명을 태운 이 쌍발 프로펠러 여객기가 현지 시각 오전 열한시 이십분 내몽고(內蒙古) 호호호트 공항에 도착했다. 이곳은 울란바토르에서 일주일에 두 번 오가는 몽골 비행기 때문에 국제 공항이란 이름을 유지하고 있다.

옹기종기 모여선 몽골인들이 입국 카드를 어떻게 작성해야 할지 몰라 우왕좌왕하고 있었다. 영어도 한자(漢字)도 모르는 몽골인들은 지레 겁을 먹고 한쪽에서 웅성거렸다. 몽고(蒙古)라고 하면서 정작 몽골어를 사용하는 관리도 없었다. 몽골인들이 오든 말든 관심 없다는 표정이 역력했다. 오히려 귀찮은 눈치였다. 너희들(몽골인)이 필요해서 중국에 왔으니까 불편한 것은 너희가 감수하라는 식이었다. 중국이 너희를 필요로 하지 않는다는 거만함이 몸에 배어 있는 듯했다. 내몽고인(內蒙古人)인 듯한 한 청년이 한자로 된 입국 카드를 작성하는 법을 설명했다. 그를 빙 둘러싸고 승객들은 연방 질문을 퍼부어댔다. '성(姓)'과 '성(性)'을 구별 못하는 사람, 여권 번호조차 제대로 기입하지 못하는 사람들이 청년을 붙잡고 늘어졌다.

호호호트 공항 검색대는 중국의 어느 공항보다도 까다롭고 복잡했다. 이민국 직원의 고압적인 입국 심사는 중국 사정을 잘 모르는 외국인들에게는 위협적으로 느껴졌다. 여권을 빼앗듯 낚아채 얼굴과 여권 사진을 네댓 차례 대조해보고 입국 카드에 적힌 내용을 묻는 것 같았지만 중국어라서 알아들을 수 없었다. 직업란에 기자라고 표기한 것이 마음에 걸렸던지 심사원은 여권을 들고 밖으로 나갔다. 답답한 상황에서 영어로 질문을 퍼부어댔지만 듣고도 모른 척하는 것인지 누구와도 대화가 되지 않았다. 욕을 해도 누구 하나 쳐다보는 사람이 없었다. 심사원은 10여 분 후 영어를 아는 사람을 한 명 데리고 왔다. 미스터 양이라고만 신분을 밝힌 그는 입국 목적과 체류 기일 등 입국 심사원이 묻는 말을 영어로 통역했다. 입국 카드에 적힌 대로라고 말했지만 심사원은 계속 물었다.

나는 귀찮고 화가 나 "중국에 십여 차례 왔지만 이렇게 불쾌한 경험은 처음"이라고 쏘아붙였다. 그러나 그는 이 말에도 별다른 반응을 보이지 않았다. "여기 책임자는 나다. 다른 공항의 일은 내 일이 아니다"라며 자기 할 일만 한다는 태도였다. "왜 울란바토르를 거쳐 중국에 왔느냐"고 묻고는 정확한 입국 목적을 말하라고 서너 차례나 더 다그쳤다. 나는 "단순한 여행일 뿐이다"라고 대답했다. 그는 "취재가 목적이라면 입국이 거부될 수도 있다"고 겁을 주는 것도 잊지 않았다. 그러나 시종일관 '여행'이라고 대답하자 마지못한 듯 비자란에 입국허가 스탬프를 찍어주었다. 나는 그가 스탬프를 찍는 순간 "울란바토르 주재 너희 나라 대사관에서 발급한 유효한 비자"라고 빈정대듯 쏘아주었다.

그런데 더 기막힌 일은 입국 심사대 바로 옆의 세관원한테서 일어났다. 해미(海美)라고 표기하는 세관의 정확한 의미는 잘 모르겠다. 하지만 이곳에 근무하는 관리들의 고압적이고 안하무인격인 행동에는 어이가 없어 말문이 막힐 지경이었다. 입국 심사대에서 실랑이하는 모습을 지켜보았던 세관원은 내 짐을 하나하나 조사하기 시작했다. 러닝 셔츠, 책, 카메라 심지어는 돈(달러)까지도 보려 했다. 나는 "중국의 치안 상태가 완벽하지 않은 걸로 알고 있다"며 돈을 보여주길 거부했다. 나의 신변이 위험할 것임을 은근히 암시하면서 거절했던 것이다.

짐은 일반 여행자와 다를 것이 없었다. 그는 내가 가진 슬라이드용 비디오 카메라와 일반 프린트용 카메라를 보고 시비를 걸기 시작했다. 비디오 카메라를 검사하는 데 다섯 시간쯤 소요될 것이라며 보관할 의사를 내비쳤다. 어이가 없었다. "카메라를 휴대 못하게 되어 있느냐, 아니면 필름이 문제냐"고 물었다. 그는 "필름"이라고 대답했다. 나는 "이 필름은 중국에서 촬영한 것이 아니다"라고 항의하면서 "그렇다면 필름을 맡겨두겠다"고 맞섰다. 그는 "안다"라고 짧게 말하고 "음란물이나 불온한 필름은 들여올 수 없다"고 설명했다. 그리고는 "카메라도 보관하라"고 말했다. "당신은 분명히 필름이 문제라고 말하지 않았느냐"고 따져 묻자 "그런 적 없다"고 딴소리였다. 나는 "필름만 보관했다 찾아가겠다"고 우겨댔다. 그는 "입국을 거부할 수도 있다"고 돌려 말할 만큼 노회했다. "상해, 북경 등 여러 도시를 가봤어도 당신 같은 세관원은 처음 만난다. 이름과 직책을 알려달라"고 말했지만 대답하지 않았다.

한 시간 반 동안 말싸움을 하다보니 공항에는 나와 세관원만 남았다. 통역하는 미스터 양은 중간에서 귀찮다는 표정을 짓고 있었다. 그가 내 말을 어떻게 전했는지(통역했는지) 모르지만 세관원은 보관을 결정하고 한발짝도 물러서지 않았다. 오후 다섯시에 세관 사무실로 찾으러 오라고 말하고는 보관증을 써줬다. 화가 머리끝까지 치밀어 내가 아는 모든 욕을 해댔지만 화가 풀리지 않았다.

시내에서 점심을 먹고 호텔을 잡고 어슬렁거리다 정확하게 다섯시, 세관으로 찾아갔다. 첫눈에 일반적인 세관이 아니라는 인상이 들었다. 방들이 밀실처럼 나뉘어 있고 여러 가지 검사 장비들이 놓여 있는 것이 세관이란 느낌보다는 공안당국 같은 살벌함을 느끼게 했다. 비디오 카메라를 작동하고 필름을 검사한 흔적이 남아 있었다.

한 사람이 나오더니 "흐흐호트는 시골 공항이라 휴대용 작은 비디오 필름을 볼 수 있는 시설이 없어 카메라도 보관했다"며 사과했다. 그러나 마음에서 우러나오는 태도는 아니었다. 기자라는 신분에 대고 사과했다는 느낌이 강하게 들었다.

몽골어가 통하지 않는 내몽고

내몽고 수도 흐흐호트. 영어로 표기하면 Hohhot, 아무런 뜻이 없는 지명에 불과하다. 그러나 몽골어로는 '푸른 도시'라는 뜻이다. 몽골인들의 가슴 속에서 푸른 도시란, 말 그대로 향수와 애국심을 불러일으키는 단어다. 몽골을 떠나 이국(異國)에서 사는 몽골인들은 고향을 생각할 때마다 "뭉크 텡그린 도르 마나이 등골 올스"라고 말한다. 여기에다 한술 더 뜨면 "비 트르슨 노탁 몽골 새항 오릉"이라고 말하며 감회에 젖는다. "영원한 푸른 하늘 아래 내 고국 몽골국" 그리고 "내가 태어난 아름다운 나라 몽골"이라는 뜻이다.

몽골 최고의 작가 반열에 올라 있는 나착도르지는 "쇠똥 연기 피어오르는/목부의 집에서 태어난 이 몸/넓고 푸른 초원의 내 고향/그곳이 내 어릴 적 요람처럼 생각난다"고 읊었다. 몽골인들은 이 시를 즐겨 낭송하며 징기스 칸 시절의 영화를 생각한다. 그러면서 가슴 깊이 고토(故土) 회복의 꿈을 키운다. 내몽고가 지금은 한족(漢族)의 손에 있지만 언젠가는 몽골인들의 기상이 다시 넘쳐나기를 바라는 마음이 이 시에는 들어 있다.

중국인들은 이 넓은 땅에서 살던 몽골인들을 소수 민족으로 만들었다. 세계 제국의 위세는 간 곳 없고 이제는 주객이 뒤바뀌어 몽골인들이 보호받고 있는 듯한 인상마저 풍긴다. 안타까운 일은 시내 어디를 다녀도 몽골어를 아는 사람을 쉽게 만날 수 없다는 것이다. 중국어나 영어가 아니면 의사 소통이 어려웠다. 내몽고 자치구 청사 정문에서도 몽골어는 소용이 없었다. 정문 초병은 영어도 몽골어도 아무것도 몰랐다. 종이에 한자로 써주자 그제야 고개를 끄덕이며 안내를 해주었다.

호흐호트는 막 개발되기 시작한 신흥 도시처럼 부산했다. 아직 해안의 경제특구보다는 열기가 덜하지만 발전을 위해 용트림하는 모습을 쉽게 찾아볼 수 있다. 고층 빌딩은 물론이고 일반 주거용 저층 건물 신축이 도시 전역에서 이루어지고 있었다.

호흐호트 삼대 백화점 중의 하나인 호흐호트 백화점은 에스컬레이터를 새로 설치하느라 모든 층을 대대적으로 수리하고 있었다. 전기가 나가 있는 어두운 매장에는 먼지 쌓인 상품들이 널려 있었다. 가게 주인들은 모두 한족(漢族)들이었다. 직영 가게는 없었고 모두가 임대한 것이었다. 도시 주변 내몽고 땅에서 생산된 것은 거의 찾아볼 수 없었고 북경, 상해를 비롯한 대도시 공장에서 들어온 물건이 대부분이었다.

호흐호트에서 몽골족의 전통적인 상품을 구입하려던 기대는 어긋나고 말았다. 백화점 삼층 한쪽 구석에 몽골족의 전통 상품이 놓여 있긴 했지만 조악한 것들뿐이었다. 은장도, 칼, 화살, 코담배, 은제 밥공기 따위였는데 관광객의 눈길을 끌기에는 역부족이었다. 백화점의 구색을 맞추기 위해 진열해놓은 것처럼 보였다.

흙바람 많고 초원뿐이던 이곳에 서구식 생활 양식이 자리잡기 시작하면 엄청난 소비재 수요가 뒤따를 것으로 예상되었다. 과연, 세계 어디를 가도 눈에 띄는 한국산 자동차들이 호흐호트, 바토우 등 내몽고 전역에서도 눈에 띄었다. 하지만 북경, 상해 등지의 백화점에 쌓여 있는 한국산 상품은 아직도 보이지 않았다. 사탕, 과자 종류가 가끔 눈에 띌 따름이었다.

호흐호트는 1952년 내몽고의 행정 중심(우리 나라의 도청 소재지에 해당)이 되었다. 호흐호트는 16세기 중엽 절과 라마사원이 세워지면서 도시가 형성된 곳이다. 모피와 양모 산업이 발달했고 설탕, 비료,

디젤엔진 공장이 들어서 있다. 교외에서는 질 좋은 철과 석탄을 노천광에서 캐낸다. 몽골인들은 이곳을 몽골에서 가장 비옥하고 지하자원이 풍부한 곳이라고 말한다. 인구 75만 명. 도시 주변의 인구까지 합하면 약 100만 명. 이 중 몽골인은 10만 명도 채 안된다. 몽골어를 읽고 쓸 수 있는 사람은 2만~3만 명이지만 대부분 관어(官語), 즉 중국어로 말한다.

호흐호트는 내몽고 제2의 도시다. 가장 큰 도시는 인구 85만 명의 바우토. 호흐호트 서쪽, 버스로 세 시간 거리에 있다. 호흐호트에서 바우토에 이르는 도로 양편으로는 초원이 펼쳐져 있다. 몽골에서 볼 수 있는 풍경과 크게 다르지 않다. 지금은 그러나 곡창으로 탈바꿈하고 있는 중이다.

소군 호텔에 담긴 사연

호호호트에는 내몽고 호텔, 소군 대주점, 호호호트 빙관, 신성 빙관 등 외국인이 머물 수 있는 20여 개의 숙박 시설이 있다. 나는 그 중에서 좀 한적하고 값이 싼 호호호트 호텔에 묵었다. 관광 안내 책자에는 외국인이 머물 수 있을 만큼 시설이 갖춰져 있다고 소개되어 있지만 서비스는 우리 나라 장급 여관 수준이었다. 프런트는 호텔 입구 별채에 마련되어 있고 외국인들은 프런트 옆에 있는 또 다른 별채에 묵게 되어 있었다. 도착하는 날 몽골어나 영어를 하는 사람을 찾았지만 만날 수 없었다. 손짓 발짓으로 의사 소통을 해야 했다. 필담으로 겨우 국제전화와 환전서비스를 받을 수 있었다.

다음날 몽골어를 할 줄 아는 바이르라는 종업원 한 사람이 찾아왔다. 도와줄 일이 없느냐고 물어왔다. 호호호트 호텔 200여 명의 종업원 가운데 몽골어를 아는 사람은 자기뿐이라고 말했다. 주방에서 일하고 있어 접객 업무를 담당하지는 않지만 도와주겠다고 친절을 베풀었다. 호호호트 지도를 펴놓고 한 시간 가량 안내를 받았다. 지도라야 중국 여행 안내서에 포함된 손바닥만한 것이었지만 그래도 도움이 되었다. 중국을 여행하면서 늘 느끼는 불편이 내몽고에서도 예외는 아니었다. 지명이나 호텔의 경우 한자 표기와 영어 표기를 연결짓기가 어려웠다. 백화점의 한자 표기는 백화대루(百貨大樓)인데, 영어 안내서에는 Department Store로 되어 있으니 도대체 종잡을 수가 없었다. 소군 호텔(昭君大酒店)도 Zhaojun Hotel로 표기, 영어로 말하면 중국인들은 누구도 모를 수밖에 없었다. 바이르 덕택에 기초적인 불편은 해소되었다. 그러나 시장이나 백화점에서는 다시 벙어리가 되었다.

그런데 소군 호텔은 예외였다. 종업원들이 영어를 할 줄 알고 시설도 고급이었다. 중국식, 서양식 등 각종 식당이 잘 갖춰져 있었다. 흐호호트에서 이런 식당에 출입할 정도면 꽤 잘 나가는 사람들이라고 했다. 저녁은 소군 호텔에서 해결했다. 식사하는 동안 무대 위에서는 악사들이 몽골어로 노래를 부르고 있었다. 남의 나라 노래지만 아는 곡이 나와 반가움에 고개를 돌려보았다. 남자 한 명과 여자 두 명으로 구성된 3인조의 악단이 모린흐르(마두금)와 야타크를 연주하고 있었다.

한족이 몽골족의 침략을 예방하는 수단으로 몽골족에게 바친 여인이 바로 왕소군(王昭君)이다. 한나라 원제는 몽골족에게 바칠 공녀(貢女)를 선발할 때 화공들이 그린 여인들의 얼굴을 보고 심사했다고 한다. 미개인으로 여기고 있던 몽골족에게 가고 싶지 않았던 궁중 여인들은 화공에게 뇌물을 주어 예쁘게 그려달라고 청을 넣었다. 예쁜 여인은 왕이 데리고 있고 못생긴 여인만 선택해 몽골로 보냈기 때문이었다. 왕소군은 빼어난 미모였으므로 자신이 뽑힐 리가 없다고 생각했다. 가진 돈도 없었으므로 화공에게 돈을 집어줄 생각은 하지도 못했다. 그런데 자신의 미모를 너무 믿었던 게 잘못이었다. 화공은 왕소군을 대충대충, 실제보다 훨씬 못하게 그렸다. 땡전 한푼 생기지 않는 일에 정성을 다할 필요가 없다는 못된 관리 근성이 발동했던 것이다. 심사가 끝나고 왕은 낙점된 여인을 불러들였다. 한족의 앞날이 너에게 달렸다고 위로와 격려를 하기 위해서였다. 그러나 왕은 왕소군을 보는 순간 까무라칠 만큼 놀랐다. 천하의 미인이 아닌가. 왕은 장탄식을 했다. 왕은 화공들을 모두 참수시켜버렸다. 그러고도 화가 풀리지 않은 왕은 궁실 내부의 부정부패 척결운동을 벌여나갔다. 그러나 오래된 부조리가 하루 아침에 고쳐질 리 만무했다.

소군 호텔은 이 같은, 한족의 아픈 과거를 반성하는 상징적인 뜻을 담고 세워진 것이라고 한 관계자가 말했다. 반면에 몽골족의 입장에서는 아무리 우수한 민족이라도 단결과 협동이 와해된다면 영화는 순식간에 사라진다는 것을 느끼기에 족할 것이라고 덧붙였다.

징기스 칸이 이끌던 몽골족에게 항복이나 다름없는 제스처를 보였던 한족. 그 한족들과 관광객을 위해 노래를 부르고 있는 몽골족. 왕소군이 현대에 다시 태어나 이 모습을 본다면 어떤 말을 했을까. 또 그 왕소군의 이름에서 유래한 소군 호텔을 보면서 몽골인들은 무슨 생각을 할까. 지금도 몽골족이 내몽고의 주인이라고 생각할 수 있다면 다행이련만 대다수의 몽골인들은 옛날의 기상과 패기를 잃어버린 것 같았다.

소군 호텔에서 남쪽으로 9km 떨어진 교외에 왕소군의 묘가 있었다. 그런데 묘라고 하기보다는 흙으로 쌓아올린 뾰족한 봉우리라고 표현하는 것이 어울릴 것 같았다. 지상에서 50~60m 가량 쌓아올린 흙더미 정상에는 6각 정자 청총각(靑塚閣)이 세워져 있었다. 그 정자의 한가운데 땅 속에 왕소군이 누워 있다고 했다. 한족들은 이 묘를 다른 어떤 것보다 잘 보존하고 있었다. 공산 혁명 이후에도 치장을 계속해왔는데, 주로 초등학생들의 역사 학습장으로 삼아왔다고 했다.

백 만도 채 안되는 몽골족에게 육천 만의 한족이 머리 굽히며 갖은 모욕과 멸시를 당했던 원나라 시절의 흔적이 내몽고 땅 곳곳에 남아 있었다. 그러나 왕소군의 묘처럼 역사를 사실 그대로 보여주는 곳은 없었다. 지금은 젊은이들의 데이트 장소로 변해버렸지만 옛 몽골 제국의 영광의 편린이나마 볼 수 있어 다행이었다.

소군 호텔에서 만난 바상자브. 내몽고 흐흐호트에서 몽골어로 이야기를 주고받은 사람이다. 바상자브는 중국인들이 내·외몽고로 표현하는 이곳을 '전·후(前後)몽골'이라고 불렀다. 그는 앞몽골로 불리는 내몽고에서의 몽골족 위상이 "주인마님이 행랑채로 내려앉은 격"이라고 말하며 씁쓸하게 웃었다. 그는 모든 일이 한족 위주로 행해지고 있다고 강한 어조로 비난했다. 중국 정부는 소수 민족을 존중하기보다는 동화 정책만을 시행해왔다는 것이다. 그 결과 인구수도 한족이 몽골족보다 7~8배는 되고 경제력도 월등한 상황이 되었다. 내몽고에서 몽골족은 더 이상 주인 행세를 할 수 없다며 깊은 불만을 털어놓았다.

몽골족 자녀만을 위한 학교와 학급은 극소수에 불과하며 모든 관공서에서는 중국어가 우선 사용된다고 했다. 몽골어를 공식 언어로 사용해도 좋다는 조항은 이미 사문화(死文化)되었다는 것. 소수 민족을 보호한다는 것은 허울 좋은 구호일 뿐, 실제로는 모든 것을 빼앗아갔다는 것이다. 관리 임용도 한족 우선이며 몽골족이 핵심 통치 부서에 배치받는 것은 하늘의 별따기보다 어려운 일이라고 했다.

한국에서도 일제 시대에 창씨개명을 비롯한 민족문화 말살 정책이 있었다고 말하자 바상자브는 "제국주의 아래서의 식민지와는 상황이 다르다"면서 "내몽고와 중국은 국가 연합이어야 한다"고 주장했다. 몽골은 청나라와 국가 대 국가로 통합했다는 것이다. 청나라의 식민지가 아니라 청-몽 연합국을 형성했다는 논리였다. 그는 2차 세계대전 이후 세력 재편 과정에서 전·후 몽골이 갈라져 전몽골이 중국의 통치를 받고 있지만 지금처럼 중국의 한 자치구로 남아 있어서는 곤란하다고 했다. 내몽고만은 중국과 동등한 권리를 가진 국가 연합체로 맺어지는 것이 순리라는 주장이었다.

권주가를 부르던 한족 여인

호호호트 통도남가(通道南街) 56호 녹해반점(綠海飯店). 내몽고에서의 둘쨋날 점심을 먹은 식당이다. 호호호트 시내에 자리잡은 유일한 회교 사원 청진대사(淸眞大寺) 길 건너편에 있는 음식점. 이곳에서 나는 최초의 한국인 관광객으로 칙사 대접을 받았다.

영어, 독일어, 일본어, 몽골어 등 어느 언어도 통하지 않아 주인과 한자로 필담을 주고받았다. 주인 장현기(張玄基) 씨는 95년 초 개업한 이래 최초로 외국 손님을 받았다고 했다. 더군다나 그 최초의 외국 손님이 한국인이라서 기쁘며, 자기 가게의 영광이라고 말했다. 그러면서 무료로 과자와 튀김을 가져왔다.

음식 종류를 제대로 고를 수 없어 옆자리에 앉은 중국인들의 음식을 손으로 가리키며 주문했다. 소 천엽 부친 것, 마파두부, 돼지고기 볶은 것 등 다섯 접시를 시켜서 운전사와 함께 먹었다. 중국돈으로 모두 85원(우리 돈으로 약 8,500원). 북경의 물가보다는 많이 쌌다.

음식을 먹고 있는데 갑자기 옆자리에서 어여쁜 아가씨의 노랫소리가 들려왔다. 뜻도 모르는 채 듣고 있자니 손에다 술잔을 들고 손님들에게 마시라는 손짓을 한다. 일종의 권주가인 것 같았다. 노래가 끝나자 손님들에게 술을 권했다. 이렇게 부른 노래가 세 곡. 마지막에는 아가씨가 술 한 잔을 마시고 자리를 떴다. 자리에 앉아 있던 손님들이 그녀에게 30원(元)을 집어줬다. 정신없이 사진을 찍고는 주인 장씨에게 무슨 잔칫날이냐고 물었다. 대답인즉, 손님들이 요구하면 권주가를 불러준다는 것이었다. 그러면서 내가 앉은 자리에도 그녀를 불러왔다. 그녀는 술을 마시지 않겠느냐고 묻고는 내 찻잔을 집어 들었다. "차를 함께 마시는 친구의 노래를 불러주겠다"고 말한 뒤 고운 목

소리로 노래를 부르기 시작했다. 그리고는 내 찻잔에 세 번 차를 권했다.

주인 장씨, 나, 운전사 그리고 아가씨가 함께 차를 마셨다. 그녀는 10원을 손에 쥐어주자 한국에서 오신 귀한 손님에게 행운이 함께할 것이라고 덕담을 했다. 쑥스러웠지만 듣기 거북하지는 않았다. 한족(漢族) 아가씨란다.

식사 시간 내내 주인 장씨와 심부름하는 아가씨 한 사람이 탁자 옆에서 시중을 들었다. 말이 잘 통하지 않아 눈짓과 표정으로 언어를 대신했다. 식사를 마치고 나오면서 심부름하는 아가씨에게 10원을 쥐어주자 절대로 받지 않겠다고 사양했다. 그 대신 한국에 가면 가족이나 친구들에게 내몽고 얘기를 잘 좀 해달라고 부탁했다. 한국인 관광객이 들르면 언제나 친구처럼 대접하겠다는 말도 했다. 외국인이 처음 들르면 그를 인연으로 해서 그 나라 사람들이 계속 찾아온다는 것을 잘 안다고 말했다. 그래서 어느 나라 사람이나 처음 찾아오는 외국인은 국적을 가리지 않고 후대하기로 영업 방침을 정해놓았다는 것이다. 그런데 한국인이 이렇게 빨리 찾아올 줄은 예상치 못했다고 솔직하게 털어놓았다. 영어와 일본어를 배우려 했는데 한국어를 먼저 배워야겠다면서 도와달라는 말도 했다.

호흐호트시의 광장도 볼 만했다. 특별한 관광자원이나 시설은 없어도 우리의 60, 70년대를 생각하게 하는 장소로 손색이 없었다. 광장은 모든 공산주의 국가의 도시가 다 그렇듯 시내 한복판에 있었다. 시의 주요 시설인 전신전화국, 백화점, 은행 등이 광장을 둘러싸고 들어서 있었다.

광장은 시민들의 휴식 공간이며 문화 생활의 중심이었다. 내가 방문했던 3월, 싸늘한 바람이 몰아쳐오는데도 이삼만 명의 시민들이 몰려나와 광장에서 연날리기, 원반던지기 등을 하고 있었다. 20여 층 높이의 호흐호트 전신전화국보다 더 높게 떠 있는 연을 보고 환호하는 젊은 남녀 한 쌍이 다정스럽게 보였다. 광장 한모퉁이에는 고물 구식 비행기 한 대와 모형 시뮬레이터가 놓여 있다. 한 번 입장하는 데 1원, 사진을 찍어 우송해주는 데는 10원을 받았다. 아이들 손을 잡고 나온 부모들은 기념 사진을 찍느라 바빴다. 한쪽 옆에서는 솜사탕을 파는 상인이 무슨 소리인지 외치면서 호객을 하고 있었다. 필름을 취급하는 이동식 좌판대에는 칼라 필름 10여 통이 놓여 있었는데 아무나 접근을 허락하지 않았다. 장사에는 이골이 난 중국인들이지만 물건을 들고 뛰는 날치기꾼에게는 속수무책이라서 그렇단다.

내몽고의 역사를 한눈에 볼 수 있는 내몽고 박물관도 빼놓을 수 없는 곳이었다. 노천 석탄광에서 발굴된 거대한 맘모스의 뼈가 그대로 보관되어 있었다. 몽골족의 생활 용품인 칼, 활, 안장 등과 예술품이 눈길을 끌었다. 본토 몽골보다 소장품이 더 많다고 했다. 그런데 박물관의 맨 꼭대기층은 자주 문을 닫는다고 했다. 일명 천마실이라고 불리는 전시실인데 여기에는 몽골인들의 진취적인 기상을 나타내는 심볼이 있다는 것이었다. 그 심볼이 몽골인들의 독립 의지를 강화시킬까 두려워 전시실 공개를 자주 중단한다는 이야기였다.

오탑사(五塔寺)는 미니어처처럼 작고 앙증맞아 보였다. 오층탑이 있어 오탑사라 불리는 이 사찰은 다른 어떤 절보다도 많은 불상을 가지고 있었다. 오층탑 주위에 부처의 여러 다른 모습을 조각해놓았는데, 신성함이 그대로 유지되고 있었다. 점토 벽돌로 지어진 탑에는 몽골어, 산스크리트어, 티벳어로 불경이 새겨져 있었다. 이곳에서 만난 한 승려는 자신들의 불교를 몽골의 황색 불교와 구분지으면서, 공산화 이후 큰 변화를 겪었지만 이제는 안정되어가는 추세라고 말했다. 오탑사를 둘러싼 벽도 문화재로서의 가치가 높다고 했다.

회교 사원 청진대사(淸眞大寺). 호흐호트의 유일한 회교 사원으로 회교 문화의 중심이다. 입구로 들어서려니 음침한 곳이라는 느낌이 들었다. 탑처럼 생긴 뾰족한 건물 아래 예배실이 마련되어 있었다. 입구에는 호흐호트에서 흔히 볼 수 있는 것으로, 흙먼지 바람을 막기 위한 발이 주렁주렁 매달려 있었다. 발을 걷고 안으로 들어가자 이삼십 명의 신도들이 참배 중이었다. 웅성웅성 코란을 외는 소리가 끊이지 않았다. 사진기를 들이대자 깜짝들 놀랐다. 플래시가 터지자 건장한 청년들이 나타나 손을 저으며 찍지 말라는 시늉을 해보였다. 다시 한번 카메라를 들어올리자 주먹으로 칠 것 같은 험상궂은 표정을 지으며 앞을 가로막았다. 나를 밖으로 밀어내고는 자기들끼리 뭐라고 말하더니 예배당 근처에는 얼씬도 못하게 했다. 주위를 한바퀴 도는 동안 이들이 계속 따라다녔다. 건물 뒤편에는 빨래도 걸려 있고 쓰레기도 흩어져 있어 성스럽다기보다는 교세의 형편없음이 한눈에 들어왔다. 이들의 감시가 계속되면서 겁도 나고 더 들을 설명도 없어 도망치듯 서둘러 그곳을 떠났다.

구성(舊城), 즉 구시가지가 관광객들에게는 훨씬 매력적이다. 호흐호트 중앙 광장의 남쪽에 자리한 구시가지는 노점상과 자전거 대열이 얼키고설켜 그야말로 호떡집에 불난 것처럼 시끄러웠다. 외국인들이 구입할 만한 것은 눈에 띄지 않았다. 3월인데도 노상에 갖가지 야채를 펼쳐놓고 소리 높여 호객하는 모습이 몽골과 대조적이었다. 적극적인 상인들의 모습이 인상 깊었다. 개방의 물결이 상인들을 통해 내몽고에도 불기 시작했다는 느낌을 받았다.

중국 국제여행사(CITS)는 내몽고를 찾는 관광객들에게 대초원 관광을 권한다. 말타기와 전통적인 몽골족 생활 등 내몽고의 진수를 볼 수 있다고 유혹한다. 카펫 공장도 견학할 수 있는 기회가 주어진다. 이 밖에도 여러 가지를 들고 나오지만 몽골을 방문했던 관광객들에게는 별 흥미가 없다. 몽골보다 산업화가 빨리 진행되어 몽골 같은 순박한 모습을 접하기가 어렵기 때문이다. 아이락을 한잔 얻어 마셔도 꼭 1, 2원을 요구하는 등 장사꾼으로 변한 몽골족들의 모습이 조금은 서글픈 마음이 들게 만든다. 그렇긴 해도 내몽고의 대초원도 가볼 만한 곳임엔 분명하다.

몽골족의 흔적을 찾아서

바우토 시내 관광을 생략한 채 몽골족들의 흔적을 찾기 위해 시골로 더 들어가기로 했다. 바우토에서 택시를 대절, 140km 북쪽에 있는 '바얀 어버'로 달려갔다. 바우토를 떠나 한 시간을 달리자 완연한 몽골판이었다. '성황당'이라는 뜻을 가진 지명 속의 '어버'가 생소하지 않았다. 몽골의 성황당은 유목 생활의 편의를 위해 생겨난 것으로 그 역사가 깊다.

'어버'는 작고 초라했다. 몽골에서 흔히 볼 수 있는 자연적인 모습이 아니었다. 잘 다듬어진 길에서는 인공적인 냄새가 강하게 났다. 어버를 찾는 사람들의 숫자도 형식적일 뿐이었다. 외국 관광객들을 위해 돈벌이에 나선 장사꾼들이 어버를 더욱 생소한 곳으로 만들고 있었다. 생활의 일부로 성황당을 믿고 있는 본토 몽골족과는 달리 이곳에 있는 사람들은 생계 수단으로 성황당에 매달려 있었다.

사진을 같이 찍어주고 받는 일종의 모델료가 그들의 수입원이었다. 5원에서 10원까지 요구했다. 중국인들의 한달 평균 수입이 300원 내외인 것과 비교하면 엄청난 액수였다. 일종의 구걸이었지만 당당하게 손을 내밀면서 부끄러워하지도 않았다. 몽골족의 용맹스런 기상을 찾을 수 없어 씁쓸한 마음이었다.

다만 기특하게(?) 생각된 것은 몽골어를 할 줄 안다는 점이었다. 그런데 울란바토르에서 듣던 몽골어와는 발음과 억양이 너무 많이 달랐다. 방언이라고 표현하기에는 너무 심한 사투리가 귀에 거슬릴 정도였다. 내몽고의 몽골족이 쓰는 말은 옛 언어 그대로였다. 울란바토르에서 들은 몽골어는 1921년 공산화 이후 정비된 언어. 국가가 달라지면서 같은 민족끼리 언어도 많이 달라졌던 것이다.

남북간에 같은 자모를 쓰면서도 어법이나 의미가 달라진 우리 말의 내일을 보는 느낌이었다. 같은 민족의 같은 언어이면서도 국어 사전의 어휘 배열 순서가 남북이 다른 걸 어떻게 받아들여야 하는 것일까. 남북이 한 국가가 되었을 때 밀어닥칠 혼란이 걱정스럽게 떠올랐다.

내몽고에서는 몽골에서 사용하는 키릴 문자를 사용하지 않고 옛 몽골 문자를 그대로 쓰고 있다. 1921년 몽골 공산혁명 이후 구소련은 중국의 입김이 강하게 작용하던, 현재의 몽골에 거주하는 몽골인들이 내몽고의 몽골인들과 유대 관계를 갖는 것을 원치 않았다. 당시 구소련은 문맹 퇴치란 명분 아래 몽골인들에게 키릴 문자를 가르치기 시작했다. 이를 본 중국은 오히려 잘되었다면서 내몽고인들에게 옛 몽골 문자와 한자 교육을 병행시켰다. 중국은 몽골족들이 사용하고 있던 몽골 문자를 키릴 문자로 변경해야 할 아무런 이유가 없었다. 중국도 구소련과 마찬가지로 두 지역 몽골인들의 강한 유대 관계가 불편하기는 마찬가지였다. 이런 이유로 중국은 내몽고인들에 대한 한자 교육을 더욱 강화했다. 그 결과 몽골 문자를 모르는 몽골인들도 한자와 중국어는 알게 되었다. 그 후 두 대국의 지배 아래 놓였던 몽골족들은 문자와 말의 심한 차이로 이민족과 같은 처지에 놓이게 되었다.

몽골의 영토는 현재 156만km^2. 중국령인 내몽고의 130만km^2, 그리고 중국 신강성의 몽골인 거주 지역 100만km^2까지 합한다면 중국 영토의 반에 가까운 약 390만km^2가 된다.

중국이 지니고 있는 가장 큰 약점은 소수 민족이 영토의 반 이상을 점유하고 있다는 것이다. 전체 중국 영토에서 소수 민족의 땅을 제외하면 남는 것은 35%에 지나지 않는다. 만일 중국에서 소수 민족이 독립한다면 신강성이나 위구르가 가장 먼저일 것이다. 그리고 그 파급효과는 상상을 초월할 것이다. 중국은 이 가능성을 가장 두려워한다.

중국 지도자들이 자주 몽골에 드나드는 것은 몽골이 내몽고나 신강성 등지의 몽골족과 연합해 독립하는 것을 두려워하고 있기 때문이다.

그러나 최근 들어서는 상황이 바뀌고 있다. 러시아의 영향이 줄어든 몽골을 겨냥해 내몽고 자치구 아니 더 나아가 중국 정부가 유화 제스처를 보이기 시작했다. 1994년부터 내몽고 과학원은 『솔롱거(무지개)』라는 잡지에 키릴 문자로 기사를 게재하여 몽골로 보내고 있다. 옛 몽골 문자로 발행하여 몽골에 있는 대다수 국민들로부터 외면당했던 이 잡지에 키릴 문자로 작성된 몽골어 기사가 실리면서 젊은 몽골인들이 찾고 있다. 내몽고가 다시 몽골로 귀속될 수는 없을 것이라는 확신을 갖게 되면서 내몽고 통치에 자신을 얻은 중국이 몽골 국민들 쪽으로 선전 방향을 선회한 표시로 보인다.

이와 함께 중국인들은 마치 몽골 국경을 향해 다투어 몰려오고 있는 것처럼 보인다. 싸구려 중국 농산물로 몽골에서 돈을 벌어보려는 상인들이 몽골로 파도처럼 밀려오고 있다. 몽골 정부가 중국인에 대해서는 심하게 규제를 하지만 그 숫자는 매년 늘고 있는 실정이다.

울란바토르시 경찰국 산하 여권국은 몽골 거주 허가를 받으려는 중국인들로 붐빈다. 10평 남짓한 사무실에 매일같이 일이십 명의 중국인들이 북적댄다. 중국 여권을 소지하고 있지만 대부분은 몽골계 중국인들이다. 몽골어를 알지 못하지만 값싼 상품을 가지고 몽골로 몰려온다. 몽골인들과 한 핏줄이라는 것을 내세우지만 마음은 그저 돈에만 가 있다. "몽골인이 될 의사는 없는가"라는 질문에 한 몽골계 중국인은 "몽골 정부가 허용하지 않을 것"이라는 대답으로 얼버무리면서 "내몽고가 훨씬 살기 좋다"는 말을 빠뜨리지 않았다. '재주는 곰이 넘고 돈은 되놈이 번다'는 중국식의 상술을 배운 것이다. 몽골인이 되기보다는 중국 속에서 한족과 같이 살겠다는 의사 표시로 생각된다.

전통의 지혜

바얀 어버에서 다시 자동차로 15km 정도 교외로 나가자 몽골식 겔이 나타났다. 약 20m 간격을 두고 서 있는 두 채의 겔이 보여 차를 세우고 무작정 들어가보기로 했다. 몽골식으로 사람을 불렀다. 겔 앞에서 "개 붙드시오"라고 소리치자 잠시 후 겔 문이 열리면서 30세 안팎의 여자가 얼굴을 내밀었다.

"무슨 일인지 모르지만 집에는 나 혼자 뿐이다."

"서울에서 온 기자다. 잠시 쉬어가고 싶어 들렀다."

"들어와도 좋다. 그러나 하루 묵어가는 것은 허락할 용기가 나지 않는다."

전통적인 몽골 풍습에는 축객(逐客)이 없는 법인데 경계하는 눈초리가 역력했다. 많이 변해 있었다.

"잠깐 몽골족의 생활을 보고 싶어 찾아왔으니 걱정 말라."

"어디에서 몽골어를 배웠는지 참 잘한다. 궁금한 것이 무엇이냐?"

이렇게 이야기가 시작되었다. '알탄 게렐.' 우리말로는 '금빛'이란 이름의 이 여자는 서른네 살. 열여섯 된 아들과 열세 살 먹은 딸을 둔 주부. 남편은 동갑내기인 '다와자브.' 말, 양, 염소 등 400여 마리의 가축을 키우면서 채소와 밀도 조금씩 심어 먹고 있었다.

집 안에는 몽골인 겔에서 흔히 보기 어려운 텔레비전과 냉장고가 갖춰져 있었다. 문화 생활을 해보려고 하지만 전통의 생활 양식을 아직 버릴 수 없다고 설명했다. 자세히 보니 겔의 정면 입구 왼쪽에는 한 평 남짓한 넓이에 양 새끼 여덟 마리, 그 옆에는 쌀자루로 싸놓은 갓 태어난 송아지 한 마리가 자리를 차지하고 있었다. 사람과 겔 안에서 함께 살 만큼 가축은 몽골족들의 생활에서 떼어놓을 수 없는 존재다.

몽골족들은 의식주를 가축에게서 얻는 것으로 해결한다. 알탄 게렐의 집에는 몽골인들의 전통 주거 문화가 간신히 맥을 이어가고 있었다. 알탄 게렐이 입고 있던 옷은 몽골인들이 겨울에 입는 델이었다. 주식은 양고기와 소, 말, 낙타, 염소, 양 등 다섯 종류의 짐승에서 짠 젖이었다. 그리고 젖으로 만든 각종 유제품들을 먹었다.

겨울에는 고기를 삶거나 쪄서 먹고 여름에는 말린 고기를 먹는다고 했다. 알탄 게렐이 젖으로 만든 제품은 우리들의 상상을 뛰어넘는 것이었다. 말젖으로 만든 아이락, 아이락으로 만든 몽골 소주, 아이락을 더 발효시킨 신맛 나는 술, 우유로 만든 맑은 술과 요구르트, 버터, 치즈, 그리고 우유를 끓일 때 위에 뜨는 기름으로 만든 으름. 으름에도 바로 먹을 수 있는 것과 이듬해 봄까지 저장하기 위해 수분을 몽땅 빼낸 딱딱한 것의 두 종류가 있었다. 거기에 우유를 발효시킨 타라크(요구르트)와 양유, 염소유가 있었다. 가장 호기심이 생기는 것은 낙타젖이었다. 우유나 마유보다 훨씬 진해 발효시키거나 분유로 만들지 않는다. 짠 것을 열로 소독한 후 곧바로 마신다.

알탄 게렐을 만났던 3월 초순에는 젖이 생산되기 직전이어서 겔에서 유제품을 만드는 것을 직접 볼 수는 없었다. 알탄 게렐은 가내 수공업으로 유제품을 생산, 생계 수단으로 삼고 있다고 말했다. 짐승의 고기와 가죽, 털 등과 함께 유제품을 바얀 어버 시장에 내다 팔아 돈을 만든다는 것이었다.

내몽고인들은 주거에도 가축으로부터 얻는 것을 쓰고 있었다. 겔 정문에서 마주보이는 자리에 부처 그림이 놓여 있었고, 그 앞에 향로와 촛대가 있었으며, 겔 벽을 따라 왼쪽과 오른쪽에 각각 한 개씩 침대가 놓여 있었다. 길이 2m, 폭 80cm 정도의 송판으로 짠 침대에는 양털을 깔아 겨울에 보온을 하도록 되어 있었다. 겔 바닥과 벽에도 양

가죽이나 야생 짐승의 털가죽을 쓰고 있었다. 우리 나라의 멍석 같은 '이쓰기'는 겔 벽을 둘러싸는 것으로 가장 중요한데, 양털로 만들었다.

알탄 게렐은 이쓰기 만드는 법을 이렇게 설명했다. 먼저 양털을 깎아서 깨끗이 다듬어 불순물을 제거한다. 풀이 자란 바닥을 고르고 그 위에 양털을 10~20cm두께로 쌓는다. 이것을 길이 1~1.5m의 막대기로 두드려서 두께 2~3cm의 멍석만한 크기로 만든다. 이때 바짝 마른 양털에 물을 뿌리고 때에 따라서는 부피가 얇은 부분에 양털을 더하기도 한다. 이렇게 두세 차례 하고 나서는 홍두깨 같은 나무에 양털을 감아 말에 매달고 로울러처럼 끌고다닌다. 부풀었던 양털이 다 가라앉아 양털이 날리지 않을 정도로 딱딱해지면 겔 주위에 둘러친다. 이렇게 만들어진 이쓰기는 겨울의 방한과 여름의 태양열 차단 기능을 훌륭하게 해낸다. 겔 밖의 온도가 영하 30~40도가 되어도 겔 안은 영상 10~20도의 훈훈한 상태가 유지된다.

겔 중앙에 놓인 난로도 보온을 위해 매우 중요하다. 난로 하나로 보온과 취사를 모두 해결한다. 연료는 소와 말의 똥을 말린 것이다. 도시 주변의 겔에서는 나무나 석탄을 때기도 하지만 시골에서는 대부분 가축 똥을 말려 땐다. 이 똥을 모으고 갈무리하는 것도 알탄 게렐의 일이다.

알탄 게렐은 "하루 종일 해도 겔에서 하는 여자의 일은 끝나지 않는다"면서 "내년쯤에는 열 평 정도의 목조 건물을 지어 입주할 계획"이라고 포부를 밝혔다. 왜 지금까지 겔에서 살았느냐는 질문에 "조상들의 삶의 지혜"라면서 "추운 지방에서는 짐승의 부산물을 이용할 수밖에 없었다"고 얘기했다. 그녀는 또 텔레비전에서 매일매일 전해오는 서구와 도시의 생활 양식이 편해 보인다고 자신의 의견을 밝히기도 했다.

이처럼 도시에서 멀리 떨어진 시골일수록 몽골족의 특성이 잘 보존

되어 있다. 하지만 문명의 혜택이 빠르게 보급되면서 몽골족들의 전통적인 생활 양식은 점점 사라져가고 있다. 대학 교육을 받은 몽골족들은 겔과 델로 표현되는 몽골족의 전통적인 생활 양식과 풍습을 포기하고, 몽골인들의 표현대로 말하자면, '도시인'이 되고 있다.

내몽고에도 70년대 우리 나라와 같은 개혁의 물결이 몰아치고 있다. 전통 가옥이었던 '겔'을 뜯어버리고 크든 작든 간에 건물을 짓고 있다. 몽골족이 건물을 짓는다는 것은 초가 지붕을 없앴던 우리와는 달리 생활 양식을 근본적으로 변화시키는 것을 의미한다. 초원을 따라 거처를 옮기며 떠돌던 유목 생활을 청산하고, 한 곳에 정착하여 산다는 것이다. 정착 생활에서는 조상들로부터 물려받은 생활의 지혜가 거의 소용없게 된다. 오르가(말을 잡을 때 쓰는 올가미가 달린 긴 장대)나 타쇼르(말 채찍)를 사용하는 법, 우유로 술을 빚는 법은 책에서만 보게 될 것이다. 그 대신 공장에서 생산된 중국과 프랑스 합작 유제품을 먹고 화남성에서 가져온 스웨터를 입고 살게 될 날이 멀지 않은 것 같았다.

알탄 게렐의 가장 큰 불만은 중국 정부가 아이의 숫자를 법으로 제한한 것에 있었다. "아이를 두셋쯤 더 낳고 싶지만 허가되지 않아 더 낳을 수 없다"며 중국 정부당국을 원망했다. 그녀는 아이를 다섯 명쯤 낳고 싶었는데 둘로 제한해놓은 중국 정부의 방침 때문에 더 낳지 못했다는 것이다. 한족은 한 명의 자녀만 둘 수 있고 소수 민족은 두 명까지 낳을 수 있다는 것이 언뜻 보기에는 특혜 같지만 특혜는 커녕 엄청난 억압이라는 것이다. 몽골인들이 살던 곳을 빼앗아 그곳에 몽골인보다 훨씬 많은 한족을 이주시켜놓고 출산 숫자를 통제하기 시작했다는 것이다. 이런 판이니 민족 문제를 주민 투표를 통해 다수결 원칙으로 다루는 것은 아무런 의미가 없다고 불만을 털어놓았다. 중국

내부의 커다란 변혁(전쟁, 민족 분열 등을 뜻하는 것 같았지만 자세하게 언급하지 않으려 했다)이 없이는 몽골과 내몽고의 통합이 불가능할 것이라는 그녀의 설명이 설득력 있게 들렸다.

그녀는 "내 땅에서 내 마음대로 내 자식을 기르지 못하는 것이 소수 민족 우대 정책이냐"면서 "인해 전술은 전장에서만 쓰이는 것이 아니라 지금도 중국 내에 엄연히 존재한다"고 얼굴을 붉히며 말했다.

그녀의 말에 따르면 일부 몽골인들은 중국의 동화 정책을 수용하지 않고 가족들을 데리고 초원을 떠돌며 유목 생활이 아닌 도피 생활을 하고 있다고 한다. 중국인과 같이 사느니 차라리 떠돌이 생활을 택한다는 것이다. 아이들도 마음대로 낳고 몽골어만 가르치면서 징기스 칸의 가르침에 따라 살고 있다는 것이다.

아, 백두산

나의 마음을 무겁게 했던 것은 내몽고 호텔에서 시청했던 텔레비전 프로그램이 모두 중국어를 사용하고 있다는 사실이었다. 북경 당국의 소수 민족 정책을 피부로 느낄 수 있었다. 텔레비전 프로그램은 중국인들의 만만디(慢慢的) 정책이 지닌 무서움을 대변하는 것이었다. 만만디를 내세워 동화를 강요하는 중국인들의 전술에는 그저 놀라움이 앞설 뿐이었다.

중앙 방송은 중국어를 사용하더라도 지방 채널 하나쯤은 몽골어를 허용할 수도 있을 것 같은데 일주일에 단 몇 시간만 몽골어 방송이 허용된다는 것이었다. '인해 전술' 로 밀어붙이는 중국식 동화법(同化法)이었다.

몽골족들이 몽골어 대신 모두 중국어로 이야기하는 날이면 만리장성의 역사적 의의도 바뀌어야 될 것이란 느낌이 들었다. 내몽고에서 몽골족의 전통적 생활 양식을 비교적 잘 보존하고 있는 지역은 시린호트를 포함한 동쪽 지방이다. 이곳은 만리장성으로 남북이 구분된 흐호호트 지역보다 훨씬 더 몽골색이 강했다. 몽골과 중국간의 완벽한 분리를 위해 세워진 인공 장애물 만리장성을 넘어선 한족의 문화가 내몽고 동쪽 지방까지는 세력을 떨치지 못했던 것인데, 청나라가 한(漢) 문화의 유입을 차단했기 때문이었다. 빨간 도시 울란호트나 적봉(赤峰) 등이 몽골인들의 얼굴 모습만큼이나 개성적이었다.

울란호트에서 적봉으로 기차를 타고 가며 경유한 백성(白城)이 머리를 떠나지 않았다. 새벽 두시에 도착, 삼십 분간 정차했던 백성역에는 귀에 익은 장춘, 하얼빈, 심양 등의 안내판이 눈에 띄었다.

그렇다. 이 철길로 달려가면 연길 도문에 이른다. 그리고는 백두산이다. 갑자기 여행 일정을 바꿔 달려가보고 싶었다. 이른봄이라 등산이 허가되지는 않는다지만 여하튼 모든 것을 팽개치고 가보고픈 곳이었다. 그러나 내 뒷덜미를 잡아끄는 눈에 보이지 않는 손이 있었다. 내 나라 땅인데 그 땅을 중국의 비자를 받아서 가고 싶지는 않았다. 통일이 된 뒤 당당하게 정상에 오르고 싶었다. 애석했지만 나는 발길을 돌릴 수밖에 없었다.

Tele rds

of the world

PART 1

Great Britain and Ireland

Dr S.E.R. Hiscocks

Fourth Edition

1993

WORLD TELEPHONE CARD PUBLICATIONS LTD

Colchester and Woking

ISBN 1-898344-00-0

Published by

World Telephone Card Publications Ltd
P.O. Box 777
COLCHESTER
Essex
CO3 3LQ
U.K.

Dr S. E. R. Hiscocks
P.O. Box 77
WOKING
Surrey
GU22 0HB
U.K.

Printed by

Spottiswoode Ballantyne Printers Ltd
Hawkins Road
The Hythe
COLCHESTER
Essex
CO2 8JT
U.K.

CONTENTS

ACKNOWLEDGEMENTS

In compiling this book I have received generous help from many friends in the telephone companies, the manufacturing companies and the hobby. Indeed there are few serious collectors in the UK and Ireland who have not contributed in some way and it would be impossible to name all of them. I am, nonetheless, grateful to all of them. Especial mention must be made of:

Laura Chard, Andrew Debagge and Becky Field of BT,

Valerie O'Leary, Jennifer Freeman, Jan Murphy, Dawn Hamilton, Simon Derby, Ian MacIsaac and others of Mercury,

Alan Weldon of IPL (Scotland),

Colin English and his colleagues of Cambridge Telephones Ltd,

New World Telephones Ltd,

Catherine Brady and Peter Richardson of Telecom Eireann,

Jim Hoskinson and Chris Carter of Manx Telecom,

Guy Pipon and Peter Le Chevalier of Jersey Telecom,

Alan Collenette and Jerry Bligh of Guernsey Telecoms,

Dave Price and his colleagues of Landis and Gyr (UK),

Clare Brown, Peter Fleming, Harry Fletcher, Stella McNally, Carol Sweeney and others of GPT,

Liam Byrne and Mark Langton of Ireland and Klaus Stange of Germany for valuable information on the many varieties of Irish cards and their values, and

Peter Harradine, Peter Snow, Eric Elias, John Bradshaw, Brian Beglin, Kevin Baker and also Patrick Robbe of Jersey who helped me to set the prices and provided much information on cards, their control numbers, their varieties and generously provided many illustrations.

FOREWORD

It is now two years since I last compiled a catalogue of the telephone cards of the British Isles and of Ireland and three years since my last world catalogue appeared. I can only regret this and hope that our plans for the future will meet the needs of the growing army of collectors in all parts of the world.

It is not, unfortunately, possible at this stage to publish a world catalogue in a single volume. Such a book, apart from being very large and expensive, would require our having the most up-to-date information on the issues of all the telephone companies, well over 200 of them, currently issuing telephone cards and, with my other commitments, this is not possible at present. We had planned to proceed by way of loose leaf packages of countries which could be added to build up a world catalogue but there are commercial problems with the marketing of such packages and the binders to hold them. We have therefore decided to produce over the next year or so a series of separate volumes covering different areas of the world. This is the first which is why it is entitled TELEPHONE CARDS OF THE WORLD - Part I. Later Parts will cover the Caribbean and North America, the Far East, Australasia and the Pacific and so on.

But all this is for the future. Here we present our new catalogue of Britain and Ireland. I hope you will find it both useful and enjoyable.

S.E.R.H.

INTRODUCTION

This book aims to provide a fairly specialised listing of all telephone cards which have been issued in Great Britain and Ireland and which have been available to the public. Much of the general information and advice which has been offered in earlier editions has been excluded from this Introduction because it has been gathered together and greatly expanded in a Handbook for collectors which is now in preparation. Sufficient basic information to allow the new collector to use this catalogue is, however, included below.

While this catalogue is complete in itself, it is also the first volume of a new world catalogue and will be followed by further volumes covering other areas of the world.

ABOUT THIS BOOK

All cards issued to the public and to closed user groups are listed as are some internal cards which were never directly available to the public and the Service and Test cards used to service and test the cardphones. The only cards not listed are those bearing the names of individuals which are used as visiting cards, mostly by senior staff in the telephone and manufacturing companies.

TYPE OF CARDS

Cards are listed under several categories. The ordinary everyday cards which continue in use for considerable periods of time and are reprinted as required are know as 'Definitive' cards and are normally given D numbers. 'Special' cards (S prefixes) are generally commemorative, decorative or thematic and form a specific issue which are available through normal channels along with the Definitives and which will not be reprinted when used up. 'Advertising' cards (prefixed A) normally advertise a commercial product, service or event and are generally not available through normal channels one usually has to buy the product concerned to obtain them. 'Private' cards (prefixed P) are sponsored by some individual or organisation, generally in small quantities such as 500 or 1000 although further copies may be printed by the telco (meaning Telephone Company) for collectors. 'Promotional' cards are produced by the card or telephone manufacturers to demonstrate their systems at exhibitions and other points of sale and are generally available only to people attending the exhibitions. 'Closed User Group' cards are available only to those at a specific location such as a prison, military base or oil platform. Finally there is a category which has been introduced for cards which are not personal but which were never issued to the public. These are called 'Internal' cards and include the special set given by Manx Telecom to all its staff to commemorate completion of the modernisation of their system and several celebratory cards which Mercury has produced for its own staff.

The above categories have become modified in some cases. It is difficult to distinguish between Special and Definitive cards in Ireland these days because 'Special' cards have often become 'Definitives' in time as has happened in several other countries outside the scope of this volume. For the modern chip cards, therefore, the distinction has been dropped and Irish cards are now categorised only as Public or Private/Advertising cards.

USING THIS BOOK

Each card is given a catalogue number and this is the letter and number at the extreme left of each listing. You will find the cards listed in Advertisements and auction catalogues by this number. The next number, which is in ***bold italics***, is that of the illustration of the card. To avoid confusion, **the illustration number is now always the same as that of the card illustrated.** If the illustration number is in brackets, e.g. *(S57),* it means that the card looks like that illustration but differs in some respect - usually in the value printed on it or in something printed on the reverse which cannot be seen in the illustration. The next number across the page is the face value of the card. If no currency symbol is given it is in telephone time units as in British Telecom cards. Next comes the date of issue and then description or the name of the card if it has one. This is followed by a figure in brackets which is the number of that card issued or printed an important figure because it shows how rare the card is or will be. The control number type or prefix may then be given.

PRICES

Finally, at the extreme right, we have the collectors' value of the card or the price you might hope to see paid for the card in an auction or to pay for it from a dealer. It is not, of course, the price that a dealer will offer you for it. The price for common cards is normally given at 40 pence but this incorporates an element of 'handling charge' real values are smaller but indeterminate. If one can tell by looking at the card (that is without access to a telephone which accepts the card) whether the card has been used or not then two separate values are given for mint (unused) and used cards. BT, Jersey and some Irish cards therefore have two values given. If it is not possible to tell by eye whether they have been used or not they are given a single value which is, in effect, the value of an unused card or of a used card in perfect condition. If it can be seen that such a card has not been used, for example because it is still sealed in a special packet, a premium might be expected but few cards are available in this condition so prices are not specifically listed for sealed cards. The prices quoted represent the market values so far as these can be judged at the time of going to press and are the consensus of a group of leading dealers and collectors in the UK and Ireland. But prices are moving all the time and they could well be out of date soon. If no price is given it is because cards are not normally available in that condition or because the card is so rare that no market price has been established.

SOME TELEPHONE CARD TERMS EXPLAINED

This book is intended both for the experienced collector and the beginner. For the latter it might be useful if a few of the terms used in the book are explained.

Telephone Card. In this book the term means a prepayment card. It will have a set number of units or cash value programmed into a memory of some sort and these will be progressively deleted in use such that the card is finally exhausted and of no further use in a telephone. Telephone credit and charge transfer cards are not included in this book.

Optical Cards. These are the cards as used by British Telecom and by most of the oil companies on their offshore platforms. They are manufactured by Landis and Gyr in London or Switzerland. Whether an earlier card has been used or not can be seen by holding the card at the correct angle to the light when the little marks made by the hot probe in cancelling the units can usually be seen. Recent BT cards have a white 'Thermographic Band' over the optical strip which shows a black mark where units have been cancelled and used cards are thus easily distinguished.

Optical Track. This is the strip of metallic foil on which the pattern on an optical card is embossed. It runs across the card about 15mm from the top edge. It is covered by paint and cannot normally be seen on early cards which had a "short track" ending inside the margins of the design. Later cards have a "long track" and the ends of the track can be seen projecting into the margins beyond the colour.

Band or Optical Band. This is the strip of colour which covers the optical track and should not be confused with the track itself. It is now a white thermographic band on BT cards (see above under Optical Cards). Previously it was a green silk-screened band on BT cards and before that the base colour of the main design extended over the optical track so that there was no band as such. The optical bands can vary in width and people collect cards with different band widths.

Control Numbers. These are the numbers placed on the cards by the manufacturers to identify each individual card. On Landis and Gyr (optical) cards they are impressed on the back in, usually, the bottom right corner. Some collectors identify up to five different fonts (sizes and shapes of digits) in these controls and they may also be upright (called 'normal') or upside down ('inverted'). On GPT cards (Mercury, Isle of Man, Jersey and some Irish) they are printed on the backs, usually at the top although earlier ones were often at the bottom. The earlier GPT controls were in purple on black and need to be held at the right angle to the light to be read. The Autelca cards used by IPL, IPLS, Cambridge Telephones in the UK and in the Irish field trials have numbers printed on the front or back in various positions and in various fonts, care should be taken with these since they can be wiped off. The French/made 'chip' cards now used in Ireland do not have controls so far although some have batch numbers.

Chip Cards. These are the electronic cards now used in Ireland and Guernsey. They have a silicon chip embedded in the card in which the units are stored. The actual chip can be seen through the resin on the reverse of some Schlumberger cards but cannot be seen on a Gemplus of GPT card. The chip is connected to a gold (or sometimes silver or nickel) contact above the chip which can be of various shapes according to the manufacturer of the card. Sometimes cards of the same design are supplied by different manufacturers and the cards are then seen as quite different from a collecting point of view.

Notches. These are the small indentations, usually on the right-hand edge of the card, to allow blind users or anyone in the dark to know which way to insert the card into the telephone. Earlier BT cards did not have them and otherwise identical cards with and without notches are regarded as quite different. Occasionally Landis and Gyr cards are printed on inverted or upside-down blanks so that the notch appears in one of the three possible "wrong" positions - usually bottom left - and these are very rare. Watch out for forgeries! GPT cards (Mercury, I.O.M., Jersey and some Ireland) started out with large or deep notches and then changed to small or shallow notches. Some cards from the changeover period are found with either small or large notch and one type may be much more valuable than the other. Again, watch out for forgeries although the large and small notches occur at slightly different positions so a small notch cannot be changed into a convincing large notch. Always compare with a genuine large notch card. On the small notch cards there can be considerable variation in size (but not shape or position) due to variations in where the blank was trimmed and the notch may appear to be missing altogether although one can usually see a slight depression of the surface at the position at the edge of the card where the notch was before the edge was trimmed.

Steve Hiscocks

April, 1993

Following the privatisation of British Telecom (now BT) and the ending of their monopoly, six telephone companies now operate cardphone systems in the UK. Optical cards are manufactured by Landis and Gyr for BT. Mercury Communications, a Cable and Wireless company, introduced payphones using GPT magnetic cards in London in 1988 and has since expanded to other UK cities and towns. A further company, International Payphones Ltd, introduced a second magnetic system for off-street applications (hospitals, shopping precincts, colleges, etc.) using Autelca telephones and cards in January, 1990. International Payphones Ltd (IPL), no longer exists as such but its successors, IPL (Scotland) and Cambridge Telephones Ltd are active in private site cardphones within the UK and offshore while the former IPL sites in England and the remaining IPL cards have been taken over by Kite Communications Ltd. A further company, New World Payphones, has until recently issued Paytelco/Mercury cards for its private site cardphones but, since 1 April, 1993, has issued its own GPT magstripe cards which are not compatible with Mercury cardphones.

BT

Earlier types (control numbers on reverse begin with letter G) were manufactured in Switzerland. Since March, 1983, many cards have been made in the UK and control numbers on the reverse have begun with three numerals followed by a letter and serial number. The first of the three numerals before the letter in the control number is the last digit of the year and the second two the month of manufacture. Thus '05' is May and '12' is December. The '0' may be substituted by any even number and the '1' by any odd number so '25' or '45' would also be May and '32' or '52' would also be December. 999 controls are arbitrarily used for very short runs - for some special cards like the 50,000,000th and also for ordinary cards made to replace defective cards to complete a batch. The latter are rare. UK-made cards are said to be distinguishable from Swiss-made cards in that the former have the optical strip set into a shallow trough, often with ridges on either side, while the latter do not and the surface is thus flat and smooth. Cards are found with long or short optical tracks. The long tracks extend into the margins. There was a gradual change from short to long track but no particular pattern to their occurrence. The unit was originally £0.05 but it was increased after a short period to £0.10.

BT cards are divided into five categories. Complimentary cards, of initially 10 old units, later 5 current units and now 3 and 10 units, are given out by BT to introduce new customers to the system and are also extensively used by BT staff to replace faulty cards and for official purposes. Definitive cards are the every-day cards which are reprinted whenever need arises. Special cards are sponsored by BT in limited printings for some specific event or purpose and are not, generally, repeated when stocks are exhausted. In practice Special cards are normally illustrated. Advertising cards promote a product or service and are available to the general public through normal channels or by some action such as purchasing the product concerned. Finally we have a new category, Private cards, which has been introduced since the last edition of this catalogue. Private cards are sponsored by some person or organisation other than BT, usually in limited quantities, and, although they may advertise something, are not generally available to the general public by direct purchase. Some will be given away to customers or potential customers and some sold through dealers with no expectation of their being used. The line between private cards is not always clear and some of my decisions may seem arbitrary. This is inevitable but it seems to me to be important to separate out from the Advertising cards those very small issues which are likely to become very expensive and have, in some cases, no real purpose other than to exploit the collectors' market so that the collector can decide whether to collect these cards or not. A further class of cards, those produced by applying private overprints to standard cards, are not included in this catalogue.

C - COMPLIMENTARY CARDS

C1

C2

C3

No.	Ill.	Units	Date	Description	Value	
C1	C1	5	11/85	Green and silver (1,600,000)	15.00 □	1.00 □
C1(a)				Control on inverted card (four known)	--- □	--- □
C2	C2	5	1/86	Green and silver (3,100,000)	1.00 □	0.50 □
C2(a)				Missing control	--- □	--- □

Note. The 10 unit 'Cardphone' card, D1 below, was in fact mainly used as a complimentary but has been listed as a definitive since it clearly falls into the 'Cardphone' series. The unit was then 5p.

C3(a)

C6

C8

C9

D1

D6

No.	Ill.	Units	Date	Description	Value	
C3	*C3*	5	1/86	COMPANY MESSAGE, (5000)	50.00 ☐	35.00 ☐
C3(a)	*C3(a)*	5	1/86	COMPANY MESSAGE, Reverse as *C3(a)*, Six figure number at bottom right on front (v.rare)	1250.00 ☐	500.00 ☐

Note 1. C3 was issued, initially at a conference in Brighton, as a sample to demonstrate the advertising potential. C3(a) was from a very limited (perhaps as few as 12) printing trial for BT after the issue of C3 the telephone number on the reverse was then that of BT's marketing group. C3(a) may exist printed in gold (as above), silver or green on the reverse.

Note 2. The Landis and Gyr 75 Year card, previously C4, has been reclassified as a private card, BP1. Other numbers remain unchanged.

No.	Ill.	Units	Date	Description	Value	
C5	*(C2)*	5	1/90	Green and silver, Notched (63,200)	5.00 ☐	0.50 ☐
C6	*C6*	3	9/90	Green and white (485,200)	1.00 ☐	0.50 ☐
C6(a)				Missing control	--- ☐	--- ☐
C7	*(C6)*	10	9/90	Green and white (107,600)	1.50 ☐	0.50 ☐
C8	*C8*	10	9/91	Green and white - Green band (?00,000)	35.00 ☐	10.00 ☐
C9	*C9*	10	9/91	Green and white - White band (?00,000)	1.50 ☐	0.50 ☐
C9(a)				Missing control	--- ☐	--- ☐
C10	*(C9)*	3	4/92	Green and white - White band (?00,000)	1.50 ☐	0.50 ☐
C11	*(C9)*	10	11/92	White band, Black back (?00,000)	1.50 ☐	0.50 ☐

D - DEFINITIVE CARDS

First (Cardphone) Series.

No.	Ill.	Units	Date	Description	Value	
D1	*D1*	10	1981	Green and silver (50,000)	150.00 ☐	30.00 ☐
D4	*(D1)*	40	7/81	Green and silver (2,635,000)	5.00 ☐	1.50 ☐
D5	*(D1)*	100	1983	Green and silver (552,000)	50.00 ☐	8.00 ☐
D6	*D6*	200	7/81	Green and silver (481,000)	60.00 ☐	10.00 ☐
D6(a)				Control on inverted card (incl. above)	250.00 ☐	100.00 ☐

Note 1. The 20 and 30 unit cardphone cards listed as D2 and D3 in an earlier book are no longer listed. Neither appears in the production records of Landis and Gyr although sample or trial copies of a 30 unit card certainly exist.

Note 2. In the case of D6(a) above and D11(a) below, the control has been applied to an inverted card, i.e. when the card is turned over like a page of a book, the number appears inverted in the top left corner of the reverse rather than the right way up in the bottom right corner as was usual at that time. The more usual 'inverted controls' found on later cards are in the correct position at bottom right on the reverse but are upside down. Most UK cards over the last four years have had inverted controls due to a change in the control stamping wheels.

Note 3. Trial versions of D5 with 1.5mm or 2mm white bands over the optical strip are known.

D7

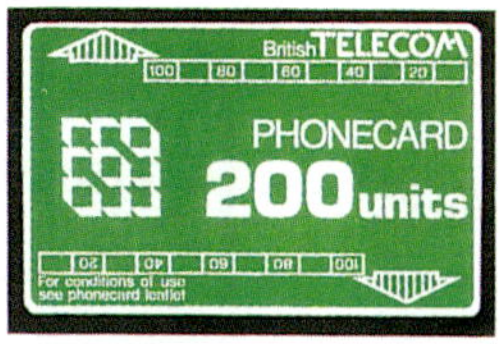

D11

D14

D16

Second (Phonecard) Series - No notch.

No.	Ill.	Units	Date	Description	Value	
D7	*D7*	10	6/84	Green and silver (long track) (10,759,000)	10.00 □	0.50 □
D7(a)				(short track) (incl. above)	6.00 □	4.00 □
D8	*(D7)*	20	4/85	Green and silver (long track) (9,935,000)	3.50 □	0.60 □
D8(a)				(short track) (incl. above)	10.00 □	4.00 □
D8(b)				Control missing	-- □	-- □
D9	*(D7)*	40	6/84	Green and silver (short track) (7,638,000)	6.00 □	1.00 □
D10	*(D7)*	100	6/84	Green and silver (long track) (2,423,000)	25.00 □	2.50 □
D10(a)				(short track) (incl. above)	15.00 □	2.50 □
D11	*D11*	200	6/84	Green and silver (916,000)	40.00 □	5.00 □
D11(a)				Control on inverted card	60.00 □	20.00 □

Third (Notched) Series.

No.	Ill.	Units	Date	Description	Value	
D12	*(D7)*	10	10/87	Green and silver (??????)	1.00 □	0.30 □
D12(a)				Control not inverted	5.00 □	1.00 □
D12(b)				Control missing	-- □	75.00 □
D13	*(D7)*	20	10/87	Green and silver (??????)	4.00 □	0.60 □
D13(a)				Control not inverted	5.00 □	1.50 □
D13(b)				Control missing	-- □	20.00 □
D13(c)				Short track	-- □	--- □
D13A	*(D7)*	40	10/87	Green and silver (??????)	8.00 □	0.60 □
D13A(a)				Control not inverted	10.00 □	1.00 □
D13A(b)				Control missing	-- □	20.00 □
D13B	*(D7)*	100	10/87	Green and silver (??????)	20.00 □	2.00 □
D13B(a)				Control missing	-- □	30.00 □
D13C	*(D11)*	200	6/90	Green and silver (??????)	40.00 □	5.00 □
D13C(a)				Control on inverted card	100.00 □	60.00 □

Note 1. Inverted controls are usual for this series. Missing controls, which have been found on all but the 200 of the above values, are very rare and are thought to be due to a machine malfunction. More generally Landis and Gyr cards without controls are often 'specimens' they may never have been encoded and may even have no optical strip at all. A few cases of two controls, side by side, on one card and a few double strikes have been reported.

Note 2. Versions of D13 and D13B with white bands have been seen. These were apparently engineering trial cards of which probably 1000 were made but which were never issued.

Fourth Series.

No.	Ill.	Units	Date	Description	Value	
D14	*D14*	10	5/88	Green and silver (29,885)	350.00 □	25.00 □
D15	*(D14)*	20	5/88	Green and silver (29,179)	400.00 □	40.00 □
D16	*D16*	10	2/89	Green and silver (500,000)	10.00 □	3.00 □
D16(a)				Control not inverted (incl. above)	10.00 □	4.00 □

Note 1. D14 and D15 were trials for a new design and were manufactured in Switzerland. The controls are inverted. D16 was manufactured later, in the UK, and differs from D14 in the length of the word 'Phonecard' and, most noticeably, in that the horizontal line is 2mm wide while those on D14 and D15 are 1mm wide.

D20

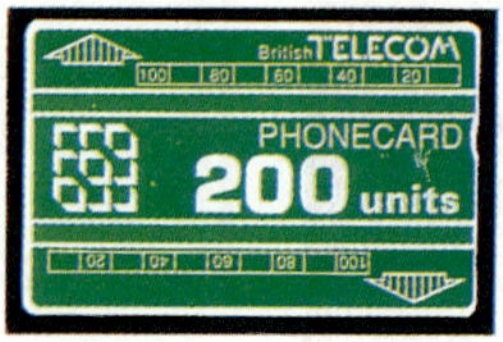

D21

D24

D27

D28

Fifth (Offset) Series.

No.	Ill.	Units	Date	Description	Value	
D17	***(D20)***	10	2/90	Green (shades) and white (1,179,600)	5.00 ☐	2.00 ☐
D17(a)				Control missing	-- ☐	75.00 ☐
D18	***(D20)***	20	2/90	Green (shades) and white (15,397,950)	2.50 ☐	0.50 ☐
D18(a)				Control missing	-- ☐	35.00 ☐
D19	***(D20)***	40	10/90	Green (shades) and white (4,088,900)	4.50 ☐	0.50 ☐
D19(a)				Control missing	-- ☐	25.00 ☐
D19(b)				Blue-green, white lines bordering gap	25.00 ☐	2.00 ☐
D20	***D20***	100	2/90	Green (shades) and white (1,920,600)	15.00 ☐	1.00 ☐
D20(a)				Control missing	-- ☐	35.00 ☐
D20(b)				Blue-green, white lines bordering gap	13.00 ☐	2.00 ☐
D21	***D21***	200	12/90	Green (shades) and white (135,231)	25.00 ☐	4.00 ☐
D21(a)				Control on inverted card	--- ☐	50.00 ☐

Note. This series is offset-printed apart from the green band over the optical strip which is silk-screened. The first copies to be found lacked controls and were probably engineering trial cards. The 40 and 100 unit cards occur in two forms, one yellowish green and one blue-green with very thin white lines above and below the (4.5mm) gap in the offset design. This gap can be 5mm or 5.5mm wide in the 20 and yellowish green 100 unit cards while the silk-screened band itself varies in width with 3.3, 3.7 and 4.0mm bands occurring.

Sixth Series - 'Bonus' cards.

No.	Ill.	Units	Date	Description	Value	
D22	***(D24)***	20	1/10/90	Green and white (100,000)	5.00 ☐	1.50 ☐
D23	***(D24)***	40+3	1/10/90	Green and white (50,000)	7.50 ☐	2.00 ☐
D24	***D24***	100+10	1/10/90	Green and white (25,000)	15.00 ☐	5.00 ☐

Note 1. The so-called 'bonus' cards were an experimental series which were released for a three month trial in the South Midlands. It was the first use in the UK of free added units on higher value cards to encourage the purchase of these although this is standard practice in other countries such as Belgium and the Netherlands. There was no bonus on the 20 unit card.

Note 2. A version of D22 with a white band has been seen. This was apparently a engineering trial card of which probably 1000 were made but which was never issued.

Seventh Series - New Logo. Green Band over optical strip.

No.	Ill.	Units	Date	Description	Value	
D25	***(D26)***	20	9/9/91	Green and white (???,???)	2.50 ☐	0.50 ☐
C25(a)				Missing control	--- ☐	50.00 ☐
D26	***(D26)***	40	14/10/91	Green and white (???,???)	4.50 ☐	0.50 ☐
D26(a)				Control missing	-- ☐	40.00 ☐
D27	***D27***	100	2/9/91	Green and white (???,???)	11.00 ☐	0.50 ☐
D27(a)				Control missing	-- ☐	25.00 ☐
D28	***D28***	200	27/8/91	Green and white (???,???)	22.00 ☐	3.00 ☐
D28(a)				Control on inverted card	-- ☐	60.00 ☐
D28(a)				Control missing	-- ☐	60.00 ☐

Note 1. The seventh series was introduced in the context of a British Telecom publicity campaign launched on 20 March, 1991. No 10-unit (£1) cards were produced for this series apart from the complimentary, C8.

Note 2. A version of D25 with a white band was field-tested in various parts of the UK just before the introduction of the Eighth Series cards. At least 1000 were used but were supposed to be returned to BT after use. A few escaped. These can be distinguished from D29 in that they have no scale above the band. These all have the control prefix 172D...

D29

D32

D33

D36

O1

O4

Eighth Series - New Logo. White Band over optical strip. Instructions printed on reverse.

No.	Ill.	Units	Date	Description	Value	
D29	***D29***	20	5/92	Green and white (???,???)	2.50 □	0.50 □
D29(a)				Missing control	--- □	50.00 □
D30	***(D29)***	40	5/92	Green and white (???,???)	4.50 □	0.50 □
D30(a)				Missing control	--- □	25.00 □
D31	***(D29)***	100	5/92	Green and white (???,???)	11.00 □	0.50 □
D31(a)				Missing control	--- □	25.00 □
D32	***D32***	200	7/92	Green and white (???,???)	22.00 □	3.00 □
D32(a)				Control on inverted card	-- □	80.00 □
D32(b)				Control missing	-- □	40.00 □

Ninth Series - Silver border to design. Plain black reverse.

No.	Ill.	Units	Date	Description	Value	
D33	***D33***	20	5/91	Green and white (???,???)	2.50 □	0.50 □
D36(b)				Control missing	-- □	40.00 □
D34	***(D33)***	40	5/91	Green and white (???,???)	4.50 □	0.50 □
D36(b)				Control missing	-- □	40.00 □
D35	***(D33)***	100	5/92	Green and white (???,???)	11.00 □	0.50 □
D36(b)				Control missing	-- □	40.00 □
D36	***D36***	200	7/92	Green and white (???,???)	22.00 □	3.00 □
D36(a)				Control on inverted card	-- □	--- □
D36(b)				Control missing	-- □	40.00 □

Note. As often happens with BT definitive cards, the cards without control numbers appeared in small quantities before those with control were on sale.

O - OFFICIAL/SERVICE CARDS

No.	Ill.	Units	Date	Description	Value	
O1	***O1***	(200)	1983?	Green / silver (short track)	---	75.00 □
O2	***(O1)***	(200)	1986?	Green / silver (long track)	---	15.00 □
O3	***(O1)***	(200)	1989	Green / silver - Notched	---	10.00 □
O3(a)				Control inverted	---	10.00 □
O4	***O4***	(200)	1989	Green / white, offset, Notched	---	25.00 □
O5	***(O5)***	(200)	1992?	Green / white, offset, Notched, White Band	---	10.00 □

T1

T3

T4

T - TEST CARDS

No.	Ill.	Units	Date	Description	Value	
T1	*T1*	-	1983?	Green / silver (One optical track)	---	400.00 □
T1(a)				Three optical tracks (only one known)	---	700.00 □
T2	*(T3)*	-	?	Green / matt silver	---	150.00 □
T3	*T3*	-	?	Green / polished silver	---	30.00 □
T3(a)	*(T3)*			Three numbers across upper line	---	30.00 □
T4	*T4*	-	1990	Green / polished silver	---	25.00 □

Note 1. The printed numbers on T2 and T3 and the manuscript numbers on T1 refer to settings of the telephones being tested and differ from card to card. Like the Service cards they are not available to the general public in an unused condition and no unused price is therefore given.

Note 2. The first Service cards used in the UK are reported to have been red cards designed for use with petrol pumps in Belgium and having *three* optical tracks like T1(a) which would seem to have been a 'transitional' card. Around 20 of these were used for the first engineering trials in Bristol and for training British Telecom Engineers. A similar green Belgian petrol pump card was briefly used to service a couple of the first field trial cardphones in London. They were never in general use and have not been listed.

General Note 1. In addition to the above, there exist a number of private cards, essentially visiting cards, bearing the names of specific individuals. These are not generally available and are not therefore listed.

General Note 2. Standard £2 BT phonecards were overprinted with the compliments of British Airways and their logo on the reverse for an executive function in, it is thought, 1986. Other private overprints, such as Ritter Sport and the Sheffield Student Games overprints, are known but private overprints (with the exception of the Sainsbury card, A22, which got in by accident) are not included in this catalogue since they have no official status and this would encourage such speculative overprints on common cards. Such private overprints are also discouraged by the telcos and the manufacturers because the overprints sometimes flake off and put the cardphones out of order.

S - SPECIAL/COMMEMORATIVE CARDS

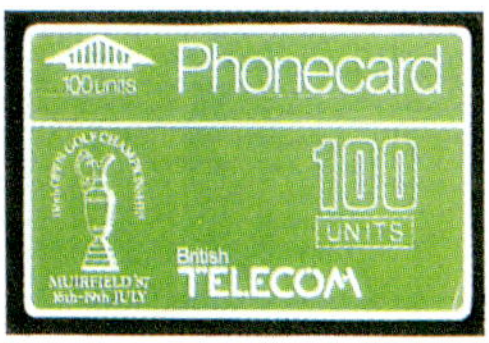

S3

S4

S5

S1	*(S3)*	10	1/7/87	MUIRFIELD (GOLF), (6000)	300.00 □	150.00 □
S2	*(S3)*	20	1/7/87	MUIRFIELD (GOLF), (5000)	400.00 □	200.00 □
S3	*S3*	100	1/7/87	MUIRFIELD (GOLF), (900)	1000.00 □	600.00 □
S4	*S4*	40	4/11/87	LONDON CHALLENGE, (500)	550.00 □	300.00 □

Note. The British Telecom London Challenge card was issued in connection with a joint initiative between British Telecom and the Student Industrial Society to promote the latter. Very few were sold on that occasion and others were later disposed of in connection with Live Aid, a charity event.

S5	*S5*	20	16/11/87	CHRISTMAS 1987, (100,000)	6.00 □	4.00 □
S5(a)				Control inverted	6.00 □	4.00 □

Note. S5 was made in Switzerland.

S6

S7

S11

S12

S13

S14

S15

No.	Ill.	Units	Date	Description		Value	
S6	*S6*	40	18/1/88	VALENTINE'S DAY 1988, (250,000)		7.00 ☐	4.00 ☐
S6(a)				Control missing		-- ☐	-- ☐
S7	*S7*	20	7/88	EDINBURGH FESTIVAL 1988, (30,000)		100.00 ☐	30.00 ☐
S7(a)				Control missing		-- ☐	-- ☐
S7(b)				Control on inverted card		-- ☐	-- ☐
S8	*(S7)*	40	7/88	EDINBURGH FESTIVAL 1988, (15,000)		20.00 ☐	15.00 ☐
S8(a)				Control missing		-- ☐	-- ☐
S9	*(S7)*	100	7/88	EDINBURGH FESTIVAL 1988, (8,000)		25.00 ☐	25.00 ☐
S9(a)				Control missing		-- ☐	-- ☐
S11	*S11*	20	10/88	CHRISTMAS 1988, (1,500,700)		4.00 ☐	1.00 ☐
S11(a)				Deeper shade of blue		8.00 ☐	3.00 ☐
S11(b)				Control missing		-- ☐	50.00 ☐
S12	*S12*	40	10/88	CHRISTMAS 1988, (750,000)		6.00 ☐	2.00 ☐
S12(a)				Control inverted		6.00 ☐	2.00 ☐
S12(b)				Control missing		-- ☐	-- ☐

Note. S11 was manufactured in the UK. The two shades of blue background are quite distinct and are accompanied by different shades of green. S12 was manufactured in Switzerland.

No.	Ill.	Units	Date	Description		Value	
S13	*S13*	20	10/89	WINTER 1989, (1,224,400)		3.00 ☐	1.50 ☐
S13(a)			d	Short track		-- ☐	-- ☐
S13(b)				Control missing		-- ☐	75.00 ☐
S13(c)				"Double printing"	6	-- ☐	-- ☐
S14	*S14*	40	10/89	WINTER 1989, (365,800)		5.00 ☐	2.00 ☐
S14(a)				Control not inverted		5.00 ☐	2.00 ☐
S14(b)				Control missing		-- ☐	40.00 ☐
S15	*S15*	100	10/89	WINTER 1989, (151,000)		12.00 ☐	5.00 ☐
S15(a)				Control not inverted		-- ☐	75.00 ☐
S15(b)				Control missing		-- ☐	30.00 ☐

Note. 600 of S14 and 600 of S15 were manufactured in Switzerland. These can in theory be distinguished by the presence of ridges above and below the optical track on UK-made cards and their absence on Swiss-made cards. There are marked differences in shade in the two lower values the blue being much stronger in some than in others. There are also differences in the surface textures. Some copies of S15 have the 'British / TELECOM' offset on the reverse. Cards with 999 (followed by a letter) controls can be found for S13 and S14 and a 919B control has been found on S15. These are short-run cards made to make up for any rejected cards in a batch or, if Type 4, proofs and are rare. S13 is known with a "double beak" due to misplaced printing.

S16

S17

S18

S20

S21

S22

S23

S24

S25

S26

S27

No.	Ill.	Units	Date	Description	Value	
S16	***S16***	20	2/90	FORTH BRIDGE CENTENARY, (50,000)	12.00 ☐	5.00 ☐
S17	***S17***	40	2/90	FORTH BRIDGE CENTENARY, (25,000)	6.00 ☐	4.00 ☐
S17(a)				Control missing	-- ☐	-- ☐
S18	***S18***	20	4/90	GLASGOW 1990, (74,800)	3.00 ☐	2.50 ☐
S19	***(S18)***	40	4/90	GLASGOW 1990, (35,200)	6.00 ☐	4.00 ☐
S20	***S20***	20	4/90	GATESHEAD GARDEN FESTIVAL, (50,400)	3.00 ☐	2.00 ☐
S20(a)				Control missing	-- ☐	-- ☐
S21	***S21***	40	4/90	GATESHEAD GARDEN FESTIVAL, (28,800)	6.00 ☐	4.00 ☐
S22	***S22***	20	4/90	SPRING 1990, (1,036,400)	3.00 ☐	1.00 ☐
S22(a)				Control missing	-- ☐	60.00 ☐
S22(b)				Colour red missing	-- ☐	-- ☐
S23	***S23***	40	4/90	SPRING 1990, (474,000)	5.00 ☐	2.00 ☐
S23(a)				Control missing	-- ☐	75.00 ☐
S24	***S24***	100	4/90	SPRING 1990, (184,400)	12.00 ☐	4.00 ☐
S24(a)				Control missing	-- ☐	50.00 ☐
S24(b)				Colour black missing	-- ☐	-- ☐
S25	***S25***	20	5/90	MANCHESTER OLYMPIC BID, (120,000)	3.00 ☐	2.00 ☐
S25(a)				Control missing	-- ☐	-- ☐
S26	***S26***	40	5/90	MANCHESTER OLYMPIC BID, (59,600)	6.00 ☐	4.00 ☐
S27	***S27***	20	6/90	WIMBLEDON TENNIS, (23,200)	8.00 ☐	6.00 ☐
S27(a)				Control missing	-- ☐	-- ☐

S28

S29

S30

S31

S32

S33

S35

S36

S37

S38

No.	Ill.	Units	Date	Description	Value	
S28	*S28*	20	7/90	BRITISH WILDLIFE APPEAL, (1,894,200)	3.00 □	0.50 □
S28(a)				Control missing	-- □	60.00 □
S29	*S29*	40	7/90	BRITISH WILDLIFE APPEAL, (793,400)	5.00 □	1.00 □
S29(a)				Control missing	-- □	75.00 □
S30	*S30*	100	7/90	BRITISH WILDLIFE APPEAL, (185,200)	12.00 □	2.50 □
S30(a)				Control missing	-- □	50.00 □
S31	*S31*	20	10/90	WINTER 1990, (2,014,000)	3.00 □	0.25 □
S31(a)				Control missing	-- □	60.00 □
S31(b)				"Extra Footprint" systematic error	50.00 □	5.00 □
S32	*S32*	40	10/90	WINTER 1990, (682,400)	5.00 □	0.50 □
S32(a)				Control missing	-- □	75.00 □
S32(b)				Control on inverted card	-- □	-- □
S33	*S33*	100	10/90	WINTER 1990, (197,200)	12.00 □	2.00 □
S33(b)				Control missing	-- □	40.00 □

Note 1. The "Extra Footprint" variety, S31(b), shows a small green patch beneath the smaller of the two fir trees behind the phonebox. There was one in each sheet of thirty cards printed but it was not noticed until after the cards had sold out so unused copies are rare.

Note 2. The 100,000,000th card previously at S34 has been reclassified as a Private card, BP6.

No.	Ill.	Units	Date	Description	Value	
S35	*S35*	40	1/91	INTERCITY RAIL, (64,500)	6.00 □	3.00 □
S36	*S36*	10	3/91	CITY OF LONDON, (15,000)	3.50 □	3.00 □
S37	*S37*	10	3/91	EAST ANGLIA, (15,000)	3.00 □	2.00 □
S38	*S38*	10	3/91	SEVERNSIDE, (15,000)	7.50 □	4.00 □

Note. S36, 37 and 38 represent three of the then BT districts and were refered to as 'District Cards' within BT.

S39

S40

S41

S42

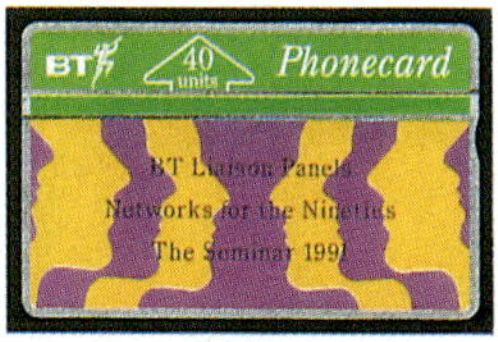

S43

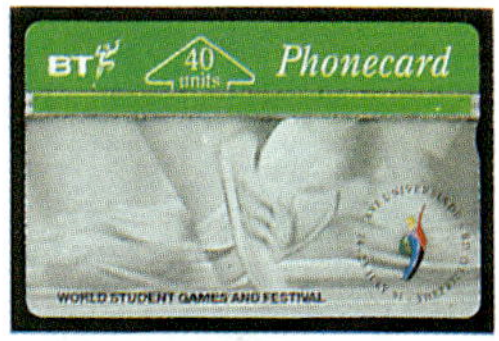

S45

S47

S49

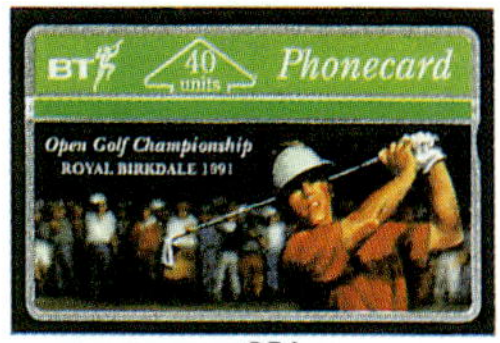

S51

S53

S54

S55

No.	Ill.	Units	Date	Description	Value	
S39	***S39***	20	3/91	BELFAST UNIVERSITY, (5,000)	5.00 □	4.00 □
S40	***S40***	20	4/91	BIRMINGHAM INTERNATIONAL CENTRE, (50,000)	3.00 □	2.00 □
S41	***S41***	20	5/91	WIMBLEDON '91, (25,000)	4.00 □	3.00 □
S42	***S42***	5	5/91	INCENTIVE '92, (5200)	6.50 □	4.00 □
S43	***S43***	40	6/91	BT LIAISON PANELS '91, (4400)	6.50 □	5.00 □
S44	***(S45)***	20	6/91	WORLD STUDENT GAMES, SHEFFIELD, (33,000)	3.00 □	2.00 □
S45	***S45***	40	6/91	WORLD STUDENT GAMES, SHEFFIELD, (9500)	6.00 □	4.00 □
S46	***(S46)***	20	7/91	CELTICA '91, (79,000)	3.00 □	1.50 □
S46(a)				Control missing	-- □	-- □
S47	***S47***	40	7/91	CELTICA '91, (29,500)	6.00 □	2.50 □
S48	***(S49)***	20	7/91	BELFAST FESTIVAL '91, (25,500)	3.00 □	2.00 □
S49	***S49***	40	7/91	BELFAST FESTIVAL '91, (8500)	6.00 □	4.00 □
S50	***(S51)***	20	7/91	BIRKDALE GOLF '91, (17,000)	3.00 □	2.50 □
S51	***S51***	40	7/91	BIRKDALE GOLF '91, (7000)	6.00 □	5.50 □
S52	***(S53)***	20	7/91	BELFAST TALL SHIPS '91, (8000)	3.00 □	1.50 □
S53	***S53***	40	7/91	BELFAST TALL SHIPS '91, (9000)	6.00 □	2.50 □
S54	***S54***	20	7/91	LONDON DOCKLANDS '91, (5000)	4.00 □	3.50 □
S55	***S55***	40	8/91	NEW IDEAS, GROUP LOGISTICS (4500)	6.50 □	4.00 □

S56

S58

S59

S60

S61

S62

S63

S64

S65

S66

No.	Ill.	Units	Date	Description	Value	
S56	***S56***	20	9/91	RUGBY WORLD CUP, (5000)	3.00 ☐	1.50 ☐
S57	***(S56)***	40	9/91	RUGBY WORLD CUP, (5000)	6.00 ☐	3.00 ☐
S58	***S58***	20	9/91	RUGBY WORLD CUP - ITV SPORT, (5000)	3.00 ☐	1.50 ☐
S59	***S59***	20	10/91	AT HOME WITH BT (4500)	3.50 ☐	2.00 ☐
S60	***S60***	5	11/91	WORLD QUALITY DAY, (3100)	7.00 ☐	4.00 ☐
S61	***S61***	5	11/91	CHRISTMAS 1991, SERIES I TURKEY'S REVENGE (3000)	3.00 ☐	1.00 ☐
S62	***S62***	5	11/91	CHRISTMAS 1991, SERIES I GOING GREEN (3000)	3.00 ☐	1.00 ☐
S63	***S63***	5	11/91	CHRISTMAS 1991, SERIES I FORK LIFT TRUCK (3000)	3.00 ☐	1.00 ☐

These cards were supplied as the basic card (bottom left space blank as in S61) or over-printed for the BT Collectors Club as in S63) from the BT Collectors Club. In addition a number of firms and individuals had their own messages overprinted as in S62 with a minimum of 100 so there may have been as few as 33 sets of three for some over-prints. The numbers S61, S62 and S63 refer to the blank cards. Over-prints known include A - Phil Art Trading (33 of each), B - J.B.Cards (100 of each), C - Robstine Stamps, D - Greenways International Ltd (165 of each), E - J.Braithwaite & Sons and F - BT Accounts Management Team. Thus S61B, S62B and S62B are the J.B.Cards set of three cards and so on. In addition S62, Going Green, exists for G - Telecom Security and S63, Fork Lift Truck, for H - BT Collectors Club. There are thought to be 200 each of the Robstine Stamps cards. These cards are generally found in sets of three and prices vary from £35 to £200 per set.

No.	Ill.	Units	Date	Description	Value	
S64	***S64***	5	11/91	CHRISTMAS 1991, SERIES II (3000)	3.00 ☐	1.00 ☐
S65	***S65***	5	11/91	CHRISTMAS 1991, SERIES II (3000)	3.00 ☐	1.00 ☐
S66	***S66***	5	11/91	CHRISTMAS 1991, SERIES II (3000)	3.00 ☐	1.00 ☐

These cards, S64-66, also came blank or over-printed as with the Series I cards. The over-prints known are A - Phil Art Trading (33 of each) and B - Hotel Marketplace and for S6X (village scene) only there also exist C - BT Personal Communications Marketing and D - "BT Retail and Finance National Account Sales and BT Industry Marketing" (all said to be written on one card!). There are thought to be 200 each of the Hotel Marketplace cards. As for Series I these cards are generally found in sets of three.

S67

S68

S69

S70

S71

S72

S73

S74

S75

S76

S77

No.	Ill.	Units	Date	Description	Value	
S67	**S67**	10	11/91	NEW IDEAS (Blank) (5000)	3.00 ☐	2.00 ☐
S68	**S68**	20	11/91	MIDLANDS PRESS CONTACTS (500)	250.00 ☐	200.00 ☐
S69	**S69**	20	11/91	PRESS RELATION, LONDON (5000)	3.00 ☐	1.50 ☐
S70	**S70**	5	12/91	MANCHESTER METROLINK (6800)	15.00 ☐	10.00 ☐
S71	**S71**	10	12/91	NEW IDEAS, PCD LONDON (5000)	3.00 ☐	2.00 ☐
S72	**S72**	20	12/91	11th CHRISTMAS PUDDING RACE (4500)	4.00 ☐	2.00 ☐
S73	**S73**	40	3/92	BT SWIMATHON '92 (7000)	6.00 ☐	4.00 ☐
S74	**S74**	20	3/92	BT SCOTTISH PRESS OFFICE (Green Band) ((4500))	40.00 ☐	25.00 ☐
S74(a)				Blank back (500)	75.00 ☐	50.00 ☐

Note. A high proportion of S74 were faulty and were destroyed. These were replaced by S80.

No.	Ill.	Units	Date	Description	Value	
S75	**S75**	5	3/92	USE THIS SPACE TO YOUR ADVANTAGE (5000)	3.50 ☐	2.00 ☐

Note. The message on the reverse of this card says that £1000 worth of personalised BT phonecards will be given to anyone presenting one of these cards which displays 20 units in a cardphone instead of the usual 5 units. Unfortunately, the copy illustrated displayed 5 units!

No.	Ill.	Units	Date	Description	Value	
S76	**S76**	20	4/92	BT CORPORATE RELATIONS, SOUTH-WEST (5000)	4.00 ☐	2.00 ☐
S77	**S77**	20	4/92	BT CROPPED LOGO (6500)	3.00 ☐	1.50 ☐

S78

S79

S80

S81

S82

S83

S84

S85

S86

S87

S88

No.	Ill.	Units	Date	Description	Value	
S78	*S78*	10	5/92	IMRA (Industrial Market Research Assn.) (200)	450.00 ☐	250.00 ☐

Note. Both S78 and S98 were donated by BT for conferences and mostly given out to delegates.

No.	Ill.	Units	Date	Description	Value	
S79	*S79*	20	5/92	BT SCOTTISH PRESS OFFICE (White Band) (4500)	40.00 ☐	25.00 ☐
S80	*S80*	20	6/92	SWITCHING TO SILICON (4500)	3.00 ☐	2.00 ☐
S81	*S81*	5	6/92	DIRECTORY PRODUCTS (4500)	3.00 ☐	2.00 ☐
S82	*S82*	20	6/92	WELSH GARDEN FESTIVAL (5000)	3.00 ☐	2.00 ☐
S83	*S83*	20	6/92	YOUNG CONSUMERS OF THE YEAR, '92 (4500)	3.00 ☐	2.00 ☐
S84	*S84*	20	7/92	HENLEY REGATTA (5000)	3.00 ☐	2.50 ☐
S85	*S85*	40	7/92	HENLEY REGATTA (5000)	6.00 ☐	4.50 ☐
S86	*S86*	20	7/92	121st MUIRFIELD OPEN CHAMPIONSHIP (7000)	3.00 ☐	2.00 ☐
S87	*S87*	40	7/92	121st MUIRFIELD OPEN CHAMPIONSHIP (6000)	6.00 ☐	3.00 ☐
S88	*S88*	100	7/92	121st MUIRFIELD OPEN CHAMPIONSHIP (1000)	20.00 ☐	20.00 ☐

S89

S90

S91

S92

S93

S94

S95

S96

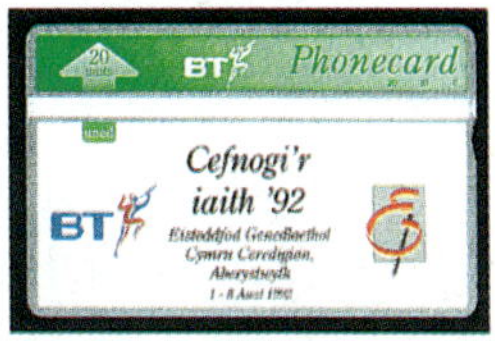

S97

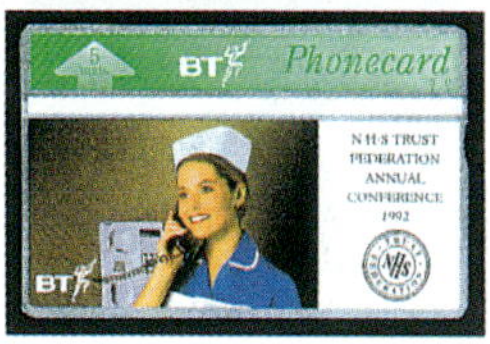

S98

S99

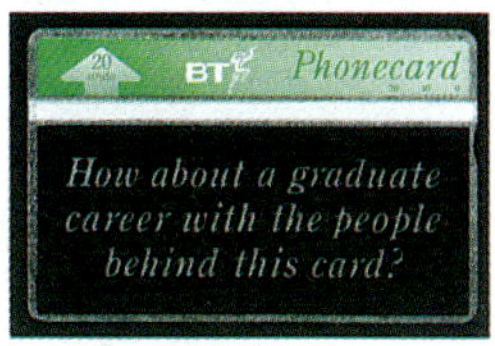

S100

S89	*S89*	100	7/92	SUMMER TOURIST SET, BEEFEATER	(58,000)	12.00 ☐	2.00 ☐
S89(a)				Control missing		-- ☐	50.00 ☐
S90	*S90*	100	7/92	SUMMER TOURIST SET, GIANT'S CAUSEWAY	(58,000)	12.00 ☐	5.00 ☐
S90(a)				Control missing		-- ☐	50.00 ☐
S91	*S91*	100	7/92	SUMMER TOURIST SET, EDINBURGH CASTLE	(58,000)	12.00 ☐	2.00 ☐
S91(a)				Control missing		-- ☐	50.00 ☐
S92	*S92*	100	7/92	SUMMER TOURIST SET, SHAKESPEARE	(58,000)	12.00 ☐	2.00 ☐
S92(a)				Control missing		-- ☐	50.00 ☐
S93	*S93*	100	7/92	SUMMER TOURIST SET, WELSH LADY	(58,000)	12.00 ☐	2.00 ☐
S93(a)				Control missing		-- ☐	50.00 ☐
S94	*S94*	100	7/92	SUMMER TOURIST SET, HENRY VIII	(58,000)	12.00 ☐	2.00 ☐
S94(a)				Control missing		-- ☐	50.00 ☐

Note. These cards were printed in sheets of 30 with all designs on each sheet so it is possible to find consecutive controls on cards of different designs. 1000 sets were also available in a collectors' pack with a different control prefix, 347B..., which is actually a 1993 prefix. These collectors' packs also contained a further card, S96, only available in that pack and known as "the seventh card". The packs originally sold for £65 and now sell for around £85.

S95	*S95*	5	7/92	SUMMER TOURIST SET, BRITAIN'S CALLING (1000)	15.00 ☐	5.00 ☐
S96	*S96*	10	7/92	BELL'S SCOTTISH OPEN, GLENEAGLES (5100)	3.00 ☐	2.00 ☐
S97	*S97*	20	8/92	WELSH EISTEDDFOD (7000)	4.00 ☐	2.00 ☐
S98	*S98*	5	9/92	N.H.S. TRUST CONFERENCE (500)	250.00 ☐	150.00 ☐
S99	*S99*	40	9/92	HOUSES OF PARLIAMENT (5000)	8.00 ☐	6.00 ☐
S100	*S100*	40	9/92	BT GRADUATE CAREERS (5000)	10.00 ☐	2.50 ☐
S100(a)				Control missing	-- ☐	-- ☐

S101

S102

S103

S104

S105

S106

S107

S108

S109

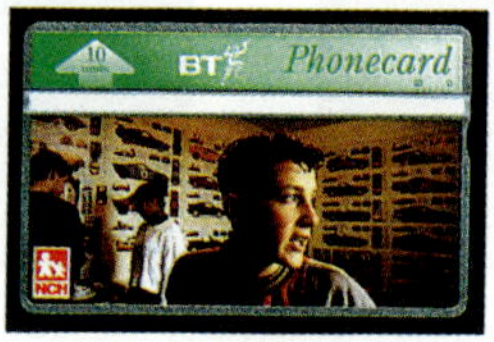

S110

S112

No.	Ill.	Units	Date	Description	Value	
S101	*S101*	5	9/92	FANTASTIC FACTS (500)	40.00 ☐	40.00 ☐
S102	*S102*	20	9/92	FARNBOROUGH AIR SHOW, 1992 (4750)	3.00 ☐	2.00 ☐
S103	*S103*	40	9/92	FARNBOROUGH AIR SHOW, 1992 (4750)	6.00 ☐	4.00 ☐
S104	*S104*	20	11/92	NCH - ROB, (??,000)	3.00 ☐	0.50 ☐
S104(a)				Control missing	-- ☐	-- ☐
S105	*S105*	20	11/92	NCH - CHRIS, (??,000)	3.00 ☐	0.50 ☐
S105(a)				Control missing	-- ☐	-- ☐
S106	*S106*	20	11/92	NCH - KARA, (??,000)	3.00 ☐	0.50 ☐
S106(a)				Control missing	-- ☐	-- ☐
S107	*S107*	40	11/92	NCH - TARA, (??,000)	5.00 ☐	1.00 ☐
S107(a)				Control missing	-- ☐	-- ☐
S108	*S108*	40	11/92	NCH - MARIA, (??,000)	5.00 ☐	1.00 ☐
S108(a)				Control missing	-- ☐	-- ☐
S109	*S109*	40	11/92	NCH - KITCHEN, (??,000)	5.00 ☐	1.00 ☐
S109(a)				Control missing	-- ☐	-- ☐
S110	*S110*	10	11/92	NCH - SEVENTH CARD, REVERSE PRINTED, (1500)	15.00 ☐	15.00 ☐
S111	*(S110)*	10	11/92	NCH - SEVENTH CARD, REVERSE BLACK, (18,000)	10.00 ☐	5.00 ☐

Note. The NCH (National Children's Homes) cards were a charity issue and BT donated £250,000 to the organization. The 'seventh card' with the reverse printing was included in the presentation pack and available in no other way. These packs originally cost £26 and now sell for around £35. The black-backed type was on general sale through the NCH but not the BT Club.

No.	Ill.	Units	Date	Description	Value	
S112	*S112*	10	11/92	BT ACCOUNTS TEAM - CHRISTMAS (6500)	5.00 ☐	3.00 ☐

S113

S116

S118

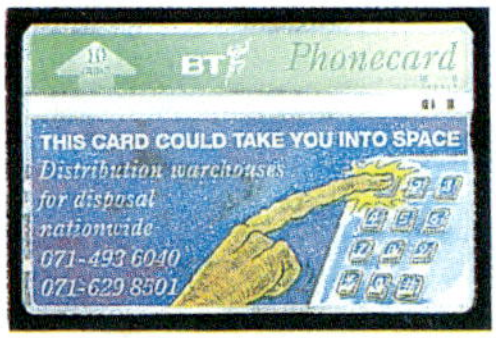

S119

No.	Ill.	Units	Date	Description	Value	
S113	*S113*	20	12/92	LISTEN CAREFULLY WHEN YOU USE THIS CARD, (6000)	25.00 □	25.00 □

Note. Like S74, this card showed faults and most were withdrawn. It will reportedly be reprinted, presumably with a different control. The control on S113 is 229A56...

No.	Ill.	Units	Date	Description	Value	
S114	--	10	3/93	MRS CONFERENCE '93 (5000)	5.00 □	4.00 □
S115	--	20	3/93	TEXT PAYPHONE TRIAL (4000)	5.00 □	4.00 □
S116	*S116*	20	3/93	A PHONE IN YOUR HOME (4000)	3.00 □	2.00 □
S117	--	20	3/93	WIMBLEDON LADIES (6500)	3.00 □	2.00 □
S118	*S118*	20	3/93	BT VAN - KEEP IN TOUCH (3500)	3.00 □	2.00 □
S119	*S119*	10	3/93	TAKE YOU INTO SPACE (8000)	2.00 □	1.00 □

A - ADVERTISING CARDS

A1

A2

A3

A4

A5

A6

A7

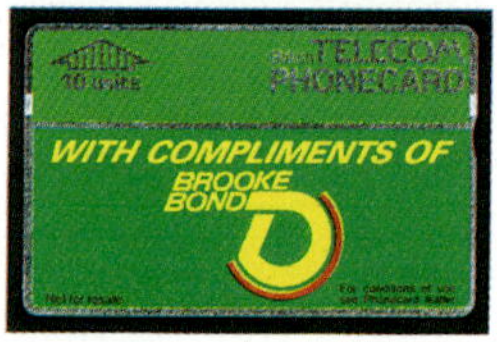

A8

A9

No.	Ill.	Units	Date	Description	Value	
A1	*A1*	10	1/12/86	GRAHAM'S WHISKY, (15,000)	150.00 ☐	65.00 ☐

Note. A1 has been reported with three different widths of strip (*not* band) as seen in the margins at the end of the green band - 3.2mm, 3.6mm and 4.2mm. These seem to be about equally common.

No.	Ill.	Units	Date	Description	Value	
A2	*A2*	10	1987	MENTADENT, (Swiss-made) (50,000)	250.00 ☐	35.00 ☐
A2A	*(A2)*	10	1988	MENTADENT, Notch added (Swiss-made) (60,000)	12.00 ☐	5.00 ☐
A2A(a)				Control not inverted	12.00 ☐	8.00 ☐
A3	*A3*	10	1987	TREBOR, (26,700)	125.00 ☐	25.00 ☐
A3(a)				Control missing	-- ☐	-- ☐
A4	*A4*	10	11/87	BIRD'S, (5000)	100.00 ☐	50.00 ☐
A4(a)				Control missing	-- ☐	-- ☐
A5	*A5*	10	2/88	GATEWAY, (30,000)	100.00 ☐	20.00 ☐
A6	*A6*	5	3/88	PERSIL, (630,990)	5.00 ☐	2.00 ☐
A6(a)				Darker blue	6.00 ☐	4.00 ☐

Note. A version of A6 without the white box round the logo exists as a specimen and a few may have been issued. A6, even when sealed, often has a scrape in the margin by the 'd' in Phonecard. As with all earlier BT non-definitive cards, wrapped cards usually command a premium.

No.	Ill.	Units	Date	Description	Value	
A7	*A7*	5	3/88	BROOKE BOND, (250,000)	200.00 ☐	10.00 ☐
A7(a)				Control not inverted	200.00 ☐	10.00 ☐
A7(b)				Colour red missing	-- ☐	-- ☐
A7(b)				Colour yellow missing	-- ☐	-- ☐
A8	*A8*	10	3/88	BROOKE BOND, (45,550)	75.00 ☐	15.00 ☐
A8(a)				Control not inverted	75.00 ☐	15.00 ☐

Note. A7 and A8 were manufactured in Switzerland. A7 shows two distinct shades of red and a tendency to colour misplacement of either red or yellow.

No.	Ill.	Units	Date	Description	Value	
A9	*A9*	10	4/88	PALMOLIVE, (30,000)	10.00 ☐	8.00 ☐
A9(a)				Control missing	-- ☐	-- ☐

A10

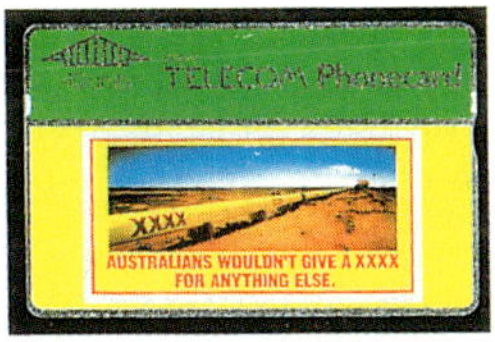

A11

A13

A16

A17

A18

A19

A20

A21

A22

No.	Ill.	Units	Date	Description	Value	
A10	*A10*	10	5/88	CASTLEMAINE, (20,000)	25.00 ☐	12.00 ☐
A10(a)				Control missing	-- ☐	-- ☐
A11	*A11*	40	5/88	CASTLEMAINE, (10,000)	40.00 ☐	30.00 ☐
A11(a)				Control missing	-- ☐	-- ☐

Note 1. A very few copies of A10 are known with the lower half of A11 and of A11 with the lower half of A10. None has been sold and no price is established for these.

Note 2. The Glaxo card which was previously A12 and the two DFS cards, previously A14 and A15, have been reclassified as Private cards, BP2, BP4 and BP5 respectively.

No.	Ill.	Units	Date	Description	Value	
A13	*A13*	40	8/88	3i, (5500)	400.00 ☐	125.00 ☐
A13(a)				Control missing	-- ☐	-- ☐
A16	*A16*	20	11/89	WILTSHIER, (11,100)	25.00 ☐	20.00 ☐
A17	*A17*	5	11/89	SIGMAGYR, (5,000)	100.00 ☐	80.00 ☐
A18	*A18*	10	5/90	CASTROL GTX I, (108,000)	10.00 ☐	3.00 ☐

Note. Copies of A16, A17 and A18 (and some other predominantly white cards made around the same time) sometimes develop a speckled effect in grey or nearly black over the white areas. This is due to problems with a particular batch of ink and is not a variety in the usual sense - they all started out as white.

No.	Ill.	Units	Date	Description	Value	
A19	*A19*	20	12/90	HORLICKS, (30,000)	4.00 ☐	3.00 ☐
A20	*A20*	100	2/91	AMERICAN EXPRESS, (10,000)	15.00 ☐	12.00 ☐
A21	*A21*	20	1/91	TEXAS HOMECARE, (50,000)	5.00 ☐	2.50 ☐
A22	*A22*	10	3/91	SAINSBURY'S, (10,000)	50.00 ☐	25.00 ☐
A22(a)				Error - printed on 3 unit card	-- ☐	-- ☐

Note 1. The Sainsbury card, A22, was overprinted by Sainsbury's onto the 10-unit complimentary card, C7, and the old design can just be seen below if the card is held at the right angle. Strictly speaking it should not, as a private overprint, have been listed at all but it is now so well established that an exception has had to be made in this case.

Note 2. The Kite Promotion card, previously A23, has been reclassified as a Private card (BP7). Other numbers remain unaltered.

A24

A25

A28

A29

A32

A33

A34

A35

A36

No.	Ill.	Units	Date	Description	Value	
A24	*A24*	20	4/91	HILTON, (24,000)	3.00 ☐	2.00 ☐

Note. A24 was originally issued in a Hilton invitation folder - price about £15.

No.	Ill.	Units	Date	Description	Value	
A25	*A25*	10	7/91	CASTROL GTX HALFORDS, (55,000)	3.00 ☐	1.00 ☐
A26	*(A28)*	10	8/91	NESCAFÉ, (70,000)	10.00 ☐	5.00 ☐
A27	*(A28)*	20	8/91	NESCAFÉ, (150,000)	6.00 ☐	3.00 ☐
A28	*A28*	40	8/91	NESCAFÉ, (150,000)	7.00 ☐	2.00 ☐
A28(a)				Control missing	-- ☐	-- ☐
A29	*A29*	10	11/91	RECORD PASTA (4450)	15.00 ☐	8.00 ☐
A30	*(A32)*	20	11/91	POST OFFICE, (1,240,000)	3.00 ☐	0.25 ☐
A30(a)				Control missing	-- ☐	75.00 ☐
A31	*(A32)*	40	11/91	POST OFFICE, (423,760)	5.00 ☐	0.25 ☐
A31(a)				Control missing	-- ☐	75.00 ☐
A32	*A32*	100	11/91	POST OFFICE, (184,000)	12.00 ☐	0.50 ☐
A32(a)				Control missing	-- ☐	40.00 ☐
A33	*A33*	200	11/91	POST OFFICE, (21,900)	25.00 ☐	8.00 ☐
A33(a)				Control on inverted card	30.00 ☐	12.00 ☐
A34	*A34*	40	1/92	POST OFFICE GOLD, (4,500)	6.00 ☐	6.00 ☐

Note. Several Post Office cards have been reported with plain black backs. The chemical removal of the printing on the reverse of these cards is quite easy - so beware!

No.	Ill.	Units	Date	Description	Value	
A35	*A35*	20	2/92	IDEAL HOME, (1,200,000)	3.00 ☐	0.50 ☐
A35(a)				Missing colour magenta	-- ☐	-- ☐
A35(b)				Missing colour black	-- ☐	-- ☐
A35(c)				Control missing	-- ☐	100.00 ☐
A36	*A36*	5	2/92	WOOLWORTHS, (500,000)	4.00 ☐	2.00 ☐

A37

A38

A41

A42

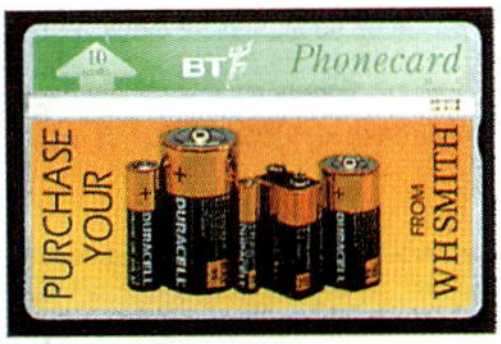

A43

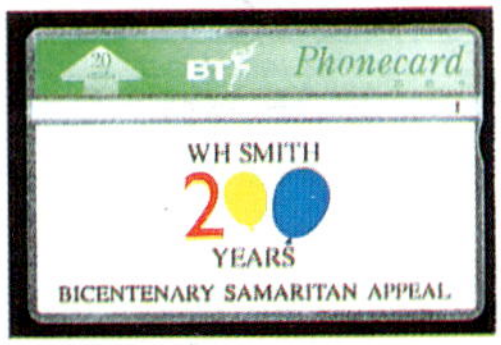

A44

A46

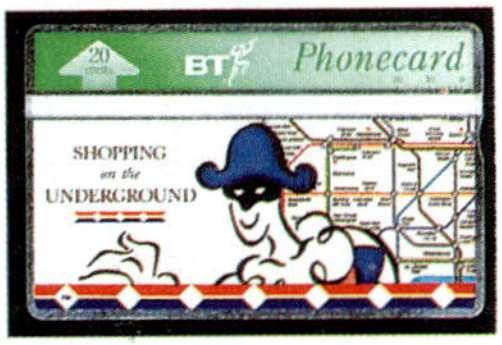

A47

A48

A49

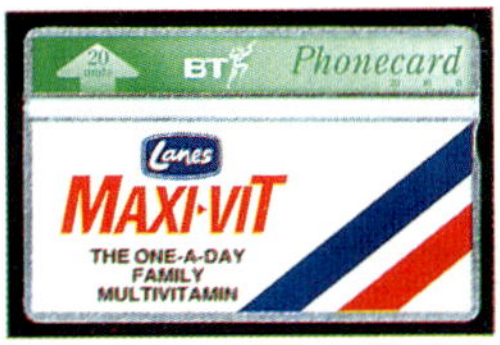

A50

No.	Ill.	Units	Date	Description	Value	
A37	*A37*	10	3/92	DUTCH BACON, (8000)	2.00 ☐	1.50 ☐
A38	*A38*	20	4/92	LONDON REGIONAL TRANSPORT (LRT), (111,000)	3.00 ☐	1.50 ☐
A39	*(A38)*	40	4/92	LONDON REGIONAL TRANSPORT (LRT), (33,000)	6.00 ☐	3.00 ☐
A40	*(A38)*	100	4/92	LONDON REGIONAL TRANSPORT (LRT), (10,000)	12.00 ☐	8.00 ☐
A41	*A41*	200	4/92	LONDON REGIONAL TRANSPORT (LRT), (1260)	50.00 ☐	30.00 ☐
A42	*A42*	10	7/92	SUPASNAPS, (5,000)	25.00 ☐	15.00 ☐
A43	*A43*	10	8/92	W.H.SMITH - DURACELL, (5,000)	15.00 ☐	10.00 ☐
A44	*A44*	20	8/92	W.H.SMITH - SAMARITANS, (75,000)	5.00 ☐	2.00 ☐
A45	*(A44)*	40	8/92	W.H.SMITH - SAMARITANS, (28,000)	10.00 ☐	4.00 ☐
A46	*A46*	40	8/92	BT SHOPS, SCOTLAND, (28,000)	5.00 ☐	4.00 ☐
A47	*A47*	20	8/92	SHOPPING ON THE UNDERGROUND, (28,000)	5.00 ☐	2.00 ☐
A48	*A48*	10	1/93	FLYING FLOWERS, (5000)	15.00 ☐	10.00 ☐
A49	*A49*	20	3/93	KELLOGGS, (3,000,000)	2.50 ☐	0.50 ☐
A50	*A50*	20	3/93	MAXIVIT, (6000)	15.00 ☐	15.00 ☐

BP - PRIVATE CARDS

These are defined as cards produced for private customers, generally but not always in small quantities. They differ from Advertising cards in that Advertising cards can usually be obtained by the public by buying the product advertised while Private cards are usually only obtainable directly from the sponsor or through dealers who have obtained them from the sponsors. Cards sponsored by BT are classed as Special cards whether they advertise BT products and services or not. Several cards could go either way and there is bound to be a certain amount of arbitrariness in these decisions. Most private cards are never used and the price of used cards is usually put as the same as unused for later cards providing they are in perfect condition. Many private cards are issued, entirely or in part, in brochures of varying degrees of sophistication. Cards in their original brochures often command a premium. For the most part I catalogue cards in the order in which they were released so far as that is known. Private cards sometimes do not appear until some time after manufacturer and it is in most cases difficult to determine the date on which private cards were released so the cards below are listed, with a few exceptions, in the order of manufacture as reflected in their control numbers and their control prefixes are given.

BP1

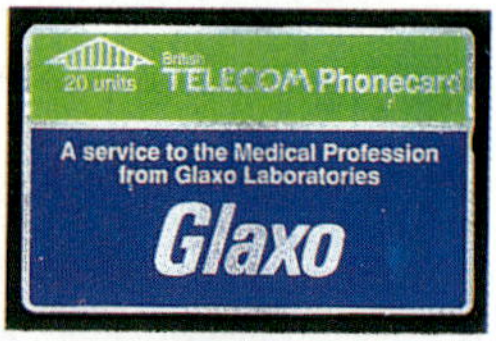

BP2

BP3

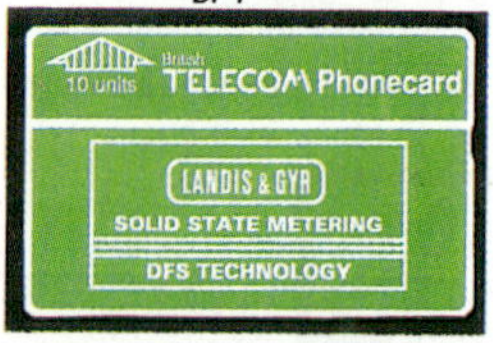

BP4

BP6

BP7

BP8

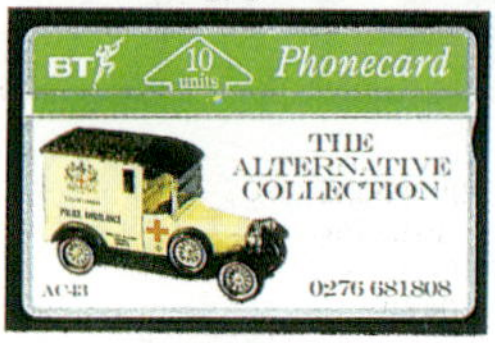

BP9

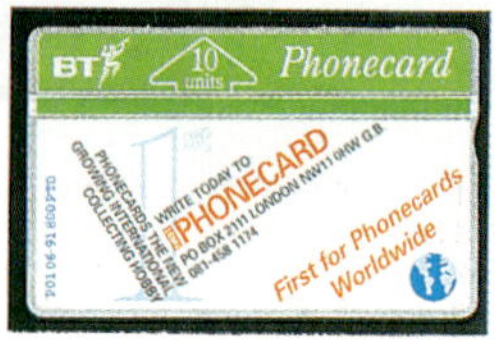

BP10

No.	Ill.	UNITS	TITLE OF CARD	NUMBER ISSUED	CONTROL PREFIX	Value	
BP1	*BP1*	5	LANDIS & GYR - 75 YRS	(9000)	708A	150.00 □	75.00 □
BP2	*BP2*	20	GLAXO	(52,600)	807C	60.00 □	10.00 □
BP3	*BP3*	20	FIFTY MILLIONTH	(600)	999B	650.00 □	500.00 □
BP4	*BP4*	10	LANDIS & GYR - DFS	(400)	945E	500.00 □	350.00 □
BP5	*(BP4)*	40	LANDIS & GYR - DFS	(50)	946G	1250.00 □	850.00 □
BP6	*BP6*	20	100,000,000th	(5000)	009C	15.00 □	10.00 □
BP7	*BP7*	5	KITE PROMOTION	(4650)	103D	5.00 □	5.00 □
BP8	*BP8*	10	LANDIS & GYR - FAREHAM I	(5200)	126F	3.00 □	3.00 □
BP9	*BP9*	10	THE ALTERNATIVE COLLECTION	(1028)	127G	25.00 □	25.00 □
BP10	*BP10*	10	FIRST PHONECARD	(800)	127F	16.00 □	16.00 □

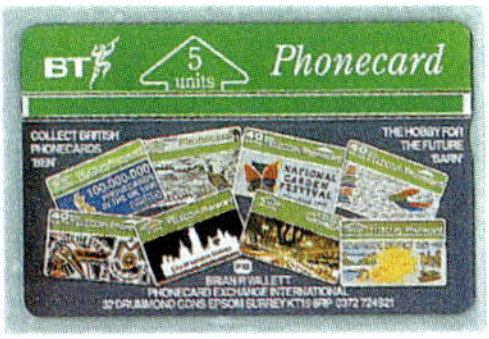

BP11

BP12

BP13

BP14

BP15

BP16

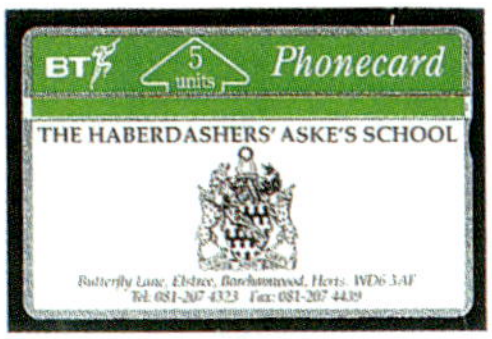

BP17

BP18

BP19

BP20

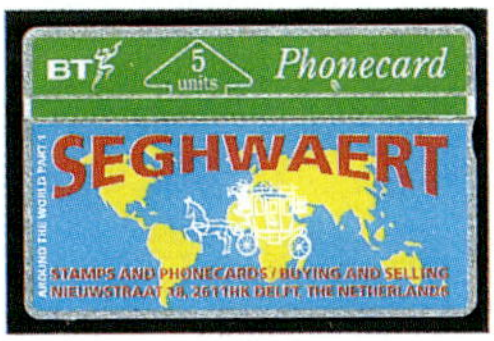

BP21

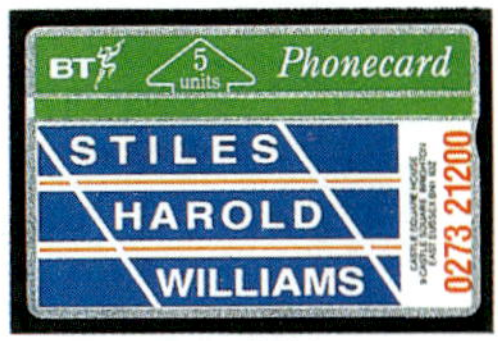

BP22

No.	Ill.	UNITS	TITLE OF CARD	NUMBER ISSUED	CONTROL PREFIX	Value	
BP11	*BP11*	5	COLLECT BRITISH PHONECARDS	(3307)	107A	16.00 □	16.00 □
BP11(a)			Control missing			--- □	--- □
BP12	*BP12*	5	ACADEMIC TUTORS I	(640)	128E	20.00 □	20.00 □
BP13	*BP13*	5	ETHEL DAVIS SCHOOL	(640)	128E	15.00 □	15.00 □
BP14	*BP14*	5	JESTER	(590)	128E	15.00 □	15.00 □
BP15	*BP15*	5	WANDEL & GOLTERMANN	(580)	128E	30.00 □	30.00 □
BP16	*BP16*	5	COMMSEC	(590)	128E	25.00 □	25.00 □
BP17	*BP17*	5	HABERDASHERS' SCHOOL	(500)	129C	40.00 □	40.00 □
BP18	*BP18*	10	LANDIS AND GYR - TELFORD	(4500)	109G	3.00 □	3.00 □
BP19	*BP19*	5	CHURCHILL	(500)	110C	35.00 □	35.00 □
BP20	*BP20*	5	BRIGHTON BELLE	(1051)	129C	32.00 □	32.00 □
BP21	*BP21*	5	SEGHWAERT	(1000)	130H	30.00 □	30.00 □
BP22	*BP22*	5	STILES HAROLD WILLIAMS - BRIGHTON	(3500)	130K	2.00 □	2.00 □
BP23	*(BP22)*	5	STILES HAROLD WILLIAMS - CRAWLEY B	(3500)	130K	2.00 □	2.00 □
BP24	*(BP22)*	5	STILES HAROLD WILLIAMS - CRAWLEY S	(3500)	130K	2.00 □	2.00 □
BP25	*(BP22)*	5	STILES HAROLD WILLIAMS - CROYDON	(3500)	130K	2.00 □	2.00 □
BP26	*(BP22)*	5	STILES HAROLD WILLIAMS - EASTBOURNE	(3500)	130K	2.00 □	2.00 □
BP27	*(BP22)*	5	STILES HAROLD WILLIAMS - HASTINGS	(3500)	130K	2.00 □	2.00 □
BP28	*(BP22)*	5	STILES HAROLD WILLIAMS - LEICESTER	(3500)	130K	2.00 □	2.00 □
BP29	*(BP22)*	5	STILES HAROLD WILLIAMS - LONDON	(3500)	130K	2.00 □	2.00 □
BP30	*(BP22)*	5	STILES HAROLD WILLIAMS - PORTSMOUTH	(3500)	130K	2.00 □	2.00 □
BP31	*(BP22)*	5	STILES HAROLD WILLIAMS - REDHILL	(3500)	130K	2.00 □	2.00 □
BP32	*(BP22)*	5	STILES HAROLD WILLIAMS - WORTHING	(3500)	130K	2.00 □	2.00 □

Note. BP22 to BP32 are all of the same design except for the addresses and telephone numbers at the right. They are distinguished above by the towns in which the offices are located.

BP33

BP34

BP35

BP36

BP37

BP38

BP40

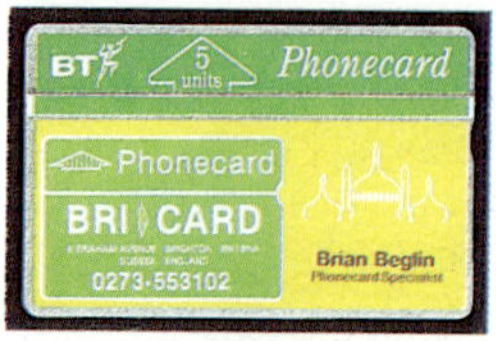

BP41

BP42

BP43

BP44

BP45

BP46

BP47

BP48

No.	Ill.	UNITS	TITLE OF CARD	NUMBER ISSUED	CONTROL PREFIX	Value	
BP33	*BP33*	20	HOGG ROBINSON - BA I	(17,500)	128K	3.50 ☐	2.00 ☐
BP34	*BP34*	20	HOGG ROBINSON - BA II	(8500)	128K	3.50 ☐	2.00 ☐
BP35	*BP35*	5	GAVIN RAO	(500)	190H	10.00 ☐	10.00 ☐
BP36	*BP36*	10	SYMPHONY GROUP	(4500)	170A	3.00 ☐	3.00 ☐
BP37	*BP37*	5	CO-OP	(4500)	190K	2.00 ☐	2.00 ☐
BP38	*BP38*	5	PHILCARD INTERNATIONAL	(1500?)	170G	10.00 ☐	10.00 ☐

Note. BP39 was published in error as a private card and then removed because it was found to be issued by BT making it a 'Special' card.

No.	Ill.	UNITS	TITLE OF CARD	NUMBER ISSUED	CONTROL PREFIX	Value	
BP40	*BP40*	5	HOTEL MARKETPLACE	(500)	130H	15.00 ☐	15.00 ☐
BP41	*BP41*	5	BRI-CARD	(500)	170B	10.00 ☐	10.00 ☐
BP42	*BP42*	20	SELFRIDGES	(35,000)	149H	5.00 ☐	2.00 ☐
BP43	*BP43*	10	CHRIS BRIERLEY MODELS	(1200)	150A	15.00 ☐	15.00 ☐
BP44	*BP44*	10	NOTTINGHAMSHIRE POLICE	(1000)	190A	15.00 ☐	15.00 ☐
BP45	*BP45*	5	MACMILLAN NURSES	(500)	190G	30.00 ☐	30.00 ☐
BP46	*BP46*	5	PELENNOR	(500)	190F	15.00 ☐	15.00 ☐
BP47	*BP47*	20	SHELL UK	(5000)	152F	3.50 ☐	3.50 ☐
BP48	*BP48*	20	PHONE DOME	(4500)	190D	3.50 ☐	3.50 ☐

FREE PRICE LISTS & NEWSHEETS ON REQUEST
LARGE SELECTION OF MERCURYCARDS AVAILABLE
MANY SCARCE AND RARE CARDS INCLUDING EARLY MINT 'BT' ADVERT CARDS TRY US!
COMPREHENSIVE STOCK OF MOST BT 'PRIVATE' ISSUES
PELENNOR PROMOTIONS
P.O. BOX 12 SPALDING LINCS PE11 4HX

BP49

BP50

BP51

BP52

BP53

BP54

BP55

BP56

BP57

BP58

BP59

BP60

BP61

BP62

BP63

No.	Ill.	UNITS	TITLE OF CARD	NUMBER ISSUED	CONTROL PREFIX	Value	
BP49	*BP49*	5	VISUAL COMMUNICATIONS	(538)	151A	18.00 ☐	18.00 ☐
BP50	*BP50*	5	MATTHEW FLINDERS	(500)	151K	50.00 ☐	50.00 ☐
BP51	*BP51*	5	METROLOGY SOFTWARE SERVICES	(500)	151B	15.00 ☐	15.00 ☐
BP52	*BP52*	5	ACADEMIC TUTORS II	(500)	151C	15.00 ☐	15.00 ☐
BP53	*BP53*	5	R.N.L.I.	(1100)	151H	8.00 ☐	8.00 ☐
BP54	*BP54*	5	FOREST GATE SCHOOL	(500)	191D	18.00 ☐	18.00 ☐
BP55	*BP55*	5	GREAT GRIMSBY	(500)	191F	32.00 ☐	32.00 ☐
BP56	*BP56*	10	BARING FUND MANAGERS	(500)	112B	200.00 ☐	125.00 ☐
BP57	*BP57*	20	ANA HALLO TOURS	(4500)	112B	3.50 ☐	3.50 ☐
BP58	*BP58*	5	EDWIN MINNS I Dark pink	(500)	112B	10.00 ☐	10.00 ☐
BP58(a)	*(BP58)*	5	EDWIN MINNS Ia Light pink	(4500)	132H	2.00 ☐	2.00 ☐
BP59	*BP59*	5	EDWIN MINNS II Blue	(500)	112B	10.00 ☐	10.00 ☐
BP60	*BP60*	40	CAPITAL HOUSE I	(4500)	112B	6.00 ☐	6.00 ☐
BP61	*BP61*	20	BOEHRINGER MANNHEIM UK	(1700)	112B	100.00 ☐	75.00 ☐
BP62	*BP62*	5	PARK LANE - NIGHTCLUB & DINER	(500)	112B	8.00 ☐	8.00 ☐
BP63	*BP63*	5	COMBUSTION BOILERHOUSE SERVICES	(500)	112B	15.00 ☐	15.00 ☐

BP64

BP65

BP66

BP67

BP68

BP69

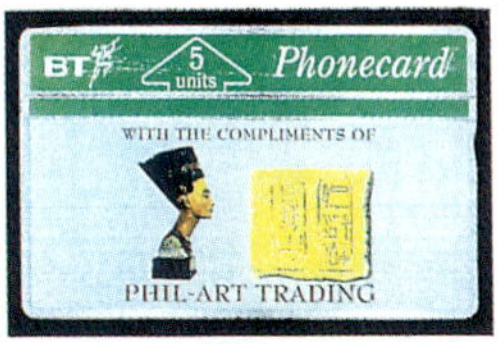

BP70

BP71

BP72

BP73

BP74

BP75

BP76

BP77

BP78

No.	Ill.	UNITS	TITLE OF CARD	NUMBER ISSUED	CONTROL PREFIX	Value	
BP64	*BP64*	5	STORY OF WIVENHOE	(500)	112B	8.00 ☐	8.00 ☐
BP65	*BP65*	5	WIVENHOE SOCIETY	(500)	132H	8.00 ☐	8.00 ☐
BP66	*BP66*	10	CHRIS BRIERLY II HORNBY RAILWAYS	(1000)	132H	20.00 ☐	20.00 ☐
BP67	*BP67*	5	LEADING PHONECARD DEALERS	(600)	132H	8.00 ☐	8.00 ☐
BP68	*BP68*	5	DANELL (CHRISTMAS)	(500)	132H	60.00 ☐	60.00 ☐
BP69	*BP69*	5	ST JOHN AMBULANCE	(500)	132H	15.00 ☐	15.00 ☐
BP70	*BP70*	5	PHIL-ART TRADING	(500)	132H	10.00 ☐	10.00 ☐
BP71	*BP71*	10	NCU SCOTLAND	(7000)	152E	3.00 ☐	3.00 ☐
BP72	*BP72*	5	COMSEC II	(500)	152F	25.00 ☐	25.00 ☐
BP73	*BP73*	5	GHOSTS OF CHRISTMAS - PAST	(1000)	152F	10.00 ☐	10.00 ☐
BP74	*BP74*	5	SPIRIT OF CHRISTMAS - PRESENT	(1000)	152F	10.00 ☐	10.00 ☐
BP75	*BP75*	5	HOPE OF CHRISTMAS - FUTURE	(1000)	152F	10.00 ☐	10.00 ☐
BP76	*BP76*	5	SKIP MUSEUM OF CRIME	(500)	152F	16.00 ☐	16.00 ☐
BP77	*BP77*	5	A.J.MOSS GARAGE	(500)	152F	35.00 ☐	35.00 ☐
BP78	*BP78*	5	INTERIOR IMAGES	(4500)	152F	3.00 ☐	3.00 ☐

BP79

BP80

BP81

BP82

BP83

BP84

BP85

BP86

BP87

BP88

BP89

BP90

BP91

BP92

BP93

No.	Ill.	UNITS	TITLE OF CARD	NUMBER ISSUED	CONTROL PREFIX	Value	
BP79	***BP79***	5	STOLEN CARD SCHEME	(500)	152F	10.00 ☐	10.00 ☐
BP80	***BP80***	5	SHARE CLUB	(500)	201H	30.00 ☐	30.00 ☐
BP81	***BP81***	5	CHAUCER SCHOOL, SHEFFIELD	(500)	201H	8.00 ☐	8.00 ☐
BP82	***BP82***	5	WHISPERS VIDEO BAR	(500)	201H	8.00 ☐	8.00 ☐
BP83	***BP83***	5	LOVING MEMORY I	(500)	241C	8.00 ☐	8.00 ☐
BP84	***BP84***	5	BRIGHTON & HOVE COIN CLUB	(500)	241C	15.00 ☐	15.00 ☐
BP85	***BP85***	10	NOTTINGHAMSHIRE POLICE II	(1000)	241C	12.00 ☐	12.00 ☐
BP86	***BP86***	5	J.F.TRADING	(500)	241C	9.00 ☐	9.00 ☐
BP87	***BP87***	5	THAI POTTERY	(500)	241C	12.00 ☐	12.00 ☐
BP88	***BP88***	5	CRABBLE CORN MILL	(500)	241C	8.00 ☐	8.00 ☐
BP89	***BP89***	5	EMU FURNATURE WAREHOUSES	(500)	241C	9.00 ☐	9.00 ☐
BP90	***BP90***	5	VIDEO SPA I	(500)	241C	25.00 ☐	25.00 ☐
BP91	***BP91***	5	EARLSFIELD JUNIOR SCHOOL I	(500)	241C	30.00 ☐	30.00 ☐
BP92	***BP92***	5	DANELL II (VALENTINE'S DAY)	(500)	241C	14.00 ☐	14.00 ☐
BP93	***BP93***	5	DANELL III (MOTHERS' DAY)	(500)	241C	14.00 ☐	14.00 ☐

BP94

BP95

BP96

BP97

BP98

BP99

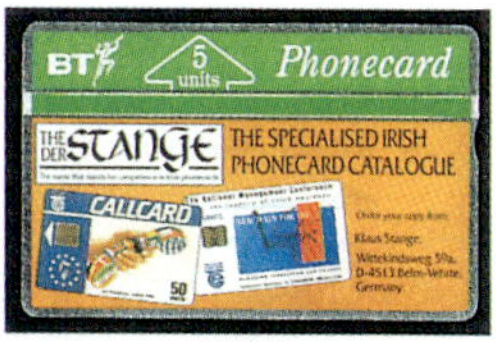

BP100

BP101

BP102

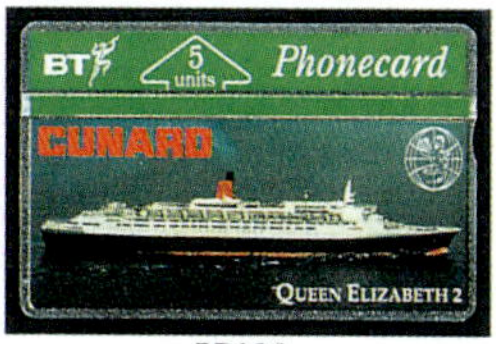

BP103

BP104

BP105

No.	Ill.	UNITS	TITLE OF CARD	NUMBER ISSUED	CONTROL PREFIX	Value	
BP94	*BP94*	5	DANELL IV (EASTER)	(500)	241C	12.00 ☐	12.00 ☐
BP95	*BP95*	5	SPALDING FLOWER FESTIVAL	(1000)	241C	12.00 ☐	12.00 ☐
BP96	*BP96*	5	HAPPY BIRTHDAYS	(500)	241C	15.00 ☐	15.00 ☐
BP97	*BP97*	10	L&G - FAREHAM II (Repair Centre)	(5000)	241C	100.00 ☐	35.00 ☐

Note. The front of BP97 is the same as that of BP8 except in that the green at the top is brighter. The wording on the reverse gives the telephone number of the Landis and Gyr Payphone Help Desk and the address of their Repair Centre in Tewksbury.

No.	Ill.	UNITS	TITLE OF CARD	NUMBER ISSUED	CONTROL PREFIX	Value	
BP98	*BP98*	5	SATURN (A.M. TRADING)	(500)	241C	12.00 ☐	12.00 ☐
BP99	*BP99*	20	HANJIN SHIPPING	(4000)	241C	3.00 ☐	3.00 ☐
BP100	*BP100*	5	DER STANGE	(1500)	262H	15.00 ☐	15.00 ☐
BP101	*BP101*	5	CARLTON BROADCASTING	(1000)	262H	12.00 ☐	12.00 ☐
BP102	*BP102*	5	MG OWNER'S CLUB	(750)	262H	30.00 ☐	30.00 ☐
BP103	*BP103*	5	CUNARD - Q.E. II	(600)	262H	25.00 ☐	25.00 ☐
BP104	*BP104*	5	EARLSFIELD JUNIOR SCHOOL II	(600)	262H	10.00 ☐	10.00 ☐
BP105	*BP105*	5	AUTOWORLD BRUSSELS	(500)	262H	15.00 ☐	15.00 ☐

BP106

BP107

BP108

BP109

BP110

BP111

BP112

BP113

BP114

BP115

BP116

BP117

BP118

BP119

BP120

No.	Ill.	UNITS	TITLE OF CARD	NUMBER ISSUED	CONTROL PREFIX	Value	
BP106	*BP106*	5	P.D. SERVICES	(500)	262H	12.00 □	12.00 □
BP107	*BP107*	5	COMSEC III	(500)	262H	40.00 □	40.00 □
BP108	*BP108*	5	FAIRGROUND SOCIETY	(750)	262H	15.00 □	15.00 □
BP109	*BP109*	5	KJB BUILDERS I	(500)	262H	12.00 □	12.00 □
BP110	*BP110*	20	SCOTTISH COLLEGE OF TEXTILES	(2000)	262H	5.00 □	5.00 □
BP111	*BP111*	5	LINCOLN. - LANCASTER ASSOCIATION	(1000)	243C	15.00 □	15.00 □
BP112	*BP112*	5	APRIL FUN - CHILDREN'S SOCIETY	(500)	243C	8.00 □	8.00 □
BP113	*BP113*	10	AALMAR SURVEYS 1 (ROPE)	(4500)	241C	2.00 □	2.00 □
BP114	*BP114*	10	AALMAR SURVEYS 2 (LIFEBELT)	(4500)	241C	2.00 □	2.00 □
BP115	*BP115*	10	AALMAR SURVEYS 3 (BATH)	(4500)	262H	2.00 □	2.00 □
BP116	*BP116*	10	AALMAR SURVEYS 4 (ALBATROSS)	(4500)	262H	2.00 □	2.00 □
BP117	*BP117*	5	PERIQUITO HOTELS	(4500)	262H	2.00 □	2.00 □
BP118	*BP118*	5	GROSVENOR - GILLINGHAM BUSINESS PARK	(5500)	262H	2.00 □	2.00 □
BP119	*BP119*	10	GROSVENOR - CHURCHILL COURT	(5200)	243C	2.00 □	2.00 □
BP120	*BP120*	10	GROSVENOR - OLD SHIRE HOUSE	(5200)	243C	2.00 □	2.00 □

BP121

BP122

BP123

BP124

BP125

BP126

BP127

BP128

BP129

BP130

BP131

BP132

BP133

BP134

BP135

No.	Ill.	UNITS	TITLE OF CARD	NUMBER ISSUED	CONTROL PREFIX	Value	
BP121	*BP121*	10	GROSVENOR - SUTHERLAND HOUSE	(4500)	243C	2.00 □	2.00 □
BP122	*BP122*	10	GROSVENOR - DUKE'S COURT	(4750)	224E	2.00 □	2.00 □
BP123	*BP123*	5	AMATEUR RADIO	(500)	243C	10.00 □	10.00 □
BP124	*BP124*	40	MACMILLAN MAGAZINES - NATURE	(1150)	243C	40.00 □	40.00 □
BP125	*BP125*	5	PALMERS HILL ANIMAL SANCTUARY	(750)	243C	7.00 □	7.00 □
BP126	*BP126*	5	MANHATTAN PROMOTIONS I	(500)	243C	8.00 □	8.00 □
BP127	*BP127*	10	BRIDGE GREENHOUSES I	(600)	243C	18.00 □	18.00 □
BP128	*BP128*	5	WANDEL AND GOLTERMANN BUS	(500)	243C	40.00 □	40.00 □
BP129	*BP129*	5	PORKY PIG (WISK)	(500)	243C	100.00 □	50.00 □
BP129A	*(BP129)*	5	PORKY PIG (Reprint)	(500)	224A	20.00 □	20.00 □
BP130	*BP130*	20	CAPITAL HOUSE 2	(5000)	243C	3.50 □	3.50 □
BP131	*BP131*	5	SOUTH YORKSHIRE POLICE	(500)	243C	12.00 □	12.00 □
BP132	*BP132*	10	INTO WORK	(4500)	243C	2.00 □	2.00 □
BP133	*BP133*	5	LIVE Y-ERS	(500)	243C	7.00 □	7.00 □
BP134	*BP134*	5	CIRRUS HAIR DESIGN	(600)	243C	7.00 □	7.00 □
BP135	*BP135*	5	LONDON TAXI CAB	(397)	243C	15.00 □	15.00 □
BP135a	*(BP135)*	5	LONDON TAXI CAB (Reprint)	(103)	246A	20.00 □	20.00 □

BP136

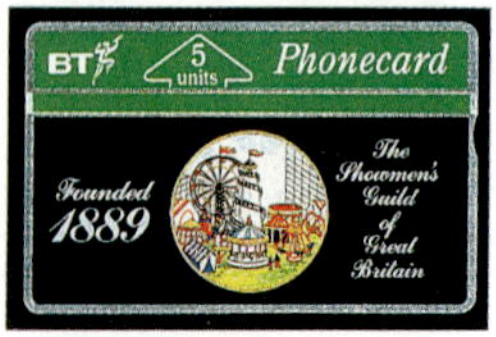

BP137

BP138

BP139

BP140

BP141

BP142

BP143

BP144

BP145

BP146

BP147

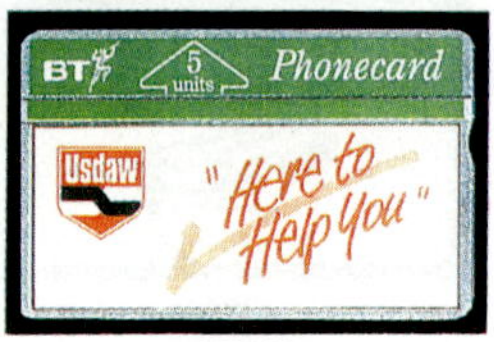

BP148

BP149

BP150

No.	Ill.	UNITS	TITLE OF CARD	NUMBER ISSUED	CONTROL PREFIX	Value	
BP136	***BP136***	10	EASTERN ELECTRICITY	(500)	243C	250.00 ☐	100.00 ☐
BP137	***BP137***	5	SHOWMANS' GUILD	(750)	243C	30.00 ☐	30.00 ☐
BP138	***BP138***	5	COMET	(800)	243C	20.00 ☐	20.00 ☐
BP139	***BP139***	5	STEPHENSONS RAILWAY MUSEUM	(1000)	243C	8.00 ☐	8.00 ☐
BP140	***BP140***	5	TELEPHONE CARD CLUB	(500)	243C	35.00 ☐	35.00 ☐
BP141	***BP141***	20	HARVEY BUAT	(500)	243C	35.00 ☐	35.00 ☐
BP142	***BP142***	10	TAGAMET	(7000)	243C	50.00 ☐	50.00 ☐
BP143	***BP143***	5	VIDEO SPA II (Corrected spelling)	(200)	243C	15.00 ☐	15.00 ☐
BP144	***BP144***	5	SPITFIRE - LANCASTER ASSOCIATION	(1000)	224E	10.00 ☐	10.00 ☐
BP145	***BP145***	5	HURRICANE. - LANCASTER ASSOCIATION	(1000)	224E	10.00 ☐	10.00 ☐
BP146	***BP146***	5	ROUND TABLE - FOLKESTONE	(500)	243C	7.00 ☐	7.00 ☐
BP147	***BP147***	5	BROOMLEY GRANGE	(750)	224E	7.00 ☐	7.00 ☐
BP148	***BP148***	5	USDAW (UNION)	(500)	224E	60.00 ☐	60.00 ☐
BP148(a)			Reprint (White Band)	(500)	229A	25.00 ☐	25.00 ☐
BP149	***BP149***	5	FORD MUSTANG	(500)	224E	20.00 ☐	20.00 ☐
BP150	***BP150***	20	SANDVIK	(500)	224E	50.00 ☐	50.00 ☐

BP151

BP152

BP153

BP154

BP155

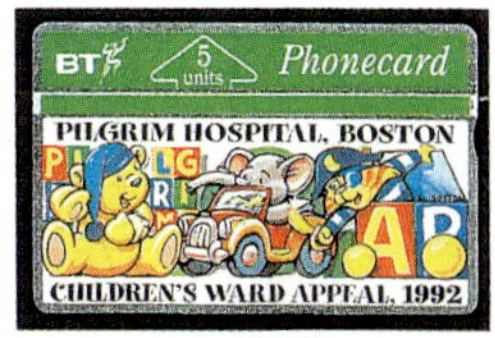

BP156

BP157

BP158

BP159

BP160

BP161

BP162

BP163

BP164

BP165

No.	Ill.	UNITS	TITLE OF CARD	NUMBER ISSUED	CONTROL PREFIX	Value	
BP151	BP151	5	AMM ANNUAL CONFERENCE	(540)	224E	7.00 ☐	7.00 ☐
BP152	BP152	5	MESSERSCHMITT OWNERS CLUB	(500)	224E	100.00 ☐	100.00 ☐
BP153	BP153	5	TILLGATE NATURE CENTRE	(1000)	224E	7.00 ☐	7.00 ☐
BP154	BP154	5	ORGA PARTY CARD with chip added	(497)	224E	500.00 ☐	400.00 ☐
BP155	BP155	5	NOTTINGHAM GOOSE FAIR	(750)	224E	15.00 ☐	15.00 ☐
BP156	BP156	5	BOSTON PILGRIM HOSPITAL	(500)	224E	20.00 ☐	20.00 ☐
BP157	BP157	5	SHEFFIELD FIRE MUSEUM	(500)	224E	20.00 ☐	20.00 ☐
BP158	BP158	5	MARCOS MARKETING	(500)	224E	90.00 ☐	90.00 ☐
BP159	BP159	5	MANHATTAN - NIGHTLIGHTS	(500)	224E	8.00 ☐	8.00 ☐
BP160	BP160	5	SEP LTD	(7000)	224E	2.00 ☐	2.00 ☐
BP161	BP161	20	ELITE	(9000)	224E	3.00 ☐	3.00 ☐
BP162	BP162	5	SUSSEX PHONECARD CENTRE	(500)	224E	7.00 ☐	7.00 ☐
BP162(a)			Colour black missing			--- ☐	--- ☐
BP163	BP163	10	TALKING IT OVER	(5000)	224E	2.00 ☐	2.00 ☐
BP164	BP164	5	SILENT NIGHT BEDS	(500)	224E	10.00 ☐	10.00 ☐
BP165	BP165	5	FROGWARE	(500)	224E	7.00 ☐	7.00 ☐

BP166

BP167

BP168

BP169

BP170

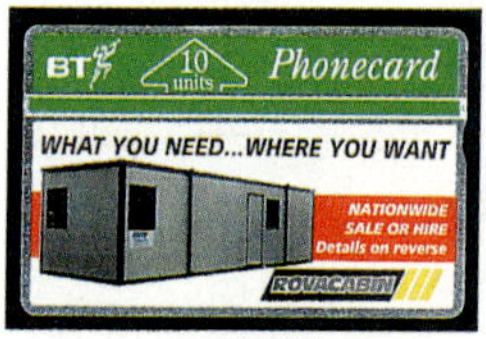

BP171

BP172

BP173

BP174

BP175

BP176

BP177

BP178

BP179

BP180

No.	Ill.	UNITS	TITLE OF CARD	NUMBER ISSUED	CONTROL PREFIX	Value	
BP166	***BP166***	5	COVENTRY TRANSPORT MUSEUM	(500)	224E	12.00 ☐	12.00 ☐
BP167	***BP167***	5	PAPWORTH PARROT	(500)	224E	12.00 ☐	12.00 ☐
BP168	***BP168***	5	DIRECT THEMATIC I	(500)	224E	15.00 ☐	15.00 ☐
BP169	***BP169***	5	EARLSFIELD JUNIOR SCHOOL III	(500)	246A	9.00 ☐	9.00 ☐
BP170	***BP170***	20	PRESTON GUILDS	(6000)	246A	3.00 ☐	3.00 ☐
BP171	***BP171***	10	ROVACABIN	(7000)	246A	2.00 ☐	2.00 ☐
BP172	***BP172***	20	KINGSTON ROYAL BOROUGH	(497)	246A	15.00 ☐	15.00 ☐
BP173	***BP173***	5	SHARE CLUB 2	(500)	246A	15.00 ☐	15.00 ☐
BP174	***BP174***	5	KENT COLLECTOR FAIRS	(500)	246A	7.00 ☐	7.00 ☐
BP175	***BP175***	5	CHANNEL ROTARY CLUB	(500)	246A	7.00 ☐	7.00 ☐
BP176	***BP176***	10	MARK BOLAN	(2000)	246A	7.00 ☐	7.00 ☐
BP177	***BP177***	5	ST MARY'S LIGHTHOUSE	(500)	246A	6.00 ☐	6.00 ☐
BP178	***BP178***	5	TREASURE HUNTERS	(500)	246A	15.00 ☐	15.00 ☐
BP179	***BP179***	5	DISABILITY ARTS MAGAZINE	(541)	246A	10.00 ☐	10.00 ☐
BP180	***BP180***	5	ULTIMATE THEMATIC PHONECARD	(4500)	246A	1.50 ☐	1.50 ☐
BP180(a)			Control missing			-- ☐	-- ☐

BP181

BP182

BP183

BP184

BP185

BP186

BP187

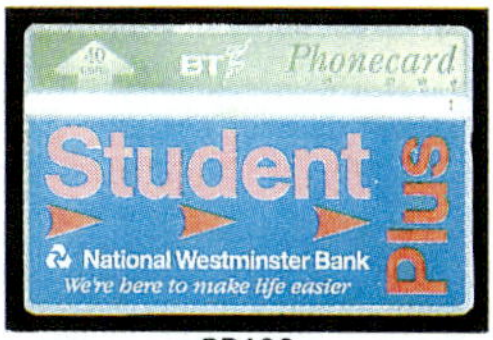

BP188

BP189

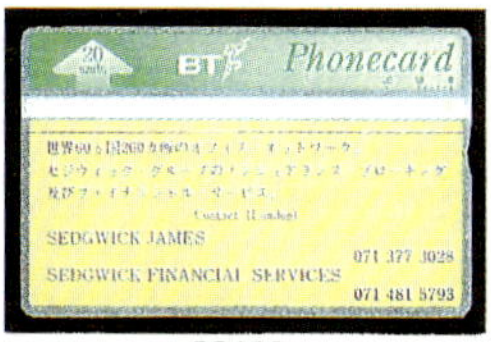

BP190

BP191

BP192

BP193

BP194

BP195

No.	Ill.	UNITS	TITLE OF CARD	NUMBER ISSUED	CONTROL PREFIX	Value	
BP181	*BP181*	5	MG MIDGET	(500)	246A	20.00 ☐	20.00 ☐
BP182	*BP182*	5	MANCHESTER INTERNATIONAL T/C FAIR	(600)	246A	15.00 ☐	15.00 ☐
BP183	*BP183*	5	BLUEBELL RAILWAYS	(599)	246A	12.00 ☐	12.00 ☐
BP183(a)			BLUEBELL RAILWAYS (Reprint)	(341)	228B	15.00 ☐	15.00 ☐
BP184	*BP184*	5	NATIONWIDE RELOCATION	(6500)	227A	6.00 ☐	6.00 ☐
BP185	*BP185*	5	RETTIE GROUP - ICEBUG	(500)	246A	35.00 ☐	35.00 ☐
BP186	*BP186*	5	KJB BUILDERS II	(473)	246A	10.00 ☐	10.00 ☐
BP186(a)			Reprint	(149)	228B	25.00 ☐	20.00 ☐
BP187	*BP187*	5	PURSERS COMMERCIAL	(4500)	246A	3.00 ☐	3.00 ☐
BP188	*BP188*	40	NATWEST STUDENT PLUS	(6000)	246A	10.00 ☐	10.00 ☐
BP189	*BP189*	5	BENINGTON PLAYGROUP	(500)	246A	15.00 ☐	15.00 ☐
BP190	*BP190*	20	SEDGEWICK FINANCIAL SERVICES	(2000)	246A	200.00 ☐	200.00 ☐
BP191	*BP191*	5	BRITISH CLASSICS - E TYPE JAGUAR	(500)	246A	30.00 ☐	30.00 ☐
BP192	*BP192*	5	FAIRGROUND HERITAGE TRUST	(750)	246A	15.00 ☐	15.00 ☐
BP193	*BP193*	5	DIWALI 1 - ENGLISH TEXT	(4500)	227A	2.00 ☐	2.00 ☐
BP194	*BP194*	5	DIWALI 2 - INDIAN TEXT	(500)	246A	10.00 ☐	10.00 ☐
BP195	*BP195*	5	NOTTINGHAM CASTLE	(500)	228B	7.00 ☐	7.00 ☐

BP196

BP197

BP198

BP199

BP200

BP201

BP202

BP203

BP204

BP205

BP206

BP207

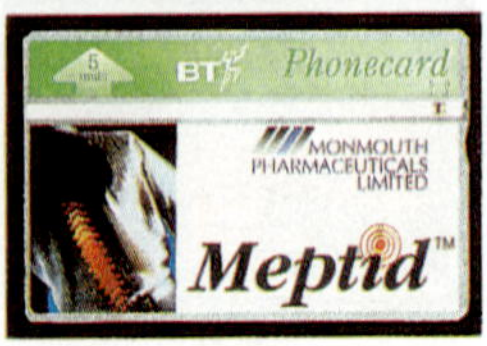

BP208

BP209

BP210

No.	Ill.	UNITS	TITLE OF CARD	NUMBER ISSUED	CONTROL PREFIX	Value	
BP196	***BP196***	5	CHESTERMAN HOME FURNISHERS I	(4500)	243C	2.00 ☐	2.00 ☐
BP197	***BP197***	5	CHESTERMAN HOME FURNISHERS II	(4500)	243C	2.00 ☐	2.00 ☐
BP198	***BP198***	20	NORTHERN BANK	(5000)	227A	150.00 ☐	10.00 ☐
BP199	***BP199***	10	ISTIN	(6000)	227A	35.00 ☐	15.00 ☐
BP200	***BP200***	5	LOVING MEMORY 2 (White Band)	(4000)	227A	2.00 ☐	2.00 ☐
BP201	***BP201***	5	SUNRISE POST	(4500)	227A	2.00 ☐	2.00 ☐
BP202	***BP202***	20	GARFIELD	(511)	227A	10.00 ☐	4.00 ☐
BP203	***BP203***	20	GARFIELD AND FRIENDS	(489)	227A	10.00 ☐	4.00 ☐
BP204	***BP204***	20	ICI BY NIGHT	(4500)	228B	3.00 ☐	3.00 ☐
BP205	***BP205***	5	BROADSYSTEM LTD	(6000)	228B	2.00 ☐	2.00 ☐
BP206	***BP206***	5	CORGI COLLECTOR'S CLUB	(500)	228B	25.00 ☐	25.00 ☐
BP207	***BP207***	5	CHAILEY CHALLENGE	(500)	228B	15.00 ☐	15.00 ☐
BP208	***BP208***	5	MEPTID	(5000)	228B	35.00 ☐	25.00 ☐
BP209	***BP209***	5	DAVID SHEPHERD	(1030)	228B	16.00 ☐	16.00 ☐
BP210	***BP210***	10	BRIDGE GREENHOUSES II	(600)	228B	18.00 ☐	4.00 ☐

BP211

BP212

BP213

BP214

BP215

BP216

BP217

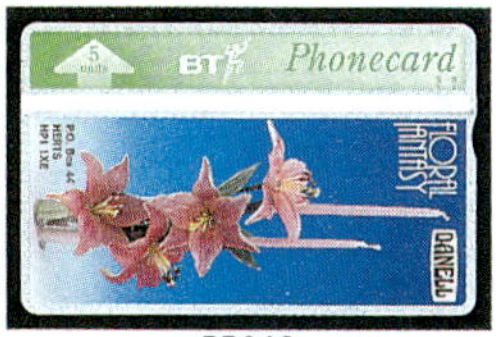

BP218

BP219

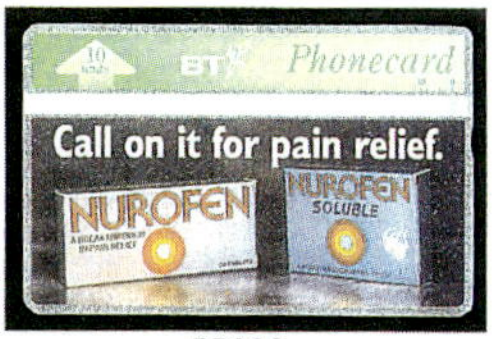

BP220

BP221

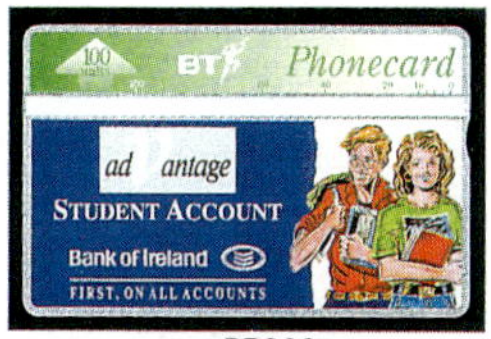

BP222

BP223

BP224

BP225

No.	Ill.	UNITS	TITLE OF CARD	NUMBER ISSUED	CONTROL PREFIX	Value	
BP211	***BP211***	5	BARCLAYS MERCHANT SERVICES, FREEDOM	(5000)	228B	2.00 □	2.00 □
BP212	***BP212***	5	BARCLAYS MERCHANT SERVICES, VALUE	(5000)	228B	2.00 □	2.00 □
BP213	***BP213***	5	BARCLAYS MERCHANT SERVICES, INNOV.	(5000)	228B	2.00 □	2.00 □
BP214	***BP214***	10	ADP SUREPAY	(5000)	228B	3.00 □	3.00 □
BP215	***BP215***	5	DANELL 5: ORANGE LILY	(500)	228B	8.00 □	8.00 □
BP216	***BP216***	5	DANELL 6: APPLE BLOSSOM	(500)	228B	8.00 □	8.00 □
BP217	***BP217***	5	DANELL 7: CARNATION	(500)	228B	8.00 □	8.00 □
BP218	***BP218***	5	DANELL 8: PINK LILY	(500)	228B	8.00 □	8.00 □
BP219	***BP219***	10	TITCHFIELD PARK	(4500)	228B	3.00 □	1.50 □
BP220	***BP220***	10	NUROFEN	(10,500)	228B	15.00 □	10.00 □
BP221	***BP221***	5	TRACTION ENGINE - SUPREME	(500)	228B	50.00 □	50.00 □
BP222	***BP222***	100	BANK OF IRELAND	(1500)	228B	15.00 □	15.00 □
BP223	***BP223***	5	DAMBUSTERS	(1000)	228B	8.00 □	8.00 □
BP224	***BP224***	5	PRAYERLINE PROJECT	(500)	228B	7.00 □	7.00 □
BP225	***BP225***	10	TOSHIBA - WE DO MICRO	(4500)	229A	3.00 □	3.00 □

BP226

BP227

BP228

BP229

BP230

BP231

BP232

BP233

BP234

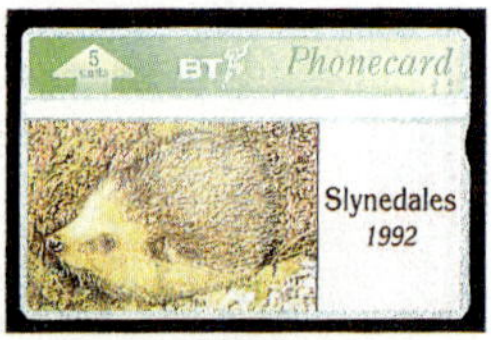

BP235

BP236

BP237

BP238

BP239

BP240

No.	Ill.	UNITS	TITLE OF CARD	NUMBER ISSUED	CONTROL PREFIX	Value	
BP226	*BP226*	10	TOSHIBA - WE DO IT	(5000)	229A	3.00 ☐	3.00 ☐
BP227	*BP227*	5	MELDRETH MANOR SCHOOL	(4500)	229A	2.00 ☐	2.00 ☐
BP228	*BP228*	5	WIMBLEDON BOURSE	(500)	229A	10.00 ☐	10.00 ☐
BP229	*BP229*	20	LLOYDS BRITISH	(2500)	229A	100.00 ☐	50.00 ☐
BP230	*BP230*	10	B / D - NIFENSAR XL	(2000)	229A	150.00 ☐	30.00 ☐
BP231	*BP231*	5	DAILY TELEGRAPH - ALEX	(1000)	229A	100.00 ☐	40.00 ☐
BP232	*BP232*	5	GOLDEN AGE OF STEAM - GLADSTONE	(750)	229A	15.00 ☐	15.00 ☐
BP233	*BP233*	5	GOLDEN AGE OF STEAM - CALEDONIAN	(750)	229A	15.00 ☐	15.00 ☐
BP234	*BP234*	5	KELHAM ISLAND MUSEUM	(500)	229A	15.00 ☐	15.00 ☐
BP235	*BP235*	5	SLYNEDALES - HEDGEHOG	(500)	229A	25.00 ☐	25.00 ☐
BP236	*BP236*	20	JOHN DICKINSON - YACHT RACE	(2000)	229A	200.00 ☐	50.00 ☐
BP237	*BP237*	20	DIAL AXIS	(4500)	229A	3.00 ☐	3.00 ☐
BP238	*BP238*	10	REMEGEL	(3000)	229A	30.00 ☐	15.00 ☐
BP239	*BP239*	5	H.M.C. (HOUSEHOLD MORTGAGE)	(4000)	229A	15.00 ☐	15.00 ☐
BP240	*BP240*	5	BRITISH CLASSICS - 1965 JAGUAR	(500)	229A	12.00 ☐	12.00 ☐

BP241

BP242

BP243

BP244

BP246

BP247

BP248

BP249

BP250

BP251

BP252

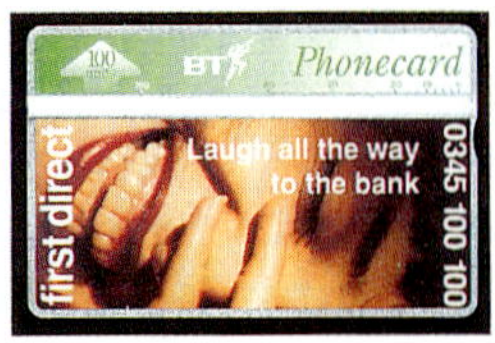

BP253

BP254

BP255

No.	Ill.	UNITS	TITLE OF CARD	NUMBER ISSUED	CONTROL PREFIX	Value	
BP241	*BP241*	5	GUIDE DOGS FOR THE BLIND ASSN.	(500)	229A	15.00 □	15.00 □
BP242	*BP242*	40	JAPAN AIRLINES	(1500)	229A	250.00 □	100.00 □
BP243	*BP243*	5	SANTA CLAWS	(500)	229A	10.00 □	10.00 □
BP244	*BP244*	5	ZESTRIL	(33,000)	269B	15.00 □	10.00 □
BP245	*(BP244)*	10	ZESTRIL	(15,000)	249H	35.00 □	20.00 □
BP246	*BP246*	5	MATTHEWS & MATTHEWS	(500)	231F	40.00 □	15.00 □
BP247	*BP247*	5	FRANSISKA VON ALMSICK	(15,020)	231F	12.00 □	12.00 □
BP248	*BP248*	5	MAGIC JOHNSON	(9980)	231F	12.00 □	12.00 □
BP249	*BP249*	5	TRACTION ENGINE - PLOUGHING ENGINE	(500)	231F	35.00 □	35.00 □
BP250	*BP250*	5	TRACTION ENGINE - OLIVER	(500)	231F	25.00 □	25.00 □
BP251	*BP251*	5	BENI'S CHRISTMAS CARD	(500)	231F	15.00 □	15.00 □
BP252	*BP252*	10	ANDRE AGASSI	(2000)	231F	15.00 □	15.00 □
BP253	*BP253*	100	FIRST DIRECT (MIDLAND BANK)	(1000)	231F	15.00 □	15.00 □
BP254	*BP254*	10	INVESCO MIM	(4800)	231F	3.00 □	3.00 □
BP255	*BP255*	10	INTERCITY APOLOGISE	(10,000)	231F	3.00 □	3.00 □

BP256

BP258

BP259

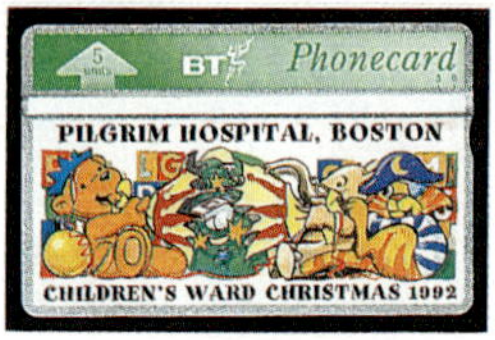

BP260

BP261

BP262

BP263

BP264

BP265

BP266

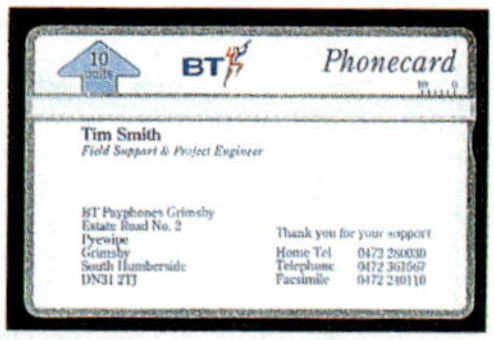

BP267

BP268

BP269

No.	Ill.	UNITS	TITLE OF CARD	NUMBER ISSUED	CONTROL PREFIX	Value	
BP256	*BP256*	20	1st EUROPEAN ECU CARD	(10,000)	231F	15.00 □	15.00 □
BP257	---	20	ABBEY HOUSE	(5000)	231F	4.00 □	4.00 □
BP258	*BP258*	20	BANK OF ENGLAND MUSEUM	(5000)	231F	4.00 □	4.00 □
BP259	*BP259*	5	CENTRE SPEED	(1500)	271E	40.00 □	25.00 □
BP260	*BP260*	5	PILGRIM CHRISTMAS CARD '92	(500)	271E	20.00 □	20.00 □
BP261	*BP261*	5	IBUGEL	(10,000)	271E	35.00 □	15.00 □
BP262	*BP262*	5	NEW LANARK CONSERVATION VILLAGE	(500)	271E	8.00 □	8.00 □
BP263	*BP263*	20	RING IN THE NEW YEAR	(1000)	271E	40.00 □	15.00 □
BP264	*BP264*	10	BELGRAVE HOUSE	(5000)	271E	2.00 □	2.00 □
BP265	*BP265*	5	PELENNOR SEASON'S GREETINGS	(4500)	271E	2.00 □	2.00 □
BP266	*BP266*	20	MORLINE	(1000)	271E	35.00 □	35.00 □
BP267	*BP267*	10	TIM SMITH	(500)	271E	8.00 □	8.00 □
BP268	*BP268*	5	LONGSIGHT 150	(500)	271E	50.00 □	50.00 □
BP269	*BP269*	10	GA INTERNATIONAL (HEALTHCARE)	(4557)	271E	10.00 □	10.00 □
BP270	---	5	RPG ADVERTISING	(5000)	271E	2.00 □	2.00 □

BP271

BP272

BP273

BP274

BP275

BP276

BP277

BP278

BP279

BP280

BP281

BP282

BP283

BP284

BP285

No.	Ill.	UNITS	TITLE OF CARD	NUMBER ISSUED	CONTROL PREFIX	Value	
BP271	*BP271*	5	CLASSIC ENGINEERING - ASTON MARTIN	(500)	271E	20.00 ☐	20.00 ☐
BP272	*BP272*	5	CLASSIC ENGINEERING - SUNBEAM TIGER	(500)	271E	20.00 ☐	20.00 ☐
BP273	*BP273*	10	ST VINCENT HOUSE	(4500)	271E	3.00 ☐	3.00 ☐
BP274	*BP274*	5	ROYAL AIR FORCE - 1918-1993	(1000)	271E	100.00 ☐	100.00 ☐
BP275	*BP275*	5	WILLY BRANDT	(10,000)	271E	12.00 ☐	12.00 ☐
BP276	*BP276*	5	EL ALAMEIN - 50 YEARS $25	(4000)	271E	2.00 ☐	2.00 ☐
BP277	*BP277*	5	EL ALAMEIN - 50 YEARS $50	(4000)	271E	2.00 ☐	2.00 ☐
BP278	*BP278*	5	EL ALAMEIN - 50 YEARS $100	(4000)	232C	2.00 ☐	2.00 ☐
BP279	*BP279*	5	EL ALAMEIN - 50 YEARS $250	(4000)	271E	2.00 ☐	2.00 ☐
BP280	*BP280*	20	ROYAL VISIT TO GERMANY	(10,000)	232C	15.00 ☐	15.00 ☐
BP281	*BP281*	5	PRESIDENT CLINTON	(10,000)	232C	12.00 ☐	12.00 ☐
BP282	*BP282*	5	ALLY PALLY PHONEFEST	(1000)	232C	10.00 ☐	10.00 ☐
BP283	*BP283*	5	WORTH VALLEY RAILWAY	(500)	232C	20.00 ☐	20.00 ☐
BP284	*BP284*	5	NATIONAL COLLECTORS' AUCTIONS	(1000)	232C	7.00 ☐	7.00 ☐
BP285	*BP285*	20	EASTERN ELECTR. - CREATURE COMFORTS	(6200)	232C	35.00 ☐	15.00 ☐

BP286

BP287

BP288

BP289

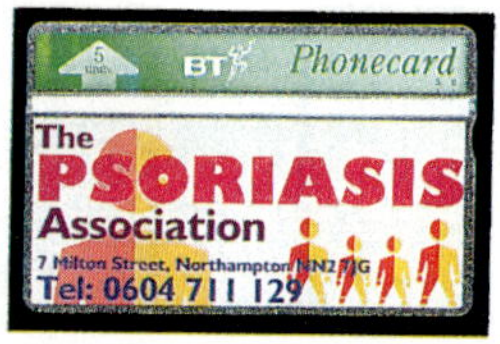

BP291

BP292

BP293

BP294

BP295

BP296

BP297

BP298

BP299

BP300

No.	Ill.	UNITS	TITLE OF CARD	NUMBER ISSUED	CONTROL PREFIX	Value	
BP286	*BP286*	10	ELITE II	(2000)	232C	35.00 ☐	35.00 ☐
BP287	*BP287*	5	E.F.E. COLLECTORS' CLUB	(500)	232C	30.00 ☐	30.00 ☐
BP288	*BP288*	40	KOREAN AIR	(3000)	232C	25.00 ☐	20.00 ☐
BP289	*BP289*	5	HAS ANYONE SEEN MY HEART?	(4000)	232C	2.00 ☐	2.00 ☐
BP290	---	10	PRUDENTIAL	(4500)	232C	3.00 ☐	3.00 ☐
BP291	*BP291*	5	PSORIASIS ASSOCIATION	(500)	232C	8.00 ☐	8.00 ☐
BP292	*BP292*	5	CHINESE NEW YEAR I	(600)	232C	10.00 ☐	10.00 ☐
BP293	*BP293*	5	CHINESE NEW YEAR II	(4500)	302E	2.00 ☐	2.00 ☐
BP294	*BP294*	5	CONCORDE	(500)	302E	35.00 ☐	35.00 ☐
BP295	*BP295*	5	COVENTRY MUSEUM OF TRANSPORT II	(500)	302E	8.00 ☐	8.00 ☐
BP296	*BP296*	20	TNT SUPAMAIL	(6000)	302E	4.00 ☐	4.00 ☐
BP297	*BP297*	5	DIRECT THEMATIC II	(500)	302E	12.00 ☐	12.00 ☐
BP298	*BP298*	5	THRUST II	(500)	302E	25.00 ☐	25.00 ☐
BP299	*BP299*	5	TRACTION 4 - AVELING ROAD ROLLER	(500)	302E	15.00 ☐	15.00 ☐
BP300	*BP300*	5	TRACTION 5 - BURRELS SHOWMAN	(500)	302E	15.00 ☐	15.00 ☐

BP301

BP302

BP303

BP304

BP305

BP306

BP307

BP308

BP310

BP311

BP312

BP313

BP314

BP315

No.	Ill.	UNITS	TITLE OF CARD	NUMBER ISSUED	CONTROL PREFIX	Value	
BP301	*BP301*	5	HISTORIC BOSTON	(500)	302E	10.00 ☐	10.00 ☐
BP302	*BP302*	5	CLASSIC ENGINEERING - TR. SPITFIRE	(600)	302E	15.00 ☐	15.00 ☐
BP303	*BP303*	5	TOYTOWN MODELS BRIDLINGTON	(500)	302E	7.00 ☐	7.00 ☐
BP304	*BP304*	5	DOLPHINS 1962 - 1992	(500)	302E	10.00 ☐	10.00 ☐
BP305	*BP305*	5	BIRDS OF THE FENS	(500)	302E	15.00 ☐	15.00 ☐
BP306	*BP306*	5	YORKSHIRE COLLECTION - ROLLS ROYCE	(500)	302E	20.00 ☐	20.00 ☐
BP307	*BP307*	5	BRITISH CLASSICS - TRIUMPH STAG	(500)	302E	15.00 ☐	15.00 ☐
BP308	*BP308*	5	BOAT CLUB	(500)	302E	10.00 ☐	10.00 ☐
BP309	---	10	DURHAM CASTLE	(4500)	302E	4.00 ☐	4.00 ☐
BP310	*BP310*	10	LEASIDE BUSES	(4500)	302E	4.00 ☐	4.00 ☐
BP311	*BP311*	5	SEA-OTTER	(5000)	302E	15.00 ☐	15.00 ☐
BP312	*BP312*	5	ROBBE	(5000)	302E	15.00 ☐	15.00 ☐
BP313	*BP313*	5	SANSSOUCI	(5000)	302E	?.00 ☐	?.00 ☐
BP314	*BP314*	5	MASKEN	(5000)	322K	10.00 ☐	10.00 ☐
BP315	*BP315*	5	KARNEVAL IN VENEDIG	(5000)	322K	10.00 ☐	10.00 ☐

BP316

BP317

BP318

BP320

BP321

BP322

BP323

BP324

BP325

BP326

BP327

BP330

No.	Ill.	UNITS	TITLE OF CARD	NUMBER ISSUED	CONTROL PREFIX	Value	
BP316	***BP316***	5	TRANS-AM	(5000)	322K12	15.00 □	15.00 □
BP317	***BP317***	5	FRANZISKA VAN ALMSICK II	(15,000)	322K18	9.00 □	9.00 □
BP318	***BP318***	5	HULA HOOPS	(10,700)	322K34	2.00 □	2.00 □
BP319	---	20	EASTERN ELECTRICITY - LOGO	(5500)	322K46	15.00 □	15.00 □
BP320	***BP320***	5	DANAIR IN FLIGHT	(500)	322K52	30.00 □	30.00 □
BP321	***BP321***	5	BITS	(500)	322K53	?.00 □	?.00 □
BP322	***BP322***	5	SIMON DE MONTFORT	(500)	322K54	10.00 □	10.00 □
BP323	***BP323***	5	GOLDEN AGE OF STEAM - GNR	(1000)	322K55	10.00 □	10.00 □
BP324	***BP324***	5	CLASSIC ENGINEERING - TRIUMPH TR6	(600)	322K57	15.00 □	15.00 □
BP325	***BP325***	5	DREAM MACHINE - SUZUKI	(600)	322K58	10.00 □	10.00 □
BP326	***BP326***	5	KING RAMA V	(500)	322K59	75.00 □	75.00 □
BP327	***BP327***	5	THAI PHONECARD EXHIBITION, 1992	(500)	322K60	20.00 □	20.00 □
BP328	---	10	BARCLAY'S BOTTLE	(6000)	322K61	5.00 □	5.00 □
BP329	---	10	VASCASE	(6500)	322K68	?.00 □	?.00 □
BP330	***BP330***	5	STRAWBERRY LINE	(650)	322K75	15.00 □	15.00 □

CONTROL NUMBERS ON BT CARDS

Many collectors in the UK enjoy the study and collecting of the many different control number types impressed into the backs of Landis and Gyr cards. As explained in the introduction to the BT section, batches of cards, usually of 100,000, have a common prefix of the type XYYZ..... where X is the last digit of the year of manufacture, e.g. 7 for 1987 or 0 for 1990, YY is the month of manufacture, e.g. 12 for December or 06 for June, and Z is a letter. The first of the month digits is often higher than 0 or 1 but all even numbers equate to 0 and all odd numbers equate to 1 so that 01=21=41=61=81=January. The five figures following are a simple serial control number from 00000 to 99999. The two extreme numbers are greatly prized. Below are listed all reported control prefixes for all issued BT cards. For large issue cards each prefix will usually represent 100,000 cards but sometimes one batch which was not completed will be rare. It should be remembered however that cards are distributed all over the UK and the prefix which seems to be rare in London may be common in Belfast or Glasgow. Sometimes the prefix 999 is used for a few cards made separately to complete a batch, to replace defective cards or as proofs these are rare. The earliest cards were made in Switzerland and have controls of a different type, some with simple numbers but most with the letter G (for Great Britain) followed by a digit and a six digit serial number. There also exist two, three and four digit numbers on the very first cards but these are so rare that it has not yet been possible to to list them. To save space the prefixes listed below are given in condensed form - thus '502A,B,C,D' means that prefixes known are 502A.., 502B.., 502C.. and 502D... If the numbers appear to be the right way up in the bottom right corner on the reverse of the card when the card is turned over through a vertical axis like the page of a book, the number is said to be "normal". If the number appears to be upside down it is said to be "inverted". (I) means that the numbers following it are inverted. No indication or an (N) means that they are normal. Controls on BT cards are found in five different fonts (shapes and sizes of characters). These are known as Type 1 *(T1)* to Type 5 *(T5)* and are indicated in the listings below. The actual fonts are as follows:

Type 1. *(T1)* 1 2 3 4 5 6 7 8 9 0 2.1 mm. Also known inverted but very rare

Type 2. *(T2)* 1 2 3 4 5 6 7 8 9 0 2.1 mm.

Type 3. *(T3)* 1 2 3 4 5 6 7 8 9 0 2.1 mm.

Type 4. *(T4)* 1 2 3 4 5 6 7 8 9 0 2.0 mm. Normally in groups of three characters.

Type 5. *(T5)* 1 2 3 4 5 6 7 8 9 0 2.2 mm. Similar to *(T3)*. Control 2 mm longer.

Note that the control prefixes of the Private (BP) cards are now included in the listing of those cards and are not therefore listed below.

COMPLIMENTARY CARDS

C1 - *(T1) (T2)* 001H. 511A,B. 512A,B,C,D. 601A,B,C,D,E,F,G,H. 601F on inverted card.

C2 - *(T1) (T2)* 601H. 602A,B,C,D,E,F,G,H,K. 603A,B,C,D,E,F,G,H,K. 604A,B,C,D,E,F,G,H. 605A,B. 606B. 607A. 608B. 609C. 610D. 611E. 612F.

C3 - *(T1)* 511B,D. **C5** - (I) *(T3)* 932H. 004A.

C6 - (I) *(T3) (T5)* 050D,E,F,G,H. 070B,C. **C7** - (I) *(T3) (T5)* 070K. 090F.

C8 - (I) 105K. **C9** - (I) 152D. 228F,H. **C10** - (I) 152D. 261D,K. 247F,H

C11 - (I) 204L. 224A,B **C12** - (I) 211H,K.

DEFINITIVE CARDS

D1 - *(T1)* 6 digits. G4+6 digits. 403A. 406A.

D4 - *(T1) (T2) (T4)* 6 digits. G0+6 digits. G1+6 digits. G6+6 digits. 403A,B,C,D. 404E,S,T,U,W. 405C,F,G,H,K,L. 406A,B,C,E. 408A,B,D. 409B

D5 - *(T1) (T2)* G5+6 digits. 403A,B. 404C,D,E. 405E,F. 406C. 407D. 408A.

D6 - *(T1)* 2 digits. 3 digits. 6 digits. G2+6 digits. G2+6 digits on inverted card. 403A. 404B. 405C. 406D. 408A. Also 403A, 405C, 408A on inverted card.

D7 - *(T1) (T4)* (Short track) 406A,B. 505A. 506A. 507A. 508A. 512B,C,D. 601C. 605K. (Long track) 512B,C,D. 601C,D,E,F. 602C,D,E,F,G. 603D,E,F,G,H. 604S,T,U,V. 605F,G,H,K. 606F,G,H,K,L. 607A,G,H,K,L,N. 608F,G,H,K,L. 609F,G,H,K,L. 610A,B,C,D,E. 611A,B,C,D,E. 612A,B,C,D,E. 701A,B,C,D,E. 702A,B,C,D,E. 703A,B,C,D,E. 704A,B,C,D,E. 705A,B,C,D,E. 706A,B,C,D,E. 707A,B,C,D,E. 708A,B,C,D,E. 709A,B,C,D,E.

D8 - *(T1) (T4)* (Short track) 503A,B. 504C,D. 505B,C,D. 506B. 507B. 508B,C. 509A,B. 510A,B. 511A,B,C. 512A. 601A. 602A,B. 603A. 607M.
(Long track) 510A,B. 511A,B,C. 601A,B. 602A,B,C. 603A,B,C. 604A,B,C,D,E. 605A,B,C,D,E. 606A,B,C,D,E. 607B,C,D,E,F,M. 608A,B,C,D,E. 609A,B,C,D,E. 610F,G,H,K,L. 611F,G,H,S. 612F,G,H,K,L. 721A,B,C,D,E. 722A,B,C,D. 723A,B,C,D,E. 724A,B,C,D. 725A,B,C,D. 726A,B,C,D. 727A,B,C,D. 728A,B,C,D. 729A,B. Control missing.

D9 - *(T1) (T2)* 406A,B,C,D,E. 407A,B,C,D. 408B,C,D,E. 409A,C,D,E. 410A,B,C,D,E,F,G. 411A,B,C,D,E,F,G. 412A,B,C,D,E,F. 501A,B,C,D,E,F,G. 502A,B,C,D,E,F,G. 503A,B,C,D.

D10 - *(T1) (T4)* (Short track) 406C,D. 407C,D. 408F. 409F. 410F,G. 411A,B. 412A,B. 501A,B,C. 502A,B,C. 503A,B.
(Long track) 610M,N. 612M,N. 702M,N. 724E. 725E. 726E. 727E. 728E. 729D,E.

D11 - *(T1)* 406D. 407E. 408T. 409T. 410T. 411A. 412A. 502B. 503C. Also 406D. 407E. 408T. 409T. 412A. 502B. 503C. on inverted card.

D12 - (N) *(T1)* 710A,B,C,D,E. 730E. 711A,B,C,D,E. 731D,E. 712A,B,C,D,E. 732B,D,E. 801A,B,C,D,E,F. 821D,E. 802A,B,C,D,E. 822D,E. 803A,B,C,D. 810C. 811H. 891A,B,C,D,E,F. 892A. 941B,C. 981A,D,E,F,G,H. 982A,B. 948A,B,D. 988C. 051D. 999B.

(I) *(T3) (T4) (T5)* 712B. 803C,E,F. 823E. 804A,B,C,D,E,F,G,H,K,L. 824A,L. 805A,B,C,D,E,F,G,H,K,L. 806A,B,C,D,E,F,G,H,K,L. 826K. 807A,B,C,D,E,F,G,H. 827G. 808A,B,C,D,E,F,G. 809A,B,C,D,E,F. 810A,B,C,D,E,F. 850A. 811A,B,F,G,H. 851B,C. 891A,B. 852B,C. 892B,C,D,E. 901A,B. 941B,C. 981A. 902F,G,H,K. 982B,C,D. 904A. 905A,B,C,D,E. 906B,C,D,E,F,G,H. 907E,F,G,H,K. 927A,B,C,D,E. 928E,F,G,H,K. 948B,C. 988A,B,D,E. 909E. 929D. 910A,B,H,K. 930A,B,C,D,E. 911A,B,C,D,E,F,G,H. 912A,B,C,D,F,G,H. 001A,B,C,D,E. 051A,B,C,D. 003D,E,F. 063B. 004F. 025H. 045H,K. 006A,B,C,D,E. 999B. Control missing

D13 - (N) *(T1)* 729C,D. 730A,B,C,D. 731A,B,C. 732A,B,C. 821A,B,C. 832A,B,C. 823A,B,C.

(I) *(T3) (T4)* 747B. 841D. 823D. 827A,B,C,D,E. 828A,B,C,D. 830G,H,K. 831A,B,C,D. 871A,C,D,E,F,G,H,K. 812A,B,C,D,E,F,G,H. 901H,K. 921A,B,C,D,E,F,G,H,K. 922A,B,C,D. 942A,B. 903F,G,H,K. 923A,B,C,D,E,F,G,H,K. 943A. 904E,F,G,H,K. 924H,K. 944A,B,C,D,E,F. 905G,H,K. 925A,B,C,D,E,F,G,H,K. 945A,B,C. 906K. 926A,B,C,D,E,F,G,H,K. 946A,B,C,D. 927F,G,H,K. 947A,B,C,D,E,F,G. 909G,H,K. 950A,B,C. 930F,G,H,K. 911K. 931A,B,C,D,E,F,G. 912K. 932B. 021A,D,F. 061C,D. 081D. 023G,K. 999B. Control missing. Short track 827D.

D13A- (N) *(T1)* 985A,B,C. 951F.

(I) *(T3) (T4)* 901C,D,E,F. 941A. 902B,C,D,E. 922G,H,K. 903B,C,D,E. 943B,C,D,E,F. 924A,B,C,D,E,F,G. 944G. 945D. 985C. 946E. 986B. 907B,C,D. 910D,E,F,G. 931H,K. 951A,B,C,H. 041A. 061B. 022K. 043D,E,F,G. 026D,E,F. 066H. 999B. Control missing.

D13B- (I) *(T3) (T4)* 850B,C. 851A. 852A. 901G. 902A. 922E,F. 903A. 904C. 905F. 995F. 906A. 907A. 909A,B,C. 950D. 951D,E. 041E,G,H. 042A. Control missing.

D13C- (I) *(T5)* 005E. Also 005E. on inverted card.

D14 - (I) *(T3)* 803E. **D15** - (I) *(T3)* 823D.

D16 - (N) *(T1)* 847A,B. 848A,C. 850B,C,E. 811D.
(I) *(T3)* 848B,C. 810E. 850A,B,C,D,E. 811C.

D17 - (I) *(T3) (T4)* 001F,G. 061F. 003A,B,C. 063A. 004A,B,C,D,E. 045G. Control missing.

D18 - (I) *(T3) (T4) (T5)* 932A. 001H,K. 021B,C,E. 061E,G,K. 042E. 003G,H,K. 023A,B,C,D,E,F,H. 063D. 004G,H,K. 024A,B,C,D,E,F,G,K. 005F,G,H,K, 025A,B,D,E,F,K. 045A. 006F. 066F. 007A,B,G,H,K . 027A,B,C,D,E,F,G,H,K. 047A,B,D,E,F,G. 067B,C,D,E,F,G,H. 008A,B,C,D,E,F,G,H,K. 028A,B,C,D,E,F,G,H. 068D,F. 068D. 070E,F,G,H,K. 090A,C,D. 011A,B,C,D,F,G,H,K. 031A,B,C,D,E,F,G,H,K. 051A,B,C,E. 091H,K. 032E. 101D,E,G,H,K. 121A,B,C,D,F. 141A,B,C,D,E,F,G,H,K. 161C,D,E. 102A,B,C,E,K. 122A,B,C,E,G. 142A,B,C,D,E. 103B,C. 123F. 999B,C. Control missing.

D19 - (I) *(T3) (T5)* 005C. 086A,B,E. 087A,B. 048G,H,K. 068A,B,C. 088B. 050K. 070A. 090E,G,H,K. 091A,C,D,E,F,G. 012C,E,F,G,H,K. 032A. 101A,B,C,D. 121E,G,H,K. 161H,K. 181A. 102D,H. 122F,H. 104D,E,F. 124A. Control missing.

D19(b) - (I) 044F,G,H. 005A,B.

D20 - (I) *(T3) (T4) (T5)* 912E. 041F. 042D. 043K. 044B,C. 066K. 086H,K. 007C,E,F. 028K. 048A,B. 091F,G,H,K. 012A,B. 999B. Control missing.

D21 - (I) *(T5)* 010A. 123C. Also both controls on inverted cards.

D22 - (I) *(T3)* 030C,D,E,F,G. **D23** - (I) *(T3)* 010F,G,H. 011E. **D24** - (I) *(T3)* 010E.

D25 - (I) 123D,E,H,K. 143A,B,C. 104C. 144B,D,H. 164A,B,C. 105C,E,F,G,K. 125A,B,D,E,K. 145A,B,E. 106E. 126B,H,K. 146A,B,C,D,E. 107E,F,H,K. 147A,B,D,E,F,H. 167A,B,D,F,G,H. 108A,E,F,K. 148B,H. 109A,B,D,E. 129B,D,F,G. 169B,C,D,E. 110A. 170F. 111C,D,E. 132K. 152A,H. 201C. 221D,E,G,H. 241E,F. 261C,G. 262D. 203F. 223A,B. 243A. 999C. No control.

D26 - (I) 106B,C. 126C,E. 146F. 166E. 128F,G. 148C,D,E,F. 149A,B,C,D. 150F,G. 191A,B,G,H. 112C,G,K. 172C. 201A,B,E,F,K. 202F,G,K. 222C,D. 223C,E,G. No control.

D27 - (I) 142F,G,H. 103E,F,G. 123B. 190B. 131B. 191C. 112E,H. 132E,G. 152C,G. 241D. 262F. 223D. No control

D28 - (I) 167C. 131F. 224F. 999C. Also 167C. 131F. 224F. on inverted card. No control.

D29 - (I) 202D. 222A,L. 262B,C,K. 203A,B,E,H,K. 263A,B,C. 204E,F,G,H. 244B,C,D,G,H. 264B,F. 205C,E,G,H. 225A,G,H,K. 206A,D,K,L. 226A,F,G,H. 246C,D,E,G. 207F,H,K,L. 227B,H,K,L. 247A,D,L. 267C,D,E. 999A. No control

D30 - (I) 242F,G. 282D. 223H. 243D. 204A. 224C,D. 263D,E,G,H,K. 266B,E,F,G,L. 207A. 208L. 228A. No control.

D31 - (I) 223F. 244E,F. No control.

D32 - (I) 243B. 269C. 210L. No control. Also 243B on inverted card.

D33 - (I) 208B,C,D,E,F,G,H. 228C. 248K,L. 291B,E. No control.

D34 - (I) 228K,L. 248A,B,H. 271A,B,C,D,H,L. 301C,E. No control

D35 - (I) 269D,G. 210B,C. 270A,B. 231G. 251B. 252A,B. 321E,F. No control

D36 - (I) 232G. Also on inverted card. No control.

S1 - (N) *(T1)* 747A. **S2** - (N) *(T1)* 747B. **S3** - (N) *(T1)* 747C. **S4** - (N) *(T1)* 747E.
S5 - (N) *(T1)* 711A. 712B. **S6** - (N) *(T1)* 752A,B,C. **S7** - (I) *(T3)* 747B.
S8 - (I) *(T3)* 752C. **S9** - *(T3)* (I) 747C.
S11 - (I) *(T3)* 829A,B,C,D,E,F,G,H,K. 830A,B,C,D,E,F. 871A,B? Control missing.
S12 - (I) *(T3)* 809B,C,D. 810A,C,D,E. 831A,B,C.
(N) *(T1) (T2)* 809B,D. 810A,B,C,D,E,F. 811E. 831A,B,C. Control missing.
S13 - (I) *(T3) (T4)* 947H. 908A,B,D,E,F,G,H,K. 928A,B,C,D. 909F. 919A. 999B.
(N) *(T1)* 908 C. Control missing. (I) (Short track) 908B.
S14 - (I) *(T3)* 986A,B,C. 948E. 929A,B,C. 950G. 999B. (N) *(T1)* 986A,B C. Control missing.
S15 - (I) *(T3)* 909D,E. 919B. Control missing. (N) 985G. **S16** - (I) *(T3)* 021K.
S17 - (I) *(T3)* 041D. **S18** - (I) *(T3)* 021H.
S19 - (I) *(T3)* 041B. **S20** - (I) *(T3)* 021G. 999G. **S21** - (I) *(T3)* 041C.
S22 - (I) *(T3) (T4)* 002A,B,C,D,E,F,G,H,K. 022A,B. 042C. Control missing.
S23 - (I) *(T3)* 002D. 022C,D,E,F. Control missing. **S24** - (I) *(T3)* 022G,H. Control missing.
S25 - (I) *(T3) (T4)* 043A,B. **S26** - (I) *(T3)* 043C. **S27** - (I) *(T3)* 025C. Control missing.
S28 - (I) *(T3) (T4)* 045B,C,D,E,F,G,H,K. 006G,H,K. 026A,B,C. 046B,C,D,E,F,G,H,K. 086G. Control missing.
S29 - (I) *(T3) (T4)* 026G,H,K. 046A. 066A,BC,D. 007A,B. 999B. Control missing.
S30 - (I) *(T3)* 066D,E. No control.
S31 - (I) *(T3) (T5)* 009A,B,C,D,E,F. 029F,G H. 049A,B,D,E,F,K. 069A,B. 010B,C,D. 030A,B,H,K. 050A,B. 999C. Control missing.
S32 - (I) *(T3) (T5)* 009H,K. 029A,B,C,D,E,F. 049D, E, F. Control missing.
S33 - (I) *(T3) (T5)* 029C 999C. Control missing. **S34** - (I) *(T3)* 009C. **S35** - (I) *(T3)* 012D.
S36 - (I) 123A. **S37** - (I) 103H. **S38** - (I) 123G. **S39** - (I) 103K. **S40** - (I) 124K.
S41 - (I) 125G. **S42** - (I) 105H. **S43** - (I) 105H. **S44** - (I) 106A. **S45** - (I) 106D.
S46 - (I) 126A. **S47** - (I) 126G. **S48** - (I) 106F. **S49** - (I) 106H. **S50** - (I) 166C.
S51 - (I) 166A. **S52** - (I) 107D. **S53** - (I) 107C. **S54** - (I) 166B. **S55** - (I) 132H.
S56 - (I) 128B. **S57** - (I) 128D. **S58** - (I) 148G. **S59** - (I) 109L. **S60** - (I) 131E.
S61 - (I) 171C. **S62** - (I) 171D. **S63** - (I) 171E. **S64** - (I) 151D. **S65** - (I) 151E.
S66 - (I) 151F. **S67** - (I) 152F. **S68** - (I) 112B. **S69** - (I) 112B. **S70** - (I) 201H.
S71 - (I) 171A. **S72** - (I) 112B. **S73** - (I) 241C. **S74** - (I) 262H. **S75** - (I) 243C.

S76 - (I) 243C. **S77** - (I) 224E. **S78** - (I) 224E. **S79** - (I) 224E. **S80** - (I) 224E. **S81** - (I) 224E. **S82** - (I) 224E. **S83** - (I) 224E. **S84** - (I) 246A. **S85** - (I) 246A. **S86** - (I) 246A. **S87** - (I) 246A. **S88** - (I) 246A. **S89** - (I) 207B,C,D,E. 347B. **S90** - (I) 207B,C,D,E. 347B. **S91** - (I) 207B,C,D,E. 347B. **S92** - (I) 207B,C,D,E. 347B. **S93** - (I) 207B,C,D,E. 347B. **S94** - (I) 207B,C,D,E. 347B. **S95** - (I) 247B. **S96** - (I) 246A. **S97** - (I) 227A. **S98** - (I) 228B. **S99** - (I) 228B. **S100** - (I) 267B. **S101** - (I) 229A. **S102** - (I) 228B. **S103** - (I) 228B. **S104** - (I) 286C. 268B,D,E,F. 209A,B,D,E,F,G,K. 229B,F. 230F,G,H. 250E,F,G,H. 290A,B,C,D,F,G,K. 211A,C. 231C,H,L. 251F,G. **S105** - (I) 286C. 268B,D,E,F. 209A,B,D,E,F,G,K. 229B,F. 230F,G,H. 250E,F,G,H. 290A,B,C,D,F,G,K. 211A,C. 231C,H,L. 251F,G. **S106** - (I) 286C. 268B,D,E,F. 209A,B,D,E,F,G,K. 229B,F. 230F,G,H. 250E,F,G,H. 290A,B,C,D,F,G,K. 211A,C. 231C,H,L. 251F,G. **S107** - (I) 229L. 249A,D,E,G. 210G,H. 230B,E. 270C,D,F,H. **S108** - (I) 229L. 249A,D,E,G. 210G,H. 230B,E. 270C,D,F,H. **S109** - (I) 229L. 249A,D,E,G. 210G,H. 230B,E. 270C,D,F,H. **S110** - (I) 229A. **S111** - (I) 229A. **S112** - (I) 271E. **S113** - (I) 229A. **S114** - (I) ????. **S115** - (I) ????. **S116** - (I) 302E. **S117** - (I) ????. **S118** - (I) 302E. **S119** - (I) 302E. (S114, 115 and 117 have not been seen at the time of writing.)

A1 - (N) *(T1)* 610S. **A2** - (N) *(T1)* 704A. 712C. 802B?,D. **A2A** - (N) *(T1)* 802D. 804B. (I) *(T3)* 802D. **A3** - (N) *(T1)* 747E. **A4** - (N) *(T1)* 747E. Control missing.
A5 - (N) *(T1)* 747E. **A6** - (I) *(T3)* 747D. 708A. 861A,B,C,D. 862A,B,C,D.
A7 - (N) *(T1)* 801A,B,C. (I) *(T3)* 801A,B,C. **A8** - (N) *(T1)* 808A. (I) *(T3)* 801C,D.
A9 - (I) *(T3)* 824A. Control missing. **A10** - (I) *(T3)* 747A. **A11** - (I) *(T3)* 752C. Control missing. **A12** - (N) *(T1)* 807C. **A13** - (I) *(T3)* 808H. Control missing.
A14 - (I) *(T3)* 945E. **A15** - (I) *(T3)* 946G. **A16** - (I) *(T3)* 951G. **A17** - (N) *(T1)* 910B. **A18** - (I) *(T3)* 042B,F. **A19** - (I) *(T3)* 009G. **A20** - (I) 121C. **A21** - (I) 161A. **A22** - (I) 124K. 170K. **A24** - (I) 103A. **A25** - (I) 125F. **A26** - (I) 124C. 105A. **A27** - (I) 124D,E,F. 105B. **A28** - (I) 124G,H. 144A. 105D. **A29** - (I) 109C. **A30** - (I) 110F,G,H. 130B. 150B. 111B. 132D,F. 172A,B. 201D. 222H,K. 242C,DK. **A31** - (I) 170D,E,K. 221C. 241B. **A32** - (I) 150B,D. 170C. 262A. **A33** - (I) 171F. **A34** - (I) 112B. **A35** - (I) 111H,K. 131A,C,D,G,H. 151G. 171G,H. 112A,F. 132A,B,C. **A36** - (I) 241G. 261A,F. 202C,E. 222G. **A37** - (I) 241C. **A38** - (I) 222E,F. **A39** - (I) 242B. **A40** - (I) 242E. **A41** - (I) 224E. **A42** - (I) 246A. **A43** - (I) 227A. **A44** - (I) 227E. **A45** - (I) 227C. **A46** - (I) 227A. **A47** - (I) 205B. **A48** - (I) 232C. **A49** - (I) 321A,B,C,D,G,H,K,L. 341A,B,C,D,E,F,G. 302G,H,K,L. 322C,F,G. 342A,H,K. 382C. 999A. No control. (A49 cards are still appearing and further controls will be found.)
A50 - (I) 302E.

O1 - 6 or 8 digits. 408S. 411S. **O2** - (N) *(T1)(T2)* 411S. 502S. 704S. 705S. 802S. 806S.
O3 - (N) 903S. (I) 001C. 005A. 009G. 101A. 105F. **O4** (I) 111K. **O5** (I) 111K.

T1 - 8 digit number. Later test cards have no controls.

I am grateful to Peter Harradine for most of the above information.

Mercury Communications Ltd launched its payphone operations on 27 July, 1988, with the opening of 26 call boxes at Waterloo Station in London. The service has since spread throughout London and to other cities and towns in the UK. The cards are manufactured by GPT, previously Plessey, UK, and are prefixed 'M' in the listings below. Cards are denominated in UK currency rather than units. Earlier cards have almost invisible control numbers on the reverse while many of the more recent cards have black controls against white or silver backgrounds. The latest cards no longer have the two ferrite strips in the top corners on the reverse but have a small 'C on its face' or a 'B' at top right. These are printer's marks and indicate that the cards were printed by DataCard or McCorquodale respectively. Most of the short-run cards are printed by Mercury themselves on blanks provided by GPT, with control numbers already applied, which accounts for the variations in control number prefixes and, in the early days, notch sizes. Mercury now has a means of removing the original designs from earlier cards before printing new designs on them with the result that some recent cards can be found with several different prefixes and numbers which previously corresponded to different cards and also that some of the numbers of cards originally printed given below no longer reflect the numbers of those cards still in existence. At the time of writing it is not possible to distinguish used from unused cards (although a rather expensive magnetic card-reader is now on the market) so in most cases only a single collectors' value is given. Mercury cards are classified as Complimentaries, Definitives and Specials (all available generally and known collectively within Mercury as 'corporate cards') and Private issues which include advertising cards and other very limited issues not sold generally although all were on sale through the Mercury Collectors Club until that club ceased to function in June, 1992. The distinction between Corporate and Private cards is a little clouded at the time of writing because remaining stock of cards which were originally private are being sold through normal retail outlets for general payphone use but such cards remain listed under Private cards. Also listed are three 'Internal' cards produced for Mercury for its own internal purposes and not issued to the public through any official channel. As with British Telecom, there also exist internal telephone cards in the form of visiting cards bearing the names of particular individuals but these are not listed. Paytelco, now known as GPT (Payphone Operations), is a joint company involving both GPT and Mercury which issues cards through multiple-site organisations such as chain stores, garages, hotels, football clubs and so on. Paytelco cards are listed separately. Most Mercury and Paytelco cards exhibit shade variations and these are only mentioned where significant.

When Mercury and Paytelco cards are issued they are assigned numbers by Mercury and they are often listed for sale under these numbers. The Mercury numbers are not suitable for a specialised listing such as in this catalogue since they are purely consecutive and make no distinction between different classes of cards such as Definitive and Private cards. Also they reflect the sequence in which orders were placed and this bears little relationship to the order in which the cards were issued which is the basis on which, so far as possible, this catalogue lists cards. Collectors might, however, find a cross-reference useful so MER (Mercury) Numbers and PAY (Paytelco) Numbers are included where they exist in square brackets, e.g. [0123], with the MER and PAY omitted for brevity. The MER number lists also include cards prepared for use by the UK forces in the Gulf where about 50 Mercury cardphones were installed (these are listed here under Mercury) and a few which were prepared for later use by Kuwait in the same cardphones and these will be listed under Kuwait in a later section of this catalogue.

General Note on Prices. A single price is given for Mercury cards since one cannot tell without a card-reader whether they are used or not. The prices of obviously used cards vary from around 30% of mint for common (large printing) cards to around 66% of mint prices for rare (small printing) cards.

C - COMPLIMENTARY CORPORATE CARDS

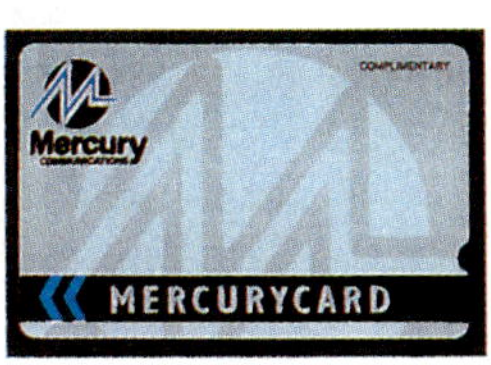

MC1

MC2

MC3

No.	Ill.	Units	Date	Description	Value
MC1	*MC1*	(£0.40)	27/7/88	Silver, shades of metallic grey (27,000) '2MERA..' [0007]	15.00 ☐
MC1(a)				(incl. above) '3MERA..'	15.00 ☐
MC1(b)				(incl. above) '6MERA..'	10.00 ☐
MC1(c)				(incl. above)'13MERA..'	250.00 ☐
MC2	*MC2*	(£0.40)	6/89	COMPLIMENTARY II (100,000) '12MERA...' at bottom [0015]	3.00 ☐
MC2(a)				(incl. above) '12MERA...' at top	4.00 ☐
MC3	*MC3*	(£0.40)	8/90	COMPLIMENTARY III (100,000) '21MERA...' [0077]	2.00 ☐

MC4

MD3

MS1

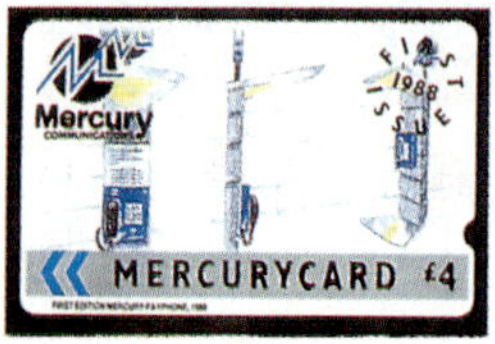

MS2

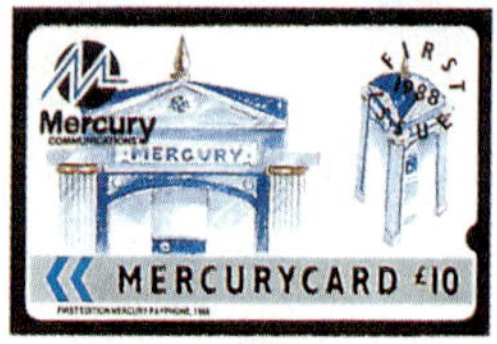

MS3

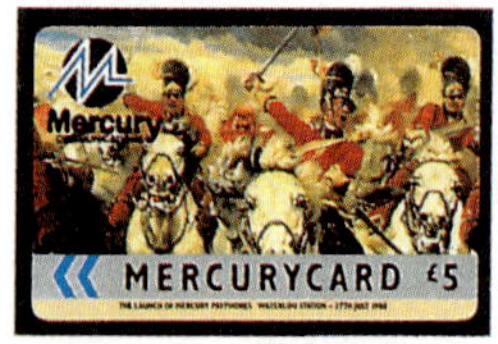

MS4

MS5

MS6

MS7

No.	Ill.	Units	Date	Description		Value
MC4	***MC4***	£0.50	6/91	HARRY ENFIELD, (Tel. 0800) (107,312) '20MERA...'	[0270]	1.00 ☐
MC4(a)				(incl. above) '20MERA...'/W		1.00 ☐
MC4(b)				(incl. above) '20MERA...'/W ***C***		1.00 ☐
MC4(c)				(incl. above) '20MERA...'/S ***B***		1.00 ☐
MC5	***(MC4)***	£0.50	11/92	HARRY ENFIELD, (Tel. 0500) (5000) '20MERA...'	[0270]	10.00 ☐
MC6	***(MC4)***	£0.50	3/93	HARRY ENFIELD, (No Tel. No.) (?000) '33MERA..'/S ***B***	[0416]	3.00 ☐

MD - DEFINITIVE CORPORATE CARDS

No.	Ill.	Units	Date	Description		Value
MD1	***(MD3)***	£2	27/7/88	Shades of metallic bronze (130,000) '2MERB...'	[0004]	7.00 ☐
MD1(a)				(incl. above) '3MERB...'		5.00 ☐
MD1(b)				(incl. above) '7MERB...'		2.50 ☐
MD1(c)				Shades of metallic copper (incl. above) '6MERB...'		2.50 ☐
MD2	***(MD3)***	£4	27/7/88	Shades of metallic silver (38,185) '2MERC...'	[0005]	10.00 ☐
MD2(a)				(incl. above) '7MERC...'		10.00 ☐
MD2(b)				(incl. above) '5MERC...'		10.00 ☐
MD3	***MD3***	£10	27/7/88	Shades of metallic gold (14,000) '2MERD...'	[0006]	15.00 ☐
MD3(a)				(incl. above) '6MERD...'		15.00 ☐

MS - SPECIAL CORPORATE CARDS

No.	Ill.	Units	Date	Description		Value
MS1	***MS1***	£2	27/7/88	FIRST ISSUE, (5000) '1MERA...'	[0001]	85.00 ☐
MS1(a)				(Incl. above) '4MERA...'		80.00 ☐
MS1(b)				(incl. above) '5MERA...'		50.00 ☐
MS2	***MS2***	£4	27/7/88	FIRST ISSUE, (5000) '1MERB...'	[0002]	12.00 ☐
MS2(a)				(incl. above) '4MERB...'		12.00 ☐
MS2(b)				(incl. above) '5MERB...'		10.00 ☐
MS3	***MS3***	£10	27/7/88	FIRST ISSUE, (5000) '1MERC...'	[0003]	35.00 ☐
MS3(a)				(incl. above) '4MERC...'		30.00 ☐
MS3(b)				(incl. above) '5MERC...'		25.00 ☐
MS4	***MS4***	£5	9/88	WATERLOO CARD, (15,000) '7MERA...'	[0011]	12.00 ☐
MS5	***MS5***	£2	10/88	CHRISTMAS 1988, (85,000) '8MERA...'	[0008]	4.00 ☐
MS6	***MS6***	£4	10/88	CHRISTMAS 1988, (34,000) '8MERB...'	[0009]	8.00 ☐
MS7	***MS7***	£10	10/88	CHRISTMAS 1988, (15,000) '8MERC...'	[0010]	12.00 ☐

MS8

MS9

MS10

MS11

MS12

MS13

MS14

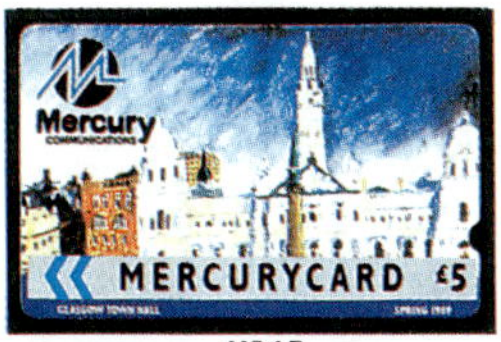

MS15

MS16

MS17

MS18

MS19

MS20

No.	Ill.	Units	Date	Description				Value
MS8	***MS8***	£2	5/89	LONDON, TOWER BRIDGE	(19,459)	'9MERA...'	[0012]	4.00 ☐
MS9	***MS9***	£4	5/89	LONDON, ST PAULS	(31,031)	'9MERB...'	[0013]	10.00 ☐
MS9(a)					(incl. above)	'11MERB...'		30.00 ☐
MS10	***MS10***	£10	5/88	LONDON, PARLIAMENT	(6000)	'9MERC...'	[0014]	20.00 ☐
MS11	***MS11***	£5	6/89	BIRMINGHAM,	(5000)	'8MERC...'	[0016]	15.00 ☐
MS12	***MS12***	£5	6/89	BRISTOL,	(5000)	'8MERE...'	[0017]	15.00 ☐
MS13	***MS13***	£5	6/89	EDINBURGH,	(5000)	'8MERA...'	[0020]	15.00 ☐
MS14	***MS14***	£5	6/89	MANCHESTER,	(5000)	'8MERD...'	[0018]	15.00 ☐
MS15	***MS15***	£5	6/89	GLASGOW TOWN HALL,	(5000)	'8MERB...'	[0019]	15.00 ☐

Note. MS11 to MS15 were issued to mark the introduction of Mercury payphones in the named cities. MS15 was inscribed "Glasgow Town Hall" instead of 'Glasgow City Chambers' in error. The London cards, MS8 and MS9, later appeared with 'SPRING 1989' omitted - see MS23 and MS24.

No.	Ill.	Units	Date	Description					Value
MS16	***MS16***	£2	11/89	ALADDIN.	CHRISTMAS 1989,	(20,000)	'12MERA..'	[0026]	10.00 ☐
MS17	***MS17***	£2	11/89	CINDERELLA.	CHRISTMAS 1989,	(20,000)	'12MERB..'	[0027]	15.00 ☐
MS18	***MS18***	£2	11/89	BEANSTALK.	CHRISTMAS 1989,	(20,000)	'12MERC..'	[0028]	10.00 ☐
MS19	***MS19***	£2	11/89	PUSS-IN-BOOTS	CHRISTMAS 1989,	(20,000)	'12MERD..'	[0029]	10.00 ☐
MS20	***MS20***	£4	11/89	WHITTINGTON.	CHRISTMAS 1989,	(20,000)	'12MERE..'	[0030]	15.00 ☐

MS21

MS22

MS25

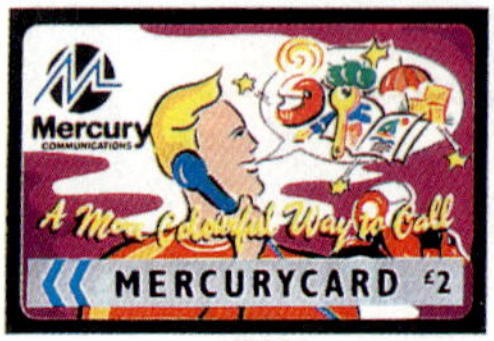

MS26

MS27

MS28

MS29

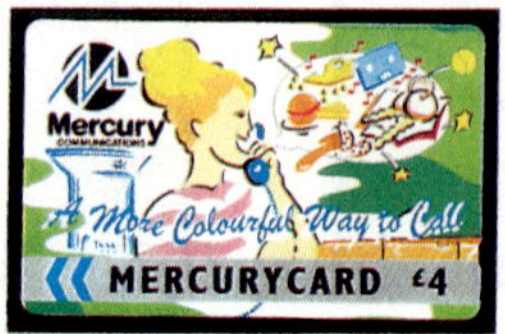

MS30

No.	Ill.	Units	Date	Description				Value
MS21	***MS21***	£2	2/90	MAP OF UNDERGROUND I,	(19,459)	'1MDCC....'	[0037]	6.00 ☐
MS21(a)					(incl. above)	'17MERE...'		10.00 ☐
MS21(b)					(incl. above)	'18MERA...'		4.00 ☐
MS21(c)				Deep Notch. LRT Presentation	(25)	'14MER...'		---- ☐
MS22	***MS22***	£2	7/90	MAP OF UNDERGROUND II,	(49,950)	'23MERA...'/W	[0117]	4.00 ☐

Note 1. The designs on MS21 and MS22 differ in minor details. A third version appears as MS40.

Note 2. The control on MS22 is black on a white background. This is indicated here and elsewhere by '.../W' while controls on a silver background are indicated by '.../S'. Letters following these indicate the printers marks where they exist. Thus 20MERA.../W C means that the control is on a white background and there is a 'C on its face' in the right top corner meaning that the card was printed by DataCard while 20MERA.../W B means the same except that the card was printed by McCorquodale.

No.	Ill.	Units	Date	Description				Value
MS23	***(MS8)***	£2	5/90	LONDON, TOWER BRIDGE	(173,000)	'9MERA...'	[0090]	5.00 ☐
MS23(a)					(incl. above)	'10MERA...'		4.00 ☐
MS24	***(MS9)***	£4	5/90	LONDON, ST PAULS	(31,031)	'9MERB...'	[0110]	10.00 ☐
MS24(a)					(incl. above)	'11MERB...'		10.00 ☐

Note. MS23 and MS24 are similar to MS8 and MS9 but do not have 'SPRING 1989' in the bottom right corner. Both MS23 and MS23(a) are known with the control at both top and bottom of the cards.

No.	Ill.	Units	Date	Description				Value
MS25	***MS25***	£2	8/90	COLOURFUL WAY - 'Blue'	(77,600)	'22MERA...'	[0102]	6.00 ☐
MS26	***MS26***	£2	8/90	COLOURFUL WAY - 'Purple'	(77,049)	'22MERB...'	[0104]	6.00 ☐
MS27	***MS27***	£2	8/90	COLOURFUL WAY - 'Yellow'	(75,007)	'22MERC...'	[0103]	6.00 ☐
MS28	***MS28***	£4	8/90	COLOURFUL WAY - 'Green'	(49,559)	'22MERD...'	[0105]	8.00 ☐
MS28(a)						'2MERD...'		8.00 ☐
MS28(b)						'25MERA...'		8.00 ☐
MS29	***MS29***	£4	8/90	COLOURFUL WAY - 'Pink'	(76,216)	'22MERE...'	[0106]	8.00 ☐
MS29(a)						'25MERB...'		8.00 ☐
MS30	***MS30***	£4	12/90	COLOURFUL WAY - 'Green'	(206,000)	'20MERD..'/W *C*	[0144]	10.00 ☐

Note. MS30 is a quite different card from MS28. It is lighter in its colours, differs is several details of design and has the silver band right across the card with a shorter 'MERCURYCARD' and a larger '4' as in MS32 these cards were for the British troops in the Gulf.

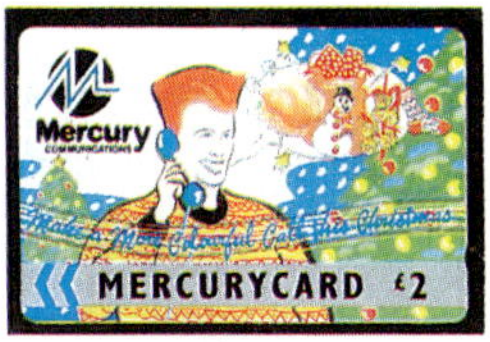

MS31

MS32

MS33

MS34

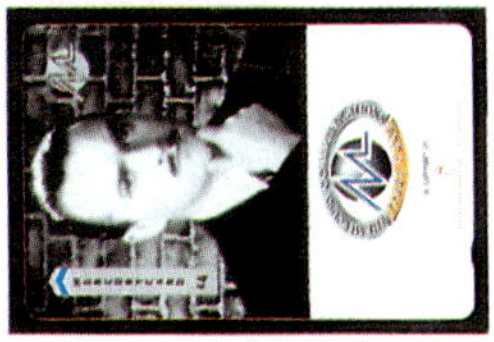

MS35

MS36

MS40

No.	Ill.	Units	Date	Description	Value
MS31	***MS31***	£2	12/90	COLOURFUL CHRISTMAS - 'Blue' (9925) '20MERC..' [0127]	6.00 ☐
MS31(a)				(incl. above) '20MERC..'/W	6.00 ☐
MS31(b)				(incl. above) '20MERC..'/W ***C***	6.00 ☐
MS32	***MS32***	£2	12/90	COLOURFUL CHRISTMAS - 'Yellow' (9874) '20MERC..' [0126]	6.00 ☐
MS33	***MS33***	£4	12/90	COLOURFUL CHRISTMAS - 'Green'(10,114) '20MERD..'/W [0128]	8.00 ☐
MS33(a)				(incl. above) '20MERD..'/W ***C***	8.00 ☐

Note. MS31 controls ('20MERC...'/W) on white backgrounds are found in two sizes.

No.	Ill.	Units	Date	Description	Value
MS34	***MS34***	£2	5/91	PRINCE'S TRUST - COMICS, (20,000) '26MERA...'/S ***B*** [0225]	4.00 ☐
MS34(a)				(incl. above) '20MERC...'/W ***C***	4.00 ☐
MS34(b)				(incl. above) '27MERB...'/S ***B***	4.00 ☐
MS35	***MS35***	£4	5/91	PRINCE'S TRUST - ENFIELD, (30,000) '20MERD...'/W ***C*** [0226]	6.00 ☐
MS36	***MS36***	£10	5/91	PRINCE'S TRUST - COLLINS, (20,000) '20MERE...'/W ***C*** [0227]	15.00 ☐

No.	Ill.	Units	Date	Description	Value
MS37	***(MS34)***	£2	5/91	PRINCE'S TRUST - COMICS, (50,000) '26MERA...'/S ***B*** [0245]	4.00 ☐
MS37(a)				(incl. above) '20MERC...'/W ***C***	4.00 ☐
MS37(b)				(incl. above) '27MERB...'/S ***B***	4.00 ☐
MS38	***(MS35)***	£4	5/91	PRINCE'S TRUST - ENFIELD, (20,640) '20MERD...'/W ***C*** [0246]	6.00 ☐
MS39	***(MS36)***	£10	5/91	PRINCE'S TRUST - COLLINS, (20,000) '20MERE...'/W ***C*** [0247]	15.00 ☐

Note 1. MS34 and MS36 show both Harry Enfield and Phil Collins, the actors who performed in the television advertisements for Mercury. This card was also issued in packs with card-sized advertisements in place of the usual bar-code slips of paper, one for Condor with MS34(b) [0299] and one for Old Holborn (both pipe tobaccos) with MS34(a) [0298]. MS34 was also one of the first Mercury cards to have "sorting squares" beside the control panel on the reverse. These are squares of silver which can be to the right or left of the panel or both sides or neither side and which can be detected by an optical device for the automatic sorting of cards into their values or types.

Note 2. Confusion exists in the Prince's Trust Enfield and Collins cards. There were two printings allotted different sets of MER numbers but with release dates only a single day apart. The differences between these cards is not clear but they have been listed separately above.

No.	Ill.	Units	Date	Description	Value
MS40	***MS40***	£2	7/90	MAP OF UNDERGROUND III, (34,500) '24MER?...'/W ***C*** [0235]	4.00 ☐

MS41

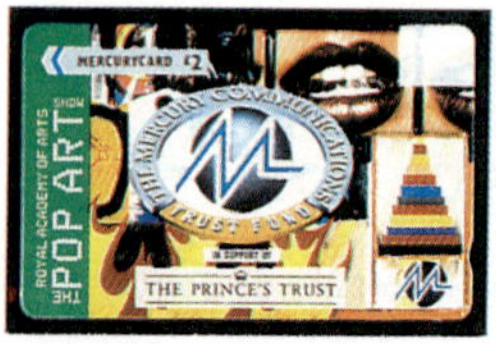

MS42

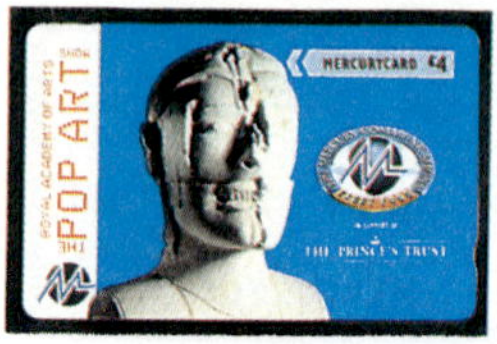

MS44

MS45

MS46

MS48

MS50

MS51(rev)

No.	Ill.	Units	Date	Description		Value
MS41	***MS41***	£2	8/91	POP ART - RADIO 1, (30,786) '20MERC...'/W *C*	[0289]	4.00 ☐
MS42	***MS42***	£2	8/91	POP ART - MONTAGE, (8328) '20MERC...'/W *C*	[0256]	4.00 ☐
MS43	***(MS42)***	£2	8/91	POP ART - MONTAGE, (25,000) '29MERA...'/S *B*	[0286]	4.00 ☐
MS44	***MS44***	£4	8/91	POP ART - HEAD, (30,000) '29MERB...'/S *B*	[0287]	6.00 ☐
MS45	***MS45***	£10	8/91	POP ART - FACES, (10,000) '29MERC...'/S *B*	[0288]	15.00 ☐
MS45(a)			11/91	Second printing (35,820) '20MERE...'/W *C*	[0321]	20.00 ☐

Note. The upper half of the oval on MS42 is grey and on MS43 it is blue.

No.	Ill.	Units	Date	Description		Value
MS46	***MS46***	£2	(6?/91)	SIMPLE, (20,000) '20MER?...'/?	[0184]	3.00 ☐
MS47	***(MS46)***	£2	11/92	SIMPLE, Rev. printed, (20,000) '33MERB...'/S *B*	[0412]	3.00 ☐
MS48	***MS48***	£4	(6?/91)	PUSH, (32,000) '20MER?...'/?	[0186]	6.00 ☐
MS49	***(MS48)***	£4	11/92	PUSH, Rev. printed, (30,000) '20MER?...'/?	[0413]	6.00 ☐
MS50	***MS50***	£10	11/92	INSERT, (15,000) '20MER?...'/?	[0390]	12.00 ☐
MS51	***(MS50)***	£10	11/92	INSERT, Rev. printed, (10,000) '20MER?...'/?	[0414]	12.00 ☐

Note. There is considerable confusion over the various Harry Enfield blue cards. The original set (MER0182 to 0186) were limited issue cards in support of a publicity campaign and therefore appear as MP cards. But two of these were reprinted at some unknown later date with the same MER numbers but for general sale. These cards are therefore also listed here as MS cards (MS46 and MS47) but with the same MER numbers. Subsequent printings were given new MER numbers and differ from the older cards in that they have printing on the reverses as in ***MS51(rev)***. In the case of the Complimentary £0.50 cards the telephone numbers have been changed from 0800... to 0500....

J.B.Cards

33,Shaw Crescent
Sanderstead
Surrey, CR2 9JB

Tel: 081 657 4080
Fax: 081 651 6390

• • • • MERCURY + BT SPECIALISTS • • • •

• • • • NEW ISSUE SERVICE • • • •

• • • BUY - SELL RARITIES + ERRORS • • •

• • • • NEWSLETTERS + LISTS • • • •

MP1

MP2

MP3

MP4

MP8

MP10

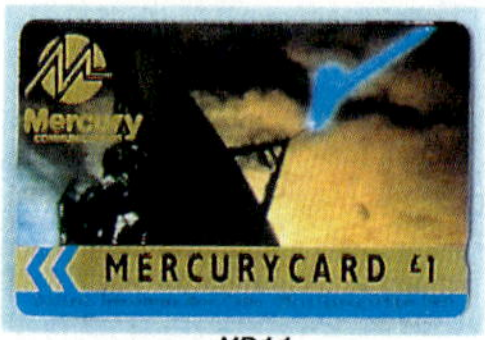

MP11

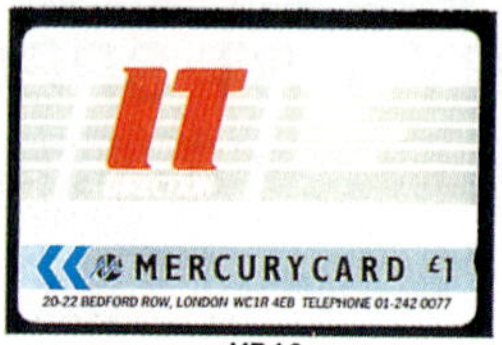

MP12

MP13

MP - PRIVATE CARDS

No.	Ill.	Units	Date	Description		Value
MP1	*MP1*	£2	6/89	NETWORKS 89, (775) '15MER...'	[0021]	70.00 □
MP2	*MP2*	£2	9/89	SPIRIT OF ADVENTURE, (500) '15MER...'	[0022]	180.00 □
MP3	*MP3*	£2	9/89	SIR ERIC SHARP, (1500) '15MER...'	[0023]	75.00 □
MP3(a)				Large notch, (500) '14MER...' (White logo)		400.00 □
MP3(b)				Large notch, (?) No control. "Launch of C.S. .... June"		---- □
MP4	*MP4*	£2	9/89	INN ON THE PARK, (01)(<500) Large notch,'16MERB.'	[0024]	35.00 □
MP5	*(MP4)*	£2	9/89	INN ON THE PARK, (<500) Small notch,'15 MER...'		100.00 □
MP5(a)		£2	1/90	Small notch, Control '17 MERE...'		4.00 □
MP5A	*(MP4)*	£2	9/89	INN ON THE PARK, (071)(1500) Small notch '20MERC.'	[0063]	5.00 □
MP5A(a)		£2	9/89	INN ON THE PARK, (071), Small notch '20MERC.'/W		5.00 □
MP6	*(MP4)*	£10	2/90	INN ON THE PARK, (01) (????) Small notch '18MERF.'	[0041]	15.00 □
MP6A	*(MP4)*	£10	2/90	INN ON THE PARK, (071)(4840) Small notch'20MERE.'/W	[0125]	15.00 □
MP6A(a)				(071) Large notch'20MERE.'		--- □
MP7	*(MP8)*	£2	10/89	ORIENT EXPRESS, Large notch (1000) '16MERB...'	[0031]	100.00 □
MP7(a)				(incl. above) '8MERA...'		110.00 □
MP8	*MP8*	£2	10/89	ORIENT EXPRESS, Small notch (1050) '17MERE...'	[0031]	60.00 □
MP8(a)				(incl. above) '15MER...'		60.00 □

Note. MP7 was the original card given to passengers on a trip while MP8 was a later reprint although it has the same MER number. MP7 and MP8 also differ somewhat in their colouring.

No.	Ill.	Units	Date	Description		Value
MP9	*(MP10)*	£0.50	10/89	ABRAXAS. Large notch (600) '18MERD...'	[0025]	80.00 □
MP10	*MP10*	£0.50	10/89	ABRAXAS. Small notch (1300) '18MERD...'		24.00 □
MP10A	*(MP10)*	£0.50	4/90	Small notch, Tel. 071 387 5599 (1500)'18MERD..'	[0052]	10.00 □
MP11	*MP11*	£1	10/89	DOCKLANDS TELECOMS CENTRE, (1525) '18MERC...'	[0033]	30.00 □
MP12	*MS12*	£1	11/89	IT DIRECTION, (2003) '18MERC...'	[0034]	15.00 □
MP13	*MP13*	£2	11/89	HARBOUR SCENE, UK-FRANCE CABLE (1589) '17MERE...'	[0036]	35.00 □
MP13(a)				(incl. above) '18MERA...'		50.00 □

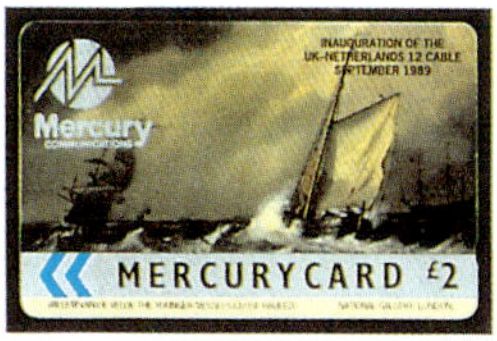

MP14

MP15

MP16

MP17

MP18

MP19

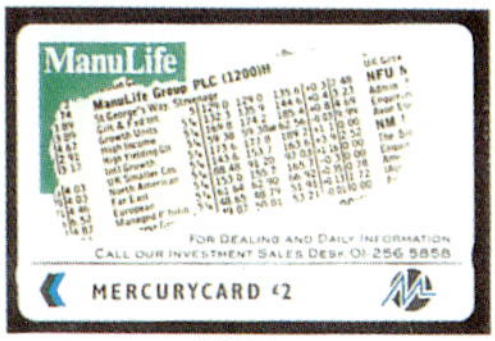

MP21

MP23

MP24

No.	Ill.	Units	Date	Description	Value
MP14	**MP14**	£2	11/89	VESSELS CLOSE HAULED, UK-NE. (1428) '17MERE...' [0032]	35.00 □
MP15	**MP15**	£2	11/89	GREAT EASTERN, (1964) '17MERE...' [0035]	35.00 □
MP16	**MP16**	£2	1/90	HARRODS, Small notch, (8783) '18MERA...' [0040]	5.00 □
MP16(a)				'20MERC...'	5.00 □
MP16(b)				(500?) '15MER...'	50.00 □
MP16A	**(MP16)**	£2	1/90	HARRODS, Large notch, '16MERB...'	100.00 □
MP16A(a)				Large notch, '14MER...'	100.00 □
MP17	**MP17**	£2	1/90	SWALLOW HOTELS, Tel. 01.., '18MERA...' [0038]	10.00 □
MP17A	**(MP17)**	£2		SWALLOW HOTELS, Tel 071.., '19MERC...' [0061]	4.00 □
MP17A(a)				Tel 071.., '20MERC...'/W	4.00 □
MP17A(b)				Tel 071.., '20MERC...'/W *C*	4.00 □
MP17A(c)				Tel 071.., '1MDCC...'	4.00 □
MP18	**MP18**	£10	1/90	SWALLOW HOTELS, Large notch '18MERF...' [0039]	60.00 □
MP18(a)				Small notch '18MERF...'	40.00 □
MP18A	**(MP18)**	£10	?/90	SWALLOW HOTELS, Tel. 071.., '19MERF...' [0062]	40.00 □
MP19	**MP19**	£1	2/90	BROADGATE, (6000) '20MERB...' [0042]	15.00 □
MP19(a)				(incl. above) '18MERC...'	15.00 □
MP19A				BROADGATE, Deep notch	200.00 □
MP20	--	£0.50	2/90	NatWest, (1000) (Ill. forbidden) '18MERD...' [0043]	60.00 □
MP21	**MP21**	£2	3/90	ManuLife, (1300) Tel. No. 01 256 5858 '18MERA...' [0044]	7.00 □
MP21(a)				(incl. above) '20MERC...'	4.00 □
MP22	**(MP21)**	£2	3/90	ManuLife, (1700) Tel. No. 0276 51888 '18MERA...' [0045]	7.00 □
MP22(a)				(incl. above) '20MERC...'	4.00 □
MP23	**MP23**	£0.50	3/90	STANLEY GIBBONS - 150 YEARS, (6000) '18MERD...' [0046]	6.00 □
MP23A		£0.50	3/90	STANLEY GIBBONS - 150 YEARS, Deep notch	80.00 □
MP24	**MP24**	£0.50	3/90	SPACE MANAGEMENT SERVICES, (2216) '18MERD...' [0048]	10.00 □
MP24(a)				Large notch (incl. above) '8MERA...'	500.00 □

General Note. Where no number of cards issued is given, as in the cases of MP4, MP6 and MP 16, 17 and 18 above, it is normally because these are continuing issues which are reordered as required. They are, in effect, 'private definitives'.

MP25

MP27

MP29

MP30

MP31

MP32

MP33

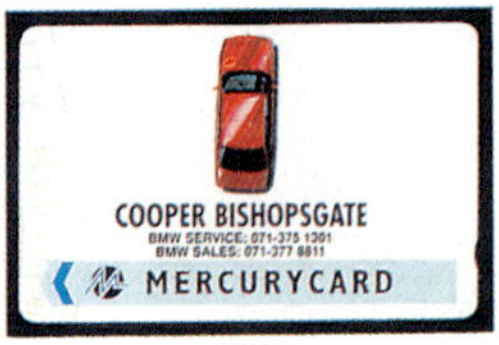

MP34

MP35

No.	Ill.	Units	Date	Description	Value
MP25	***MP25***	£0.50	3/90	PARAGON COMMUNICATIONS, (3000) '18MERD...' [0047]	10.00 ☐
MP25(a)				Error: Logo missing at top left. (Only one known)	--- ☐
MP26	***(MP27)***	£0.50	3/90	BRIAN REEVES, Tel. 01-2391 (3500) '18MERD...' [0049]	5.00 ☐
MP27	***MP27***	£0.50	3/90	BRIAN REEVES, Tel. 071-2391 (4500) '18MERD...' [0050]	5.00 ☐
MP28	***(MP27)***	£0.50	3/90	BRIAN REEVES, Tel. 071-3780 (4500) '18MERD...' [0051]	5.00 ☐
MP29	***MP29***	£2	4/90	BATTLE OF BRITAIN EXP. (3140) '20MERC...' [0053]	8.00 ☐
MP29(a)				(incl. above) '1MDCC...'	8.00 ☐
MP29(b)				(incl. above)'17MERE...'	8.00 ☐
MP29(c)				(incl. above)'18MERA...'	8.00 ☐
MP29(d)				Large notch (incl. above) '9MERA...'	180.00 ☐
MP29(e)				Silver background (incl. above)'9MERA...' (Large notch)	125.00 ☐
MP30	***MP30***	£2	4/90	B OF B EXP.- SPITFIRE, (12,758) '20MERC...' [0054]	8.00 ☐
MP30(a)				(incl. above) '20MERC...'/W	8.00 ☐
MP30(b)				(incl. above) '1MDCC...'	8.00 ☐
MP30(c)				(incl. above) '19MERC...'	8.00 ☐
MP31	***MP31***	£2	4/90	B OF B EXP.- DOGFIGHT, (12,306)'20MERC...' [0055]	8.00 ☐
MP31(a)				(incl. above)'20MERC...'/W	8.00 ☐
MP31(b)				(incl. above) '19MERC...'	8.00 ☐
MP32	***MP32***	£2	4/90	B OF B EXP.- HURRICANE, (12,902)'20MERC...' [0056]	8.00 ☐
MP32(a)				(incl. above)'20MERC...'/W	8.00 ☐
MP32(b)				(incl. above)'19MERC...'	8.00 ☐
MP33	***MP33***	£0.50	4/90	BMP BUSINESS, (2360) '18MERD...' [0057]	12.00 ☐
MP34	***MP34***	£0.50	4/90	COOPER-BMW, (7399) '19MERA...' [0058]	12.00 ☐
MP34(a)				(incl. above) '18MERD...'	15.00 ☐
MP35	***MP35***	£2	4/90	MADAM TUSSAUDS, (4504) '19MERC...' [0059]	5.00 ☐
MP35(a)				(incl. above) '20MERC...'	4.00 ☐
MP35(b)				(incl. above) '1MDCC...'	4.00 ☐

MP36

MP37

MP39

MP40

MP42

MP43

MP45

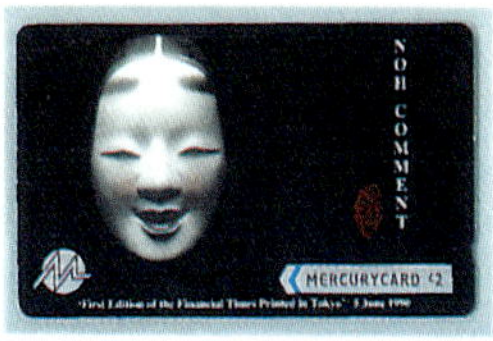

MP46

MP47

No.	Ill.	Units	Date	Description		Value
MP36	***MP36***	£0.50	5/90	MOTIVATION STRATEGY, (7503) '19MERA...'	[0060]	15.00 □
MP36(a)				'18MERD...'		20.00 □
MP36(b)				'20MERA...'/W		15.00 □
MP37	***MP37***	£0.50	5/90	"ALLO ALLO", Tel. 071.., (9579) '19MERA...'	[0064]	5.00 □
MP37(a)				(incl. above) '18MERD...'		5.00 □
MP38	***(MP37)***	£0.50	10/90	"ALLO ALLO", Tel. 0908., (6065) '20MERC...'/W	[0114]	4.00 □
MP39	***MP39***	£2	5/90	GKN SANKEY, (3400) '1MDCC...'	[0065]	4.00 □
MP40	***MP40***	£1	5/90	TMA, (4203) Small notch, '20MERB...'	[0066]	4.00 □
MP41	***(MP40)***	£1	5/90	TMA, (incl. above) Large notch, '20MERB...'		100.00 □
MP42	***MP42***	£0.50	6/90	INTERNATIONAL THOMSON, (3930) '20MERA...'/W	[0067]	4.00 □
MP43	***MP43***	£0.50	6/90	FIRST TEAM, (3528) Small notch '20MERA...'	[0068]	12.00 □
MP43(a)				(incl. above) Small notch '18MERD...'		12.00 □
MP43(b)				(incl. above) Small notch '20MERA...'/W		12.00 □
MP44	***(MP43)***	£0.50	6/90	FIRST TEAM, Large notch '20MERA...'		25.00 □
MP45	***MP45***	£2	6/90	RED LION SQUARE, (3483) '19MERC...'	[0069]	12.00 □
MP45(a)				(incl. above) '1MDCC...'		12.00 □
MP45(b)				(incl. above) '20MERC...'		12.00 □
MP45(c)				(incl. above) '20MERC...'/W		5.00 □
MP46	***MP46***	£2	6/90	FINANCIAL TIMES-TOKYO, (4283) '20MERC...'/W	[0070]	4.00 □
MP47	***MP47***	£2	7/90	FINLAND FOX, (3926) '20MERC...'/W	[0071]	10.00 □

MP48

MP49

MP50

MP51

MP52

MP54

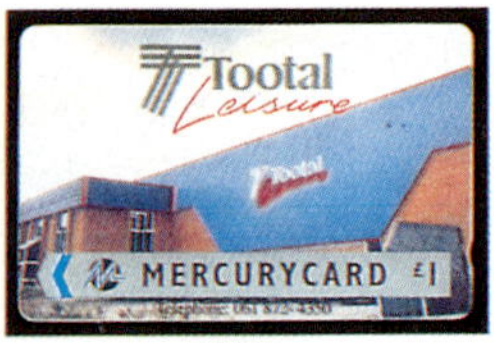

MP56

MP57

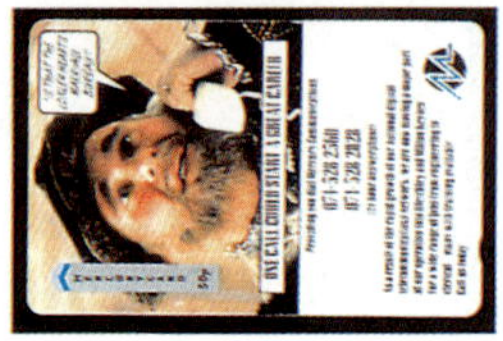

MP58

No.	Ill.	Units	Date	Description	Value
MP48	***MP48***	£0.50	7/90	COTTAGES - HARBOUR, (3972) '20MERA...'/W [0073]	8.00 □
MP48(a)				Bluer tones, 'U' 2mm from top (800) '20MERA...'/W	25.00 □
MP48(b)				As MP48 but Large Notch 8MERA...'	500.00 □
MP49	***MP49***	£0.50	7/90	COTTAGES - SUMMER, (3100) '20MERA...'/W [0074]	8.00 □
MP49(a)				Printed on inverted card	--- □
MP50	***MP50***	£0.50	7/90	COTTAGES - WINTER, (4202) '20MERA...'/W [0075]	5.00 □
MP50(a)				Browner tones, 'U' 2mm from top (800) '20MERA...'/W	25.00 □

Note. 800 copies of MP48 and of MP 50 were reprinted at the request of Character Country Cott They are quite markedly different in colour and the surface is more glossy. The writing at the has been dropped from 1mm to 2mm from the top edge of the card. Please note that these cards longer available from Character Country Cottages who should not be approached for them.

No.	Ill.	Units	Date	Description	Value
MP51	***MP51***	£2	7/90	RAC, (7174) '20MERC...'/W [0078]	4.00 □
MP52	***MP52***	£5	7/90	RAC, (7213) Small notch '18MERE...' [0079]	8.00 □
MP52(a)				(incl. above) Small notch '20MERC...'/W	8.00 □
MP52(b)				(incl. above) Small notch '20MERC...'	8.00 □
MP52(b)				(incl. above) Small notch '20MERF...'/W	8.00 □
MP53	***(MP52)***	£5	7/90	RAC, (incl. above) Large notch '18MERE...'	30.00 □
MP54	***MP54***	£10	7/90	RAC, (4430) Small notch '20MERE...'/W [0080]	15.00 □
MP55	***(MP54)***	£10	7/90	RAC, (incl. above) Large notch '20MERE...'	30.00 □
MP55(a)				(incl. above) Large notch '20MERF...'/W	50.00 □
MP56	***MP56***	£1	8/90	TOOTAL LEISURE, (3829) '18MER...' [0072]	3.00 □
MP56(a)				(incl. above) '20MERC...'	3.00 □
MP56(b)				(incl. above) '20MERB...'/W	3.00 □
MP56A	***(MP56)***	£1	8/90	TOOTAL LEISURE, Deep notch '18MER...'	-- □
MP57	***MP57***	£1	8/90	MERCURY - JAMES BOND, (5200) '20MERB...' [0076]	3.00 □
MP58	***MP58***	£0.50	8/90	HENRY VIII, (5804) '20MERA...'/W [0081]	5.00 □

MP59

MP60

MP61

MP62

MP63

MP64

MP65

MP66

MP67

MP68

MP69

MP70

No.	Ill.	Units	Date	Description		Value
MP59	***MP59***	£0.50	8/90	GLEN MILLER, (5726) '20MERA...'/W	[0082]	5.00 ☐
MP60	***MP60***	£0.50	8/90	LA COCHONNET, (5184) '20MERA...'/W	[0086]	4.00 ☐
MP61	***MP61***	£2	8/90	SCANDIC HOTEL, Tel 071 8*43*.. (500) '20MERC...'/W	[0083]	50.00 ☐
MP62	***MP62***	£4	8/90	SCANDIC HOTEL, Tel 071 8*43*.. (1000) '20MERD...'/W	[0084]	35.00 ☐
MP62(a)				'18MERB...'		100.00 ☐
MP63	***MP63***	£5	8/90	SCANDIC HOTEL, Tel 071 8*43*.. (1000) '20MERF...'/W	[0085]	35.00 ☐

Note. These cards have the wrong telephone number and were withdrawn and replaced by MP78 - MP80 below.

No.	Ill.	Units	Date	Description		Value
MP64	***MP64***	£2	2/91	PARK LANE HOTEL, (8600) '20MERC...'/W	[0089]	4.00 ☐
MP64(a)				(incl. above) '20MERC...'/W *C*		4.00 ☐
MP65	***MP65***	£5	8/90	PARK LANE HOTEL, (5007) '20MERF...'/W	[0087]	20.00 ☐
MP66	***MP66***	£10	8/90	PARK LANE HOTEL, (5335) '20MERE...'/W	[0088]	12.00 ☐
MP66(a)				(incl. above) '18MERF...'		20.00 ☐
MP66A	***(MP66)***	£10	8/90	PARK LANE HOTEL, Deep notch (incl. above) '20MERE...'/W		125.00 ☐
MP66A(a)				Deep notch (incl. above) '18MERF...'/W		125.00 ☐
MP66A(b)				Deep notch (incl. above) '18MERF...'		300.00 ☐
MP67	***MP67***	£0.50	9/90	IDC - GLASS ENGRAVING, (5259) '20MERA...'/W	[0091]	4.00 ☐
MP67(a)				(incl. above) '18MERD...'		4.00 ☐
MP68	***MP68***	£0.50	9/90	LEAGUE OF NATIONS - UK, (5517) '20MERA...'/W	[0092]	6.00 ☐
MP69	***MP69***	£0.50	9/90	LEAGUE OF NATIONS - USA, (4643) '20MERA...'/W	[0093]	6.00 ☐
MP69(a)				(incl. above) '18MERD...'		6.00 ☐
MP69(b)				(incl. above) '1MDCC...'		6.00 ☐
MP70	***MP70***	£0.50	9/90	LEAGUE OF NATIONS - RUSSIA, (4943) '20MERA...'/W	[0094]	6.00 ☐
MP70(b)				Large notch (incl. above) '8MERA...'		250.00 ☐

MP71

MP72

MP73

MP74

MP75

MP76

MP77

MP81

MP83

No.	Ill.	Units	Date	Description		Value
MP71	***MP71***	£0.50	9/90	LEAGUE OF NATIONS - FRANCE, (5196) '20MERA...'/W	[0095]	6.00 □
MP72	***MP72***	£0.50	9/90	JUNGLE - LEOPARD, (5569) '20MERA...'/W	[0098]	8.00 □
MP73	***MP73***	£0.50	9/90	JUNGLE - PARROT, (5581) '20MERA...'/W	[0099]	8.00 □
MP74	***MP74***	£0.50	9/90	JUNGLE - SNAKE, (5571) '18MERD...'	[0096]	8.00 □
MP75	***MP75***	£0.50	9/90	JUNGLE - CHIMPANZEE, (4959) '18MERD...'	[0097]	8.00 □
MP76	***MP76***	£0.50	9/90	JUNGLE - ZEBRA, (5202) '18MERD...'	[0101]	8.00 □
MP77	***MP77***	£0.50	9/90	JUNGLE - ELEPHANT, (5465) '20MERA...'/W	[0100]	8.00 □

Note. The control number on MP72 is found in two different sizes. The six cards fit together to make a single picture - two across by three down in the above order.

No.	Ill.	Units	Date	Description		Value
MP78	***(MP61)***	£2	9/90	SCANDIC HOTEL, Tel 071 8*34*.. (6910)'20MERC...'/W	[0107]	4.00 □
MP78(a)				(incl. above) '18MERB...'		4.00 □
MP79	***(MP62)***	£4	9/90	SCANDIC HOTEL, Tel 071 8*34*.. (5409)'18MERB...'	[0108]	10.00 □
MP79(a)				(incl. above) '20MERD...'		6.00 □
MP80	***(MP63)***	£5	9/90	SCANDIC HOTEL, Tel 071 8*34*.. (5728)'20MERF...'/W	[0109]	7.00 □
MP80(a)				Missing gold (incl. above) '19MERC...'		100.00 □
MP81	***MP81***	£2	9/90	ORIENT EXPRESS-LEEDS CASTLE, (5288) '20MERC...'/W	[0111]	5.00 □
MP81(a)				(incl. above)'18MERA...'		5.00 □
MP82	***(MP81)***	£2	9/90	OR. EX.-LEEDS CAST. No date, (5741) '20MERC...'/W	[0112]	5.00 □
MP82(a)				(incl. above)'18MERA...'		5.00 □
MP82(b)				(incl. above) '1MDCC...'		5.00 □
MP82(c)				(incl. above)'20MERC...'		5.00 □
MP83	***MP83***	£2	9/90	BUTTERFIELD SIGNS, (5147) '20MERC...'/W	[0113]	5.00 □

MP84

MP85

MP86

MP87

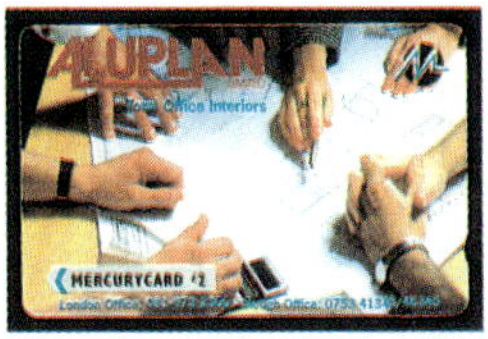

MP89

MP90

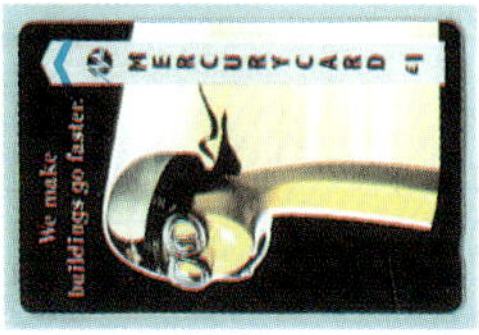

MP92

MP93

MP94

MP95

MP96

MP97

No.	Ill.	Units	Date	Description		Value
MP84	***MP84***	£2	9/90	BOURNMOUTH 1990, (5708) '20MERC...'/W	[0115]	6.00 ☐
MP84(a)				(incl. above)'20MERC...'		40.00 ☐
MP85	***MP85***	£1	9/90	ADAM HQ, (4661) '20MERB...'/W	[0118]	3.00 ☐
MP86	***MP86***	£1	10/90	CPM - BUSTER KEATON, (5133) '20MERB...'/W	[0116]	3.00 ☐
MP87	***MP87***	£0.50	10/90	CABLE OPERATOR, (4973) '20MERA...'/W	[0119]	4.00 ☐
MP88	***(MP87)***	£2	10/90	CABLE OPERATOR, (5683) '20MERC...'/W	[0120]	4.00 ☐
MP89	***MP89***	£2	11/90	ALUPLAN, (5700) '20MERC...'/W	[0121]	4.00 ☐
MP89(a)				(incl. above)'20MERC...'		4.00 ☐
MP90	***MP90***	£0.50	11/90	ROBERT SWAN, (5318) '20MERA...'/W	[0122]	4.00 ☐
MP91	***(MP90)***	£2	11/90	ROBERT SWAN, (5416) '20MERC...'/W	[0123]	4.00 ☐
MP91(a)				(incl. above) '20MERC...'		4.00 ☐
MP92	***MP92***	£1	11/90	"RACING DRIVER", (5605) '20MERC...'/W	[0124]	2.00 ☐
MP92(a)				(incl. above) '20MERB...'/W		2.00 ☐
MP93	***MP93***	£1	11/90	MOUNT FUJI, (5269) '20MERB...'/W	[0129]	10.00 ☐
MP93(a)				(incl. above) '20MERB...'		10.00 ☐
MP94	***MP94***	£5	11/90	51 / 55, (4610) '20MERF...'/W	[0130]	8.00 ☐
MP95	***MP95***	£2	11/90	PAKNET I, (5821) '20MERA...'/W	[0131]	6.00 ☐
MP95(a)				(incl. above) '20MERC...'		6.00 ☐
MP96	***MP96***	£1	11/90	TODAY NEWSPAPER, (in pack) (18,145) '20MERB...'/W	[0132]	6.00 ☐

Note. The 'TODAY' card and its packaging show marked variations in shades of colour. Inserts are white or buff - same price.

No.	Ill.	Units	Date	Description		Value
MP97	***MP97***	£0.50	11/90	TRT/FTC - MARCONI, (5722) '20MERA...'/W	[0133]	5.00 ☐
MP97(a)				'20MERA...'/W *C*		5.00 ☐

MP98

MP99

MP100

MP101

MP102

MP103

MP104

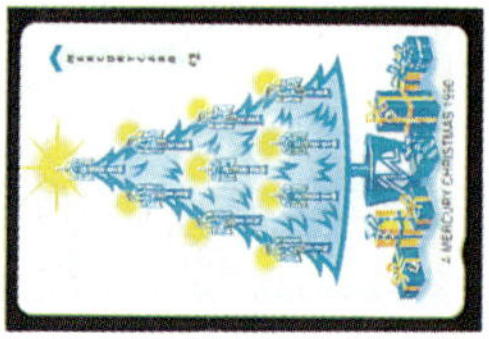

MP105

MP106

No.	Ill.	Units	Date	Description		Value
MP98	***MP98***	£0.50	11/90	CABLE & WIRELESS TRAVEL, (6344) '20MERA...'/W	[0134]	3.00 ☐
MP98(a)				(incl. above) '20MERA...'		3.00 ☐
MP99	***MP99***	£1	11/90	TMA 23, (5266) '20MERB...'/W	[0135]	3.00 ☐
MP100	***MP100***	£0.50	12/90	TURBO TRAIN, (5918) '20MERA...'/W	[0136]	10.00 ☐
MP100(a)				(incl. above) '20MERA...'/W *C*		10.00 ☐
MP100(b)				(incl. above) '20MERA...'		10.00 ☐
MP101	***MP101***	£0.50	12/90	TSB - SPEEDLINK, (5000) '20MERA...'/W	[0137]	3.00 ☐
MP101(a)				(incl. above) '20MERA...'		3.00 ☐
MP102	***MP102***	£4	12/90	SUN NEWSPAPER, (17,993) '20MERD...'/W	[0138]	10.00 ☐
MP102(a)				(incl. above)'20MERD...'/W *C*		10.00 ☐

Note. MP102 above and MP106 below were issued for British forces serving in Saudi Arabia and were not generally available in the UK.

No.	Ill.	Units	Date	Description		Value
MP103	***MP103***	£1	12/90	THAMES WATER, (5408) '20MERB...'/W	[0139]	3.00 ☐
MP104	***MP104***	£2	12/90	ADLINK, (4876) '20MERC...'/W	[0140]	4.00 ☐
MP104(a)				(incl. above) '20MERC...'/W *C*		4.00 ☐
MP105	***MP105***	£2	12/90	MERCURY CORPORATE CHRISTMAS, (10,026) '20MERC...'/W	[0141]	5.00 ☐
MP105(a)				(incl. above) '20MERC...'/W *C*		5.00 ☐

Note. This card fitted into two different Christmas cards, one ordinary and one making the sound of a telephone when opened, sent by Mercury staff to business contacts. The controls on these cards are found in two different sizes.

No.	Ill.	Units	Date	Description		Value
MP106	***MP106***	£4	12/90	ROYAL BRITISH LEGION, (29,095) '20MERD...'/W *C*	[0142]	10.00 ☐

MP107

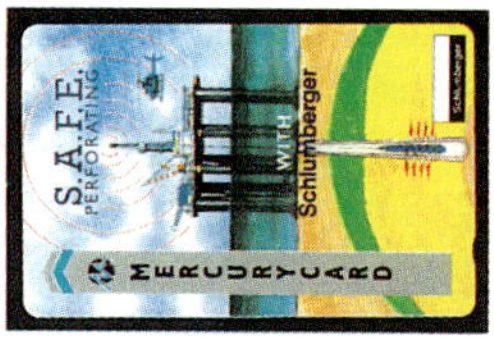

MP109

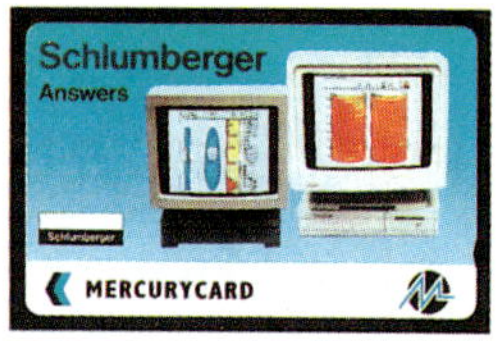

MP110

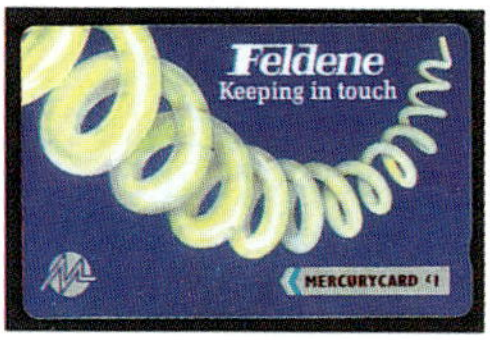

MP111

MP112

MP114

MP117

MP118

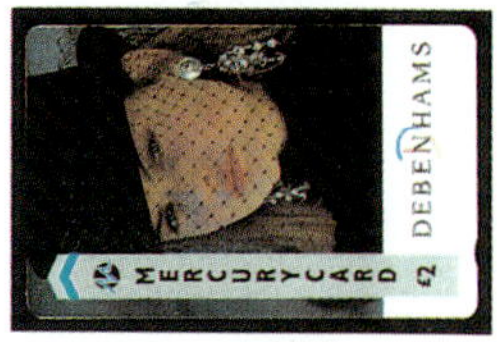

MP119

MP120

MP121

MP122

No.	Ill.	Units	Date	Description		Value
MP107	***MP107***	£0.50	12/90	C&W - THREE ORANGES, (4017) '20MERA...'/W	[0146]	4.00 □
MP107(a)				(incl. above) '20MERA...'		4.00 □
MP108	***(MP107)***	£2	12/90	C&W - THREE ORANGES, (3725) '20MERC...'/W	[0143]	4.00 □
MP108(a)				(incl. above) '20MERC...'/W *C*		4.00 □
MP108(b)				(incl. above) '20MERC...'		4.00 □
MP109	***MP109***	£4	2/91	SCHLUMBERGER-S.A.F.E. (3179) '20MERD...'/W *C*	[0145]	8.00 □
MP110	***MP110***	£4	2/91	SCHLUMBERGER-ANSWERS, (3218) '20MERD...'/W *C*	[0165]	6.00 □
MP111	***MP111***	£1	2/91	FELDENE (PFIZER). (35,000) '20MERB...'/W *C*	[0147]	2.00 □
MP111(a)				(incl. above) '20MERB...'/W		2.00 □
MP111(b)				(incl. above) '20MERB...'/S *B*		2.00 □
MP112	***MP112***	£0.50	2/91	LOOT - MERCURY, (5072) '20MERA...'/W	[0160]	4.00 □
MP112(a)				(incl. above) '20MERA...'		4.00 □
MP112(b)				(incl. above) '20MERA...'/W *C*		4.00 □
MP113	***(MP112)***	£2	2/91	LOOT - MERCURY, (3804) '20MERC...'/W *C*	[0161]	4.00 □
MP114	***MP114***	£2	2/91	ROADCHEF, (23,803) '20MERC...'/W	[0150]	4.00 □
MP114(a)				(incl. above) '20MERC...'/W *C*		4.00 □
MP115	***(MP114)***	£4	2/91	ROADCHEF, (19,856) '20MERD...'/W *C*	[0151]	6.00 □
MP116	***(MP114)***	£10	2/91	ROADCHEF, (11,392) '20MERE...'/W	[0152]	15.00 □
MP116(a)				(incl. above) '20MERB...'/W *C*		15.00 □
MP117	***MP117***	£2	2/91	DEBENHAMS - BEDROOM, (8240) '20MERC...'/W *C*	[0154]	4.00 □
MP118	***MP118***	£2	2/91	DEBENHAMS - FAMILY, (8156) '20MERC...'/W *C*	[0155]	4.00 □
MP119	***MP119***	£2	2/91	DEBENHAMS - LADY IN HAT, (8308) '20MERC...'/W *C*	[0156]	4.00 □
MP120	***MP120***	£2	2/91	DEBENHAMS - MAN, (7756) '20MERC...'/W *C*	[0157]	4.00 □
MP121	***MP121***	£2	2/91	DEBENHAMS - DOG AND GIRL, (8123) '20MERC...'/W *C*	[0159]	5.00 □
MP122	***MP122***	£2	2/91	DEBENHAMS - GIRL AND BOY, (8000) '20MERC...'/W *C*	[0158]	4.00 □

MP123

MP124

MP127

MP128

MP129

MP130

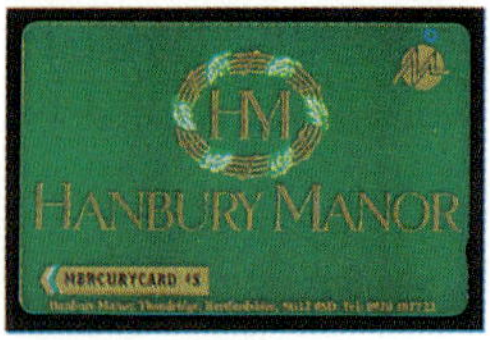

MP131

MP132

MP133

No.	Ill.	Units	Date	Description	Value
MP123	***MP123***	£10	2/91	GULF CARD - M.O.D.- FLAGS,(50,100) '20MERE...'/W *C* [0164]	15.00 ☐
MP124	***MP124***	£10	3/91	GULF - BRITISH AEROSPACE, (16,184) '20MERE...'/W *C* [0168]	15.00 ☐
MP125	***(MP124)***	£10	3/91	GULF - CABLE & WIRELESS, (16,118) '20MERE...'/W *C* [0167]	15.00 ☐
MP125(a)				GULF - C&W (LOGO AT TOP), (300) '20MERC...'/W *C* [0167]	150.00 ☐
MP126	***(MP124)***	£10	3/91	GULF - NATWEST, (15,964) '20MERE...'/W *C* [0169]	15.00 ☐

Note 1. MP125(a) was produced first and went mainly to the press and to Mercury employees after which Cable and Wireless requested that further printings should omit the logo at top left.

Note 2. While several cards were made specifically for use by UK forces in the Gulf (MS30, MP102, 106, 123, 124, 125 and MP243 to MP252 below) a number of other cards were also used there to meet immediate needs. These included the £10 definitive card (MD3), the two 'Colourful Way to Call' £4 cards (MS28 and MS29), the Post Office 'Andy Ashurst' £4 card (PTO2) and the Boots 'Making Faces' £2 card (PTB7).

No.	Ill.	Units	Date	Description	Value
MP127	***MP127***	£2	2/91	C&W - EUROPE, Tel.'666' (5252) '20MERC...'/W *C* [0166]	4.00 ☐
MP127(a)				Error. Frankfurt Tel. No. '600' (30) '20MERC...'/W *C*	500.00 ☐
MP127(b)				As MP127 but (incl. above) '20MERC...'/W	4.00 ☐
MP127(c)				As MP127 but (incl. above) '20MERC...'	4.00 ☐

Note. 127(a) was agreed by and sent to the sponsors before the error was noted and all but 30 cards which had already been issued in Germany were immediately withdrawn.

No.	Ill.	Units	Date	Description	Value
MP128	***MP128***	£2	3/91	CUPRINOL, (6912) '20MERC...'/W *C* [0175]	4.00 ☐
MP128(a)				(incl. above) '20MERC...'/W	4.00 ☐
MP129	***MP129***	£2	3/91	LIVERPOOL AIRPORT, (5000) '20MERC...'/W *C* [0148]	4.00 ☐
MP129(a)				(incl. above) '20MERC...'/W	4.00 ☐
MP130	***MP130***	£2	4/91	HANBURY MANOR, (5540) '20MERC...'/W *C* [0177]	4.00 ☐
MP130(a)				(incl. above) '20MERC...'/W	4.00 ☐
MP131	***MP131***	£5	4/91	HANBURY MANOR, (2996) '20MERF...'/W *C* [0178]	8.00 ☐
MP130(a)				(incl. above) '20MERF...'/W	8.00 ☐
MP132	***MP132***	£10	4/91	HANBURY MANOR, (3298) '20MERE...'/W *C* [0179]	15.00 ☐
MP133	***MP133***	£0.50	4/91	HAAGAN DAZS, (4308) '20MERA...'/W *C* [0182]	2.00 ☐
MP133(a)				(incl. above) '20MERA...'/W	2.00 ☐

MP134

MP135

MP136

MP137

MP138

MP138A

MP139

MP140

MP142

MP143

MP144

No.	Ill.	Units	Date	Description		Value
MP134	*MP134*	£1	4/91	STANSTED AIRPORT, (45,000) '20MERB...'/W *C*	[0163]	2.00 □

Note. MP134 was also available from Mercury in a special folder which was given the Mercury number MES0002. The card in its folder sells for around £????.

No.	Ill.	Units	Date	Description		Value
MP135	*MP135*	£0.50	?/9?	HARRY ENFIELD - PUSH (15,092) '20MERA...'	[0183]	1.00 □
MP135(a)				(incl. above) '20MERA...'/W		1.00 □
MP136	*MP136*	£2	4/91	HARRY ENFIELD - SIMPLE, (32,868) '20MERC...'/W *C*	[0184]	4.00 □
MP137	*MP137*	£2	4/91	HARRY ENFIELD - INSERT, (32,898) '20MERD...'/W *C*	[0185]	4.00 □
MP138	*MP138*	£4	4/91	HARRY ENFIELD - PUSH, (81,130) '20MERC...'/W *C*	[0186]	6.00 □
MP138A	*MP138A*	£10	4/91	HARRY ENFIELD - ALWAYS, (4193) '20MERE...'/W *C*	[0203]	15.00 □

Note. MP135 [MER0183], the Harry Enfield 50p card from this set with the same design as MP138, became the Corporate complimentary card. It has been renumbered MC4 and moved to that section. Second versions of MP138 and MP138A were issued in November, 1992, as corporate cards for general sale see MS49, MS50 and MS51 above.

No.	Ill.	Units	Date	Description		Value
MP139	*MP139*	£0.50	4/91	THE PRINCE'S TRUST. (4578) '20MERA...'/W *C*	[0195]	2.00 □
MP139(a)				(incl. above) '20MERA...'/S *B*		2.00 □
MP140	*MP140*	£2	4/91	THE PRINCE'S TRUST. (3917) '20MERC...'/W *C*	[0187]	4.00 □

Note. MP141 [MER0170] listed in the last catalogue was not actually issued and has been deleted.

No.	Ill.	Units	Date	Description		Value
MP142	*MP142*	£2	4/91	BELL BUILDING, (7190) '20MERC...'/W *C*	[0171]	4.00 □
MP142(a)				(incl. above) '20MERC...'/W		4.00 □
MP143	*MP143*	£0.50	5/91	DUTCH TOURIST BOARD, (4171) '20MERA...'/S *B*	[0172]	3.00 □
MP143(a)				(incl. above) '20MERA...'/W		3.00 □
MP143(b)				(incl. above) '20MERA...'/W *C*		3.00 □
MP144	*MP144*	£0.50	5/91	TOP UK INSURANCE, (4810) '20MERA...'/W *C*	[0173]	3.00 □

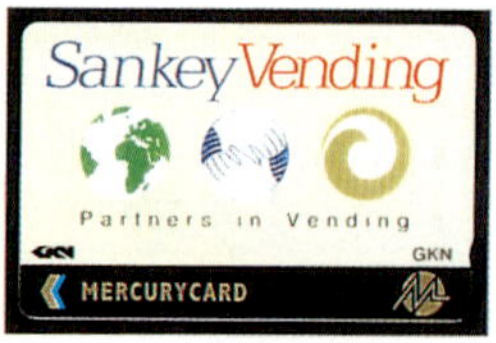

MP145

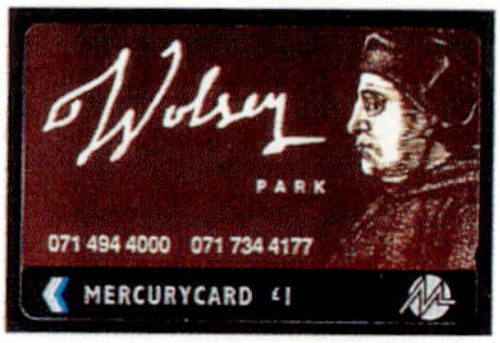

MP146

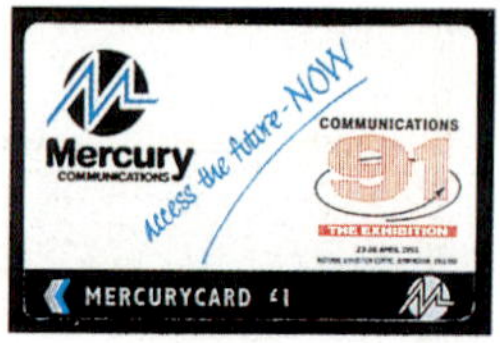

MP147

MP148

MP149

MP150

MP151

MP152

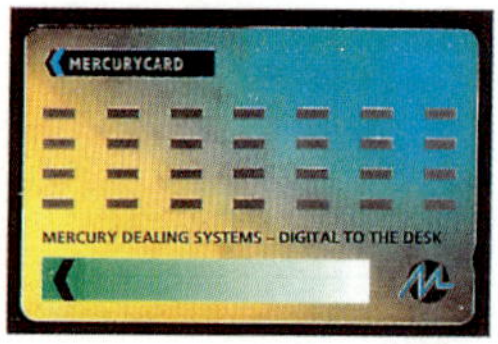

MP153

MP154

MP155

MP156

No.	Ill.	Units	Date	Description		Value
MP145	***MP145***	£1	5/91	SANKEY VENDING, (4799) '20MERA...'/	[0180]	2.00 □
MP145(a)				(incl. above) '20MERA...'/W		2.00 □
MP145(b)				(incl. above) '20MERA...'/W ***C***		2.00 □
MP146	***MP146***	£1	4/91	WOLSEY PARK, (4112) '20MERB...'/S ***B***	[0181]	3.00 □
MP147	***MP147***	£1	4/91	COMMUNICATIONS 91, (4221) '20MERB...'/S ***B***	[0211]	3.00 □
MP148	***MP148***	£2	4/91	NO APRIL FOOL, (17,527) '20MERC...'/W ***C***	[0213]	4.00 □
MP148(a)				(incl. above) '20MERC...'/W		4.00 □
MP149	***MP149***	£4	4/91	EASIER TO SWALLOW, (26,961) '20MERD...'/W ***C***	[0212]	10.00 □
MP150	***MP150***	£2	4/91	LESS TAXING, (22,929) '20MERC...'/W ***C***	[0214]	4.00 □
MP151	***MP151***	£4	4/91	HOME ECONOMIST, (25,217) '20MERD...'/W ***C***	[0215]	25.00 □
MP152	***MP152***	£1	5/91	HONG KONG - FIBRE OPTICS, (4218) '20MERB...'/S ***B***	[0197]	10.00 □
MP153	***MP153***	£0.50	5/91	MCL DEALING, (3832) '20MERA...'/W ***C***	[0199]	2.00 □
MP153(a)				(incl. above) '20MERA...'/W		2.00 □
MP154	***MP154***	£1	5/91	TELEKURS, (4351) '20MERB...'/S ***B***	[0200]	2.00 □
MP155	***MP155***	£2	5/91	YOUNG ELECTRONIC DESIGNER AWARD,(3498)'20MERC..'/W	[0196]	4.00 □
MP155(a)				(incl. above) '20MERC...'/W ***C***		4.00 □
MP156	***MP156***	£?	5/91	BLANK CARD, (50) '20MERC...'/W ***C***	[0216]	350.00 □

Note. This card, of which only 50 were made, was for use in a television advertisement.

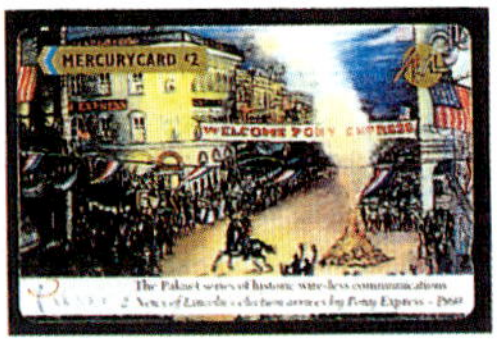

MP157

MP158

MP159

MP160

MP161

MP162

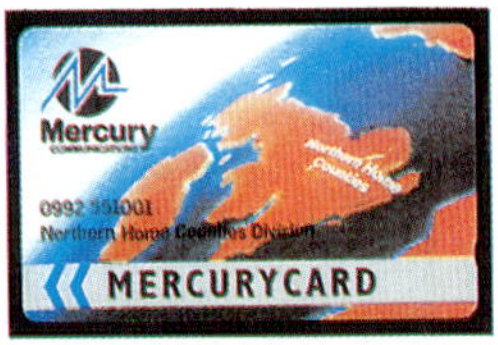

MP163

MP164

MP165

MP166

MP167

MP168

No.	Ill.	Units	Date	Description		Value
MP157	***MP157***	£2	5/91	PACKNET II - PONY EXPRESS, (3742) '20MERC...'/W ***C***	[0201]	6.00 □
MP157(a)				(incl. above) '20MERC...'		6.00 □
MP158	***MP158***	£2	5/91	JAL - 30TH ANNIVERSARY, (6399) '20MERC...'/W ***C***	[0202]	10.00 □
MP158(a)				(incl. above) '20MERC...'/W		10.00 □
MP159	***MP159***	£2	5/91	PORTMAN HOTEL, (8802) '20MERC...'/W ***C***	[0204]	4.00 □
MP159(a)			12/91	Second printing (9000) '20MERC...'/W ***C***	[0258]	4.00 □
MP160	***MP160***	£4	11/91	PORTMAN HOTEL, (6162) '20MERC...'/W ***C***	[0205]	6.00 □
MP161	***MP161***	£5	5/91	PORTMAN HOTEL, (6250) '20MERF...'/W ***C***	[0206]	8.00 □

Note. The first printing of MP159 had a wrong fax number and were all returned for reprinting.

No.	Ill.	Units	Date	Description		Value
MP162	***MP162***	£0.50	5/91	MERCURY - THANK YOU, (8320) '20MERA...'/W	[0198]	2.00 □
MP162(a)				(incl. above) '20MERA...'/W ***C***		2.00 □
MP163	***MP163***	£1	5/91	NORTHERN HOME COUNTIES, (3156) '20MERB...'/S ***B***	[0230]	3.00 □
MP164	***MP164***	£1	9/91	NORTHERN HOME COUNTIES, (3366) '20MERB...'/W ***C***	[0279]	2.00 □
MP165	***MP165***	£1	5/91	GRANT'S WHISKY, (3388) '20MERB...'/W ***C***	[0231]	6.00 □
MP166	***MP166***	£2	5/91	CABLE TELECOM, (3408) '20MERA...'/W ***C***	[0210]	4.00 □
MP167	***MP167***	£1	5/91	AMERICAN AIRLINES, (10,709) '20MERB...'/W ***C***	[0228]	3.00 □
MP167(a)				(incl. above) '20MERB...'/S ***B***		3.00 □
MP168	***MP168***	£2	5/91	GREAT EASTERN HOTEL, (6585) '20MERC...'/W	[0207]	4.00 □
MP168(a)				(incl. above) '20MERC...'/W ***C***		4.00 □

MP169

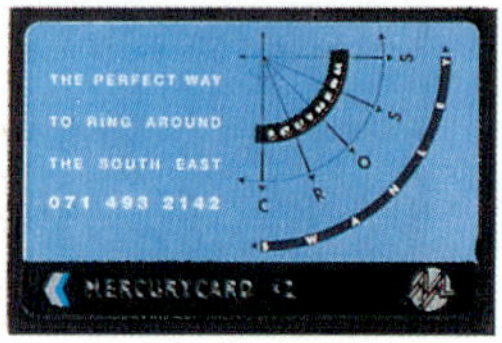

MP170

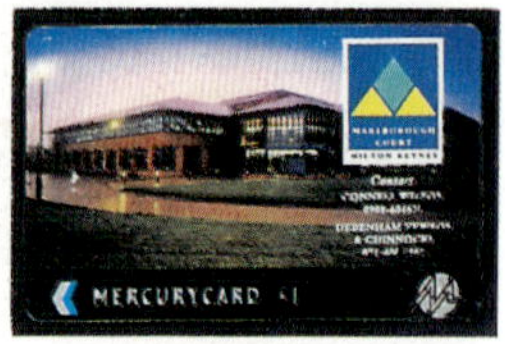

MP171

MP172

MP173

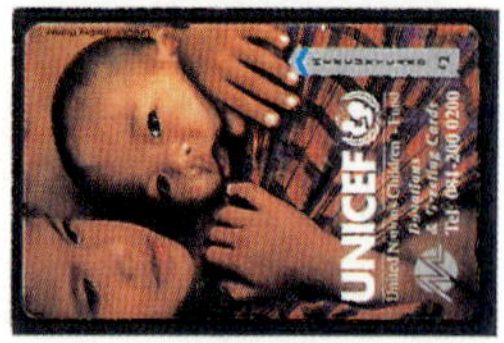

MP174

MP175

MP176

MP177

MP179

MP180

MP181

No.	Ill.	Units	Date	Description		Value
MP169	***MP169***	£4	5/91	GREAT EASTERN HOTEL, (4920) '20MERD...'/W ***C***	[0208]	6.00 □
MP170	***MP170***	£2	6/91	SOUTHERN CROSS, (2681) '20MERC...'/W ***C***	[0241]	4.00 □
MP171	***MP171***	£1	6/91	MARLBOROUGH COURT, (4340) '20MERB...'/W ***C***	[0232]	3.00 □
MP172	***MP172***	£1	6/91	LEGAL AND GENERAL, (3407) '20MERB...'/W ***C***	[0237]	3.00 □
MP173	***MP173***	£0.50	6/91	CHARTERED SOCIETY, (4422) '20MERA...'/W	[0242]	1.00 □
MP173(a)				(incl. above) '20MERA...'/S ***B***		1.00 □
MP174	***MP174***	£2	6/91	UNICEF, (7310) '20MERC...'/W ***C***	[0234]	4.00 □
MP175	***MP175***	£2	6/91	SCORPIO, (2600) '20MERC...'/W ***C***	[0249]	4.00 □
MP176	***MP176***	£2	6/91	ANGLO-SOVIET SHIPPING, (3225) '20MERC...'/W ***C***	[0240]	4.00 □
MP177	***MP177***	£1	6/91	LONDON ELECTRICITY, (4158) '20MERB...'/S ***B***	[0244]	2.00 □
MP177(a)				(incl. above) '20MERB...'/W ***C***		2.00 □
MP178	***(MP177)***	£1	3/92	LONDON ELECTRICITY (7000) '20MERB...'/W ***C***	[0351]	2.00 □
MP178(a)				(incl. above) '20MERB...'/S ***B***		2.00 □

Note. The words 'Please note our address' are omitted on MP178 (MER0351).

No.	Ill.	Units	Date	Description		Value
MP179	***MP179***	£2	7/91	CABLE & WIRELESS AGM, (4785) '20MERC...'/W ***C***	[0259]	4.00 □
MP180	***MP180***	£0.50	7/91	INTERNATIONAL STAMP, (4653) '20MERA...'/W ***C***	[0263]	4.00 □
MP181	***MP181***	£0.50	7/91	GRADUATE CAREERS, (4500) '20MERA...'/W ***C***	[0251]	1.00 □
MP181(a)				(incl. above) '20MERA...'/S ***B***		1.00 □
MP181(b)				Reprint (4279) '20MERA...'/W ***C***	[0276]	1.00 □

Note. From mid-June, 1991, cards began to be supplied in sealed wrapping. The MS cards were the first priority but all cards in stock, including the unsold copies of earlier issues, were to be wrapped and a card-sized piece of paper inserted behind the card in the wrapper to include information on the system and a bar-code. All cards were supplied wrapped from 1 July, 1991.

MP182

MP184

MP185

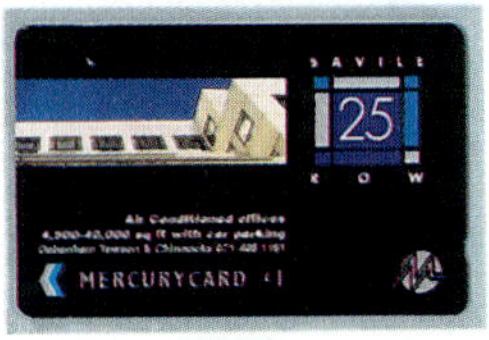

MP186

MP187

MP188

MP189

MP190

MP191

MP192

MP193

MP194

No.	Ill.	Units	Date	Description		Value
MP182	***MP182***	£1	9/91?	MERCURY - TMA 24, (????) '20MERB...'/W ***C***	[0322]	3.00 ☐
MP183	***(MP184)***	£2	7/91	ORIENT EXP. - ICA undated, (3424)'20MERC...'/W ***C***	[0250]	4.00 ☐
MP184	***MP184***	£2	9/91	ORIENT EXP. - ICA dated, (3834)'20MERC...'/W ***C***	[0238]	4.00 ☐
MP185	***MP185***	£1	7/91	A FEW DOLLARS MORE, (3196) '20MERB...'/W ***C***	[0261]	3.00 ☐
MP186	***MP186***	£1	7/91	25 SAVILLE ROW, (2663) '20MERB...'/W ***C***	[0265]	3.00 ☐
MP187	***MP187***	£1	7/91	MERCURY TMA, (2975) '20MERB...'/W ***C***	[0274]	2.00 ☐
MP188	***MP188***	£2	7/91	ORIENT EXPRESS - BEAULIEU, (3130) '20MERC..'/W ***C***	[0253]	4.00 ☐
MP189	***MP189***	£1	7/91	CONSULTANTS' CONTACT, (4000) '20MERB...'/W ***C***	[0254]	3.00 ☐
MP190	***MP190***	£2	7/91	LUFTHANSA, (2433) '20MERC...'/W ***C***	[0275]	6.00 ☐
MP191	***MP191***	£0.50	7/91	QUOTRON F/X TRADER, (5038) '20MERA...'/W ***C***	[0272]	2.00 ☐
MP192	***MP192***	£2	7/91	BAYERISCHER LANDSBANK, (3346) '20MERC...'/W ***C***	[0239]	4.00 ☐
MP193	***MP193***	£2	7/91	YOUTH BUSINESS TRUST, (3981) '20MERC...'/W ***C***	[0257]	4.00 ☐
MP194	***MP194***	£1	8/91	60s BARBEQUE, (3340) '20MERB...'/W ***C***	[0260]	3.00 ☐

Note. These cards were sold to Mercury staff and included a meal ticket and a lucky number.

MP195

MP196

MP197

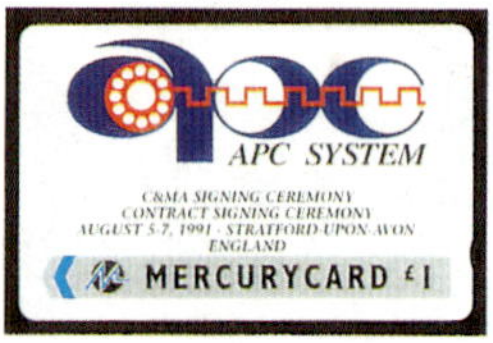

MP198

MP199

MP200

MP201

MP202

MP203

MP204

MP205

MP206

No.	Ill.	Units	Date	Description		Value
MP195	**MP195**	£4	9/91	BRECHIN GROUND STATION, (2283) '20MERD...'/W *C*	[0264]	6.00 ☐
MP196	**MP196**	£0.50	8/91	CMB SONOCO, (4931) '20MERA...'/W *C*	[0290]	1.00 ☐
MP197	**MP197**	£0.50	8/91	JAPAN FESTIVAL - PASS, (15.550) '20MERA...'/W *C*	[0271]	1.00 ☐
MP197(a)				(incl. above) '20MERC...'/W		1.00 ☐
MP197(b)				(incl. above) '20MERC...'/S *B*		1.00 ☐
MP197(c)				Signature strip on reverse		10.00 ☐
MP198	**MP198**	£1	8/91	APC SYSTEM, (3000) '20MERB...'/W *C*	[0282]	2.00 ☐
MP199	**MP199**	£0.50	8/91	BIG BEN, (9288) '20MERA...'/W	[0233]	3.00 ☐
MP199(a)				(incl. above) '20MERA...'		2.00 ☐
MP199(b)				(incl. above) '20MERA...'/W *C*		2.00 ☐
MP200	**MP200**	£1	8/91	JAPANESE FESTIVAL, GEISHA (3358)'20MERB...'/W *C*	[0283]	2.00 ☐
MP200(a)				(incl. above)'20MERB...'/W		2.00 ☐
MP200(b)				(incl. above)'20MERB...'		2.00 ☐
MP200(c)				(incl. above)'20MERB...'/S *B*		2.00 ☐
MP201	**MP201**	£1	8/91	JAPANESE FESTIVAL, HOUSES (3462)'20MERB...'/W *C*	[0284]	2.00 ☐
MP201(a)				(incl. above)'20MERB...'		2.00 ☐
MP201(b)				(incl. above)'20MERB...'/S *B*		2.00 ☐
MP202	**MP202**	£1	8/91	JAPANESE FESTIVAL, HILLS (3134)'20MERB...'/S *B*	[0285]	5.00 ☐
MP202(a)				(incl. above)'20MERB...'/W *C*		5.00 ☐
MP203	**MP203**	£1	8/91	MORTGAGE CORPORATION, (3394) '20MERB...'/W *C*	[0252]	3.00 ☐
MP204	**MP204**	£1	9/91	WING COMMANDER II, (3573) '20MERB...'/W *C*	[0273]	2.00 ☐
MP205	**MP205**	£0.50	9/91	WELLHEAD ELECTRICAL, (4258) '20MERA...'/W *C*	[0280]	3.00 ☐
MP206	**MP206**	£1	9/91	LASERCALL, (3474) '20MERB...'/W *C*	[0310]	2.00 ☐

MP207

MP208

MP209

MP210

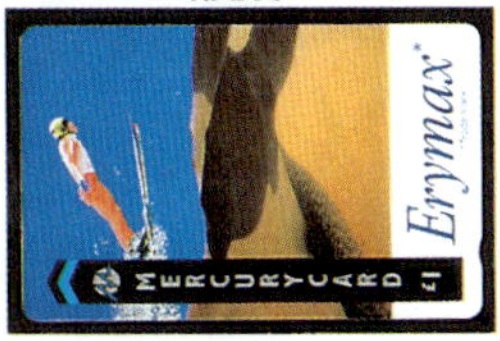

MP211

MP212

MP213

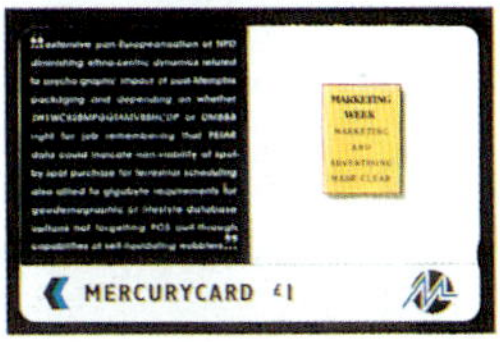

MP214

MP215

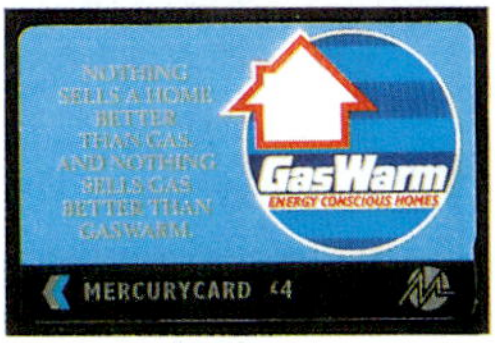

MP216

MP217

MP218

No.	Ill.	Units	Date	Description		Value
MP207	***MP207***	£1	9/91	AUSTRIAN SKI, (3436) '20MERB...'/W ***C***	[0300]	3.00 ☐
MP208	***MP208***	£0.50	9/91	PELICAN, (4958) '20MERA...'/W ***C***	[0292]	2.00 ☐
MP209	***MP209***	£2	9/91	UK-GERMANY 5 CABLE, (1870) '20MERC...'/W ***C***	[0306]	5.00 ☐
MP210	***MP210***	£0.50	9/91	PCD, (5205) '20MERA...'/W ***C***	[0304]	2.00 ☐
MP211	***MP211***	£1	9/91	ERYMAX, (7604) '20MERB...'/W ***C***	[0297]	2.00 ☐
MP212	***MP212***	£5	9/91	CABLE & WIRELESS – CBI, (1320) '20MERF...'/W	[0303]	7.00 ☐
MP212(a)				(incl. above) '20MERF...'/W ***C***		7.00 ☐
MP213	***MP213***	£2	9/91	MISS SAIGON, (5124) '20MERC...'/W ***C***	[0281]	5.00 ☐
MP213(a)				Deep notch (Incl. above) '8MERA...'		5.00 ☐
MP214	***MP214***	£1	9/91	MARKETING WEEK, (13,201) '20MERB...'/W ***C***	[0262]	3.00 ☐
MP215	***MP215***	£2	9/91	GARLICK HILL, (3124) '20MERC...'/W ***C***	[0294]	4.00 ☐
MP216	***MP216***	£4	9/91	GAS WARM, (2300) '20MERD...'/W ***C***	[0305]	6.00 ☐
MP217	***MP217***	£1	10/91	FINNAIR, (3302) '20MERB...'/W ***C***	[0293]	2.00 ☐
MP217(a)				(incl. above)'20MERB...'/W		2.00 ☐
MP218	***MP218***	£2	10/91	KDD SUMO, (3000?) '20MERC...'/W	[0309]	6.00 ☐
MP218(a)				(incl. above) '20MERC...'/W ***C***		6.00 ☐

MP219

MP220

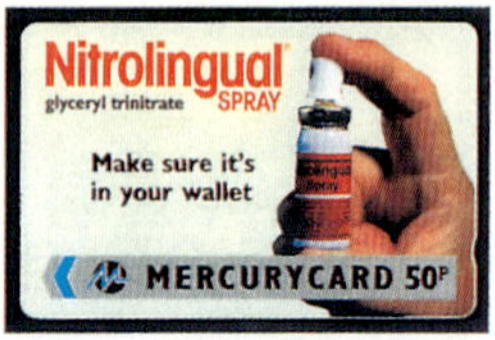

MP221

MP222

MP223

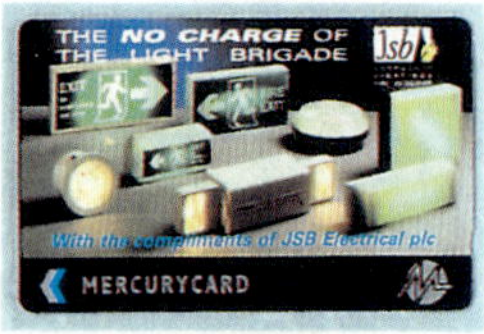

MP224

MP225

MP226

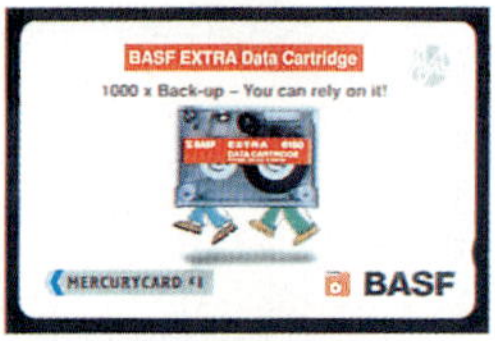

MP227

MP228

MP229

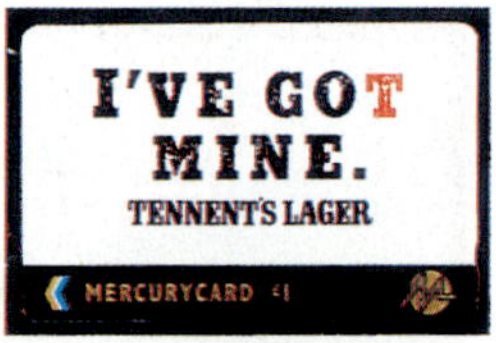

MP230

No.	Ill.	Units	Date	Description		Value
MP219	***MP219***	£2	10/91	SDX, (2588) '20MERC...'/W ***C***	[0312]	4.00 □
MP220	***MP220***	£0.50	10/91	WISE OWL, (2500?) '20MERA...'/W	[0302]	5.00 □
MP220(a)				(incl. above) '20MERA...'		5.00 □
MP220(b)				(incl. above) '19MERA...'		5.00 □
MP221	***MP221***	£0.50	10/91	NITROLINGUAL, (5000) '20MERA...'/W ***C***	[0296]	2.00 □
MP221(a)				(incl. above) '19MERA...'		2.00 □
MP221(b)				(incl. above) '20MERA...'		2.00 □
MP221(c)				(incl. above) '20MERA...'/W		2.00 □
MP222	***MP222***	£1	10/91	CompCom, (2789) '20MERB...'/W ***C***	[0308]	2.00 □
MP223	***MP223***	£0.50	10/91	CABLE CONVENTION 91, (10,676) '20MERA...'/W ***C***	[0311]	2.00 □
MP224	***MP224***	£1	10/91	JBS ELECTRIC, (5000) '20MERB...'/W ***C***	[0317]	2.00 □
MP225	***MP225***	£0.50	10/91	TELEWORKING, (5781) '20MERA...'/W ***C***	[0314]	2.00 □
MP226	***MP226***	£1	10/91	WATERLOO HOUSE, (5806) '20MERB...'/W ***C***	[0315]	8.00 □
MP227	***MP227***	£1	10/91	BASF, (6777) '20MERB...'/W ***C***	[0320]	2.00 □
MP228	***MP228***	£1	10/91	MARKETING ALTERNATIVES, (2000) '20MERB...'/W ***C***	[0325]	3.00 □
MP229	***MP229***	£1	10/91	BR(SE) GOLD CARD, (195,598) '20MERB...'/W ***C***	[0313]	2.00 □
MP230	***MP230***	£1	11/91	TENNENTS LAGER, (23,000) '20MERB...'/W ***C***	[0319]	2.00 □

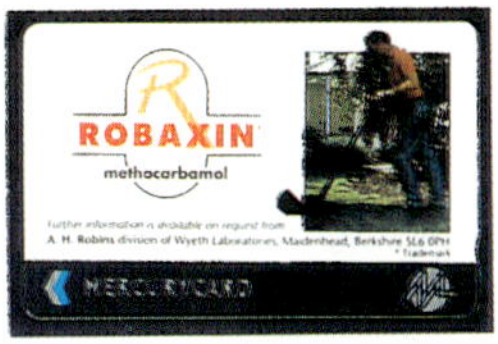

MP231

MP232

MP233

MP234

MP235

MP236

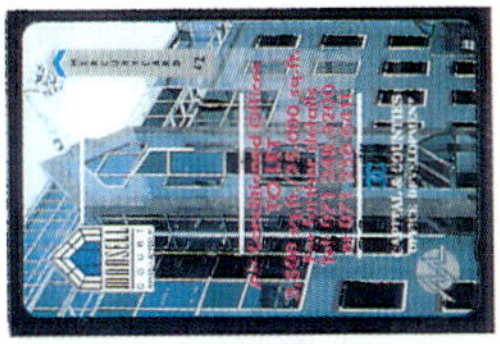

MP237

MP238

MP239

MP240

MP241

MP251

No.	Ill.	Units	Date	Description		Value
MP231	*MP231*	£1	11/91	ROBAXIN, (6653) '20MERB...'/W *C*	[0316]	2.00 □
MP232	*MP232*	£2	11/91	ICL, (4000) '20MERC...'/W *C*	[0327]	4.00 □
MP233	*MP233*	£1	11/91	CHRISTMAS CRACKER, (14,500) '20MERB...'/W *C*	[0330]	6.00 □
MP234	*MP234*	£2	11/91	BUSINESS ENERGY, (2050) '20MERC...'/W *C*	[0324]	4.00 □
MP234(a)				(incl. above) '20MERC...'/W		4.00 □
MP235	*MP235*	£1	11/91	DUNDAS & WILSON, (2500) '20MERB...'/W *C*	[0333]	3.00 □
MP236	*MP236*	£2	12/91	MERCURY - COINS, (13,018) '20MERC...'/W *C*	[0338]	4.00 □
MP236(a)				(incl. above) '20MERC...'/W		4.00 □
MP236(b)				(one only?) No control, Deep Notch		-- □
MP237	*MP237*	£2	12/91	MANSELL COURT, (3484) '20MERC...'/W *C*	[0334]	4.00 □
MP237(a)				(incl. above) '20MERC...'/W		4.00 □
MP238	*MP238*	£?	12/91	WEST 1 TV, (7000) '20MERA...'/W *C*	[0337]	2.00 □
MP239	*MP239*	£1	12/91	STANLEY GIBBONS PRIVILEGE,(7202)'20MER?...'/S *B*	[0209]	3.00 □
MP239(a)				(incl. above) With signature strip on reverse		5.00 □
MP240	*MP240*	£2	12/91	SCANDIA, (2000) '20MERC...'/W *C*	[0336]	4.00 □
MP240(a)				(incl. above) '20MERC...'/W		4.00 □
MP241	*MP241*	£1	12/91	UNITED AIRLINES, (7000) '20MERB...'/W *C*	[0331]	5.00 □
MP241(a)				(incl. above) '20MERB...'/S *B*		5.00 □
MP242	*(MP241)*	£2	12/91	UNITED AIRLINES, (3464) '20MERC...'/W *C*	[0332]	6.00 □
MP242(a)				(incl. above) '20MERC...'/W		6.00 □
MP243	*(MP251)*	£10	12/91	GULF - BLUE CIRCLE, (2387) '20MERE...'/W *C*	[0188]	18.00 □
MP244	*(MP251)*	£10	12/91	GULF - BICC, (2349) '20MERE...'/W *C*	[0194]	18.00 □
MP245	*(MP251)*	£10	12/91	GULF - GRAND MET, (2170) '20MERE...'/W *C*	[0217]	18.00 □
MP246	*(MP251)*	£10	12/91	GULF - CADBURY, (2200) '20MERE...'/W *C*	[0218]	18.00 □
MP247	*(MP251)*	£10	12/91	GULF - SIEBE, (2300) '20MERE...'/W *C*	[0219]	18.00 □
MP248	*(MP251)*	£10	12/91	GULF - WILLIAM FAIRLY, (2163) '20MERE...'/W *C*	[0220]	18.00 □
MP249	*(MP251)*	£10	12/91	GULF - TOP MAN, (2369) '20MERE...'/W *C*	[0221]	18.00 □
MP250	*(MP251)*	£10	12/91	GULF - SALLY LINE, (1969) '20MERE...'/W *C*	[0222]	18.00 □
MP251	*MP251*	£10	12/91	GULF - TARMAC, (2250) '20MERE...'/W *C*	[0223]	18.00 □
MP252	*(MP251)*	£10	12/91	GULF - PEAT MARWICK, (2243) '20MERE...'/W *C*	[0224]	18.00 □

MP253

MP254

MP255

MP256

MP257

MP258

MP259

MP260

MP261

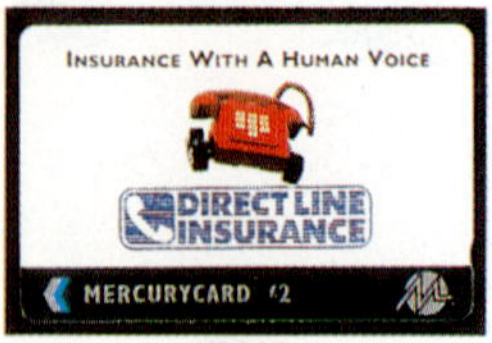

MP262

MP263

MP264

No.	Ill.	Units	Date	Description		Value
MP253	***MP253***	£0.50	12/91	THOMAS COOK, (5100) '20MERA...'/W ***C***	[0335]	--- □

Note. MP253 was withdrawn and virtually all were destroyed.

No.	Ill.	Units	Date	Description		Value
MP254	***MP254***	£2	12/91	CABLE & WIRELESS GVPN, (2000) '20MERC...'/W ***C***	[0339]	4.00 □
MP255	***MP255***	£1	12/91	LSM, (2500) '20MERB...'/W ***C***	[0329]	3.00 □
MP255(a)				(incl. above) '20MERB...'/S ***B***		3.00 □
MP256	***MP256***	£2	12/91	MIDLAND PAYMENTS, (2500) '20MERC...'/W ***C***	[0328]	4.00 □
MP257	***MP257***	£0.50	12/91	MERCURY - UMIST, (3000?) '20MERB...'/W ***C***	[0323]	3.00 □
MP258	***MP258***	£4	1/92	DAIFUKU EUROPE, (1400) '20MERD...'/W ***C***	[0340]	8.00 □
MP259	***MP259***	£0.50	1/92	TITAN HOUSE, (6500) '20MERA...'/W ***C***	[0341]	2.00 □
MP260	***MP260***	£1	1/92	DS WINDOWS, (4000) '20MERB...'/W ***C***	[0343]	3.00 □
MP261	***MP261***	£1	1/92	SCOTT PORTFOLIO, (4000) '20MERB...'/W ***C***	[0342]	3.00 □
MP262	***MP262***	£2	2/92	DIRECT LINE INSURANCE, (3500) '20MERC...'/W ***C***	[0344]	4.00 □
MP263	***MP263***	£0.50	2/92	KEE SCOTT, (8000) '20MERA...'/W ***C***	[0345]	2.00 □
MP264	***MP264***	£0.50	2/92	VIDEOTRON & MERCURY, (5500) '20MERA...'/W ***C***	[0346]	2.00 □

MP265

MP266

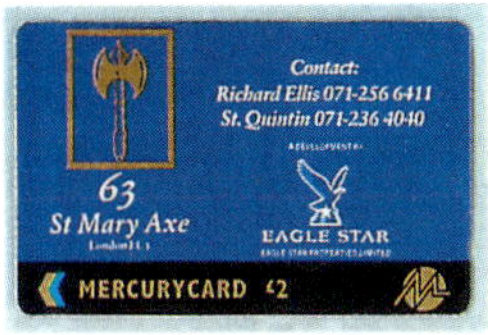

MP267

MP268

MP269

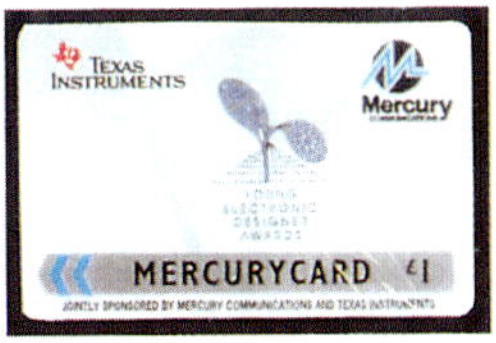

MP270

MP271

MP272

MP273

MP274

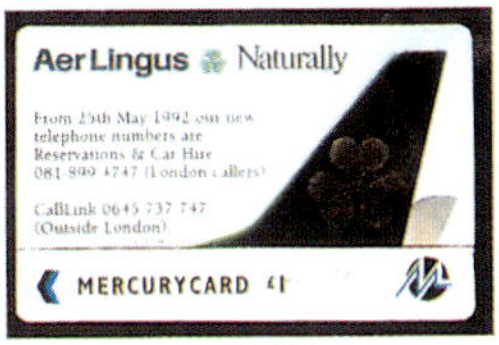

MP275

MP276

No.	Ill.	Units	Date	Description		Value
MP265	*MP265*	£0.50	2/92	BRITISH GAS, WALES, (10,000) '20MERA...'/W *C*	[0348]	2.00 ☐
MP266	*MP266*	£2	2/92	JAPAN JOURNALS, (3500) '20MERC...'/W *C*	[0347]	10.00 ☐
MP267	*MP267*	£2	3/92	EAGLE STAR, (2500) '20MERC...'/W *C*	[0349]	4.00 ☐
MP267(a)				(incl. above) '20MERC...'/W		4.00 ☐
MP268	*MP268*	£2	3/92	BMSE, (2500) '20MERC...'/W *C*	[0350]	4.00 ☐
MP268(a)				(incl. above) '20MERC...'/W		4.00 ☐
MP269	*MP269*	£1	3/92	COMMS 92, (5000) '20MERB...'/W *C*	[0352]	3.00 ☐
MP270	*MP270*	£1	4/92	Y.E.D.A. 2, (3000) '20MERB...'/S *B*	[0353]	3.00 ☐
MP271	*MP271*	£1	4/92	CITIBANK, (2500) '20MERB...'/W *C*	[0354]	3.00 ☐
MP272	*MP272*	£2	4/92	ORIENT ICA, (2500) '20MERC...'/W *C*	[0355]	5.00 ☐
MP273	*MP273*	£2	5/92	ELLIS & BUCKLE, (2250) '20MERC...'/W *C*	[0356]	5.00 ☐
MP273(a)				(incl. above) '20MERC...'/W		5.00 ☐
MP274	*MP274*	£0.50	5/92	UNITED ARTISTS, (4500) '20MERA...'/W *C*	[0359]	2.00 ☐
MP275	*MP275*	£1	5/92	AER LINGUS, (4500) '20MERB...'/W *C*	[0360]	0.00 ☐
MP275(a)				(incl. above) '20MERB...'/S *B*		10.00 ☐
MP276	*MP276*	£0.50	5/92	ICL: OPEN NETWORKS, (4000) '20MERA...'/W *C*	[0357]	3.00 ☐

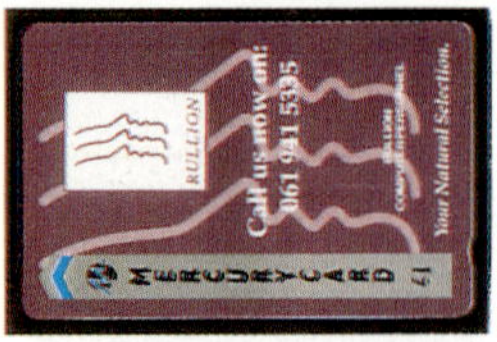

MP277

MP278

MP279

MP280

MP281

MP282

MP283

MP284

MP285

MP286

MP287

MP288

MP289

MP290

MP291

No.	Ill.	Units	Date	Description		Value
MP277	*MP277*	£1	5/92	RULLION, (4520) '20MERB...'/W *C*	[0358]	2.00 ☐
MP278	*MP278*	£1	6/92	AA: FOX FM, (1018) '20MERB...'/W *C*	[0361]	25.00 ☐
MP279	*MP279*	£1	6/92	AA: TRENT FM, (1018) '20MERB...'/W *C*	[0362]	10.00 ☐
MP280	*MP280*	£1	6/92	AA: PICCADILLY 103FM, (1018) '20MERB...'/W *C*	[0363]	10.00 ☐
MP281	*MP281*	£1	6/92	AA: AIRE FM, (1018) '20MERB...'/W *C*	[0364]	100.00 ☐
MP282	*MP282*	£1	6/92	AA: 210 FM, (1018) '20MERB...'/W *C*	[0365]	100.00 ☐
MP283	*MP283*	£1	6/92	AA: MAGIC 828, (1018) '20MERB...'/W *C*	[0366]	100.00 ☐
MP284	*MP284*	£1	6/92	AA: RADIO CITY GOLD, (1018) '20MERB...'/W *C*	[0367]	15.00 ☐
MP285	*MP285*	£1	9/92	AA: LBC NEWSTALK, (1218) '20MERB...'/W *C*	[0381]	40.00 ☐
MP286	*MP286*	£1	9/92	AA: JAZZ FM, (1218) '20MERB...'/W *C*	[0380]	10.00 ☐
MP287	*MP287*	£1	9/92	AA: RADIO FORTH, (1218) '20MERB...'/W *C*	[0379]	50.00 ☐
MP288	*MP288*	£1	9/92	AA: SWANSEA SOUND, (1218) '20MERB...'/W *C*	[0378]	25.00 ☐
MP289	*MP289*	£4	7/92	HEATHROW EXCHANGE, (3018) '20MERD...'/W *C*	[0375]	8.00 ☐
MP289(a)				Reprint (3018) '20MER?...'/W *C*	[0375]	8.00 ☐
MP290	*MP290*	£1	7/92	MCL MEANS BUSINESS I, (1005) '20MERB...'/W *C*	[0369]	75.00 ☐
MP291	*MP291*	£1	7/92	MERCURY MUSIC PRIZE, (3018) '20MERB...'/W *C*	[0376]	50.00 ☐
MP291(a)				(Incl. above) '20MERC...'/S *B*	[0376]	50.00 ☐
MP291(b)				(Incl. above) '20MERC...'	[0376]	50.00 ☐

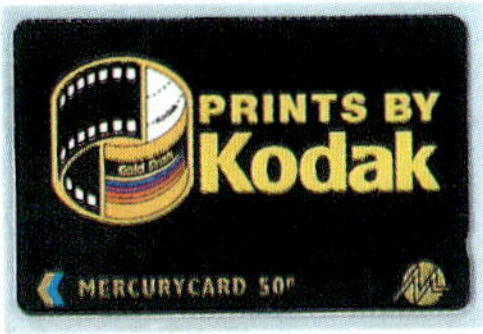

MP292

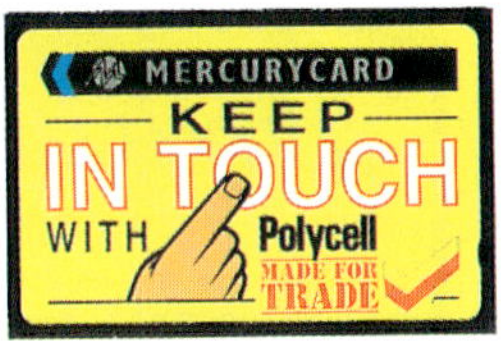

MP293

MP294

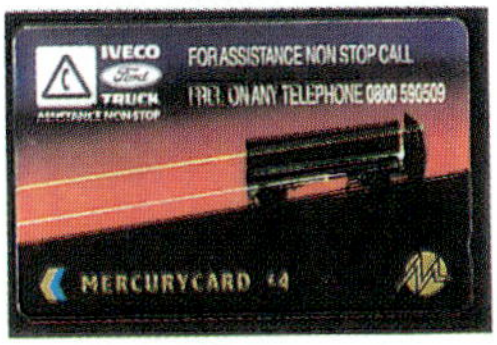

MP295

MP296

MP297

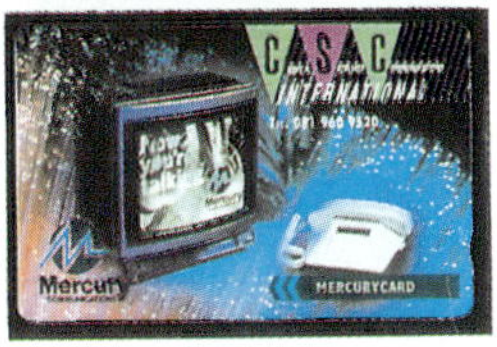

MP298

MP299

MP300

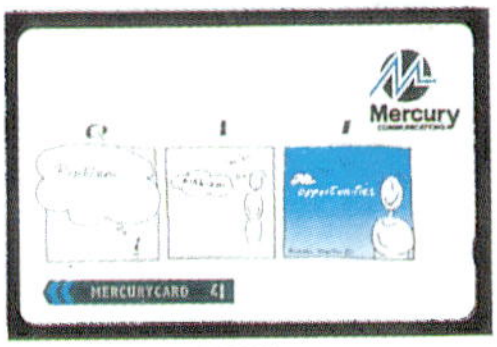

MP301

MP302

MP303

No.	Ill.	Units	Date	Description		Value	
MP292	*MP292*	£0.50	8/92	KODAK, (10,018) '20MERA...'/W *C*	[0377]	10.00	☐
MP293	*MP293*	£0.50	8/92	POLYCELL, (24,018) '20MERA...'/W *C*	[0382]	25.00	☐
MP294	*MP294*	£1	9/92	AIREDALE DOG, (1016) '20MERB...'/W *C*	[0384]	9.00	☐
MP294(a)				(incl. above) '20MERB...'/W		9.00	☐
MP294(b)				(incl. above) '20MERB...'		9.00	☐
MP294(c)				(incl. above) '20MERB...'/S *B*		9.00	☐
MP294(d)				(2) '20MERB...' Deep Notch		--	☐
MP295	*MP295*	£4	9/92	IVECO TRUCKS, (5015) '20MERD...'/W *C*	[0385]	100.00	☐
MP296	*MP296*	£2	9/92	PREDICTOR, (2015) '20MERC...'/W *C*	[0386]	20.00	☐
MP297	*MP297*	£1	9/92	PARTY CONFERENCE, (2516) '20MERB...'/W *C*	[0383]	20.00	☐
MP298	*MP298*	£0.50	10/92	CABLE AND SAT. COMS. (LOGO), (5015) '20MERA..'	[0387]	10.00	☐
MP298(a)				(NO LOGO) (incl. above) '20MERA...'/W *C*		10.00	☐
MP299	*MP299*	£2	10/92	MCL MEANS BUSINESS II (Text on reverse), (2015) '20MERC...'/W *C*	[0395]	30.00	☐
MP299(a)				(incl. above) '20MERB...'/S *B*		30.00	☐
MP300	*MP300*	£0.50	10/92	CABLE AND SAT. COMS., (2515) '20MERA..'/W *C*	[0402]	25.00	☐
MP301	*MP301*	£1	10/92	Q.I.T., (3015) '20MERB...'/W *C*	[0391]	25.00	☐
MP302	*MP302*	£1	10/92	ZEISS HUMPHREY, (2015) '20MERB...'/W *C*	[0394]	40.00	☐
MP303	*MP303*	£1	19/10/92	N. IRELAND MALONE HOUSE, (1015)'20MERB..'/S *B*	[0400]	15.00	☐

MP304

MP305

MP306

MP307

MP308

MP309

MP310

MP311

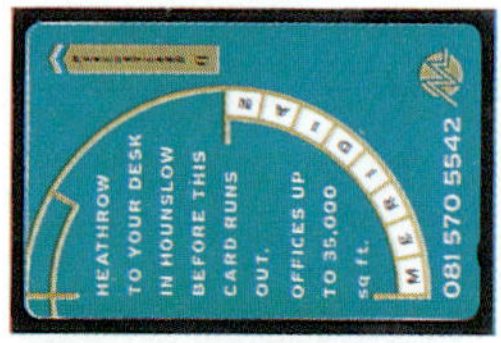

MP312

MP313

MP314

MP315

No.	Ill.	Units	Date	Description		Value
MP304	***MP304***	£1	19/10/92	N. IRELAND PALM HOUSE, (1015) '20MERB..'/S ***B***	[0401]	15.00 □

Note. MP304 exists with no sorting squares, squares both sides and square at right.

No.	Ill.	Units	Date	Description		Value
MP305	***MP305***	£2	10/92	KLARICID CLUB, (2015) '20MERC...'/W ***C***	[0388]	80.00 □
MP306	***MP306***	£0.50	11/92	CHRISTMAS - PHONES, (5015) '20MERA...'/SW ***C***	[0396]	20.00 □
MP307	***MP307***	£0.50	11/92	CHRISTMAS - FAX, (5015) '20MERA...'/SW ***C***	[0397]	20.00 □
MP308	***MP308***	£0.50	11/92	CHRISTMAS - CHOIR, (5015) '20MERA...'/SW ***C***	[0398]	20.00 □
MP309	***MP309***	£0.50	11/92	CHRISTMAS - PCs, (5015) '20MERA...'/SW ***C***	[0399]	20.00 □

Note. MP306 to 309 were slotted into the Mercury Christmas card. The /SW indicates silver on a white card rather than the usual black.

No.	Ill.	Units	Date	Description		Value
MP310	***MP310***	£0.50	11/92	BIRMINGHAM DRUGS, (2518) '20MERA...'/W ***C***	[0374]	300.00 □
MP311	***MP311***	£1	11/92	TMA 25, (3015) '20MERB...'/W ***C***	[0403]	15.00 □
MP312	***MP312***	£1	11/92	MERIDIAN, (5015) '20MERB...'/W ***C***	[0404]	10.00 □
MP313	***MP313***	£1	11/92	GENESIS CONCERT, (1015) '20MERB...'/W ***C***	[0405]	12.50 □
MP314	***MP314***	£1	11/92	GENESIS TRUST, (1015) '20MERB...'/W ***C***	[0406]	12.50 □
MP315	***MP315***	£1	11/92	OWBRIDGES, (2015) '20MERB...'/W ***C***	[0407]	25.00 □
MP315(a)				(Incl. above) '20MERB...'/S ***B***		25.00 □

Note. MP315 exists with sorting squares both sides and only at left.

MP316

MP317

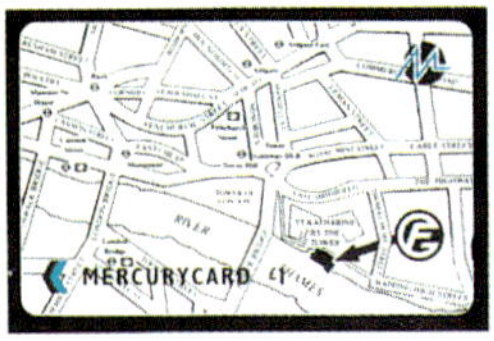

MP318

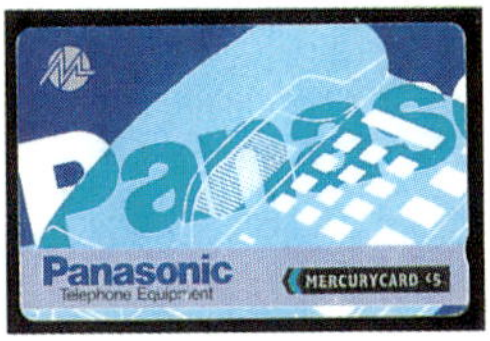

MP319

MP320

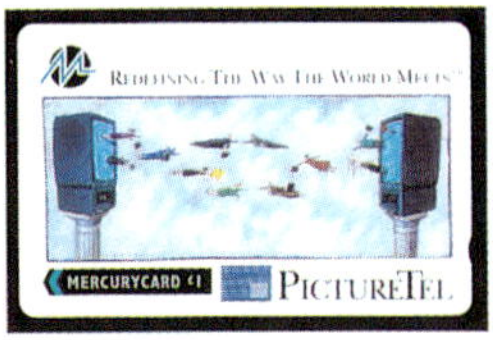

MP321

MP322

MP323

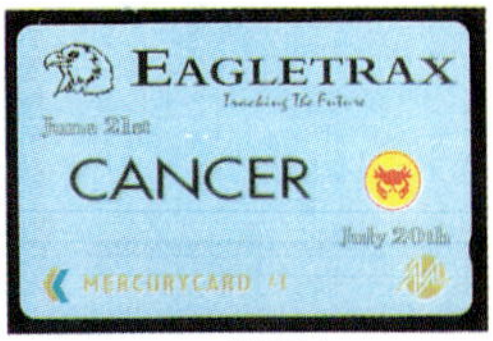

MP324

MP325

MP326

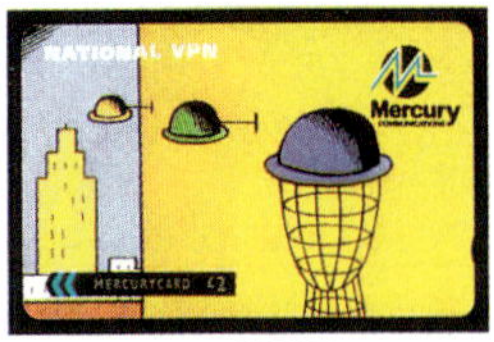

MP327

MP328

MP329

No.	Ill.	Units	Date	Description		Value
MP316	*MP316*	£1	11/92	JB CARDS, (250) '20MERB...'/W *C*	[0408]	8.00 ☐
MP316(a)				Text on reverse (750) '20MERB...'/W *C*		8.00 ☐
MP317	*MP317*	£0.50	11/92	TRT, (2515) '20MERA...'/W *C* (Issued in folder)	[0392]	15.00 ☐
MP318	*MP318*	£1	11/92	GREIG FESTER, (2015) '20MERB...'/S *B*	[0393]	45.00 ☐
MP319	*MP319*	£5	11/92	PANASONIC, (1015) '20MERF...'/W *C*	[0409]	50.00 ☐
MP320	*MP320*	£5	11/92	MCL PANASONIC PHONES, (2015) '20MERF...'/W *C*	[0410]	50.00 ☐
MP321	*MP321*	£1	11/92	PICTURE TEL., (1515) '20MERB...'/W *C*	[0411]	20.00 ☐
MP322	*MP322*	£1	11/92	ISDN ROUTES, (2015) '20MERB...'/W *C* (In folder)	[0417]	20.00 ☐
MP323	*MP323*	£2	12/92	TECHNICARE SERVICES, (1015) '20MERC...'/W *C*	[0415]	25.00 ☐
MP324	*MP324*	£1	12/92	EAGLETRAX, (1015) '20MERB...'/W *C*	[0419]	10.00 ☐
MP325	*MP325*	£1	12/92	CENTREX, (4015) '20MERB...'/S *B* (Issued in folder)	[0420]	20.00 ☐
MP325(a)				(Incl. above) '20MERB...'/W *C*		20.00 ☐
MP326	*MP326*	£1	12/92	EPILEPSY AGENDA, (2015) '20MERB...'/W *C*	[0424]	25.00 ☐
MP327	*MP327*	£2	1/93	NATIONAL VPN1, (1015) '20MERC...'/W *C*	[0422]	15.00 ☐
MP328	*MP328*	£2	1/93	NATIONAL VPN2, (1015) '20MERC...'/W *C*	[0423]	15.00 ☐
MP329	*MP329*	£2	1/93	BRADFORD CABLE, (1016) '20MER?...'/?	[0427]	25.00 ☐

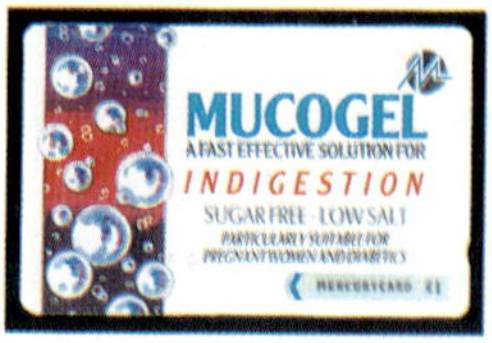

MP330

MP331

MP332

MP335

MI1

MI2

MI3

MI4

MI5

MI6

No.	Ill.	Units	Date	Description		Value	
MP330	*MP330*	£1	2/93	MUCOGEL, (2016) '20MERB...'/W *C*	[0421]	20.00	☐
MP330(a)				'20MERB...'	[0421]	20.00	☐
MP330(b)				'20MERB...'/W	[0421]	20.00	☐
MP330(c)				'20MERB...'/S *B*	[0421]	20.00	☐
MP331	*MP331*	£0.50	2/93	VAGIFEM, (20,016) '20MERA...'/WC	[0428]	8.00	☐
MP332	*MP332*	£1	3/93	GOVERNMENT SERVICES, (5016) '20MERB...'/W *C*	[0430]	15.00	☐
MP333	---	£0.50	3/93	PERSONAL PERFORMANCE, (3018) '20MER?...'/?	[0432]	25.00	☐
MP334	---	£2	3/93	BRIT. GAS S.E. SERVICE CARE, (1018) '20MER?...'/?	[0433]	25.00	☐
MP335	*MP335*	£1	4/93	ROYAL AIR FORCE - 1918-1993, (1016) '20MERB...'/WC	[0425]	50.00	☐

INTERNAL CARDS

No.	Ill.	Units	Date	Description		Value	
MI1	*MI1*	£2	12/89	MOBILE SERVICES-CHRISTMAS PARTY (114) '8MERA...'		---	☐
MI2	*MI2*	£2	12/90	FAREWELL TO RAY ROLAND (90) '20MERA...'/W *C*		---	☐
MT3	***MT3***	***£10***	***12/92***	***MCL £1,000,000,000 TURNOVER, (9000) '32MERA...'/S B***		---	☐
MI4	*MI4*	£5	12/92	MOBILE SERVICES-CHRISTMAS PARTY (120) '?MER?...'	[0426]	---	☐
MI5	*MI5*	£5	12/92	SUCCESS DINNER (91) '?MER?...'		---	☐
MI6	*MI6*	£10	2/93	SO LONG PARDNER, (116) '20MERE...'/W *C*	[0431]	---	☐

Note. MI1 was an internal invitation card and MT2 marked the departure for Australia of Ray Roland, the Mercury manager who introduced the Mercury cardphone system into the UK. Neither is known to have come onto the market yet and, as with all such cards, no realistic price can be given at this stage. MT3 was given to all Mercury staff to celebrate the passing of the £1 billion per year turnover milestone. MI6 was a farewell card for Peter Howell-Davis on his departure for Hong Kong.

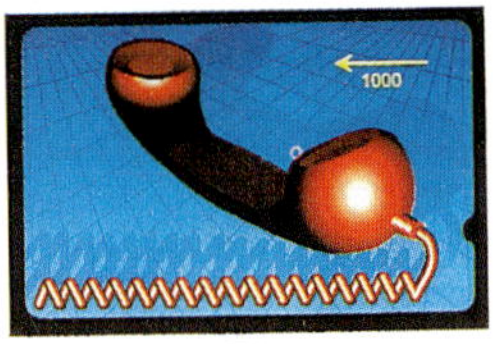

MT1

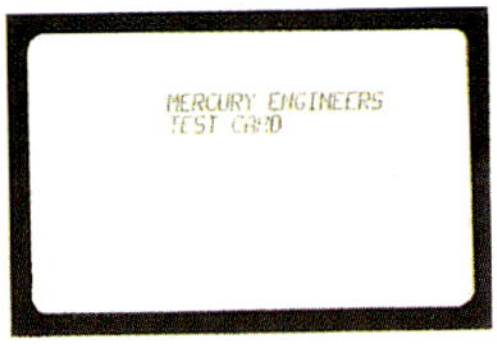

MT3

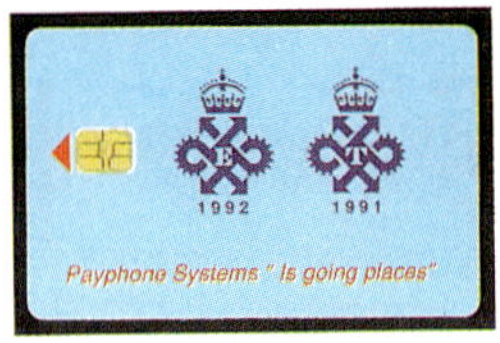

MT4

MT - TEST CARDS

No.	Ill.	Units	Date	Description	Value
MT1	*MT1*	1000	1986?	HANDSET	75.00 □
MT2	*(MT1)*	1000	1990?	HANDSET, Control on silver	75.00 □
MT3	*MT3*	--	1991?	MERCURY ENGINEERS / TEST CARD. Black on white.	-- □
MT4	*MT4*	--	1992	QUEEN'S AWARD - Chip	-- □
MT5	*(MT4)*	--	1992	QUEEN'S AWARD - Magstripe	-- □
MT6	*(MT4)*	--	1992	QUEEN'S AWARD - Featurecard	-- □

Note 1. MT1, although the standard test cards for GPT systems, also formed the basis of the China (Shanghai) and Canadian trial cards and for the Irish 'Cork card'. The same cards, differing only in the control prefixes, can be found for other GPT countries.

Note 2. The wording on MT3 is on two lines in 3mm thin italic capitals towards the top right of the card.

Note 3. MT4 has the normal GPT chip contact, MT5 has the normal pattern of ferrite bands on the reverse with three across the middle of the card while MPT6 has the Featurecard pattern with a single long ferrite band across the middle of the reverse.

PTS1

PTS2

PTS4

PTS5

PTS6

PTS7

PTS8

PTS16

PTS17

PAYTELCO MERCURY CARDS

SHELL First Series

No.	Ill.	Units	Date	Description	Value
PTS1	*PTS1*	£0.50	1/90	COMPLIMENTARY. (8724) '1PSHA...' [PAY0010]	60.00 □
PTS1(a)				(incl. above) '6PSHA...'	2.00 □
PTS2	*PTS2*	£2	1/90	UNLEADED, (21,399) '1PSHB...' [PAY0012]	5.00 □
PTS2(a)				(incl. above) '6PSHB...'	2.50 □
PTS3	*(PTS1)*	£4	1/90	UNLEADED, (8957) 'IPSHC...' [PAY0013]	8.00 □
PTS3(a)				(incl. above) '6PSHC...'	5.00 □
PTS4	*PTS4*	£10	1/90	UNLEADED, (6046) '1PSHD...' [PAY0015]	25.00 □
PTS4(a)				(incl. above) '6PSHD...'	12.00 □

SHELL Second Series

No.	Ill.	Units	Date	Description	Value
PTS5	*PTS5*	£2	3/90	RACING AHEAD, (155,892) '2PSHA...'(large) [PAY0011]	10.00 □
PTS5(a)				(incl. above) '2PSHA...'(small)	2.50 □
PTS6	*PTS6*	£4	3/90	RACING AHEAD, (44,638) '2PSHB...' [PAY0014]	15.00 □
PTS6(a)				(incl. above) '5PSHB...'	5.00 □
PTS7	*PTS7*	£10	3/90	RACING AHEAD, (14,428) '2PSHC...' [PAY0016]	50.00 □
PTS7(a)				(incl. above) '5PSHC...'	12.00 □

SHELL Third Series - Bar Code added on reverse (except for PTS8).

No.	Ill.	Units	Date	Description	Value
PTS8	*PTS8*	£0.20	4/91	RIO COMPLIMENTARY. (43,860) '4PSHA..' [PAY0029]	2.00 □
PTS8(a)				(incl. above) '9PSHA...'	2.00 □
PTS9	*(PTS5)*	£2	3/90	RACING AHEAD (BAR CODE),(172,193) '3PSHA..' [PAY0026]	3.00 □
PTS10	*(PTS6)*	£4	3/90	RACING AHEAD,(BAR CODE), (45,260) '3PSHB..' [PAY0028]	6.00 □
PTS10(a)				(incl. above) '8PSHB...'	6.00 □
PTS11	*(PTS7)*	£10	3/90	RACING AHEAD,(BAR CODE), (15,205) '3PSHC..' [PAY0027]	15.00 □

SHELL Fourth Series - Bar Code added on reverse (except for PTS12).

No.	Ill.	Units	Date	Description	Value
PTS12	*(PTS4)*	£0.50	3/90	TREES - COMPLIMENTARY. (3764) '9PSHA...' [PAY0042]	2.00 □
PTS13	*(PTS2)*	£2	3/90	UNLEADED (BAR CODE), (79,100) '7PSHA...' [PAY0046]	4.00 □
PTS14	*(PTS1)*	£4	3/90	UNLEADED (BAR CODE), (24,100) '7PSHB...' [PAY0047]	6.00 □
PTS15	*(PTS4)*	£10	3/90	UNLEADED (BAR CODE), (9050) '7PSHC...' [PAY0048]	15.00 □

PTSWR

PTB1

PTB2

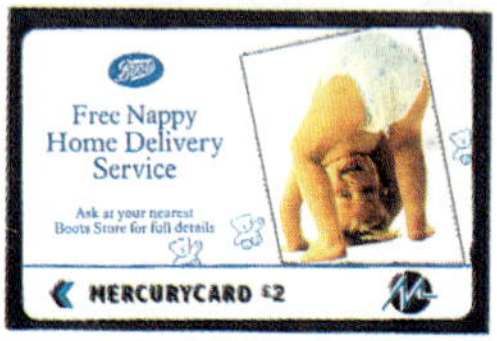

PTB3

PTB4

PTB5

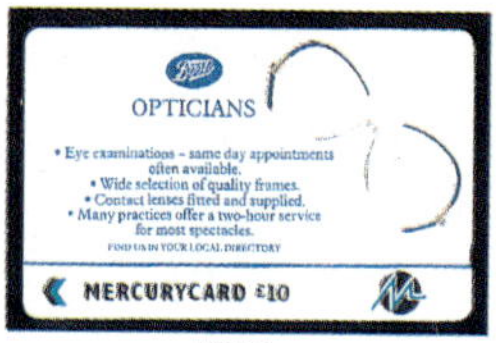

PTB6

PTT1

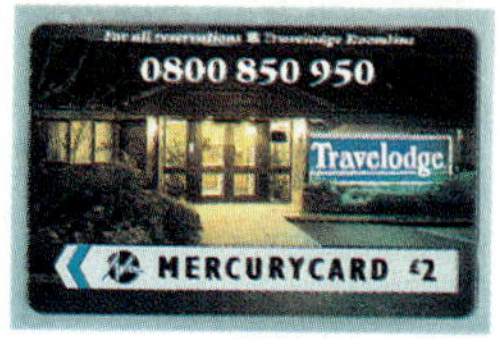

PTT2

SHELL White backs as in illustration *(PTSWR)*

No.	Ill.	Units	Date	Description				Value
PTS16	***PTS16***	£2	12/91	CHRISTMAS COMPLIMENTARY.	(6455)	'11PSHA..'	[PAY0064]	4.00 ☐
PTS17	***PTS17***	£0.50	1/92	GREAT DEAL COMPLIMENTARY.	(39,000)	'10PSHA..'	[PAY0063]	2.00 ☐
PTS17(a)					(incl. above)	'12PSHA..'		2.00 ☐
PTS17(b)					(incl. above)	'13PSHA..'		2.00 ☐

BOOTS First Series - Black Backs (BAR CODE).

No.	Ill.	Units	Date	Description				Value
PTB1	***PTB1***	£2	3/90	MAKING FACES,	(25,000)	'1PBOB...'	[PAY0003]	4.00 ☐
PTB2	***PTB2***	£2	3/90	LUNCHTIME FOODS,	(25,000)	'1PBOD...'	[PAY0001]	4.00 ☐
PTB3	***PTB3***	£2	3/90	NAPPY SERVICE,	(25,000)	'1PBOC...'	[PAY0002]	4.00 ☐
PTB4	***PTB4***	£2	3/90	FILM PROCESSING,	(25,000)	'1PBOA...'	[PAY0004]	4.00 ☐
PTB5	***PTB5***	£4	3/90	No.7,	(20,000)	'1PBOE...'	[PAY0005]	6.00 ☐
PTB6	***PTB6***	£10	3/90	OPTICIANS,	(7000)	'1PBOF...'	[PAY0006]	15.00 ☐

BOOTS Second Series - Controls on white background (BAR CODE).

No.	Ill.	Units	Date	Description				Value
PTB7	*(PTB1)*	£2	7/90	MAKING FACES,	(46,400)	'2PBOB...'/W		3.00 ☐
PTB8	*(PTB2)*	£2	7/90	LUNCHTIME FOODS,	(47,215)	'2PBOD...'/W		3.00 ☐
PTB9	*(PTB3)*	£2	7/90	NAPPY SERVICE,	(47,187)	'2PBOC...'/W		3.00 ☐
PTB10	*(PTB4)*	£2	7/90	FILM PROCESSING,	(45,036)	'2PBOA...'/W		3.00 ☐
PTB11	*(PTB5)*	£4	7/90	No.7,	(48,277)	'2BPOE...'/W	(see note)	5.00 ☐
PTB12	*(PTB6)*	£10	7/90	OPTICIANS,	(13,350)	'2PBOF...'/W		12.00 ☐

Note. All controls seen on PTB11 are BPOE rather than PBOE.

TRUSTHOUSE FORTE

No.	Ill.	Units	Date	Description				Value
PTT1	*PTT1*	£2	3/90	TRAVELODGE I,	(32,410)	'1PTHA...'	[PAY0017]	6.00 ☐
PTT1(a)					(incl. above)	'2PTHA...'		6.00 ☐
PTT2	*PTT2*	£2	9/90	TRAVELODGE II,	(393,969)	'2PTHA...'	[PAY0017]	5.00 ☐
PTT2(a)					(incl. above)	'3PTHA...'/W		4.00 ☐
PTT2(b)					(incl. above)	'3PTHA...'		4.00 ☐
PTT2(c)					(incl. above)	'4PTHA...'/W		4.00 ☐
PTT2(d)					(incl. above)	'6PTHA...'/W		4.00 ☐
PTT2(e)					(incl. above)	'6PTHA...'/W *C*		4.00 ☐

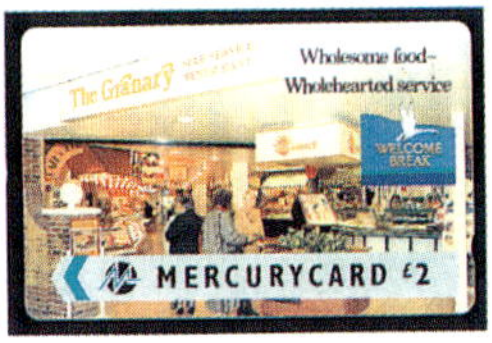

PTT3

PTT4

PTT5

PTT6

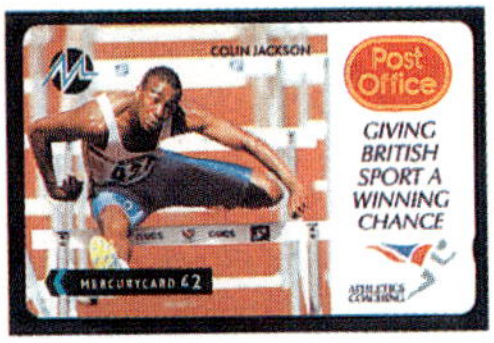

PTO1

PTO2

PTO3

TRUSTHOUSE FORTE (continued)

No.	Ill.	Units	Date	Description	Value
PTT3	*PTT3*	£2	4/91	THF - THE GRANARY, (50,000) '5PTHA...'/W ***C*** [PAY0039]	4.00 ☐
PTT4	*PTT4*	£4	4/91	THF - THE SHOP, (30,000) '5PTHB...'/W ***C*** [PAY0040]	6.00 ☐
PTT5	*PTT5*	£10	4/91	THF - WELCOME BREAK, (20,000) '5PTHC...'/W ***C*** [PAY0041]	15.00 ☐
PTT6	*PTT6*	£2	5/92	FORTE TRAVELODGE, (160,800) '7PTHA...'/W ***B*** [PAY0074]	4.00 ☐
PTT6(a)				(incl. above) '8PTHA...'/W ***B***	4.00 ☐
PTT7	*(PTT6)*	£2	11/92	FORTE TRAVELODGE, (40,000) '9PTHA...'/W ***B*** [PAY00??]	4.00 ☐
PTT7(a)			1/93	(40,000) '?PTH?...'/W ***B***	4.00 ☐

Note 1. PTT7 differs from PTT6 in that the words "£29.95 per night for a family of four etc." are omitted and "Issued by Paytelco" and the telephone number are omitted on the reverse.

Note 2. The Tenet Marketing card previously catalogued here was essentially the first of the Paytelco 'private cards' and will now be found in that section as PPP1.

POST OFFICE

No.	Ill.	Units	Date	Description	Value
PTO1	*PTO1*	£2	3/90	COLIN JACKSON, (172,572) '1PPOA...' [PAY0007]	5.00 ☐
PTO1(a)				(incl. above) '2PPOA...'/W	4.00 ☐
PTO1(b)				(incl. above) '3PPOA...'	4.00 ☐
PTO1(c)				(incl. above) '5PPOA...'/W ***C***	4.00 ☐
PTO2	*PTO2*	£4	3/90	ANDY ASHURST, (84,769) '1PPOB...' [PAY0008]	7.00 ☐
PTO2(a)				(incl. above) '2PPOB...'	6.00 ☐
PTO2(b)				(incl. above) '2PPOB...'/W	6.00 ☐
PTO2(c)				(incl. above) '3PPOB...'	6.00 ☐
PTO2(d)				(incl. above) '5PPOA...'/W	5.00 ☐
PTO3	*PTO3*	£10	3/90	DALTON GRANT, (50,638) '1PPOC...' [PAY0009]	17.50 ☐
PTO3(a)				(incl. above) '2PPOC...'	15.00 ☐
PTO3(b)				(incl. above) '2PPOC...'/W	15.00 ☐
PTO3(c)				(incl. above) '3PPOC...'	15.00 ☐
PTO3(d)				(incl. above) '5PPOC...'/W	15.00 ☐
PTO3(e)				(incl. above) '5PPOC...'/W ***C***	15.00 ☐

PT04

PT05

PT06

PT07

PT011

PTO(rev 1)

PT012

PT013

PT014

PT015

PT016

PTO(rev 2)

POST OFFICE (continued)

No.	Ill.	Units	Date	Description		Value
PT04	*PT04*	£2	3/91	BERYL COOK, (75,000) '4PPOA...'/S *C*	[PAY0043]	4.00 □
PT05	*PT05*	£4	3/91	BERYL COOK, (35,000) '4PPOB...'/S *C*	[PAY0044]	6.00 □
PT06	*PT06*	£10	3/91	BERYL COOK, (15,000) '4PPOC...'/S *C*	[PAY0045]	15.00 □

Note. Wording on the reverses are in silver and controls are black on silver, shown as /S.

No.	Ill.	Units	Date	Description		Value
PT07	*PT07*	£0.50	12/91	BERYL COOK - COMPLIMENTARY, (184,000) '5PPOA..'	[PAY0071]	4.00 □
PT08	*(PT04)*	£2	3/92	BERYL COOK, (30,000) '6PPOA...' *B*	[PAY0068]	4.00 □
PT09	*(PT05)*	£4	3/92	BERYL COOK, (15,000) '6PPOB...' *B*	[PAY0069]	6.00 □
PT010	*(PT06)*	£10	3/92	BERYL COOK, (5000) '6PPOC...' *B*	[PAY0070]	15.00 □

Note. The reverses are white except for the wording and magstripes and the sorting squares on the £4 and £10 values as in illustration ***(PTOrev 1).*** The controls are black.

No.	Ill.	Units	Date	Description		Value
PT011	*PT011*	£3	3/92	BERYL COOK - £1 OFF, (62,000) '7PPOA..'	[PAY0084]	4.00 □

DISC JOCKEY SERIES. This set was given as prizes in a competition run by a private radio station, Capital Gold, in co-operation with the Post Office. The reverses are as ***PTO(rev 2).***

No.	Ill.	Units	Date	Description		Value
PT012	*PT012*	£10	5/92	CAPITAL GOLD - EVERETT, (220) '8PPOA..'	[PAY0083]	25.00 □
PT013	*PT013*	£10	5/92	CAPITAL GOLD - BLACKBURN, (220) '8PPOB..'	[PAY0081]	25.00 □
PT014	*PT014*	£10	5/92	CAPITAL GOLD - DENE, (220) '8PPOC..'	[PAY0080]	25.00 □
PT015	*PT015*	£10	5/92	CAPITAL GOLD - BURNETT, (220) '8PPOD..'	[PAY0079]	25.00 □
PT016	*PT016*	£10	5/92	CAPITAL GOLD - HAMILTON, (220) '8PPOE..'	[PAY0082]	25.00 □

PTP1

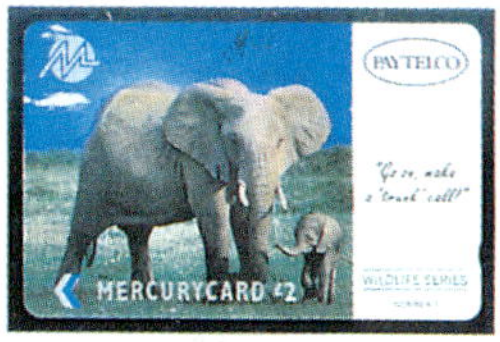

PTP2

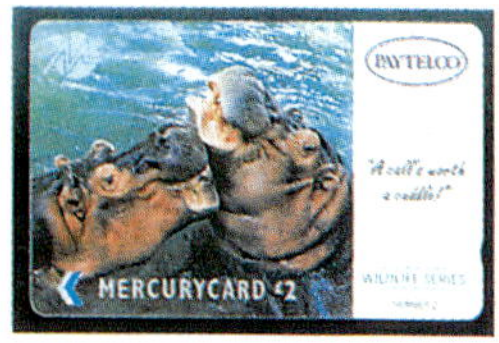

PTP3

PTP4

PTP5

PTP6

PTP7

PTP8

PTP9

PTP10

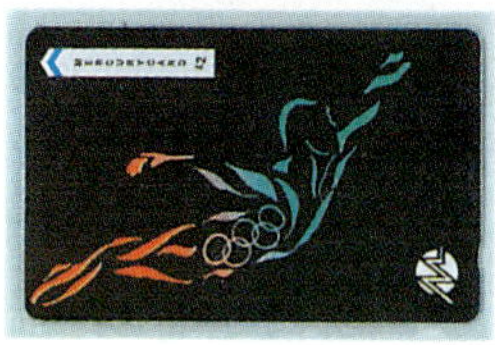

PTP11

PTP12

PAYTELCO CARDS

First Series - Animals

No.	Ill.	Units	Date	Description	Value
PTP1	*PTP1*	£0.50	3/90	COMPLIMENTARY - PARROT, (11,100) '1PAYA...'/S [PAY0023]	3.00 ☐
PTP1(a)				(?????) '2PAYA...'/S	3.00 ☐
PTP2	*PTP2*	£2	3/90	ELEPHANTS, (30,144) '1PAYB...'/S [PAY0019]	5.00 ☐
PTP2(a)				(?????) '2PAYB...'/S	5.00 ☐
PTP3	*PTP3*	£2	3/90	HIPPOS, (31,226) '1PAYC...'/S [PAY0020]	5.00 ☐
PTP3(a)				(?????) '2PAYC...'/S	5.00 ☐
PTP4	*PTP4*	£2	3/90	CAMELS, (30,901) '1PAYD...'/S [PAY0021]	5.00 ☐
PTP4(a)				(?????) '2PAYD...'/S	5.00 ☐
PTP5	*PTP5*	£4	3/90	TIGERS, (11,533) '1PAYE...'/S [PAY0022]	8.00 ☐
PTP5(a)				(?????) '2PAYE...'/S	8.00 ☐
PTP6	*PTP6*	£10	5/91	PARROTS, (5561) '1PAYF...'/S [PAY0024]	15.00 ☐

Second Series - Pop Stars

No.	Ill.	Units	Date	Description	Value
PTP7	*PTP7*	£2	3/90	KYLIE MINOGUE, (25,513) '1PPSA...'/S [PAY0035]	6.00 ☐
PTP8	*PTP8*	£2	3/90	JON BON JOVI, (21,784) '1PPSB...'/S [PAY0036]	5.00 ☐
PTP9	*PTP9*	£4	3/90	STONE ROSES, (13,689) '1PPSC...'/S [PAY0037]	6.00 ☐
PTP10	*PTP10*	£10	3/90	MADONNA, (10,919) '1PPSD...'/S [PAY0038]	15.00 ☐

Third Series - Olympics

No.	Ill.	Units	Date	Description	Value
PTP11	*PTP11*	£2	6/92	OLYMPIC CARD, (5000) '1POLA...'/S [PAY00??]	4.00 ☐
PTP12	*PTP12*	£4	6/92	OLYMPIC CARD, (2000) '1POLB...'/S [PAY00??]	8.00 ☐
PTP13	*PTP13*	£10	6/92	OLYMPIC CARD, (3000) '1POLC...'/S [PAY00??]	17.00 ☐

PTP13

PTA1

PTA2

PTA3

PTA4

PTF1

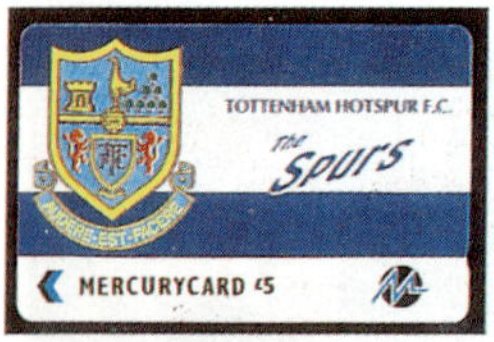

PTF2

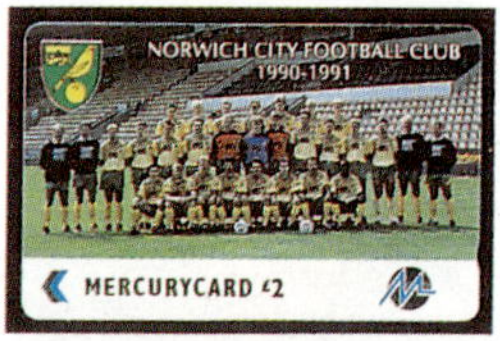

PTF3

PTF4

PTF5

PTF6

PTF7

TERRITORIAL ARMY

No.	Ill.	Units	Date	Description				Value
PTA1	*PTA1*	£0.50	6/91	TA - SOLDIERS,	(23,247)	'1PTAA...'/S	[PAY0030]	2.00 ☐
PTA1(a)					(incl. above?)	'1PTAA...'/S *B*		2.00 ☐
PTA1(b)					Error (incl. above)	'1PTAE...'/S		25.00 ☐
PTA2	*PTA2*	£2	10/90	TA - ROYAL MARINES,	(27,000)	'1PTAB...'/S	[PAY0031]	4.00 ☐
PTA3	*PTA3*	£2	10/90	TA - ROYAL NAVY,	(27,000)	'1PTAC...'/S	[PAY0032]	4.00 ☐
PTA4	*PTA4*	£2	10/90	TA - TECHNICIAN,	(27,000)	'1PTAD...'/S	[PAY0033]	4.00 ☐
PTA5	*(PTA1)*	£2	10/90	TA - SOLDIERS,	(27,000)	'1PTAE...'/S	[PAY0034]	4.00 ☐

FOOTBALL LEAGUE

Cards were issued for most of the Football League and the Scottish clubs. It was intended that the £2 team photograph card would be changed each year while the £5 club badge card would be permanent but, in practice, it was decided not to continue the series. Some of each of 29 types of the £5 cards were unsold and have been devalued to £2 and overprinted with that value. The numbers of these must be subtracted from the numbers of the £5 cards given below.

No.	Ill.	Units	Date	Description				Value
PTF1	*PTF1*	£2	17/12/90	TOTTENHAM,	(12,016)	'1PFLA...'/S	[PFA001]	3.00 ☐
PTF1(a)					(Incl. above)	'2PFLT...'/S	[PFA001]	3.00 ☐
PTF2	*PTF2*	£5	14/1/91	TOTTENHAM,	(5831)	'3PFLL...'/S	[PFA021]	6.00 ☐
PTF3	*PTF3*	£2	17/12/90	NORWICH CITY,	(12,948)	'2PFLC...'/S	[PFA002]	3.00 ☐
PTF4	*PTF4*	£5	14/1/91	NORWICH CITY,	(5900)	'3PFLS...'/S	[PFA022]	6.00 ☐
PTF5	*PTF5*	£2	17/12/90	NOTTS FOREST,	(11,999)	'2PFLB...'/S	[PFA003]	3.00 ☐
PTF6	*PTF6*	£5	14/1/91	NOTTS FOREST,	(5900)	'3PFLQ...'/S	[PFA023]	6.00 ☐
PTF7	*PTF7*	£2	17/12/90	Q.P.R.,	(12,258)	'2PFLJ...'/S	[PFA004]	3.00 ☐
PTF8	*PTF8*	£5	14/1/91	Q.P.R.,	(5900)	'3PFLN...'/S	[PFA026]	6.00 ☐

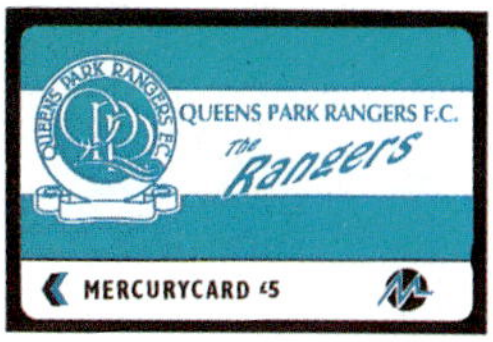

PTF8

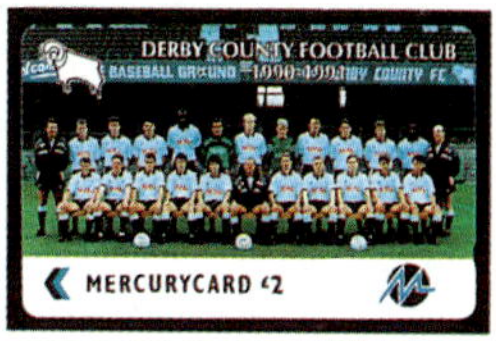

PTF9

PTF10

PTF11

PTF12

PTF13

PTF14

PTF15

PTF16

PTF17

PTF18

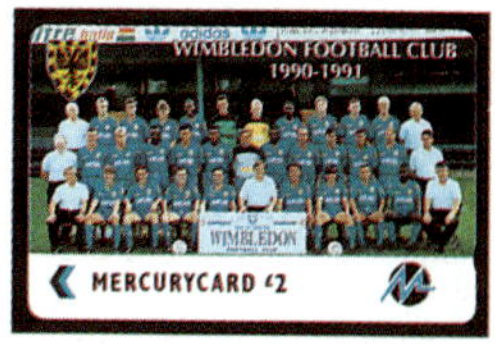

PTF19

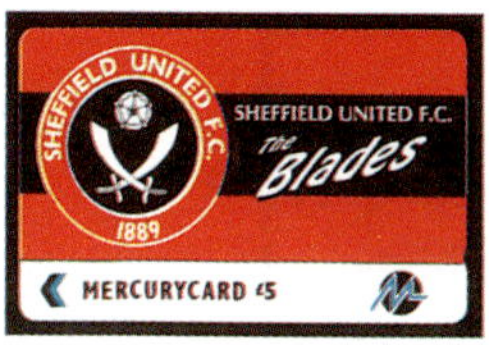

PTF20

PTF21

PTF22

No.	Ill.	Units	Date	Description					Value
PTF9	*PTF9*	£2	17/12/90	DERBY,	(11,552)	'2PFLH...'/S		[PFA005]	3.00 ☐
PTF10	*PTF10*	£5	14/1/91	DERBY,	(5900)	'3PFLT...'/S		[PFA025]	6.00 ☐
PTF11	*PTF11*	£2	17/12/90	OLDHAM,	(11,222)	'2PFLM...'/S		[PFA006]	3.00 ☐
PTF12	*PTF12*	£5	2/91	OLDHAM,	(1900)	'4PFLS...'/S	*B*	[PFA070]	10.00 ☐
PTF13	*PTF13*	£2	17/12/90	NOTTS COUNTY,	(11,616)	'2PFLR...'/S		[PFA007]	3.00 ☐
PTF14	*PTF14*	£5	14/1/91	NOTTS COUNTY,	(5900)	'4PFLA...'/S		[PFA024]	6.00 ☐
PTF15	*PTF15*	£2	17/12/90	WATFORD,	(9870)	'2PFLL...'/S		[PFA008]	3.00 ☐
PTF16	*PTF16*	£5	14/1/91	WATFORD,	(2010)	'4PFLB...'/S		[PFA027]	8.00 ☐
PTF17	*PTF17*	£2	17/12/90	ASTON VILLA,	(11,963)	'2PFLE...'/S		[PFA009]	3.00 ☐
PTF18	*PTF18*	£5	14/1/91	ASTON VILLA,	(5900)	'3PFLP...'/S		[PFA028]	6.00 ☐
PTF19	*PTF19*	£2	17/12/90	WIMBLEDON,	(10,823)	'2PFLG...'/S		[PFA010]	3.00 ☐
PTF20	*PTF20*	£5	14/1/91	WIMBLEDON,	(5900)	'3PFLR...'/S		[PFA029]	6.00 ☐
PTF21	*PTF21*	£2	17/12/90	SHEFFIELD UNITED,	(12,151)	'2PFLF...'/S		[PFA011]	3.00 ☐
PTF22	*PTF22*	£5	14/1/91	SHEFFIELD UNITED,	(5900)	'3PFLU...'/S		[PFA030]	6.00 ☐

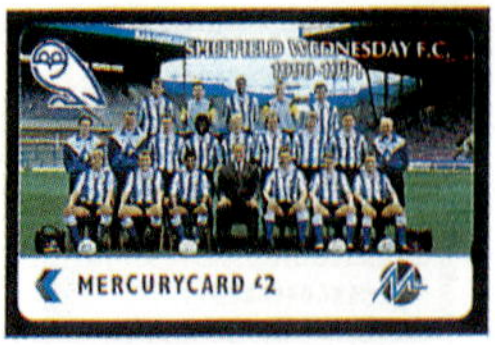

PTF23

PTF24

PTF25

PTF26

PTF27

PTF28

PTF29

PTF30

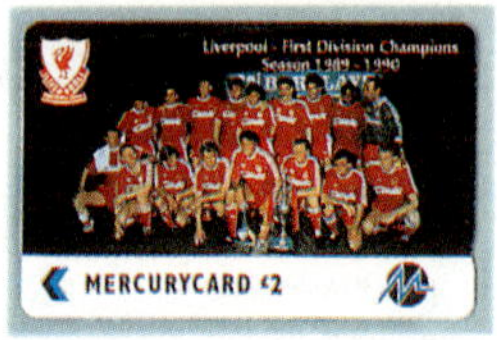

PTF31

PTF32

PTF33

PTF34

PTF35

PTF36

No.	Ill.	Units	Date	Description					Value
PTF23	*PTF23*	£2	17/12/90	SHEFFIELD WEDNESDAY,	(11,507)	'2PFLK...'/S		[PFA012]	3.00 ☐
PTF24	*PTF24*	£5	14/1/91	SHEFFIELD WEDNESDAY,	(5900)	'3PFLV...'/S		[PFA031]	6.00 ☐
PTF25	*PTF25*	£2	17/12/90	IPSWICH,	(12,080)	'2PFLN...'/S		[PFA013]	3.00 ☐
PTF26	*PTF26*	£5	14/1/91	IPSWICH,	(5900)	'3PFLW...'/S		[PFA032]	6.00 ☐
PTF27	*PTF27*	£2	17/12/90	PORTSMOUTH,	(11,368)	'2PFLL...'/S		[PFA014]	3.00 ☐
PTF28	*PTF28*	£5	14/1/91	PORTSMOUTH,	(5900)	'3PFLX...'/S		[PFA033]	6.00 ☐
PTF29	*PTF29*	£2	17/12/90	CHARLTON,	(10,885)	'2PFLP...'/S		[PFA015]	3.00 ☐
PTF30	*PTF30*	£5	14/1/91	CHARLTON,	(5900)	'3PFLY...'/S		[PFA034]	6.00 ☐
PTF31	*PTF31*	£2	2/91	LIVERPOOL,	(2099)	'5PFLA...'/S	*B*	[PFA063]	5.00 ☐
PTF32	*PTF32*	£5	14/1/91	LIVERPOOL,	(4851)	'3PFLJ...'/S		[PFA035]	6.00 ☐
PTF33	*PTF33*	£2	2/91	FULHAM,	(1910)	'4PFLL...'/S	*B*	[PFA037]	5.00 ☐
PTF34	*PTF34*	£5	14/1 91	FULHAM,	(3101)	'3PFLZ...'/S		[PFA036]	6.00 ☐
PTF35	*PTF35*	£2	4/91	CRYSTAL PALACE,	(2231)	'5PFLB...'/S	*B*	[PFA055]	4.00 ☐
PTF36	*PTF36*	£5	4/91	CRYSTAL PALACE,	(2100)	'5PFLF...'/S	*B*	[PFA057]	7.00 ☐

PTF37

PTF38

PTF39

PTF40

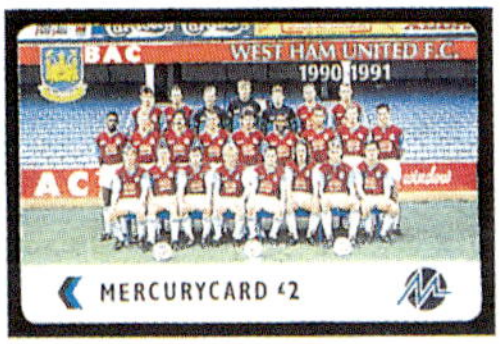

PTF41

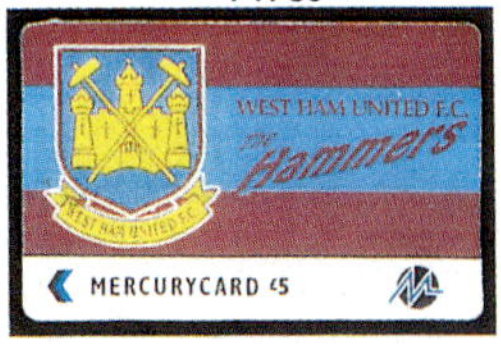

PTF42

PTF43

PTF44

PTF45

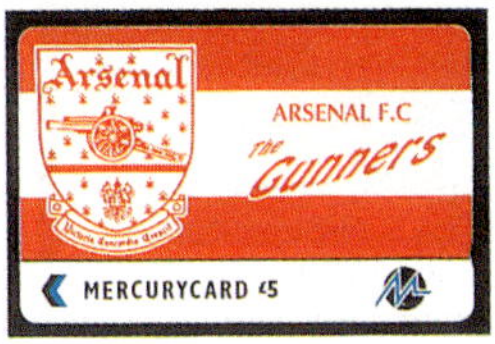

PTF46

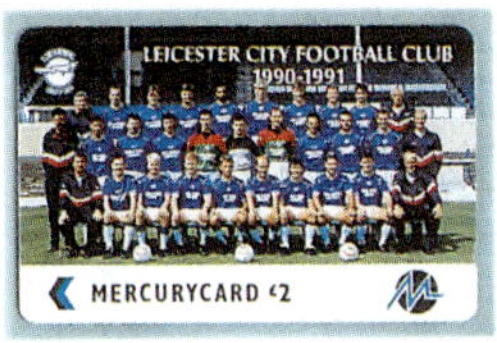

PTF47

PTF48

PTF49

PTF50

No.	Ill.	Units	Date	Description					Value
PTF37	*PTF37*	£2	2/91	HUDDERSFIELD,	(2333)	'4PFLK...'/S	**B**	[PFA068]	5.00 ☐
PTF38	*PTF38*	£5	2/91	HUDDERSFIELD,	(799)	'4PFLY...'/S	**B**	[PFA069]	15.00 ☐
PTF39	*PTF39*	£2	2/91	PORT VALE,	(5829)	'4PFLF...'/S	**B**	[PFA038]	4.00 ☐
PTF40	*PTF40*	£5	2/91	PORT VALE,	(1900)	'4PFLU...'/S	**B**	[PFA079]	8.00 ☐
PTF41	*PTF41*	£2	2/91	WEST HAM,	(5684)	'4PFLE...'/S	**B**	[PFA059]	3.00 ☐
PTF42	*PTF42*	£5	2/91	WEST HAM,	(900)	'4PFLT...'/S	**B**	[PFA060]	10.00 ☐
PTF43	*PTF43*	£2	2/91	SOUTHAMPTON,	(4214)	'4PFLD...'/S	**B**	[PFA017]	3.00 ☐
PTF44	*PTF44*	£5	2/91	SOUTHAMPTON,	(1434)	'4PFLR...'/S	**B**	[PFA071]	8.00 ☐
PTF45	*PTF45*	£2	2/91	ARSENAL,	(5779)	'4PFLA...'/S	**B**	[PFA020]	3.00 ☐
PTF46	*PTF46*	£5	2/91	ARSENAL,	(2001)	'4PFLM...'/S	**B**	[PFA056]	7.00 ☐
PTF47	*PTF47*	£2	2/91	LEICESTER CITY,	(5916)	'4PFLH...'/S	**B**	[PFA018]	3.00 ☐
PTF48	*PTF48*	£5	2/91	LEICESTER CITY,	(1900)	'4PFLW...'/S	**B**	[PFA058]	7.00 ☐
PTF49	*PTF49*	£2	2/91	LEEDS UNITED,	(5499)	'4PFLC...'/S	**B**	[PFA064]	3.00 ☐
PTF50	*PTF50*	£5	2/91	LEEDS UNITED,	(2000)	'4PFLP...'/S	**B**	[PFA065]	7.00 ☐

PTF51

PTF52

PTF53

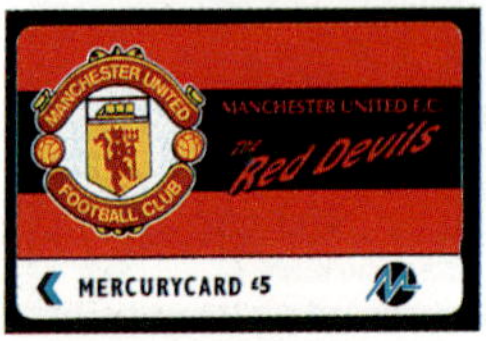

PTF54

PTF55

PTF56

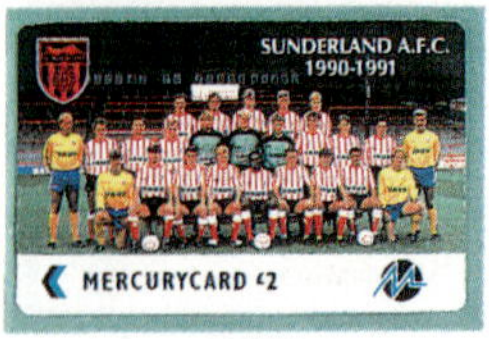

PTF57

PTF58

PTF59

PTF60

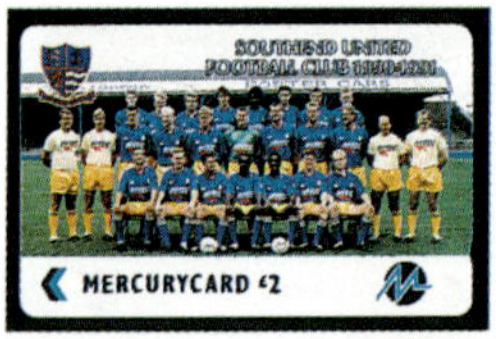

PTF61

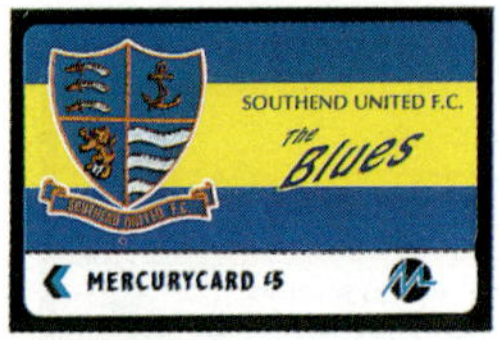

PTF62

PTF63

PTF64

No.	Ill.	Units	Date	Description					Value
PTF51	*PTF51*	£2	2/91	WEST BROMWICH,	(5861)	'4PFLG...'/S	*B*	[PFA040]	3.00 ☐
PTF52	*PTF52*	£5	2/91	WEST BROMWICH,	(2000)	'4PFLV...'/S	*B*	[PFA041]	7.00 ☐
PTF53	*PTF53*	£2	2/91	MANCHESTER UNITED,	(7109)	'4PFLB...'/S	*B*	[PFA016]	3.00 ☐
PTF54	*PTF54*	£5	2/91	MANCHESTER UNITED,	(1940)	'4PFLN...'/S	*B*	[PFA039]	7.00 ☐
PTF55	*PTF55*	£2	2/91	BRENTFORD,	(2075)	'4PFLJ...'/S	*B*	[PFA061]	5.00 ☐
PTF56	*PTF56*	£5	2/91	BRENTFORD,	(706)	'4PFLX...'/S	*B*	[PFA062]	15.00 ☐
PTF57	*PTF57*	£2	4/91	SUNDERLAND,	(2232)	'5PFLO...'/S	*B*	[PFA049]	5.00 ☐
PTF58	*PTF58*	£5	4/91	SUNDERLAND,	(2000)	'5PFLH...'/S	*B*	[PFA050]	7.00 ☐
PTF59	*PTF59*	£2	4/91	EVERTON,	(2050)	'5PFLE...'/S	*B*	[PFA051]	5.00 ☐
PTF60	*PTF60*	£5	4/91	EVERTON,	(2100)	'5PFLJ...'/S	*B*	[PFA052]	7.00 ☐
PTF61	*PTF61*	£2	4/91	SOUTHEND,	(1644)	'5PFLL...'/S	*B*	[PFA089]	6.00 ☐
PTF62	*PTF62*	£5	4/91	SOUTHEND,	(448)	'5PFLP...'/S	*B*	[PFA090]	25.00 ☐
PTF63	*PTF63*	£2	4/91	BLACKPOOL,	(952)	'5PFLM...'/S	*B*	[PFA085]	10.00 ☐
PTF64	*PTF64*	£5	4/91	BLACKPOOL,	(434)	'5PFLR...'/S	*B*	[PFA086]	25.00 ☐

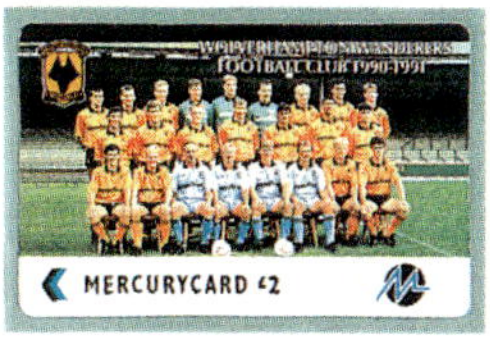

PTF65

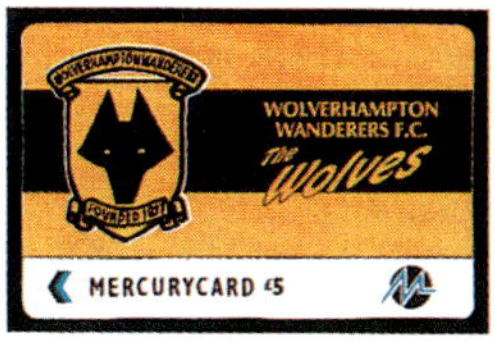

PTF66

PTF67

PTF68

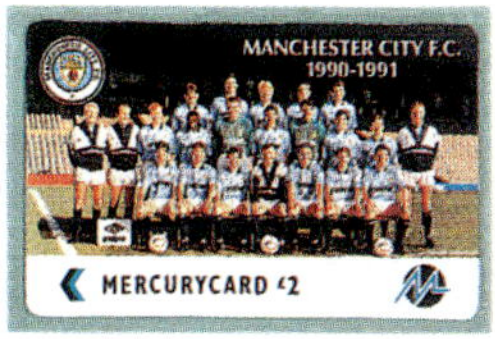

PTF69

PTF70

PTF71

PTF72

No.	Ill.	Units	Date	Description					Value
PTF65	***PTF65***	£2	4/91	WOLVERHAMPTON,	(108)	'5PFLK...'/S	***B***	[PFA087]	50.00 ☐
PTF66	***PTF66***	£5	4/91	WOLVERHAMPTON,	(296)	'5PFLN...'/S	***B***	[PFA088]	50.00 ☐
PTF67	***PTF67***	£2	4/91	CHELSEA,	(2318)	'5PFLC...'/S	***B***	[PFA066]	5.00 ☐
PTF68	***PTF68***	£5	4/91	CHELSEA,	(2101)	'5PFLG...'/S	***B***	[PFA067]	8.00 ☐
PTF69	***PTF69***	£2	4/91	MANCHESTER CITY,	(700)	'6PFLA...'/S	***B***	[PFA019]	15.00 ☐
PTF70	***PTF70***	£5	4/91	MANCHESTER CITY,	(546)	'6PFLB...'/S	***B***	[PFA042]	35.00 ☐
PTF71	***PTF71***	£2	4/91	MIDDLESBROUGH,	(590)	'6PFLC...'/S	***B***	[PFA053]	20.00 ☐
PTF72	***PTF72***	£5	4/91	MIDDLESBROUGH,	(329)	'6PFLD...'/S	***B***	[PFA054]	40.00 ☐

Note 1. PTF59 and PTF64 can both be found with sorting squares in either of two positions.

FOOTBALL CARD PACKS. The cards of 27 of the English clubs were also available in packs at an original price of £7.99. These are listed below as PTFP numbers.

PTFP1	ARSENAL PACK	[PFS001]	15.00 ☐
PTFP2	ASTON VILLA PACK	[PFS002]	15.00 ☐
PTFP3	CHARLTON ATHLETIC PACK	[PFS003]	15.00 ☐
PTFP4	CHELSEA PACK	[PFS004]	15.00 ☐
PTFP5	CRYSTAL PALACE PACK	[PFS005]	15.00 ☐
PTFP6	DERBY COUNTY PACK	[PFS006]	15.00 ☐
PTFP7	EVERTON PACK	[PFS007]	15.00 ☐
PTFP8	IPSWICH TOWN PACK	[PFS008]	15.00 ☐
PTFP9	LEEDS UNITED PACK	[PFS009]	15.00 ☐
PTFP10	LEICESTER CITY PACK	[PFS010]	15.00 ☐
PTFP11	MANCHESTER UNITED PACK	[PFS011]	15.00 ☐
PTFP12	NOTTS FOREST PACK	[PFS012]	15.00 ☐
PTFP13	NOTTS COUNTY PACK	[PFS013]	15.00 ☐
PTFP14	NORWICH PACK	[PFS014]	15.00 ☐
PTFP15	OLDHAM PACK	[PFS015]	15.00 ☐
PTFP16	PORTSMOUTH PACK	[PFS016]	15.00 ☐
PTFP17	QUEENS PARK RANGERS PACK	[PFS017]	15.00 ☐
PTFP18	SHEFFIELD UNITED PACK	[PFS018]	15.00 ☐
PTFP19	SHEFFIELD WEDNESDAY PACK	[PFS019]	15.00 ☐
PTFP20	SOUTHAMPTON PACK	[PFS020]	15.00 ☐
PTFP21	SUNDERLAND PACK	[PFS021]	15.00 ☐

FOOTBALL CARD PACKS (continued)

PTFP22	TOTTENHAM HOTSPUR PACK	[PFS022]	15.00 ☐
PTFP23	WATFORD PACK	[PFS023]	15.00 ☐
PTFP24	WEST HAM PACK	[PFS024]	15.00 ☐
PTFP25	WIMBLEDON PACK	[PFS025]	15.00 ☐
PTFP26	LIVERPOOL PACK	[PFS026]	15.00 ☐
PTFP27	ARSENAL-TOTTENHAM SEMI-FINAL PACK	[PFS027]	20.00 ☐
PTFP28	ARSENAL SINGAPORE PACK	[PFS0??]	35.00 ☐
PTFP29	LIVERPOOL SINGAPORE PACK	[PFS0??]	35.00 ☐

Note. PTFP28 and PTFP29 are commemorative packs which are reported to have been issued for an exhibition match between Arsenal and Liverpool in Singapore on 17 May, 1991.

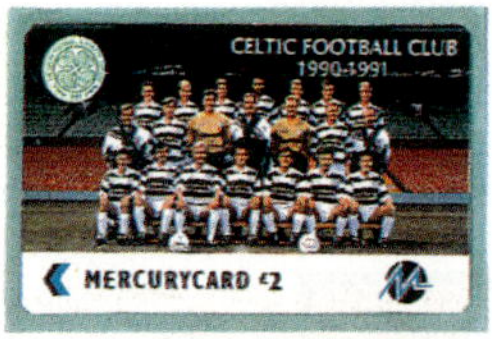

PTF100

PTF101

PTF102

PTF103

PTF104

PTF105

PTF106

PTF107

PTF108

PTF109

SCOTTISH CLUBS

No.	Ill.	Units	Date	Description				Value
PTF100	***PTF100***	£2	4/91	CELTIC,	(1394)	'1PPLB...'/S ***B***	[PFA082]	5.00 ☐
PTF101	***PTF101***	£5	4/91	CELTIC,	(1204)	'1PPLL...'/S ***B***	[PFA083]	8.00 ☐
PTF102	***PTF102***	£2	4/91	MOTHERWELL,	(1432)	'1PPLG...'/S ***B***	[PFA080]	5.00 ☐
PTF103	***PTF103***	£5	4/91	MOTHERWELL,	(1098)	'1PPLS...'/S ***B***	[PFA081]	12.00 ☐
PTF104	***PTF104***	£2	4/91	ABERDEEN,	(1556)	'1PPLA...'/S ***B***	[PFA046]	5.00 ☐
PTF105	***PTF105***	£5	4/91	ABERDEEN,	(1076)	'1PPLK...'/S ***B***	[PFA047]	12.00 ☐
PTF106	***PTF106***	£2	4/91	DUNFERMLINE,	(1509)	'1PPLD...'/S ***B***	[PFA084]	5.00 ☐
PTF107	***PTF107***	£5	4/91	DUNFERMLINE,	(1050)	'1PPLN...'/S ***B***	[PFA073]	12.00 ☐
PTF108	***PTF108***	£2	4/91	ST. MIRREN,	(1592)	'1PPLJ...'/S ***B***	[PFA043]	5.00 ☐
PTF109	***PTF109***	£5	4/91	ST. MIRREN,	(1045)	'1PPLU...'/S ***B***	[PFA044]	12.00 ☐

PTF110

PTF111

PTF112

PTF113

PTF114

PTF115

PTF116

PTF117

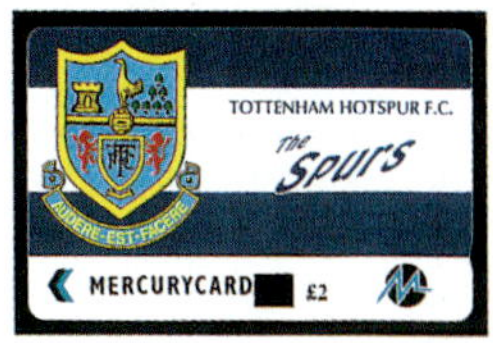

PTF118

No.	Ill.	Units	Date	Description					Value
PTF110	*PTF110*	£2	4/91	DUNDEE,	(1594)	'1PPLC...'/S	***B***	[PFA078]	5.00 ☐
PTF111	*PTF111*	£5	4/91	DUNDEE,	(1067)	'1PPLM...'/S	***B***	[PFA079]	12.00 ☐
PTF112	*PTF112*	£2	4/91	HEARTS,	(1377)	'1PPLF...'/S	***B***	[PFA048]	5.00 ☐
PTF113	*PTF113*	£5	4/91	HEARTS,	(1101)	'1PPLR...'/S	***B***	[PFA045]	12.00 ☐
PTF114	*PTF114*	£2	4/91	HIBERNIAN,	(1652)	'1PPLE...'/S	***B***	[PFA076]	5.00 ☐
PTF115	*PTF115*	£5	4/91	HIBERNIAN,	(1166)	'1PPLP...'/S	***B***	[PFA077]	12.00 ☐
PTF116	*PTF116*	£2	4/91	ST, JOHNSTONE,	(1144)	'1PPLH...'/S	***B***	[PFA074]	5.00 ☐
PTF117	*PTF117*	£5	4/91	ST. JOHNSTONE,	(1041)	'1PPLT...'/S	***B***	[PFA075]	12.00 ☐

Note. PTF106, PTF107, PTF116 and PTF117 can be found with single sorting squares in either of two positions.

£2 OVER-PRINTS ON £5 FOOTBALL CARDS

No.	Ill.	Units	Date	Description					Value
PTF118	*PTF118*	£2	10/92	TOTTENHAM,	(753)	'3PFLL...'/S		([PFA021])	8.00 ☐
PTF119	*(PTF4)*	£2	10/92	NORWICH CITY,	(1376)	'3PFLS...'/S		([PFA022])	7.00 ☐
PTF120	*(PTF6)*	£2	10/92	NOTTS FOREST,	(2276)	'3PFLQ...'/S		([PFA023])	7.00 ☐
PTF121	*(PTF8)*	£2	10/92	Q.P.R.,	(386)	'3PFLN...'/S		([PFA026])	20.00 ☐
PTF122	*(PTF10)*	£2	10/92	DERBY,	(2282)	'3PFLT...'/S		([PFA025])	7.00 ☐
PTF123	*PTF123*	£2	10/92	OLDHAM,	(687)	'4PFLS...'/S	***B***	([PFA070])	12.00 ☐
PTF124	*(PTF14)*	£2	10/92	NOTTS COUNTY,	(2280)	'4PFLA...'/S		([PFA024])	7.00 ☐
PTF125	*(PTF16)*	£2	10/92	WATFORD,	(2280)	'4PFLB...'/S		([PFA027])	7.00 ☐
PTF126	*(PTF18)*	£2	10/92	ASTON VILLA,	(2258)	'3PFLP...'/S		([PFA028])	7.00 ☐
PTF127	*(PTF20)*	£2	10/92	WIMBLEDON,	(285)	'3PFLR...'/S		([PFA029])	25.00 ☐
PTF128	*(PTF22)*	£2	10/92	SHEFFIELD UNITED,	(2253)	'3PFLU...'/S		([PFA030])	7.00 ☐
PTF129	*(PTF24)*	£2	10/90	SHEFFIELD WED.,	()	'2PFLK...'/S		([PFA012])	35.00 ☐
PTF130	*(PTF26)*	£2	10/92	IPSWICH,	(2278)	'3PFLW...'/S		([PFA032])	7.00 ☐
PTF131	*(PTF28)*	£2	10/92	PORTSMOUTH,	(2273)	'3PFLX...'/S		([PFA033])	7.00 ☐
PTF132	*(PTF30)*	£2	10/92	CHARLTON,	(1386)	'3PFLY...'/S		([PFA034])	8.00 ☐
PTF133	*(PTF32)*	£2	10/92	LIVERPOOL,	(625)	'3PFLJ...'/S		([PFA035])	15.00 ☐
PTF134	*(PTF36)*	£2	10/92	CRYSTAL PALACE,	(458)	'5PFLF...'/S	***B***	([PFA057])	20.00 ☐
PTF135	*(PTF38)*	£2	10/92	HUDDERSFIELD,	(510)	'4PFLY...'/S	***B***	([PFA069])	20.00 ☐

PTF123

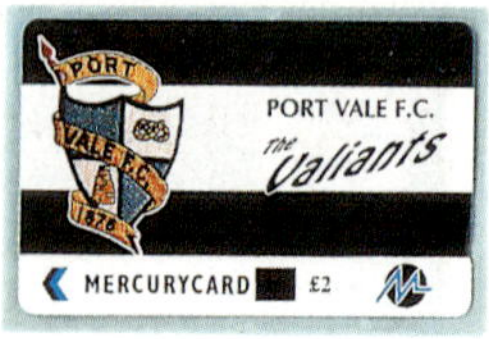

PTF136

PTF145

No.	Ill.	Units	Date	Description	Value
PTF136	*PTF136*	£2	10/91	PORT VALE, (633) '4PFLU...'/S *B* ([PFA079])	15.00 ☐
PTF137	*(PTF44)*	£2	10/91	SOUTHAMPTON, (170) '4PFLR...'/S *B* ([PFA071])	30.00 ☐
PTF138	*(PTF46)*	£2	10/92	ARSENAL, (23) '4PFLM...'/S *B* ([PFA056])	100.00 ☐
PTF139	*(PTF58)*	£2	10/92	SUNDERLAND, (778) '5PFLH...'/S *B* ([PFA050])	12.00 ☐
PTF140	*(PTF60)*	£2	10/92	EVERTON, (892) '5PFLJ...'/S *B* ([PFA052])	10.00 ☐
PTF141	*(PTF61)*	£2	10/91	SOUTHEND, () '5PFLL...'/S *B* ([PFA089])	30.00 ☐
PTF142	*(PTF64)*	£2	10/92	BLACKPOOL, () '5PFLR...'/S *B* ([PFA086])	30.00 ☐
PTF143	*(PTF68)*	£2	10/92	CHELSEA, (510) '5PFLG...'/S *B* ([PFA067])	12.00 ☐
PTF144	*(PTF70)*	£2	10/92	MANCHESTER CITY, (292) '6PFLB...'/S *B* ([PFA042])	15.00 ☐
PTF145	*PTF145*	£2	10/92	MIDDLESBROUGH, (269) '6PFLD...'/S *B* ([PFA054])	15.00 ☐
PTF146	*(PTF101)*	£2	10/92	CELTIC, (745) '1PPLL...'/S *B* ([PFA083])	12.00 ☐
PTF147	*(PTF103)*	£2	10/92	MOTHERWELL, (747) '1PPLS...'/S *B* ([PFA081])	12.00 ☐
PTF148	*(PTF105)*	£2	10/92	ABERDEEN, (744) '1PPLK...'/S *B* ([PFA047])	12.00 ☐
PTF149	*(PTF107)*	£2	10/92	DUNFERMLINE, (743) '1PPLN...'/S *B* ([PFA073])	12.00 ☐
PTF150	*(PTF109)*	£2	10/92	ST. MIRREN, (749) '1PPLU...'/S *B* ([PFA044])	12.00 ☐
PTF151	*(PTF111)*	£2	10/92	DUNDEE, (751) '1PPLM...'/S *B* ([PFA079])	12.00 ☐
PTF152	*(PTF113)*	£2	10/92	HEARTS, (739) '1PPLR...'/S *B* ([PFA045])	12.00 ☐
PTF153	*(PTF115)*	£2	10/92	HIBERNIAN, (744) '1PPLP...'/S *B* ([PFA077])	12.00 ☐
PTF154	*(PTF117)*	£2	10/92	ST. JOHNSTONE, (747) '1PPLT...'/S *B* ([PFA075])	12.00 ☐

PTU1

PTU2

PTU3

PTU4

PTU - UNIVERSITY CARDS

No.	Ill.	Units	Date	Description	Value
PTU1	*PTU1*	£2	4/91	EXETER UNIVERSITY, (21,643) '1PUND...'/S *B* [PAY0053]	3.00 ☐
PTU2	*PTU2*	£2	4/91	MANCHESTER UNIVERSITY, (9341) '1PUNA..'/S *B* [PAY0050]	4.00 ☐
PTU2(a)				(????) '2PUNA..'/S *B*	3.00 ☐
PTU3	*PTU3*	£2	4/91	RIPON & YORK, (7097) '1PUNB...'/S *B* [PAY0049]	4.00 ☐
PTU3(a)				(????) '2PUNB...'/S *B*	3.00 ☐
PTU4	*PTU4*	£4	4/91	RIPON & YORK, (2684) '1PUNC...'/S *B* [PAY0054]	6.00 ☐

PTU5

PTU6

PTU7

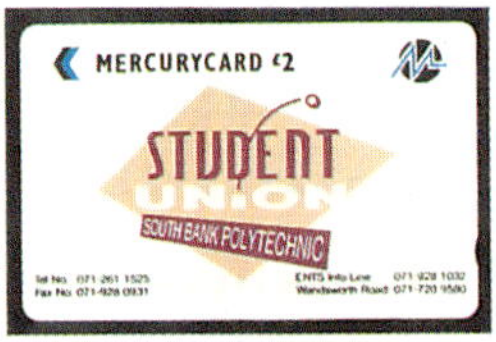

PTU8

PTU10

PTU11

PTU12

PTU13

PTU14

PTU15

PTU16

PTU18

No.	Ill.	Units	Date	Description				Value
PTU5	*PTU5*	£2	2/92	EXETER UNIVERSITY,	(40,800)	'1PEXA...' ***B***	[PAY0060]	3.00 ☐
PTU5(a)			9/92		(????)	'3PEXA...' ***B***		3.00 ☐
PTU5A			?/92	'Paytelco' ommitted	(????)	'3PEXA...' ***B***		3.00 ☐
PTU6	*PTU6*	£4	4/92	EXETER UNIVERSITY,	(10,500)	'1PEXB...' ***B***	[PAY0061]	6.00 ☐
PTU7	*PTU7*	£10	4/92	EXETER UNIVERSITY,	(5400)	'1PEXC...' ***B***	[PAY0062]	12.00 ☐

Note. PTU5 to 7 are white on the reverse with black magstripes, controls and sorting squares.

No.	Ill.	Units	Date	Description				Value
PTU8	*PTU8*	£2	4/92	SOUTH BANK POLY,	(2300)	'1PSBA...'/S ***B***	[PAY0065]	3.00 ☐
PTU9	*(PTU8)*	£4	4/92	SOUTH BANK POLY,	(1000)	'1PSBB...'/S ***B***	[PAY0066]	5.00 ☐
PTU10	*PTU10*	£2	5/92	BOLTON INSTITUTE,	(5800)	'1PBIA...'/S ***B***	[PAY0077]	4.00 ☐
PTU11	*PTU11*	£2	7/92	NORTH LONDON POLY,	(5800)	'1PNLA...'/S ***B***	[PAY0075]	4.00 ☐
PTU12	*PTU12*	£2	6/92	LIVERPOOL INSTITUTE,	(10,800)	'1PLIA...'/S ***B***	[PAY0078]	3.00 ☐
PTU13	*PTU13*	£2	8/92	EDINBURGH UNIVERSITY,	(6000)	'1PEDA...'/S ***B***	[PAY00??]	3.00 ☐
PTU14	*PTU14*	£5	8/92	EDINBURGH UNIVERSITY,	(1500)	'1PEDB...'/S ***B***	[PAY00??]	7.00 ☐
PTU15	*PTU15*	£10	8/92	EDINBURGH UNIVERSITY,	(1500)	'1PEDC...'/S ***B***	[PAY00??]	15.00 ☐
PTU16	*PTU16*	£2	2/93	BUCKS. COLLEGE,	(5000)	'1PBKA...'/S ***B***	[PAY00??]	15.00 ☐
PTU17	*(PTU16)*	£5	2/93	BUCKS. COLLEGE,	(3000)	'1PBKB...'/S ***B***	[PAY00??]	15.00 ☐
PTU18	*PTU18*	£5	4/93	ST ANNE'S COLLEGE,	(10,000)	'?P???...'/S ***B***	[PAY00??]	15.00 ☐

Note. When the Mercury Collectors Club was suspended, Mercury continued to allocate MER numbers to their own Mercury cards but not to the Paytelco cards. PAY numbers may be assigned if and when the Mercury Club is re-established.

PPP - PAYTELCO PRIVATE CARDS

This section includes those cards produced for customers in limited quantities or with only a small number of designs for each customer. They are more analogous to the Mercury Private Cards rather than to the the 'corporate definitive' cards produced for multi-site organisations that are more usually associated with Paytelo / GPT Payphone Operations.

PPP1

PPP2

PPP3

PPP4

PPP5

PPP6

PPP7

PPP8

PPP9

PPP10

PPP11

PPP12

No.	Ill.	Units	Date	Description			Value
PPP1	*PPP1*	£0.50	3/90	TENET GROUP, (4500)	'1PTEA...'	[PAY0025]	2.50 ☐
PPP2	*PPP2*	£1	3/91	AIR UK - RESERVATIONS,	(5000)'1PUKB...'/S ***B***	[PAY0056]	3.00 ☐
PPP2(a)					(????)'2PUKB...'/S ***B***		3.00 ☐
PPP3	*PPP3*	£1	3/91	AIR UK - TIMESAVER,	(2000)'1PUKA...'/S ***B***	[PAY0057]	4.00 ☐
PPP3(a)					(????)'2PUKA...'/S ***B***		4.00 ☐
PPP4	*PPP4*	£1	7/91	BRITISH RAIL, (5200)	'1PBRA...'/S ***B***	[PAY0055]	4.00 ☐
PPP5	*PPP5*	£2	8/91	MSV NORLIFT, (2000)	'?P???...'	[PAY00??]	25.00 ☐
PPP6	*PPP6*	£2	9/91	CHINA AIRLINES, (11,200)	'1PCAA...'?	[PAY0058]	4.00 ☐
PPP7	*PPP7*	£0.50	12/91	R.P.M., (500)	'1PRPM...'/S ***B***	[PAY0067]	25.00 ☐
PPP8	*PPP8*	£2	12/91	PARCELFORCE, (8800)	'1PPFA...'WB	[PAY0072]	4.00 ☐
PPP9	*PPP9*	£0.50	1/92	DOG AND BONE, (500)	'1PHGA...'WB	[PAY00??]	7.00 ☐
PPP10	*PPP10*	£0.50	1/92	FIRST PHONECARD I, (750)	'1PFCA...'WB	[PAY00??]	2.50 ☐
PPP11	*PPP11*	£0.50	1/92	FIRST PHONECARD II, (750)	'1PFCB...'WB	[PAY00??]	2.50 ☐
PPP12	*PPP12*	£0.50	2/92	ROBSTINE STAMPS, (500)	'1PRSA...'WB ***B***	[PAY00??]	2.50 ☐

PPP13

PPP14

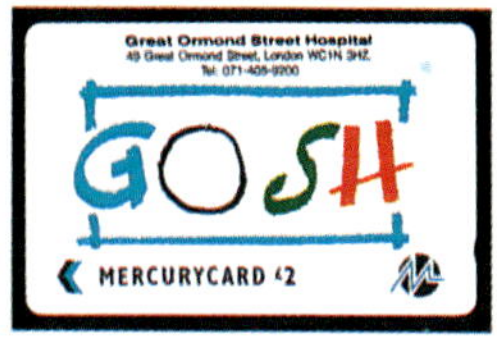

PPP15

PPP16

PPP17

PPP18

No.	Ill.	Units	Date	Description				Value
PPP13	*PPP13*	£0.50	2/92	BUNNIKINS, (1000)	'1PBKA...'WB	*B*	[PAY00??]	2.50 □
PPP14	*PPP14*	£0.50	5/92	SWISSAIR, (??00)	'1PSWA...'/S	*B*	[PAY0076]	5.00 □
PPP15	*PPP15*	£2	5/92	GOSH I, (4000)	'1PGSA...'/S	*B*	[PAY0073]	6.00 □
PPP16	*PPP16*	£1	5/92	NCU, (2000)	'1PNCA...'/S	*B*	[PAY00??]	25.00 □
PPP17	*PPP17*	£2	8/92	ODEON, (3000)	'1PODA...'/S		[PAY00??]	2.50 □
PPP18	*PPP18*	£2	9/92	GOSH II, (6000)	'2PGSA...'/S	*C*	[PAY00??]	4.00 □
PPP19	*(PPP18)*	£2	2/93	GOSH III, (4500)	'3PGSA...'/S	*B*	[PAY00??]	4.00 □

Note. PPP19 was a second printing of PPP18 and differs only in the control prefix.

INTERNATIONAL PAYPHONES LIMITED - IPL

IPL began operation in the UK in January, 1990, with the installation of telephones in five hospitals and a shopping precinct. Cards were supplied by Autelca, Switzerland, anf produced by de la Rue, UK. The unit is £0.10. The cards are given 'I' prefixes below. IPL then became IITL (Integrated Information Technology Ltd), one of the original partners in IPL, and the first issue IPL cards continued to be supplied to existing customers such as Loughborough University for use in coin/card payphones. The Scottish office of IPL was also subject to a management buy-out and now trades as a seperate company, IPL (Scotland) or IPLS. Part of IITL has recently been bought out by its management and will continue in the private site cardphone business as Cambridge Telephones Ltd. See also Kite Communications Ltd below.

IC1

ID1

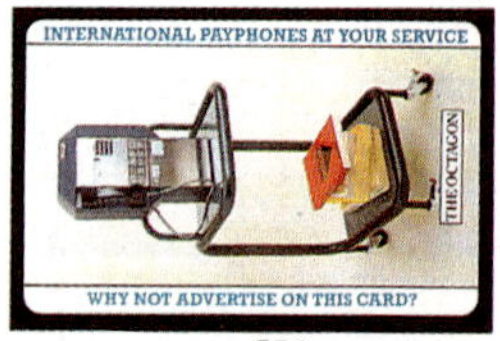

ID2

ID3

ID4

ID1(rev)

IC - COMPLIMENTARY CARDS

No.	Ill.	Units	Date	Description	Value
IC1	*IC1*	(20)	7/89	BOOTH, (480) Reverse as *IC1(reverse)*	50.00 □
IC2	*IC1*	(200)	7/89	BOOTH, (20) (Differs only in coding)	--- □

ID - DEFINITIVE CARDS

No.	Ill.	Units	Date	Description	Value
ID1	*ID1*	20	11/89	DAWN OF A NEW ERA (12,000)	4.00 □
ID2	*ID2*	20	11/89	OCTAGON (12,000)	4.00 □
ID3	*ID3*	20	11/89	WESTMINSTER (12,000)	4.00 □
ID4	*ID4*	20	11/89	IPL 6000 (12,000)	4.00 □
ID5	*ID1*	50	11/89	DAWN OF A NEW ERA (7000)	6.00 □
ID6	*ID2*	50	11/89	OCTAGON (7000)	6.00 □
ID7	*ID3*	50	11/89	WESTMINSTER (7000)	6.00 □
ID8	*ID4*	50	11/89	IPL 6000 (7000)	6.00 □
ID9	*ID1*	100	11/89	DAWN OF A NEW ERA (2600)	12.00 □
ID10	*ID2*	100	11/89	OCTAGON (2600)	12.00 □
ID11	*ID3*	100	11/89	WESTMINSTER (2600)	12.00 □
ID12	*ID4*	100	11/89	IPL 6000 (2600)	12.00 □
ID13	*ID1*	150	11/89	DAWN OF A NEW ERA (2500)	18.00 □
ID14	*ID2*	150	11/89	OCTAGON (2500)	18.00 □
ID15	*ID3*	150	11/89	WESTMINSTER (2500)	18.00 □
ID16	*ID4*	150	11/89	IPL 6000 (2500)	18.00 □

Note. All values are found with all four face designs. The reverse is similar to ***IC1(reverse)*** above but with the number of units shown in the top right corner below the magnetic band. IC1 exists in both encoded and unencoded (specimen) forms. The numbers issued as given above are approximate in that it has been assumed that the four types were printed in equal numbers for each value. These numbers include those cards subsequently overprinted as below. The remaining stocks of the above cards are now the property of Kite Communications Ltd who supply them to private sites including Loughborough University campus (not the Students' Union as below).

CAMBRIDGE TELEPHONES LTD (CTL)

After IPL ceased to trade the stock became the property of IITL (Integrated Information Technologies Ltd) which then became Cambridge Telephones Ltd by management buy-out. For the most part the cards issued by IITL have been the ordinary cards of the earlier IPL listed above. Cards issued for the YMCA (Young Men's Christian Association) in Glasgow and recent cards for Loughborough University Students' Union were again the IPL cards but were overprinted by de la Rue for those customers. There were no cards actually bearing the name of IITL. Cards are prefixed CTG for the YMCA cards and CTL for the Loughborough University Students' Union cards. For small issues CTL have cards with their own designs on the reverse and blank fronts for overprinting with the designs of customers and such cards have been prepared for the Glasgow YMCA, for the Loughborough University Students' Union for Ashworth Hospital and for Reeds School, Cobham. Others are expected soon.

CTG1

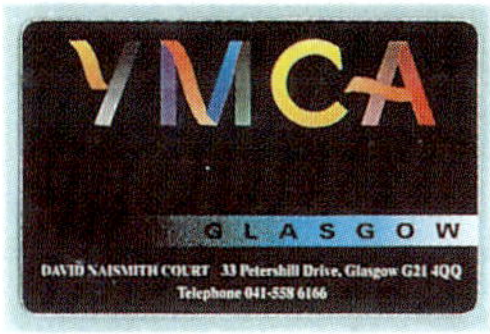

CTG9

CTL1

CTL7

CTL/R(rev)

YMCA, Glasgow - Overprints

No.	Ill.	Units	Date	Description	Value
CTG1	*CTG1*	20	6-9/92	YMCA - DAWN OF A NEW ERA (275)	12.50 □
CTG2	*(ID2)*	20	6-9/92	YMCA - OCTAGON (275)	12.50 □
CTG3	*(ID3)*	20	6-9/92	YMCA - WESTMINSTER (275)	12.50 □
CTG4	*(ID4)*	20	6-9/92	YMCA - IPL 6000 (275)	12.50 □
CTG5	*(ID1)*	50	6-9/92	YMCA - DAWN OF A NEW ERA (750)	10.00 □
CTG6	*(ID2)*	50	6-9/92	YMCA - OCTAGON (?)	20.00 □
CTG7	*(ID3)*	50	6-9/92	YMCA - WESTMINSTER (200)	25.00 □
CTG8	*(ID4)*	50	6-9/92	YMCA - IPL 6000 (?)	20.00 □
CTG9	*(ID1)*	100	6-9/92	YMCA - DAWN OF A NEW ERA (360)	22.50 □
CTG10	*(ID2)*	100	6-9/92	YMCA - OCTAGON (40)	35.00 □

Custom Printed

No.	Ill.	Units	Date	Description	Value
CTG9	*CTG9*	20	3/93	YMCA GLASGOW (8000)	2.50 □
CTG10	*(CTG9)*	100	3/93	YMCA GLASGOW (2000)	12.50 □

Loughborough University Students' Union. - Overprinted

No.	Ill.	Units	Date	Description	Value
CTL1	*CTL1*	50	8/92	LOUGHBOROUGH - DAWN OF A NEW ERA (219)	25.00 □
CTL2	*(ID2)*	50	8/92	LOUGHBOROUGH - OCTAGON (167)	25.00 □
CTL3	*(ID4)*	50	8/92	LOUGHBOROUGH - IPL 6000 (4)	60.00 □
CTL4	*(ID2)*	100	8/92	LOUGHBOROUGH - DAWN OF A NEW ERA (5)	60.00 □
CTL5	*(ID4)*	100	8/92	LOUGHBOROUGH - IPL 6000 (303)	30.00 □
CTL6	*(ID3)*	100	8/92	LOUGHBOROUGH - WESTMINSTER (160)	30.00 □

Custom Printed

No.	Ill.	Units	Date	Description	Value
CTL7	*CTL7*	50	3/93	LOUGHBOROUGH UNIVERSITY STUDENTS UNION (4000)	7.50 □
CTL8	*(CTL7)*	100	3/93	LOUGHBOROUGH UNIVERSITY STUDENTS UNION (4000)	12.50 □

CTA1

CTR1

IPS1

IPS2

IPS4

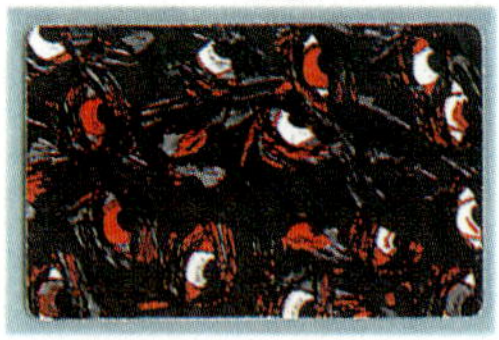

IPS5

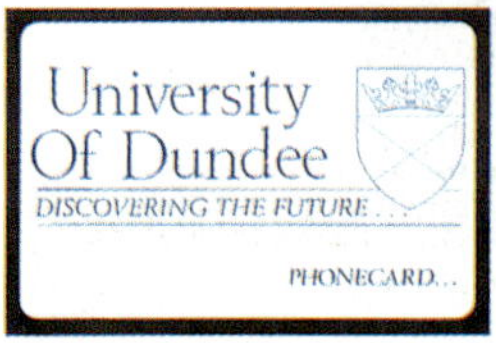

IPS6

IPS8

Ashworth Hospital

No.	Ill.	Units	Date	Description	Value
CTA1	*CTA1*	50	3/93	ASHWORTH HOSPITAL (10,000)	7.50 ☐
CTA2	*(CTA1)*	100	3/93	ASHWORTH HOSPITAL (10,000)	12.50 ☐

Reeds School, Cobham.

No.	Ill.	Units	Date	Description	Value
CTR1	*CTR1*	50	3/93	REEDS SCHOOL (3000)	7.50 ☐

INTERNATIONAL PAYPHONES, SCOTLAND (IPLS)

IPLS was previously the Scottish office of IPL and became independent when IPL ceased to trade. Initially its cards had an IPL reverse but later cards have had the word 'Scotland' added as shown for the Phillips Petroleum cards. These and other IPLS cards for North Sea oil platforms will be found in the the Oil and Gas Platform card section below.

No.	Ill.	Units	Date	Description	Value
IPS1	*IPS1*	50	8/91	OFFSHORE EUROPE 91, (3000) Reverse as *IPLS-R3*	7.50 ☐
IPS2	*IPS2*	50	9/91	EDINBURGH TATTOO 1991, (2500) Reverse as *IPLS-R2*	7.50 ☐
IPS3	*(IPS2)*	100	9/91	EDINBURGH TATTOO 1991, (2500) Reverse as *IPLS-R2*	15.00 ☐
IPS4	*IPS4*	20	2/92	RONNIE SCOTTS, (3000) Reverse as *IPLS-R2*	3.00 ☐
IPS5	*IPS5*	20	3/92	EYES, (5500) Reverse as *IPLS-R2*	3.00 ☐
IPS6	*IPS6*	20	3/92	DUNDEE UNIVERSITY, (10,000) Reverse as *IPLS-R2*	3.00 ☐
IPS7	*(IPS6)*	50	3/92	DUNDEE UNIVERSITY, (5000) Reverse as *IPLS-R2*	7.50 ☐
IPS8	*IPS8*	20	6/92	ALTERED IMAGES, (3000) Reverse as *IPLS-R2* inverted	3.00 ☐

Note. The reverse of IPS8 is inverted compared with normal cards (that is the card flips vertically). This was an error but it is found on all the first printing of this card.

NEW WORLD PAYPHONES

This company has in fact been supplying Paytelco Mercury cards to its customers for some years but this arrangement has ended and, since 1 April, 1993, new cards which are not encoded to work in Mercury cardphones, have been issued under the CardLink logo. All but one of the earlier Paytelco cards are not distinguishable from other such cards and are listed amongst the Paytelco cards. They include the GOSH (Great Ormund Street Hospital) and Edinburgh Universtiy cards. Only the last of the Paytelco GOSH cards had the New World logo on the reverse and that card is listed below.

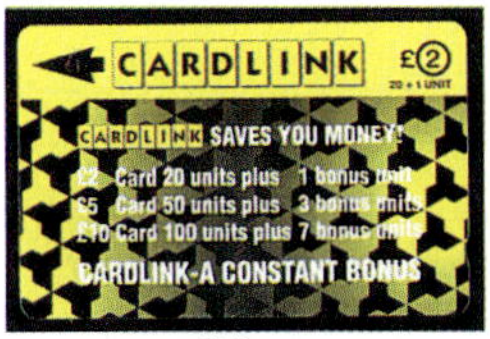

NW1

NW2

NW3

NW4

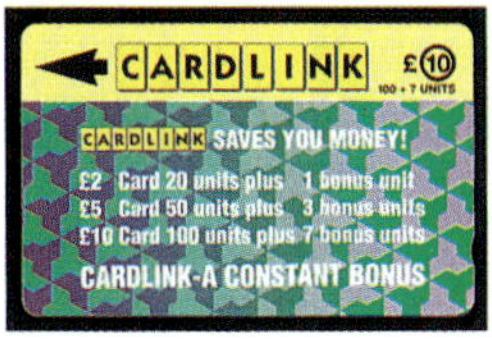

NW5

NW6

First CardLink Issue

No.	Ill.	Units	Date	Description	Value
NW1	***NW1***	£2	4/93	CARDLINK - CONES, (9000)	3.00 ☐
NW2	***NW2***	£2	4/93	CARDLINK - ARROWS, (9000)	3.00 ☐
NW3	***NW3***	£5	4/93	CARDLINK - CONES, (2500)	7.00 ☐
NW4	***NW4***	£5	4/93	CARDLINK - ARROWS, (2500)	7.00 ☐
NW5	***NW5***	£10	4/93	CARDLINK - CONES, (3500)	12.00 ☐
NW6	***NW6***	£10	4/93	CARDLINK - ARROWS, (3500)	12.00 ☐

Note. These cards carry bonus units: 1u on £2, 3u on £5 and 7u on £10.

KITE COMMUNICATIONS LTD

Kite Communications Ltd have taken over the managed payphone services of International Payphones Ltd (IPL) including remaining stocks of the original IPL cards which are still in use on certain sites and are also on sale to the public at large. A new design of cards specifically for Kite Communications Ltd is in preparation and cards are expected in June, 1993. The design will feature a kite (the bird, not the thing on the end of a string) and the values, £2, £5, £10 and £15, will be on the fronts in contrast to those of IPL, IPLS and CTL. Customised cards will follow later.

HM PRISON SERVICE CARDS

These cards are for use only in UK prisons. Initially, from 1987 to early 1989, standard BT cards, mostly of the 20 unit D13 type, were hand-stamped locally to differentiate them from smuggled cards. Various Home Office hand-stamps were used and cards bearing local stamps such as H.M.P.KIRKHAM / CANTEEN and NORTH SEA CAMP have also been found. Hand-stamps have also been found on S13, the 20 unit 1989 Winter card. There seems to have been no systematic choice of cards for hand-stamping the prison authorities appear to have taken whatever was available at the local post office. The more recent cards are specially designed and are encoded such that they will not work in normal BT cardphones. This is to prevent the use of ordinary BT cards as an inflated currency in prisons. Care should be taken with the hand-stamped cards, however, since forgeries are known - some in ink which washes off easily which is not the case with gunuine cards. These cards were previously listed as part of the Closed User Group section but have now been awarded their own section and renumbered with BTP prefixes. Prisons in Scotland have their own cards. Prison cards are not legally available in unused condition and are therefore not priced in that condition below but some do appear on the market.

BTP2

BTP8

BTP14

BTP16

BTP17

BTP22

BTP23

BTP24

No.	Ill.	Units	Date	Description		Value
BTP1	*(BTP2)*	10	1988	Black on D12 (?000) Home Office stamp	--- ☐	25.00 ☐
BTP2	*BTP2*	20	1988	Black on D13 (?000) Home Office stamp	--- ☐	15.00 ☐
BTP3	*(BTP2)*	40	1988	Black on D13A (?000) Home Office stamp	--- ☐	35.00 ☐
BTP5		20	1988	Black on S13 (?000) Home Office stamp	--- ☐	20.00 ☐
BTP6	*(BTP8)*	10	1988	Black on D1 (?000) Home Office 20mm stamp	--- ☐	25.00 ☐
BTP7	*(BTP8)*	10	1988	Black on D8 (?000) Home Office 20mm stamp	--- ☐	25.00 ☐
BTP8	*BTP8*	10	1988	Black on D12 (?000) Home Office 20mm stamp	--- ☐	25.00 ☐
BTP9	*(BTP8)*	20	1988	Black on D13 (?000) Home Office 20mm stamp	--- ☐	15.00 ☐
BTP10	*(BTP8)*	40	1988	Black on D13A (?000) Home Office 20mm stamp	--- ☐	35.00 ☐
BTP11	*(BTP8)*	20	1988	Black on S11 (?000) Home Office 20mm stamp	--- ☐	25.00 ☐
BTP12		20	1988	Black on S13 (?000) Home Office 20mm stamp	--- ☐	20.00 ☐

Note. These cards were used at the Stamford Hill Open Prison on the Isle of Sheppy, UK.

No.	Ill.	Units	Date	Description		Value
BTP13	*(BTP2)*	40	1988	Black on D9 (?000) Home Office 25mm stamp	--- ☐	25.00 ☐
BTP14	*BTP14*	10	1989	Black on D16 (?000) Home Office hexagon stamp	--- ☐	25.00 ☐
BTP15	*(BTP16)*	10	1988	Black on D12 (?000) HMP KIRKHAM / CANTEEN	--- ☐	15.00 ☐
BTP16	*BTP16*	20	1988	Black on D13 (?000) HMP KIRKHAM / CANTEEN	--- ☐	15.00 ☐
BTP17	*BTP17*	10	1988	Blue on D12 (?000) NORTH SEA CAMP	--- ☐	25.00 ☐
BTP18	*(BTP17)*	20	1988	Blue on D13 (?000) NORTH SEA CAMP	--- ☐	15.00 ☐
BTP19	*(BTP17)*	10	1989	Blue on D16 (?000) NORTH SEA CAMP	--- ☐	15.00 ☐
BTP20	---	20	1988	Blue on S13 (?000) NORTH SEA CAMP	--- ☐	20.00 ☐

Note. Double strikes are known on all of the North Sea Camp cards.

No.	Ill.	Units	Date	Description	Value
BTP21	*(BTP22)*	20	5/89	HM PRISON SERVICE, '2' 2.6mm, Thin letters (1000?)	5.00 ☐
BTP22	*BTP22*	20	6/89	HM PRISON SERVICE, '2' 2.6mm (658,000)	1.00 ☐
BTP22(a)				HM PRISON SERVICE, '2' 2.6mm, control inverted	30.00 ☐
BTP23	*BTP23*	20	11/89	HM PRISON SERVICE, '2' 3.1mm (76,000)	1.00 ☐

Note. BTP12 is thought to be a first limited printing of, it has been claimed, 1000. The control prefix is 905A..., not inverted, and it was probably manufactured in Switzerland.

No.	Ill.	Units	Date	Description	Value
BTP24	*BTP24*	20	1/91	SCOTTISH PRISON SERVICE, Green Band, (???,000)	1.50 ☐

BTP25

BTP26

BTP26(rev)

No.	Ill.	Units	Date	Description	Value
BTP25	***BTP25***	20	2/92	HM PRISONS, Green band (???,000)	1.50 ☐
BTP25(a)				Printed over Telecom Portugal design (???,000)	3.00 ☐

Note. The BTP25(a) cards were printed over unencoded Telecom Portugal 120u cards and then encoded for their prison use. The former design can be seen to stand slightly proud of the background if the card is held at an angle to the light.

No.	Ill.	Units	Date	Description	Value
BTP26	***BTP26***	20	2/92	HM PRISONS, White band (???,000), Reverse as ***BTP26(rev)***	1.50 ☐
BTP26(a)				Signed on reverse	1.50 ☐
BTP27	***(BTP26)***	40	?/92	HM PRISONS, White band (???,000), Reverse as ***BTP26(rev)***	1.50 ☐
BTP27(a)				Signed on reverse	1.50 ☐

Note. A few cards, apparently signed by notorious prisoners, have appeared on the market and seem to command a premium. Caviat emptor!

No.	Ill.	Units	Date	Description	Value
BTP28	***(BTP24)***	20	1/91	SCOTTISH PRISON SERVICE, White Band, (???,000)	1.50 ☐

Note. Silver-coloured test cards printed with 'Software Testkarte / STU07' are reported.

INMARSAT CARDS

These cards were for trials of cardphones on ships operating through the International Maritime Satellite communication system. Units were expensive which is why the cards carry only 12 of them. P&O is a shipping and ferry company while RFA stands for the Royal Fleet Auxiliary.

G5

G6

No.	Ill.	Units	Date	Description	Value	
G5	***G5***	12	6/89	P&O, (2500)	45.00 ☐	--- ☐
G6	***G6***	12	2/89	RFA, (5000)	45.00 ☐	--- ☐

OFFSHORE OIL AND GAS PLATFORM CARDS

Currently eleven companies operating oil and gas platforms in the North Sea have card-operated telephones installed for the private use of their employees. Most use optical cards made by Landis and Gyr (UK). British Petroleum, has also used magnetic cards produced by GPT and Autelca and Phillips Petroleum uses Autelca cards also supplied by IPLS. These cards are not generally available unused and are therefore no longer priced in that condition. The 'R' prefix is for Rig as in oil rig.

R1

R1C

R1B

R2

R3

R3E

No.	Ill.	Units	Date	Description		Value
R1	*R1*	40	1984	BRITISH GAS, ROUGH STORAGE (51,200)	-- □	10.00 □
R1(a)				Long track (Incl above)	-- □	10.00 □
R1(b)				Long track, control missing	-- □	10.00 □
R1A	*(R1)*	40	7/89	BRITISH GAS, ROUGH STORAGE Notched (35,000)	-- □	5.00 □
R1A(a)				Control number inverted	-- □	3.00 □
R1B	*R1B*	40	?/91	BRITISH GAS, MORECAMBE GAS FIELD (?0,000)	-- □	5.00 □
R1C	*R1C*	40	8/92	BRITISH GAS, MORECAMBE GAS FIELD (14,500)	-- □	5.00 □
R2	*R2*	40	1984	BRITOIL, (119,200)	-- □	6.00 □
R2A	*(R2)*	40	1989	Notched (36,000)	-- □	4.00 □
R2A(a)				Control number inverted	-- □	3.00 □
R3	*R3*	60	1985	SHELL EXPRO, 1.5mm white band (48,000)	-- □	80.00 □
R3(a)			1986?	1.5mm white band, Long Track (???)	-- □	120.00 □
R3A	*(R3)*	60	1987?	2mm white band, 3mm gap (290,000)	-- □	75.00 □
R3AA	*(R3)*	60	1987?	2mm white band, 4mm gap (included)	-- □	75.00 □
R3B	*(R3)*	60	1988?	4mm white band (200,000)	-- □	40.00 □
R3B(a)				Control number inverted	-- □	40.00 □
R3C	*(R3)*	60	6/88	3mm white band (50,000)	-- □	20.00 □
R3D	*(R3)*	60	2/89	3mm white band, notched (190,000)	-- □	10.00 □
R3E	*R3E*	120	9/89	Green, no band, Thick letters (440,000)	-- □	4.00 □
R3E(a)	*(R3E)*	120	1991	As R3E but with medium letters (?00)	-- □	4.00 □
R3E(b)	*(R3E)*	120	1991	As R3E but with thin letters (?00)	-- □	4.00 □
R3F	*R3F*	120	10/92	Yellow-green on white (???,000)	-- □	4.00 □
R3F(a)			1/93	Blue-green on white (??,000)	-- □	4.00 □

Note 1. The difference between R3A and R3AA arose because, when Landis and Gyr cards changed from a 1.5mm band to a 2mm band over the optical strip, the space in the background design into which the band fitted became a bit tight. The background designs were therefore changed to widen the gap from about 3.2mm to about 4.4mm. This happened in most of the cards with white bands current at that time such as those of Belgium and France. Other minor changes were sometimes made at the same time. In this case the 'Shell U.K.' at top right was lengthened by about 2mm.

Note 2. The distinction between R3E, R3E(a) and R3E(b) needs explanation since the first two can be difficult to distinguish unless both are available for comparison. The thin letter version is easy - the space between the two 'l's in the top 'Shell' is 0.8mm and it is half that in the other two. The l-l gap on the centre Shell is about 0.6mm on the medium lettering and 0.9mm on the thick lettering. The controls are normally 090B.., 128A.. and 204B.. for thick, medium and thin respectively but these are not completely reliable.

R3F

R4

R4A

R4B

R4BA

R4BB

R4C

R4C(rev)

IPLS Reverse

R5

R5A

R6

No.	Ill.	Units	Date	Description		Value
R4	*R4*	100	2/87	BRITISH PETROLEUM, GPT (40,000)		8.00 ☐
R4(a)	*(R4)*			With control number (51,025)		7.50 ☐
R4(b)	*(R4)*			With control number, Small notch.		7.50 ☐
R4A	*R4A*	100	1991?	As R4(b) but with Larger Logo		7.50 ☐
R4B	*R4B*	40	2/90	L&G. Thistle, Clyde & Beatrice only (48,000)		4.00 ☐
R4BA	*R4BA*	40	?/92	Miller only (??,000)		4.00 ☐
R4BA(a)				No control number		25.00 ☐
R4BB	*R4BB*	40	?/92	Miller Construction only (??,000)		4.00 ☐

Note. R4B, R4BA and R4BB are similar except for the wording along the bottoms of the cards.

No.	Ill.	Units	Date	Description		Value
R4C	*R4C*	20	4/91	IPLS, BP, IPL Reverse as ***R4C(rev)*** (0000)		3.00 ☐
R4D	*R4C*	50	4/91	IPLS, BP, IPL Reverse as ***R4C(rev)*** (0000)		5.00 ☐
R4E	*R4C*	100	4/91	IPLS, BP, IPL Reverse as ***R4C(rev)*** (0000)		7.00 ☐
R4F	*R4C*	150	4/91	IPLS, BP, IPL Reverse as ***R4C(rev)*** (0000)		40.00 ☐
R4G	*R4C*	50	10/92	IPLS, BP, IPLS Reverse (15,000)		4.00 ☐
R4H	*R4C*	100	10/92	IPLS, BP, IPLS Reverse (7000)		6.00 ☐

Note. The values of the IPLS BP cards are on the backs. The fronts are all exactly the same.

No.	Ill.	Units	Date	Description		Value
R5	*R5*	60	1987	NORTH SEA SUN OIL Co. Ltd: (30,000)	-- ☐	3.00 ☐
R5A	*R5A*	60	1990	SUN OIL BRITAIN Ltd: Notched. (000000)	-- ☐	2.00 ☐
R6	*R6*	100	8/88	MARATHON: (15,000)	-- ☐	60.00 ☐
R6A	*(R6)*	50	10/88	Notched (30,000)	-- ☐	50.00 ☐
R6B	*(R6)*	100	10/88	Notched (15,000)	-- ☐	5.00 ☐

R7

R8

R9

R9A

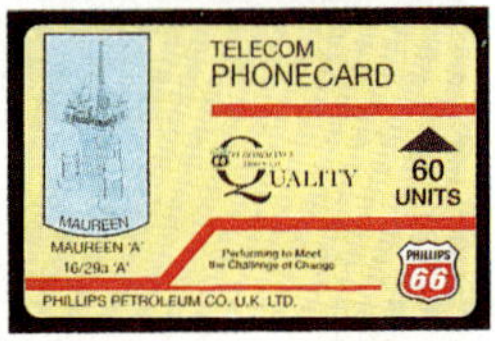

R10B

R10(rev)

R10C(rev)

R11A

No.	Ill.	Units	Date	Description		Value
R7	*R7*	(40)	1988	AMERADA HESS: (30.000)	-- ☐	3.00 ☐
R7(a)			1990	Control inverted (?0.000)	-- ☐	3.00 ☐
R8	*R8*	100	1990	TEXACO NORTH SEA UK Co., (Shades) (15,000)	-- ☐	4.00 ☐
R9	*R9*	100	1990	AMOCO - THINK SAFETY (15,000)	-- ☐	5.00 ☐
R9A	*R9A*	100	1992	AMOCO - THINK SAFETY (15,000)	-- ☐	5.00 ☐
R10	*(R10B)*	20	1991	PHILLIPS PETROLEUM CO. U.K. LTD, (1200)	-- ☐	3.00 ☐
R10A	*(R10B)*	30	1991	PHILLIPS PETROLEUM CO. U.K. LTD, (1200)	-- ☐	5.00 ☐
R10B	*R10B*	60	1991	PHILLIPS PETROLEUM CO. U.K. LTD, (5600)	-- ☐	8.00 ☐
R10C	*(R10B)*	20	1992	PHILLIPS PETROLEUM CO. U.K. LTD, (2800)	-- ☐	3.00 ☐
R10D	*(R10B)*	30	1992	PHILLIPS PETROLEUM CO. U.K. LTD, (1200)	-- ☐	5.00 ☐

Note. R10 to R10B have the IPL Scotland reverse as in ***R10(rev)***. The second printings of R10 and R10A (R10C and R10D) have a new reverse as ***R10C(rev)***.

No.	Ill.	Units	Date	Description		Value
R11	*(R11A)*	20	1991	ELF ENTERPRISE CALEDONIA LTD, (?0,000)	-- ☐	2.00 ☐
R11A	*R11A*	20	1992	ELF ENTERPRISE CALEDONIA LTD, (40,000+)	-- ☐	2.00 ☐

Note. R11A is a redrawn version of R11. The lettering on the face is better defined and the full stop after LTD and the dot over the 'i' in units are squared rather than rounded. The control on R11 is 111A.... while that on R11A is 224G.., 227A.. or 231F...

P - PROMOTIONAL AND TRIAL CARDS

The cards below were mostly issued by Plessey (more recently GPT), UK, and have been used at trials, conferences and exhibitions in the UK and elsewhere.

P1

P2

P3

P4

P5

P6

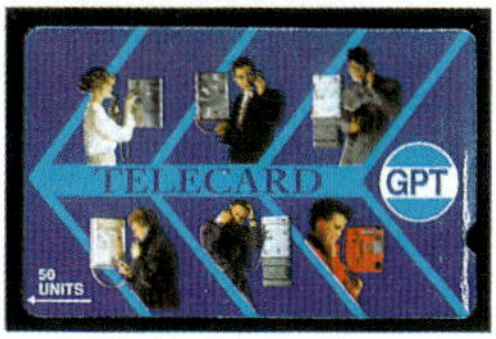

P10

No.	Ill.	Units	Date	Description	Value
P1	*P1*	1000	6/87	ROVER, (1500)	70.00 ☐
P2	*P2*	1000	6/87	BUCKINGHAM PALACE, (1500)	60.00 ☐
P2(a)			16/3/87	Reverse-"Press luncheon, Ritz Hotel" etc.	200.00 ☐
P3	*P3*	1000	6/87	LINKING THE WORLD (1500)	125.00 ☐
P4	*P4*	(1000)	6/87	IMPROVING CUSTOMER SERVICE (500)	50.00 ☐
P5	*P5*	1000	1989	LIVERPOOL F.C., (2500)	40.00 ☐

Note: The above cards are encoded with 1000 units of £0.10 i.e. they are £100 cards although they were never on sale. Most of the early Plessey promotional cards are also found without inscription. These were thought to be samples or essays but it now seems that both types were used and are both valid. If this is confirmed then these cards without inscription will be catalogued. The early promotional cards are often found without control numbers and these are thought to be samples which were never encoded.

No.	Ill.	Units	Date	Description	Value
P6	*P6*	20	1988	PLESSEY (TRIAL CARD), (2500)	50.00 ☐
P7	*(P6)*	40	1988	PLESSEY (TRIAL CARD), (2500)	50.00 ☐
P8	*(P6)*	100	1988	PLESSEY (TRIAL CARD), (2500)	50.00 ☐
P9	*(P10)*	10	1989	GPT TELECARD, (2500)	25.00 ☐
P10	*P10*	50	1989	GPT TELECARD, (2500)	25.00 ☐
P11	*(P10)*	100	1989	GPT TELECARD, (2500)	25.00 ☐
P12	*(P10)*	1000	1989	GPT TELECARD, (2500)	25.00 ☐

Note. The 1990 holographic cards P13 and P14 which appeared in the last edition of this catalogue have now been omitted since it has been determined that hardly any of these were ever encoded. There were eight of these dummy cards issued - GPT Smiling Earth, Happy Birthday, Horse Racing, Happy Valentine, Japanese Girl, Japanese Girl Gold, Bullet Train and Mirror Card. They have been selling for around £50 each although the knowledge that hardly any of them are true cards may affect these prices.

P16

P19

P20

P21

P21(rev)

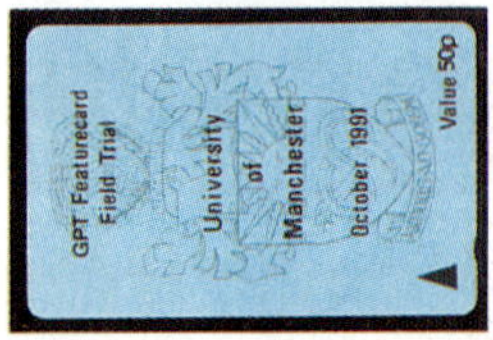

P22

P23

P24

P25

No.	Ill.	Units	Date	Description	Value
P15	*(P16)*	10	1991	GPT MARKETING I, (500)	25.00 ☐
P16	*P16*	50	1991	GPT MARKETING I, (500)	25.00 ☐
P17	*(P16)*	100	1991	GPT MARKETING I, (500)	25.00 ☐
P18	*(P16)*	1000	1991	GPT MARKETING I, (500)	25.00 ☐
P19	*P19*	50	5/91	SMART CARD - EDGE HILL TRIAL, (2500)	65.00 ☐
P20	*P20*	100	5/91	SMART CARD - EDGE HILL TRIAL, (2500)	65.00 ☐

Note. P19 and P20 were for a field trial at Edge Hill College, a teachers training college, at Ormskirk near Liverpool, UK. The trial involved the cards being returned to GPT after use so they are not common. A limited number were issued in GPT Complimentary wallets - about £80 to £100 each.

No.	Ill.	Units	Date	Description	Value
P21	*P21*	£5	9/91	SMART ONE, (273) Reverse as ***P21(rev)***	750.00 ☐

Note. This card was prepared as a demonstration and gift to a Working Group of the ISO (International Standards Organisation) in Scotland. The reverse bears the logos of the companies involved as does that of P34 below.

No.	Ill.	Units	Date	Description	Value
P22	*P22*	£0.50	10/91	FEATURECARD, MANCHESTER TRIAL, (2000)	80.00 ☐
P23	*P23*	£1	10/91	FEATURECARD, MANCHESTER TRIAL, (2000)	100.00 ☐
P24	*P24*	???	10/91	FEATURECARD, HOTLINE HOME, (1000)	45.00 ☐
P25	*P25*	???	10/91	FEATURECARD, SINGAPORE FROG, (1000)	45.00 ☐

Note. Featurecards are a new type of GPT magstripe card which can be PIN-protected and can store and automatically dial telephone numbers which are pre-set either temporally or permanently in the cardphone. They can be recognised by the continuous magstripe across the centre on the reverse of the card as compared with the three shorter stripes on normal GPT cards. The Manchester trial took place at one of the Manchester University halls of residence and the cards were to be returned to GPT after use. About half of them were returned.

P26

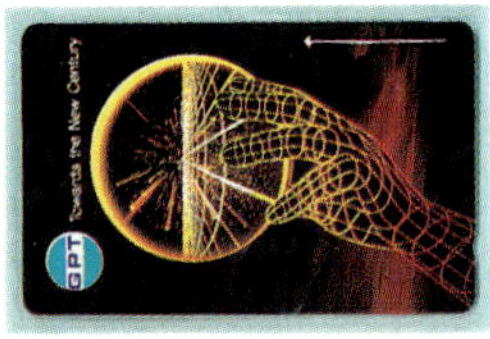

P27

P28

P29

P30

P31

P32

P33

P34

No.	Ill.	Units	Date	Description	Value
P26	*P26*	50	10/91	SMART CARD - TELECOM '91, (500)	180.00 □

Note. P26 was demonstrated along with a further printing of P20 above. There is no apparent difference between the two printings of P20 so the second printing has not been listed separatel

No.	Ill.	Units	Date	Description	Value
P27	*P27*	?0	10/91	TELECOM '91, TOWARDS THE NEW CENTURY (1000)	90.00 □
P28	*P28*	?0	10/91	TELECOM '91, GPT IN THE HOME (1000)	90.00 □
P29	*P29*	?0	10/91	TELECOM '91, GPT ON THE MOVE (1000)	90.00 □
P30	*P30*	?0	10/91	TELECOM '91, GPT IN THE OFFICE (1000)	90.00 □
P31	*P31*	?0	10/91	TELECOM '91, GPT IN THE NETWORK (1000)	90.00 □

Note. This set of cards was issued in a leather wallet to one person after each GPT presentation at Telecom '91 in Geneva, Switzerland, in early October, 1991. The cards have white backs and the controls are of the form 'GENEVA 91 A0291', B0291, etc. to E0291 in the order listed above. In practice these cards seldom appear singly and the sets in their wallets sell for around £500.

No.	Ill.	Units	Date	Description	Value
P32	*P32*	10 ECU	3/92	ORGA - SMART CARD '92, (1200)	60.00 □

Note. This is thought to be the first card denominated in ECUs (European Currency Units, around £0.60). The BT private card (BP256) which claims to be the first ECU card is most certainly not. The telephone in which they were demonstrated worked in any of four currencies as requested. The reverse, which is similar to that of P40 below, shows the logos of GPT who made the telephone, Siemens who provided the chips, BT who provided the lines, de la Rue who printed the cards and Orga, UK, who made them.

No.	Ill.	Units	Date	Description	Value
P33	*P33*	?0	6/92?	GPT MARKETING II, Magstripe (500)	20.00 □
P34	*P34*	?0	6/92?	GPT MARKETING II, Chip (500)	35.00 □

Note. These cards mark the award of a second Queen's Award to Industry to GPT and include the 1992 symbol. There are two versions - magstripe and chip.

P35

P36

P37

P38

P39

P40

P40(rev)

TP1

TP2

No.	Ill.	Units	Date	Description	Value
P35	*P35*	?0	6/92	GPT GALA DAY (1000)	50.00 ☐
P36	*P36*	?0	6/92?	GPT 100,000,000th CARD - GOLD CARD (500)	50.00 ☐

Note. P36 was actually first issued at an exhibition in Singapore and will also, along with P24 and P25, be listed under Singapore.

No.	Ill.	Units	Date	Description	Value
P37	*P37*	?0	6/92?	FOCUSSED ON WORLD CLASS APPLICATIONS (500)	50.00 ☐
P38	*P38*	?0	6/92?	GPT VIDEOCONFERENCING (500)	50.00 ☐
P39	*P39*	?0	6/92?	ISDX (500)	50.00 ☐
P40	*P40*	10 ECU	2/93	ORGA - SMART CARD '93, (1000) Reverse as *P40(rev)*	*75.00* ☐

TEST CARDS

The following test cards were for the cardphones used with the Orga cards listed above. They are rare.

No.	Ill.	Units	Date	Description	Value
TP1	*TP1*	500u	9/91	ORGA - TEST CARD 1, (15) Dated 1991	200.00 ☐
TP2	*TP2*	500u	1/92	ORGA - TEST CARD 2, (10) Dated 1992	200.00 ☐
TP3	*(TP2)*	500u	2/92	ORGA - TEST CARD 3, (25)	180.00 ☐
TP4	*(TP2)*	1000u	2/92	ORGA - TEST CARD 4, (25)	180.00 ☐

Note. There is no visual difference between TP3 and TP4. A card-reader is required.

No.	Ill.	Units	Date	Description	Value
TP5	*(TP2)*	1000u	1/93	ORGA - TEST CARD 5, (5) Hand-numbered on front	300.00 ☐
TP6	*(TP2)*	1000u	2/93	ORGA - TEST CARD 6, (35) Laser engraved on front	150.00 ☐

GUERNSEY

Guernsey is the second largest of the Channel Islands and lies some 15 miles to the north-west of Jersey, off the French coast. Telephone cards are due to be issued for the first time soon after this book is to be published. These will be chip cards by GPT, UK.

First Issue.

D1

D2

D3

No.	Ill.	Units	Date	Description	Value
D1	*D1*	£3	6/93	TELEPHONE KIOSK - KX100, (24,000)	4.00 □
D2	*D2*	£6	6/93	TELEPHONE KIOSK - K8, (10,000)	8.00 □
D3	*D3*	£9	6/93	TELEPHONE KIOSK - K6, (6000)	12.00 □

Note. The first issue will also be available in presentation packs - price £22.

IRELAND

Telecom Eireann initially carried out field trials of three different systems in different cities - GPT magstripe cards were used in the Dublin area, magstripe cards by Autelca were used in Limerick and Landis and Gyr optical cards were used in Galway. Subsequently it was decided to adopt Schlumberger electronic payphones and Schlumberger and Gemplus chip cards were introduced in the summer of 1990. Chip cards by Solaic and by Orga have also been used more recently. The trial cards are designated 'D' for Dublin, 'L' for Limerick and 'G' for Galway. The French chip cards have no special prefix except for a trial card by Gemplus which has been given the prefix F (for Forerunner) and samples of which have occasionally appeared on the Paris market. There could be an analogous trial card by Schlumberger but none has yet been reported. The distinction between Definitive and Special chip cards is a bit blurred in that cards thought to be Specials are sometimes reprinted for general sale and thus become Definitive. It has therefore become impossible to tell which category a card will fall into until some time after it has been issued and it has been decided that the chip cards of Ireland will be divided only into Complimentaries, Public cards (D prefix) and Private cards (P prefix). Advertising cards in which the advertiser has bought the space on the card but which are on general release are classified as Public cards. We try to avoid changing the numbers of previously catalogued cards in our catalogues so far as possible and apologise for any confusion this might cause.

DD5

SD1

SD2

DD - DUBLIN DEFINITIVE CARDS

No.	Ill.	Units	Date	Description	Value
DD1	*(DD5)*	5	1988	GPT TRIAL CARD (4200) '1IREA...'	10.00 ☐
DD2(a)			1989	(570) '2IREA...'	25.00 ☐
DD2	*(DD5)*	10	1988	GPT TRIAL CARD (8000) '1IREB...'	4.00 ☐
DD2(a)			1990	Small notch (6500) '4IREB...'	4.50 ☐
DD2(b)			1988	(23,000) '2IREB...'	3.50 ☐
DD2(c)			1989	(15,500) '3IREB...'	3.50 ☐
DD2(d)			1989	(26,000) '4IREB...'	3.50 ☐
DD3	*(DD5)*	20	1988	GPT TRIAL CARD (11,000) '1IREC...'	6.00 ☐
DD3(a)			1988	(11,500) '2IREC...'	6.00 ☐
DD3(b)			1989	(12,250) '3IREC...'	6.00 ☐
DD3(c)			1989	(12,500) '4IREC...'	6.00 ☐
DD4	*(DD5)*	50	1988	GPT TRIAL CARD (2600) '1IRED...'	20.00 ☐
DD4(a)			1988	(80) '2IRED...'	150.00 ☐
DD4(b)			1989	(7250) '3IRED...'	15.00 ☐
DD4(c)			1989	(7000) '4IRED...'	15.00 ☐
DD5	*DD5*	100	1988	GPT TRIAL CARD (800) '1IREE...'	45.00 ☐
DD5(a)			1988	(2000) '2IREE...'	25.50 ☐
DD5(b)			1989	(3200) '3IREE...'	25.50 ☐

SD - DUBLIN SPECIAL CARDS

No.	Ill.	Units	Date	Description	Value
SD1	*SD1*	10	9/88	DUBLIN MILLENNIUM. (10,000) '3IREA...'	15.00 ☐
SD2	*SD2*	100	24/10/88	FITCE, CORK. (960) '2IRE...'	150.00 ☐

Note. The FITCE (Federation of International Telecommunication Engineers) cards were mostly handed out to the 600 delegates at their conference in Cork on 24 October, 1988. The others were later sold in Dublin.

GENERAL NOTE ON PRICES. As with all my catalogues, I give only a single price for a card if it is not possible to see, without access to a cardphone, whether it has been used or not. This price is effectively that of a card in perfect condition which generally means unused. Prices of used cards in Ireland are generally around 40% of unused prices for all but the rarest cards. For very rare cards, used prices are only a little below unused prices.

DL4

SL1

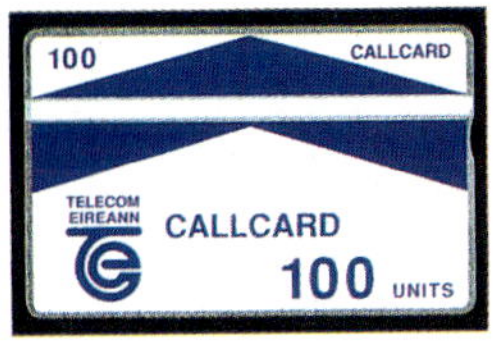

DG5

DL - LIMERICK DEFINITIVE CARDS

No.	Ill.	Units	Date	Description		Value
DL1	*(DL4)*	5	02/89	AUTELCA TRIAL CARD	(5500)	4.00 □
DL2	*(DL4)*	10	02/89	AUTELCA TRIAL CARD	(35,500)	3.00 □
DL3	*(DL4)*	20	02/89	AUTELCA TRIAL CARD	(15,500)	12.00 □
DL4	*DL4*	50	02/89	AUTELCA TRIAL CARD	(3250)	20.00 □
DL5	*(DL4)*	100	02/89	AUTELCA TRIAL CARD	(1100)	25.00 □

SL - LIMERICK SPECIAL CARDS

No.	Ill.	Units	Date	Description	Value
SL1	*SL1*	20	21/4/89	IRISH MANAGEMENT INSTITUTE 89, (250)	150.00 □
SL2	*(SL1)*	50	21/4/89	IRISH MANAGEMENT INSTITUTE 89, (750)	350.00 □

Note. SL1 is in practice more common than SL2 because most of the SL2 cards were given out to delegates at the conference and disappeared.

DG - GALWAY DEFINITIVE CARDS

No.	Ill.	Units	Date	Description		Value	Value
DG1	*(DG5)*	5	25/7/89	LANDIS AND GYR TRIAL CARD	(5000)	5.00 □	8.00 □
DG2	*(DG5)*	10	25/7/89	LANDIS AND GYR TRIAL CARD	(10,000)	5.00 □	8.00 □
DG3	*(DG5)*	20	25/7/89	LANDIS AND GYR TRIAL CARD	(16,000)	8.00 □	8.00 □
DG4	*(DG5)*	50	25/7/89	LANDIS AND GYR TRIAL CARD	(2000)	15.00 □	15.00 □
DG5	*DG5*	100	25/7/89	LANDIS AND GYR TRIAL CARD	(1000)	25.00 □	25.00 □

ELECTRONIC (CHIP) CARDS

Almost all chip cards have been made by Schlumberger Industries (shown as SI below) or by Gemplus (shown as GP below). One card was made by Solaic (SO) and another, not so far issued, by Orga (OG). The different manufacturers are distinguished by the contacts at the left of the cards and these are shown below. There is only one Gemplus contact in use in Ireland and only the single Solaic contact has appeared. The Schlumberger contacts are, however, highly variable and most collectors regard a difference in contact as generating a collectably different card. The contact names, SI5, SI6, etc., below are those used for these contacts all over the world and start at SI4 because earlier types were used in France but had gone out of use by the time chip cards were used in Ireland. The Schlumberger contacts can also be gold or silver silver contacts are indicated by 'Ag' after the type-code and gold by 'Au' (the chemical symbols for silver and gold). All Gemplus cards used in Ireland so far have gold contacts. For the true specialist, the recent Schlumberger contacts are found with two different hatched background colours - a greyish black and a brownish colour. These are often regarded as collectable varieties but there is insufficient information available to list these varieties in this edition. Other variants are the hole behind the chip on Schlumberger cards which may be 6mm in diameter (H6), 7mm in diameter (H7) or absent (H0).

SI4

SI5

SI6

GP1

SO3

A proportion of all chip cards of any design should, by agreement, have somewhere on them the Inovatron logo of Roland Morano, the inventor of the system. This is a stylised 'i' which looks rather like a golf flag and is often refered to as a flag. It will be indicated in the listings below as **i**. It may vary in position, type and size, there may be two of them or may be absent altogether (but be careful - it is often shown only in a change of surface texture and may be very difficult to see!). The Inovatron logos are always on the reverse and their positions may be indicated as 'top-right' (TR), 'bottom-right' (BR), etc.. Some collectors distinguish two positions at bottom right - a lower position and an "offset" position a few millimetres (mms) above. The latest Gemplus cards have two Inovatron logos, one printed and the other in a variation of the texture of the surface. This is indicated by 2 i. The Schlumberger cards in particular, but also some Gemplus cards, are variable in shades but these are only listed as different cards where the differences are strong otherwise minor variations in shade can be assumed and the collector can specialise in them if desired. French chip cards do not have control numbers as do the cards of, for example, GPT or Landis and Gyr. Instead they sometimes have batch numbers (BN) such that the same numbers may be found on many cards from the same batch. Sometimes these batch numbers are absent - "no BN". The surfaces of Gemplus cards vary slightly from matt to a lustrous matt, indicated as glossy, while the Schlumberger surfaces may also be shiney like glass, indicated as glazed. All Irish cards have an address of Telecom Eireann on the reverse at bottom right and this has changed from a College Green (Coll) to a Marlborough Street (Marl) address and the latest cards have an address in Dame Lane. Finally the latest cards have a bar-code (BC) on the reverse. Irish chip cards are complex but very rewarding for the specialist.

C1

C2

C3

C4

D1

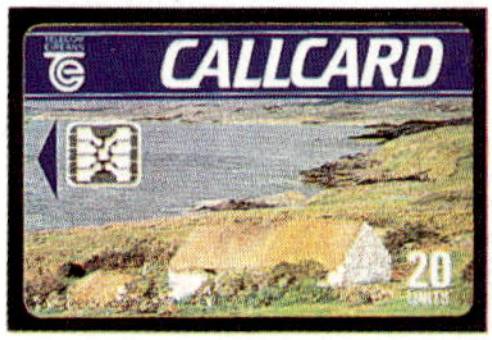

D2

C - COMPLIMENTARY CARDS

No.	Ill.	Units	Date	Description	Value
C1	*C1*	5	4/90	TEDDY BEAR, (GP) (10,000) Matt, No i, Coll.	7.00 □
C1(a)			2/91	(GP) (30,000) Glossy, i BR, Coll.	8.00 □
C1(b)			1991	(GP) (??) Matt, i, Marl.	4.00 □
C1(c)			1991	(GP) (??) Glossy, i, Marl.	6.00 □
C1(d)			1992	(GP) (??) Matt, No i, Marl.	8.00 □
C2	*C2*	5	3/91	SHAMROCK (ST PATRICK'S DAY), (GP) (20,000)	8.00 □
C3	*C3*	5	10/91	TREATY OF LIMERICK, (GP) (10,000) No i	5.00 □
C3(a)	*(C3)*		10/91	(GP) () i BR.	6.00 □
C4	*C4*	5	11/92	MONTAGE, (GP) (150,000), Matt, BC, 2 i, Dame,	3.50 □

D - PUBLIC CARDS

No.	Ill.	Units	Date	Description	Value
D1	*D1*	50	4/90	IRISH MANAGEMENT INSTITUTE 90,(SI4Au)(2500) HO, No BN, i BR	20.00 □
D1(a)				(SI5Au)() HO, No BN, i BR	20.00 □

Note. It was originally intended that there should be two IMI cards, 1500 of 20 units and 1000 of 50 units, as listed in the Stanley Gibbons Catalogue of Telephone Cards (1990). At the last moment it was decided to issue 2500 of only the 50 unit card.

No.	Ill.	Units	Date	Description	Value
D2	*D2*	20	4/90	COTTAGE, (SI4) (100,000) Glossy, H7, i TR, No BN, Coll.	7.00 □
D2(a)			1991	(SI4Au) () Glazed, HO, i TR, No BN, Coll.	8.00 □
D2(b)			1991	(SI4Au) () Glazed, HO, i TR, BN, Coll.	8.00 □
D2(c)			1990	(SI5Au) () Glazed, HO, i TR, No BN, Coll.	9.00 □
D2(d)			1990	(SI5Au) () Glazed, HO, i TR, BN, Coll.	25.00 □
D2(e)			1990	(SI4Ag) () Glazed, H7, i TR, No BN, Coll.	8.00 □
D2(f)			1990	(SI4Ag) () Glazed, H6, i TR, No BN, Coll.	8.00 □
D2(g)			1990	(SI4Ag) () Glazed, H6, i TR, BN, Coll.	8.00 □
D2(h)			1990	(SI4Ag) () Glazed, HO, i TR, No BN, Coll.	15.00 □

D2(t)

D3

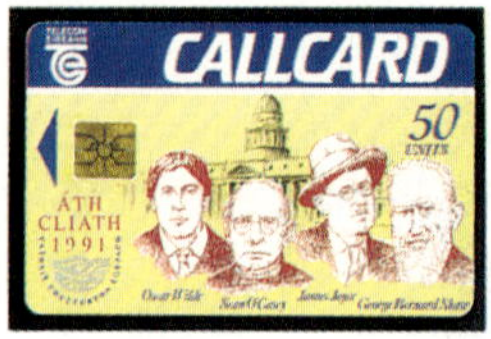

D4

No.	Ill.	Units	Date	Description	Value
D2(i)			1990	(SI5Ag) () Glazed, H6, i TR, No BN, Coll.	10.00 □
D2(j)			1990	(SI4Ag) () Glazed, H7, i TR, No BN, Coll.	8.00 □
D2(k)			1991	(SI5Ag) () Glazed, H6, i TR, BN, Coll.	8.00 □
D2(l)			1990	(SI5Ag) () Glazed, H7, i TR, No BN, Coll.	12.00 □
D2(m)			1990	(SI6Ag) () Glazed, H0, i TR, BN, Coll.	8.00 □
D2(n)			1990	(SI6Ag) () Matt, H0, i TR, No BN, Marl.	6.00 □
D2(o)			1991	(SI5Ag) () Glossy, H0, i TR, BN, Marl.	6.00 □
D2(p)			1991	(SI4Ag) () Glossy, H0, i TR, BN, Marl.	10.00 □
D2(q)			1992	(SI5Ag) () Matt, H0, i TR, BN, Marl.	7.00 □
D2(t)	*D2(t)*		1991	(GP) () Glossy, 7.8mm i, Coll., Glazed reverse	8.00 □
D2(u)			1991	(GP) () Matt, No i, Marl., Matt reverse	7.50 □
D2(v)			1991	(GP) () Matt, 4.8mm i, Marl., Matt reverse	7.50 □
D2(w)			1991	(GP) () Glossy, 7.8mm i, Marl.	7.50 □
D2(x)			1991	(GP) () Matt, 7.8mm i, Marl.	7.50 □
D2(z)			1992	(SO) (1000) Matt, H0, i, No BN, Dame Lane	20.00 □
D2(A)			1993	(SI4Ag) () BC, Matt, H0, i, BN, Dame	3.50 □
D2(B)			1993	(SI5Ag) () BC, Matt, H0, i, BN, Dame	3.50 □
D2(C)			1993	(SI5Ag) () BC, Glossy, H0, i, No BN, Dame	3.50 □
D2(D)			1993	(GP) () BC, Matt, 2 i, Dame	3.50 □
D2(E)			1993	(GP) () BC, Glossy, 2 i, Dame	3.50 □

Note 1. Numbers of the various types printed are generally not known. Relative scarcities are reflected in the prices.

Note 2. All Gemplus cards have the same gold contact and are closed behind the chip on the reverse. Inovatron logos, where present, are in matt against glossy or glazed in the blue area at bottom right on the reverse and are found in two sizes - 7.8mm and 4.8mm. There are no batch numbers on Gemplus 'Cottages'. The colours are always much darker than on the Schlumberger Cottages giving the impression of a photograph taken at dusk but some are darker than others.

Note 3. D1(z) was a trial card by Solaic, France, which did not quite meet its specification in use on railway cardphones. The contact, actually SO3, is like that of Gemplus but with a square centre. Around 650 were returned to the Telecom Eireann Collectors Club for sale to the public. The reverse of this cards, which is in black rather than the usual blue, shows a third address for Telecom Eireann in Dame Lane.

No.	Ill.	Units	Date	Description	Value
D3	*D3*	100	4/90	ROCK OF CASHEL, (GP)(10,000) Matt, No BN, No i, Coll.	25.00 □
D3(a)			4/90	(GP)(23,000) Glossy, No BN, 4.8mm i BR, Coll.	35.00 □
D4	*D4*	50	3/91	DUBLIN - CULTURAL CAPITAL EUROPE, (GP)(50,000) Glossy, No BN, 4.8mm i, Coll.	15.00 □
D4(a)				(GP)() Glossy, No BN, 7.8mm i, Marl.	15.00 □
D4(b)				(GP)() Matt, No BN, No i, Marl.	15.00 □
D4(c)				(SI5Ag)(26,000) Glossy, BN, i, Marl.	15.00 □
D4(d)				(SI5Ag)() Glossy, No BN, i, Marl.	15.00 □
D4(e)				(SI6Ag)(5000) Glazed, No BN, i, Marl.	20.00 □

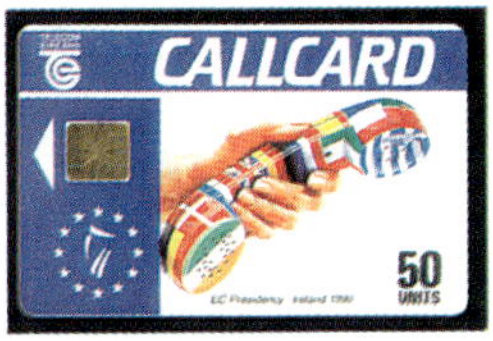

D5

D6

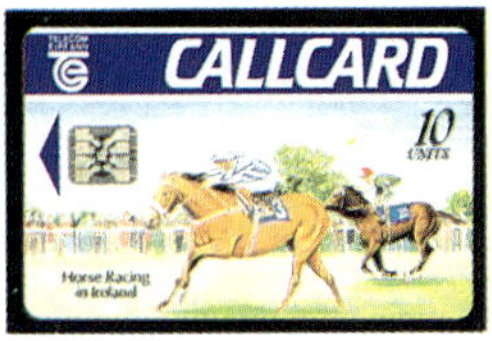

D7

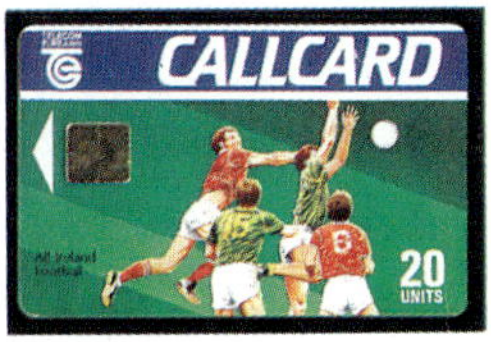

D8

D9

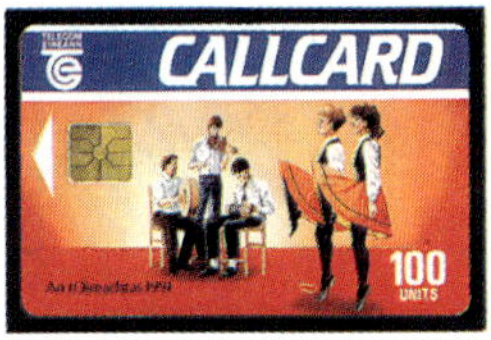

D10

No.	Ill.	Units	Date	Description	Value
D5	*D5*	50	4/90	IRISH PRESIDENCY OF EEC, (GP)(50,000) Matt, No BN, No ■	15.00 □
D5(a)				(GP)() Glossy, No BN, 4.8mm ■	20.00 □
D6	*D6*	10	7/91	IRISH HORSE RACING, (GP)() Glazed, No BN, 4.8mm ■ BR, Coll.	7.00 □
D6(a)			7/91	(GP)() Glazed, No BN, 7.8mm ■ BR, Coll.	7.00 □
D6(b)			7/91	(GP)(175,000) Matt, 4.8mm ■ BR, No BN, Marl.	4.00 □
D6(b)			7/91	(GP)() Matt, No ■, No BN, Marl.	4.00 □
D6(c)			7/91	(GP)() Glossy, No BN, 7.8mm ■ BR, Marl.	4.00 □
D6(d)			7/91	(GP)() Glossy, No BN, No ■, Marl.	4.00 □
D6(e)			8/91	(SI5Ag)() Glazed, BN, ■ TR, Marl.	4.00 □
D6(e)			8/91	(SI5Ag)() Glazed, No BN, ■ TR, Marl.	4.00 □
D6(f)			1993	(SI4Ag)() Matt, BC, HO, BN, ■ BL, Dame	4.00 □
D6(g)			1993	(SI5Ag)() Matt, BC, HO, BN, ■ BL, Dame	4.00 □
D6(h)			1993	(GP)() Matt, BC, BN, No ■, Dame	4.00 □
D6(i)			1993	(GP)() Matt, BC, BN, 2 ■, Dame	4.00 □
D7	*D7*		8/91	HORSE RACING IN IRELAND (SI5Ag)(108k) Glazed,BN, ■ TR, Marl.	5.00 □
D7(a)				(SI5Ag)() Glazed, No BN, ■ TR, Marl.	6.00 □
D7(b)			8/92	(SI4Ag)() Glazed, BN, ■, Marl.	8.00 □

Note 1. D7 is listed as a different card rather than a variety of D6 since its wording is different. The change of wording demonstrates, I am told, the dangers of translating into French for transmission and then back into English at the other end! The SI5 cards are reported to exist with both brownish and black backgrounds to the contacts.

Note 2. There also exist versions of the Irish Horse Racing card without chip. Some 750 of these were generously donated by Orga, with the kind permission of Telecom Eireann, to serve as membership cards for the (UK) Telephone Card Club for the current year. They are not, of course, true telephone cards and can not be catalogued.

No.	Ill.	Units	Date	Description	Value
D8	*D8*	20	5/91	COUNTY CORK - GAELIC FOOTBALL, (GP)(25,000) Glossy, No BN, 4.8mm ■, Coll.	7.00 □
D9	*D9*	20	5/91	COUNTY CORK - HURLING, (GP)(25,000) Glossy, No BN, 7.8mm ■, Coll.	7.00 □
D9(a)				(GP)(25,000) Glossy, No BN, 4.8mm ■, Coll.	8.00 □
D10	*D10*	100	6/91	IRISH DANCERS, (GP)(20,000) Glossy, No BN, 7.8mm ■, Marl.	22.50 □
D10(a)				(GP)(20,000) Glossy, Rev. glossy, No BN, 7.8mm ■, Marl.	22.50 □
D10(b)				(GP)(20,000) Glossy, Rev. glossy, No BN, No ■, Marl.	22.50 □

D11

D12

D13

D14

D15

D16

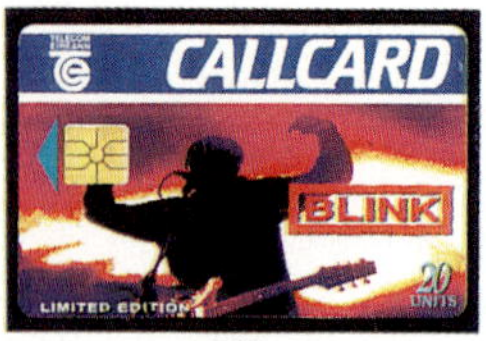

D17

D17(rev)

P1

No.	Ill.	Units	Date	Description	Value
D11	*D11*	5	8/91	KELLOGGS, (GP)(210,000) Glossy, No BN, No ī, Coll.	4.00 □
D11(a)				(GP)() Glossy, No BN, 7.8mm ī, Coll.	5.00 □
D11(b)				(GP)(1000?) Glazed, No BN, 7.8mm ī, Marl.	25.00 □
D12	*D12*	50	6/92	TRINITY 400, (GP)(?0,000) Glossy, No BN, 7.8mm ī, Marl.	15.00 □
D12(a)				(GP)(?0,000) Glossy, No BN, No ī, Marl.	15.00 □
D12(b)				(SI5Ag)(?0,000) Matt, BN, ī, Marl.	15.00 □
D12(c)				(SI4Ag)(?0,000) Matt, BN, ī, Marl.	18.00 □
D12(d)				(GP)(?0,000) BC, Glossy, 2 ī, Dame.	13.00 □
D12(e)				(GP)(?0,000) BC, Matt, 2 ī, Dame.	13.00 □
D12(f)				(GP)(?0,000) BC, Matt, ī, Dame.	13.00 □
D12(g)				(SI4Ag)(?0,000) BC, Matt, BN, ī?, Dame.	13.00 □
D12(h)				(SI5Ag)(?0,000) BC, Matt, BN, ī?, Dame.	13.00 □
D13	*D13*	20	7/92	ROSE OF TRALEE, (GP)(150,000) Matt, No BN, No ī, Marl.	7.00 □
D13(a)				(GP)() Matt, No BN, ī, Marl.	8.00 □
D14	*D14*	10	11/92	CHRISTMAS 1992, (GP)(150,000) BC, Matt, 7.8 ī, Dame.	5.00 □
D15	*D15*	10	2/93	VALENTINE DAY, (SI4)(150,000) Glossy, BC, BN, ī, Dame.	5.00 □
D15(a)				(SI5)(incl. above) Glossy, BC, BN, No ī, Dame.	4.00 □
D16	*D16*	10	3/93	EASTER 1993, (GP)(150,000) Matt, BC, 2 ī, Dame	4.00 □
D17	*D17*	20	4/93	EMI-BLINK, (GP) (20,200) Reverse as ***D17(rev) BC***, 2 ī, Dame	3.00 □
D18	--	10	5/93	JACOB'S, (GP) (200,000)	2.50 □

P - PRIVATE CARD

No.	Ill.	Units	Date	Description	Value
P1	*P1*	5	4/93	MAY-DAY FAIR - ROYAL HOSPITAL, (SI6)(1100) ī, No BN	12.00 □

F1

F2

T2

F - FORERUNNER CARDS

No.	Ill.	Units	Date	Description	Value
F1	*F1*	1000	1987?	PLESSEY FOOTBALL CARD, (????)	50.00 □
F2	*F2*	??	1989?	GEMPLUS/CROUZET TRIAL CARD, (GP) (????)	150.00 □

Note. The Plessey card shows the Irish national football team playing Brazil and was actually intended as an exhibition card for use in Brazil. It is, however, often associated with Ireland on the basis that the Irish players outnumber the Brazilians and is therefore included here.

T - TEST CARDS

T1	--	?	1991?	SCHLUMBERGER TEST CARD, (??)	500.00 □
T2	*T2*	1000?	7/91	ORGA TEST CARD 1, (??)	500.00 □
T3	*(T2)*	1000?	7/92	ORGA TEST CARD 2, (43)	500.00 □

General Note. The chip card varieties of Ireland are indeed complex and it is unlikely that the coverage above is complete. I would be most grateful for any further information which will help to make the next edition of this catalogue as fully accurate as possible.

ISLE OF MAN

The Isle of Man lies midway between England and Northern Ireland in the Irish Sea. Manx Telecom is a separate company but is owned by British Telecom. Optical telephone cards were initially manufactured by Landis and Gyr in the UK and could also be used in British Telecom telephones throughout the UK. Only the two definitive cards listed below were issued. They have been given the prefix 'O' for optical. Later the GPT magnetic system was adopted and is still in use. Valuation of the cards changed from units to money values in late 1992.

OD1

D1

D2

D3

D4

D5

D6

D7

D8

OPTICAL CARDS (Landis and Gyr)

OD - DEFINITIVE CARDS

No.	Ill.	Units	Date	Description	Value	
OD1	*OD1*	10	4/87	OPTICAL DEFINITIVE (14,000)	5.00 □	2.00 □
OD2	*(OD1)*	20	4/87	OPTICAL DEFINITIVE (13,600)	8.00 □	3.00 □

MAGNETIC CARDS (GPT)

D - DEFINITIVE CARDS

No.	Ill.	Units	Date	Description	Value
D1	*D1*	10	1/6/88	LAXEY WHEEL, (6,082) Deep notch, No control number.	15.00 □
D1(a)			1989	With control number (6000) '1IOMA...'	5.00 □
D2	*D2*	20	1/5/89	PEEL CASTLE, , Deep notch (5707) '3IOME...'	6.00 □
D2(a)			12/89	Small notch, 4.5mm control (4809) '5IOMA...'	2.50 □
D2(b)			2/91	Small notch, 4mm control (2409) '5IOMA...'	2.50 □
D3	*D3*	100	7/9/89	GROUND STATION, (2339) '4IOME...'	15.00 □
D4	*D4*	10	12/88	GREAT NORTH BEACH, (12,000) '5IOMB...'	2.00 □
D5	*D5*	20	12/89	CASTLE RUSHEN, (10,742) '5IOMC...'	4.00 □
D6	*D6*	30	12/89	PORT ST. MARY, (12,000) '5IOMD...'	6.00 □
D7	*D7*	100+10	4/91	HOLOGRAM ISSUE (5193) '9IOMA...'/S *B*	13.00 □
D8	*D8*	£10+1	3/93	MANX CROSS, (5000) '16IOMA...'/S *B*	13.00 □

S1

S2

S3

S4

S5

S6

S7

S8

S9

S10

S11

S12

S13

S - SPECIAL/COMMEMORATIVE CARDS

No.	Ill.	Units	Date	Description	Value
S1	*S1*	10	1/6/88	TT RACERS 1st SERIES, (#3) (6000) No control	25.00 ☐
S2	*S2*	20	1/6/88	TT RACERS 1st SERIES, (#2) (6000) No control	25.00 ☐
S3	*S3*	20	1/6/88	TT RACERS 1st SERIES, (#4) (6000) No control	25.00 ☐
S4	*S4*	30	1/6/88	TT RACERS 1st SERIES, (#1) (6000) No control	30.00 ☐
S5	*S5*	15	1/12/88	CHRISTMAS '88, (6000) '2IOMB...'	6.00 ☐
S6	*S6*	10	1/6/89	TT RACERS 2nd SERIES, (#6) (6000) '3IOMB...'	5.00 ☐
S7	*S7*	20	1/6/89	TT RACERS 2nd SERIES, (#7) (6000) '3IOMC...'	7.00 ☐
S8	*S8*	20	1/6/89	TT RACERS 2nd SERIES, (#8) (5923) '3IOMD...'	7.00 ☐
S9	*S9*	30	1/6/89	TT RACERS 2nd SERIES, (#5) (6068) '3IOMA...'	11.00 ☐
S10	*S10*	10	2/10/89	2p STAMP - SNAEFELL MOUNTAIN RAILWAY (8253) '4IOMA...'	2.00 ☐
S11	*S11*	20	2/10/89	10p STAMP - MANX ELECTRIC RAILWAY (8419) '4IOMB...'	3.00 ☐
S12	*S12*	20	2/10/89	13p STAMP - DOUGLAS CABLE CAR (8247) '4IOMC...'	3.00 ☐
S13	*S13*	30	2/10/89	25p STAMP - I.O.M.R. HUTCHINSON (8376) '4IOMD...'	4.00 ☐

S14

S15

S16

S17

S18

S19

S20

S21

S22

S23

S24

No.	Ill.	Units	Date	Description	Value
S14	*S14*	10	14/2/90	15p STAMP - IOM EXPRESS (15,000) '6IOMA..'	2.50 ☐
S15	*S15*	10	14/2/90	18p STAMP - A WAY WE HAVE IN THE IOM (15,000) '6IOMB..'	2.50 ☐
S16	*S16*	20	14/2/90	32p STAMP - WAITING FOR THE MALE BOAT (15,000) '6IOMC..'	3.50 ☐
S17	*S17*	30	14/2/90	34p STAMP - THE LAST TOAST RACK HOME (15,000) '6IOMD..'	4.50 ☐
S18	*S18*	40	14/2/90	37p STAMP - THE LAST IOM BOAT (15,000) '6IOME..'	5.00 ☐
S19	*S19*	10	5/90	TT RACERS 3rd SERIES, (#10) (6000) '7IOMA...'	2.00 ☐
S20	*S20*	20	5/90	TT RACERS 3rd SERIES, (#11) (6000) '7IOMC...'	3.00 ☐
S21	*S21*	20	5/90	TT RACERS 3rd SERIES, (#12) (6000) '7IOMB...'	3.00 ☐
S22	*S22*	30	5/90	TT RACERS 3rd SERIES, (#9) (6000) '7IOMD...'	4.00 ☐
S23	*S23*	20	8/5/91	ROUND TABLE NATIONAL CONFERENCE, (9019) '9IOMG...'/S *B*	3.50 ☐
S24	*S24*	30	8/5/91	ROUND TABLE NATIONAL CONFERENCE, (8311) '9IOMH...'/S *B*	4.50 ☐

Note. Sorting squares are Right and Left for S23 and S24 respectively.

S25

S26

S27

S28

S29

S30

S31

S32

S33

S34

S35

S36

S37

S38

No.	Ill.	Units	Date	Description	Value
S25	***S25***	10	5/91	TT RACERS 4th SERIES, (#16) (5121) '9IOMB...'/S *B*	2.00 ☐
S26	***S26***	20	5/91	TT RACERS 4th SERIES, (#15) (5503) '9IOMC...'/S *B*	3.00 ☐
S27	***S27***	20	5/91	TT RACERS 4th SERIES, (#14) (5234) '9IOMD...'/S *B*	3.00 ☐
S28	***S28***	20	5/91	TT RACERS 4th SERIES, (#12) (8304) '9IOMF...'/S *B*	3.00 ☐
S29	***S29***	30	5/91	TT RACERS 4th SERIES, (#13) (5054) '9IOME...'/S *B*	4.00 ☐

Note. S25 to 29 have sorting squares - Left on S25 and 29, Right on S26 and 27 and none on S28.

No.	Ill.	Units	Date	Description	Value
S30	***S30***	20	11/91	CHRISTMAS '91, (3882) '5IOMA...'/S	4.00 ☐
S31	***S31***	20	11/91	TRANSPORT - LADY OF MANN, (6000) '10IOMA...'/S	3.00 ☐
S32	***S32***	20	11/91	TRANSPORT - BEN-MY-CHREE, (6000) '10IOMC...'/S	3.00 ☐
S33	***S33***	30	11/91	TRANSPORT - MANXMAN II, (5839) '10IOMB...'/S	4.50 ☐
S34	***S34***	50	11/91	TRANSPORT - MANXMAN I, (6000) '10IOMD...'/S	7.00 ☐
S35	***S35***	£2	5/92	TT RACERS 5th SERIES, (#21) (4886) '13IOMA...'/S *B*	3.00 ☐
S36	***S36***	£2	5/92	TT RACERS 5th SERIES, (#20) (4914) '13IOMB...'/S *B*	3.00 ☐
S37	***S37***	£2	5/92	TT RACERS 5th SERIES, (#18) (4524) '13IOMC...'/S *B*	3.00 ☐
S38	***S38***	£2	5/92	TT RACERS 5th SERIES, (#19) (4430) '13IOMD...'/S *B*	4.00 ☐

S39

S40

S41

S42

S43

S44

S45

A1

A2

A3

A4

No.	Ill.	Units	Date	Description	Value
S39	***S39***	£2	11/92	KISSING BUSH - CHRISTMAS 1992, (2918) '14IOMA...'/S ***B***	3.00 ☐
S40	***S40***	£2	3/93	SCHOOL DESIGN I, BENJAMIN CHAN (2984) '17IOMA...'/S ***B***	3.00 ☐
S41	***S41***	£2	3/93	SCHOOL DESIGN II, GEMMA WEBB (2988) '17IOMB...'/S ***B***	3.00 ☐
S42	***S42***	£2	4/93	TRANSPORT - CAR No. 1, (5000) '18IOMD...'/S ***B***	3.00 ☐
S43	***S43***	£2	4/93	TRANSPORT - CAR No. 22, (5000) '18IOMC...'/S ***B***	3.00 ☐
S44	***S44***	£3	4/93	TRANSPORT - CAR No. 17, (5000) '18IOMB...'/S ***B***	4.00 ☐
S45	***S45***	£3	4/93	TRANSPORT - POSTER, (5000) '18IOMA...'/S ***B***	4.00 ☐
S46	---	£2	5/93	TT RACERS 6th SERIES, (#2?) (5000) '19IOM?...'/S ***B***	3.00 ☐
S47	---	£2	5/93	TT RACERS 6th SERIES, (#2?) (5000) '19IOM?...'/S ***B***	3.00 ☐
S48	---	£2	5/93	TT RACERS 6th SERIES, (#2?) (5000) '19IOM?...'/S ***B***	3.00 ☐
S49	---	£3	5/93	TT RACERS 6th SERIES, (#2?) (5000) '19IOM?...'/S ***B***	4.00 ☐

Note. S35 to S38 were the first IOM cards to be designated in money rather than units. The sorting squares run None, Left, Right and Both from S35 to S38.

A - ADVERTISING CARDS

No.	Ill.	Units	Date	Description	Value
A1	***A1***	10	9/12/89	DHL - EMMA, (1500) '5IOME...'	15.00 ☐
A2	***A2***	10	9/12/89	DHL - AMANDA, (1500) '5IOMF...'	15.00 ☐
A3	***A3***	10	9/12/89	DHL - JACKIE, (1500) '5IOMG...'	15.00 ☐
A4	***A4***	10	9/12/89	DHL - MARK, (1500) '5IOMH...'	15.00 ☐

A5

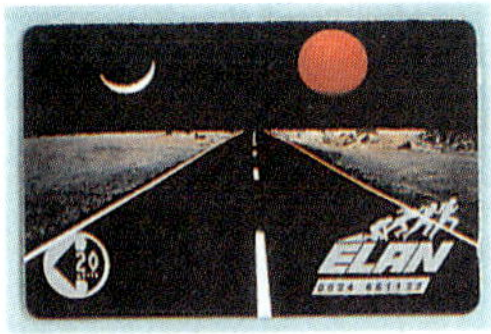

A6

A7

A8

I1

I2

I3

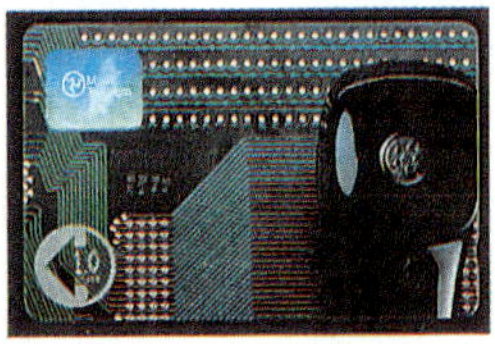

I4

No.	Ill.	Units	Date	Description	Value
A5	*A5*	20	12/90	DHL, (3000) '8IOMB...'	3.00 □
A6	*A6*	20	12/90	ELAN, (3000) '8IOMA...'	3.00 □

Note. 750 of A5 and of A6 were issued by DHL in matched pairs in presentation packs. These have been offered by dealers at £100.

No.	Ill.	Units	Date	Description	Value
A7	*A7*	50	12/91	DHL WORLDWIDE EXPRESS, (3000) '12IOMA...'/S	7.00 □
A8	*A8*	£5	11/92	DHL SNAEFELL, (3000) '15IOMA...'/S ***B***	7.00 □

I - INTERNAL CARDS

The four cards below were presented to Manx Telecom employees in a presentation case and with a letter of authenticity to celebrate the completion of the modernisation of the Isle of Man telecommunications network. They have been classified as 'Internal cards' and given the prefix 'I' because, although sponsored by Manx Telecom, they were never formally available to the public. It is for collectors to decide whether these, and the analogous Mercury 'party', 'Ray Roland' and £1.000.000,000 cards, should be included in their collections. The holograms in the corners of the cards show the logo of Manx Telecom or a map of the island depending on angle of the light.

No.	Ill.	Units	Date	Description		Value
I1	*I1*	10	31/10/90	FIBRE OPTICS,	(500) '8IOME...'	50.00 □
I2	*I2*	10	31/10/90	SATELLITE DISH,	(500) '8IOMC...'	50.00 □
I3	*I3*	10	31/10/90	OLD AND NEW PAYPHONES,	(500) '8IOMF...'	50.00 □
I4	*I4*	10	31/10/90	SWITCHING CIRCUITS,	(500) '8IOMD...'	50.00 □

Jersey is the largest of the Channel Islands which lie off the French coast between France and England. Like the Isle of Man, the Channel Islands are not members of the European Community. Jersey has formal links with the UK but has its own Government and laws. Its telephone system is independent of British Telecom and the GPT magnetic telephone card system has been adopted. The cost of the first telephone card was reportedly reduced from £2 to £1.25 in June, 1989. The unit is of £0.05 so a 25 unit card costs £1.25, a 40 unit card £2 and so on. There seems to be no real distinction between definitive cards and special cards in Jersey and all have therefore been grouped together under Definitives. All cards except D1 employ the GPT use-indication technology by which a small dent is made on a scale on the reverse at the end of each call. Used cards may thus easily be distinguished from unused cards and values are given for both used and unused.

D1

D2

D3

D4

D5

D6

D7

First Issue

No.	Ill.	Units	Date	Description	Value	
D1	*D1*	25	6/88	FIRST CARD, (10,000) Large notch, '1JERA...'		10.00 ☐

Second Issue - Views

No.	Ill.	Units	Date	Description	Value	
D2	*D2*	40	3/90	St. BRELADE'S BAY, (29,513) '2JERC...'/S	6.00 ☐	1.50 ☐
D2(a)				Error (incl, above) '2JERD...'/S	120.00 ☐	15.00 ☐
D3	*D3*	40	4/90	ROCCO TOWER, (27,900) '2JERD...'/S	6.00 ☐	1.50 ☐
D4	*D4*	80	4/90	PORTLET BAY, (25,000) '2JERF...'/S	5.00 ☐	2.00 ☐

Third Issue - Castles

No.	Ill.	Units	Date	Description	Value	
D5	*D5*	40	4/90	GOREY CASTLE, (25,000) '2JERA...'/S	6.00 ☐	1.50 ☐
D6	*D6*	40	4/90	ELIZABETH CASTLE, (25,000) '2JERB...'/S	6.00 ☐	1.50 ☐
D7	*D7*	80	4/90	GROSNEZ CASTLE, (25,000) '2JERE...'/S	5.00 ☐	2.00 ☐

D8

D9

D10

D11

D12

D13

D14

D15

D16

D17

D18

D19

Fourth Issue - Steam Locomotives

D8	*D8*	25	4/90	DUKE OF NORMANDY, (25,000) '3JERA...'/S	3.00 ☐	1.50 ☐
D8(a)				Control larger (incl. above)	3.00 ☐	1.50 ☐
D9	*D9*	50	4/90	LA MOYE, (25,000) '3JERB...'/S	6.00 ☐	2.00 ☐
D9(a)				Control larger (incl. above)	6.00 ☐	2.00 ☐
D10	*D10*	50	4/90	SADDLETANK, (25,616) '3JERC...'/S	6.00 ☐	2.00 ☐
D10(a)				Control larger (incl. above)	6.00 ☐	2.00 ☐
D11	*D11*	100	4/90	St HELIER, (27,321) '3JERD...'/S	10.00 ☐	3.00 ☐
D11(a)				Control larger (incl. above)	10.00 ☐	3.00 ☐

Note. All the above issue show two different controls. The smaller can be 2.5mm (D9) or 3.0mm (D10) to 3.5mm while the larger may be 3.5mm (D10) or 4.0mm.

Fifth Issue - Jersey Wildlife Preservation Trust I

D12	*D12*	25	12/90	SPECTACLED BEARS, (10,000) '4JERA...'/S	4.00 ☐	1.00 ☐
D13	*D13*	50	12/90	LOWLAND GORILLAS, (11,047) '4JERB...'/S	7.50 ☐	1.50 ☐
D13(a)				Error, wavy writing and margin at bottom	12.00 ☐	10.00 ☐
D14	*D14*	50	12/90	GOLDEN LION TAMARINS, (10,998) '4JERC...'/S	7.50 ☐	1.50 ☐
D15	*D15*	100	12/90	CHEETAH, (10,887) '4JERD...'/S	7.50 ☐	2.00 ☐
D15(a)				Error, wavy writing and margin at bottom	20.00 ☐	15.00 ☐

Sixth Issue - Jersey Parish Churches

D16	*D16*	40	3/91	ST BRELADE, (15,000) '5JERE...'/S B	5.00 ☐	1.50 ☐
D17	*D17*	40	3/91	ST CLEMANT, (15,000) '5JERJ...'/S B	5.00 ☐	1.50 ☐
D18	*D18*	40	3/91	GROUVILLE, (15,000) '5JERA...'/S B	5.00 ☐	1.50 ☐
D19	*D19*	40	3/91	ST HELIER, (15,000) '5JERG...'/S B	5.00 ☐	1.50 ☐

D20

D21

D22

D23

D24

D25

D26

D27

D28

D29

D30

Sixth Issue - Jersey Parish Churches (continued)

No.	Ill.	Units	Date	Description	Value	
D20	*D20*	40	3/91	ST JOHN, (15,000) '5JERH...'/S B	5.00 ☐	1.50 ☐
D21	*D21*	40	3/91	ST LAWRENCE, (15,000) '5JERD...'/S B	5.00 ☐	1.50 ☐
D22	*D22*	40	3/91	ST MARTIN, (15,000) '5JERM...'/S B	5.00 ☐	1.50 ☐
D23	*D23*	40	3/91	ST MARY, (15,000) '5JERC...'/S B	5.00 ☐	1.50 ☐
D24	*D24*	40	3/91	ST OUEN, (15,000) '5JERK...'/S B	5.00 ☐	1.50 ☐
D25	*D25*	40	3/91	ST PETER, (15,000) '5JERB...'/S B	5.00 ☐	1.50 ☐
D26	*D26*	40	3/91	ST SAVIOUR, (15,000) '5JERF...'/S B	5.00 ☐	1.50 ☐
D27	*D27*	40	3/91	TRINITY, (15,000) '5JERL...'/S B	5.00 ☐	1.50 ☐

Seventh Issue - Jersey Battle of Flowers, 1991.

No.	Ill.	Units	Date	Description	Value	
D28	*D28*	40	6/91	TEDDY BEAR, (9124) '6JERB...'/S *C*	20.00 ☐	5.00 ☐
D28(a)				Error - Wavy writing at bottom	25.00 ☐	10.00 ☐

Eighth Issue - Corbiere Lighthouse.

No.	Ill.	Units	Date	Description	Value	
D29	*D29*	40	?/91	CORBIERE LIGHTHOUSE I, (50,000)'7JERA...'/S *B*	4.00 ☐	1.50 ☐
D30	*D30*	40	?/91	CORBIERE LIGHTHOUSE II, (50,000)'7JERB...'/S *B*	4.00 ☐	1.50 ☐

D31

D32

D33

D34

D35

D36

D37

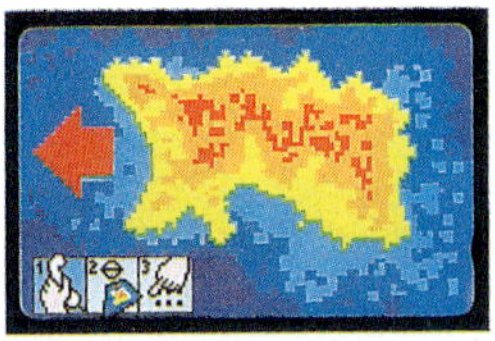

D38

D39

D40

Ninth Issue - Jersey Wildlife Preservation Trust II

No.	Ill.	Units	Date	Description	Value	
D31	*D31*	40	1/92	MAURITIUS KESTREL, (15,000) '8JERA...'/S	4.00 □	1.50 □
D32	*D32*	40	1/92	BALI STARLING, (15,000) '8JERB...'/S	4.00 □	1.50 □
D33	*D33*	40	1/92	ST LUCIA PARROT, (15,000) '8JERC...'/S	4.00 □	1.50 □
D34	*D34*	100	1/92	MAURITIUS PINK PIGEON, (15,000) '8JERD...'/S	8.00 □	3.00 □

Tenth Issue - Early Agriculture in Jersey

No.	Ill.	Units	Date	Description	Value	
D35	*D35*	40	6/92	HARVEST, (30,000) '9JERA...'/S B	3.00 □	1.00 □
D36	*D36*	40	6/92	THRESHING, (30,000) '9JERB...'/S B	3.00 □	1.00 □
D37	*D37*	40	6/92	HORSE AND CART, (30,000) '9JERC...'/S B	3.00 □	1.00 □

Eleventh Issue - Definitive

No.	Ill.	Units	Date	Description	Value	
D38	*D38*	40	8/92	HEAT MAP OF JERSEY, (50,000) '10JERA...'/S	2.50 □	1.00 □
D38(a)				(100,000) '10JERC...'/S	2.50 □	1.00 □

Twelfth Issue - Jersey Battle of Flowers, 1992.

No.	Ill.	Units	Date	Description	Value	
D39	*D39*	40	8/92	KING NEPTUNE, (20,000) '10JERB...'/S	3.00 □	1.50 □

Thirteenth Issue - Christmas, 1992.

No.	Ill.	Units	Date	Description	Value	
D40	*D40*	40	11/92	CHRISTMAS 1992, (30,000) '1?JER?...'/S	2.50 □	1.00 □

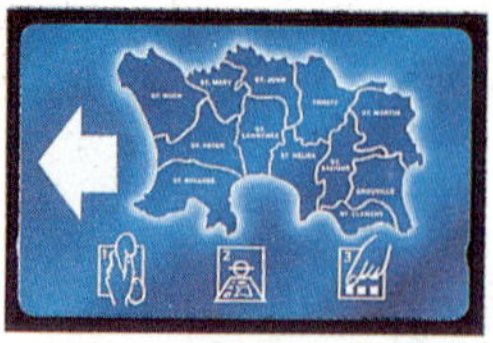

D41

D42

D43

D44

D45

D46

D47

D48

A1

A2

Fourteenth Issue - Definitive

D41	*D41*	40	11/92	MAP OF JERSEY, (150,000) '1?JER?...'/S	2.50 ☐	1.00 ☐

Note. D41 has not yet been issued and cannot, at the time of writing, be obtained from Jersey Telecom or from dealers. The cards are being held in reserve against any future card shortage.

Fifteenth Issue - National Trust.

D42	*D42*	40	3/93	THE ELMS,	(25,000)	'13JERA..'/S	2.50 ☐	1.00 ☐
D43	*D43*	40	3/93	LA RÂT,	(25,000)	'13JERB..'/S	2.50 ☐	1.00 ☐
D44	*D44*	40	3/93	LE MOULIN DE QUETIVEL,	(25,000)	'13JERC..'/S	2.50 ☐	1.00 ☐
D45	*D45*	40	3/93	GREVE DE LECQ BARRACKS,	(25,000)	'13JERD..'/S	2.50 ☐	1.00 ☐

Sixteenth Issue - Keep Jersey Clean.

D46	*D46*	40	4/93	ON THE TELEPHONE,	(48,000)	'14JERC..'/S	2.50 ☐	1.00 ☐
D47	*D47*	40	7/93	ON THE BEACH,	(50,000)	'14JERB..'/S	2.50 ☐	1.00 ☐
D48	*D48*	40	9/93	IN THE SEA,	(50,000)	'14JERA..'/S	2.50 ☐	1.00 ☐

Note. D46 to 48 were all printed in March, 1993, but it is the intention of Jersey Telecom, at the time of writing, to issue them in the months indicated above. The significance of the designs is that the inhabitants of Jersey are known colloquially as 'Jersey Beans'.

A - ADVERTISING CARDS

A1	*A1*	40	8/91	SEYMOUR HOTELS I, (10,000) '6JERA...'/S *C*	5.00 ☐	2.00 ☐

Note. 350 copies of A1 were isued in presentation packs and sell for £20 unused in pack.

A2	*A2*	40	9/92	SEYMOUR HOTELS II, (15,000) '10JERD...'/S	2.50 ☐	1.00 ☐

…STAR CARD …n a subscription*
*while stocks last

WORLD CARDS! WORLD NEWS!

There are now around 150 countries (and over 200 telephone companies) issuing telephone cards which makes it difficult for the collector to keep up with what is happening all over the world.

International Telephone Cards magazine is designed to give you all the information you need to enjoy your hobby to the fullest extent. Edited by Steve Hiscocks, author of the world catalogues of telephone cards, it brings you up to date news of new countries and new cards from all the well established countries. The new issues from such important countries as the UK, France, Italy, Singapore and Malaysia, Germany, Belgium and the Netherlands have their own sections and all cards are illustrated in full colour.

There are also specialist articles on the cards of specific countries and on the cards of various manufacturers. There are reviews of new books and catalogues for the collector, reports of exhibitions and auctions, regular articles for beginners and for thematic collectors and many advertisements to help you find the cards you need.

The 'Swap Shop' feature lists the names, addresses and interests of collectors in many countries who want to exchange cards and allows subscribers to build up fine collections for little more than the postage costs.

For a subscription form or further information Contact : ITC, P.O BOX 777, COLCHESTER, ESSEX CO3 3LQ. U.K

international Telephone Cards magazine

Tel: 0206 765601
(International +44 206 765601)
Fax: 0206 768591
(International +44 206 768591)